2023年度版『あてる 宅建士』 →	令和5年度本試験
『あてる』 予想問題 第2回 【問32】 正解肢！ 肢1 〔従業者名簿〕宅地建物取引業者Aは、その事務所ごとに従業者名簿を備え、取引の関係者から請求があったときは、当該名簿をその者の閲覧に供しなければならないが、当該名簿を事務所のパソコンのハードディスクに記録し、ディスプレイの画面に表示する方法で閲覧に供することもできる。（〇）	令和5年度本試験 【問37】 肢2 〔業務上の規制〕宅地建物取引業者は、その事務所ごとに従業者名簿を備えなければならないが、取引の関係者から閲覧の請求があった場合であっても、宅地建物取引業法第45条に規定する秘密を守る義務を理由に、閲覧を拒むことができる。（✗）
『あてる』 予想問題 第4回 【問38】 肢4 〔37条書面〕（宅地建物取引業法第37条の規定により交付すべき書面（「37条書面」）に関して）宅地建物取引業者Dが、媒介により建物の売買又は貸借の契約を成立させた場合、Dは、当該建物に係る天災その他不可抗力による損害の負担に関する定めがあるときは、その内容について、当該契約が売買契約であると貸借契約であるとを問わず、37条書面に記載しなければならない。（〇）	令和5年度本試験 【問43】 正解肢！ 肢4 〔37条書面〕（宅地建物取引業者Aが媒介により宅地の売買契約を成立させた場合における宅地建物取引業法第37条の規定により交付すべき書面（「37条書面」）に関して）宅地建物取引業者Aは、天災その他不可抗力による損害の負担に関する定めがあるときは、その内容を37条書面に記載しなければならない。（〇）
『あてる』 予想問題 第4回 【問45】 肢3 〔住宅瑕疵担保履行法〕宅地建物取引業者は、保証金を供託する場合は、法務大臣及び国土交通大臣の定める供託所に供託しなければならない。（✗）	令和5年度本試験 【問45】 肢3 〔住宅瑕疵担保履行法〕（宅地建物取引業者Aが、自ら売主として、宅地建物取引業者ではない買主Bに新築住宅を販売する場合に関して）Aは、住宅販売瑕疵担保保証金の供託をする場合、当該住宅の最寄りの供託所へ住宅販売瑕疵担保保証金の供託をしなければならない。（✗）
『あてる』 予想問題 第4回 【問16】 肢4 〔都市計画法〕市街化調整区域のうち、開発許可を受けた開発区域以外の区域内で行う仮設建築物の新築については、都道府県知事の許可を受ける必要がある。（✗）	令和5年度本試験 【問16】 肢4 〔都市計画法〕市街化調整区域のうち開発許可を受けた開発区域以外の区域内において、自己の居住用の住宅を新築しようとする全ての者は、当該建築が開発行為を伴わない場合であれば、都道府県知事の許可を受けなくてよい。（✗）
『あてる』 予想問題 第4回 【問21】 肢1 〔農地法〕農地の所有者が、その農地のうち2.5アールを自らの養畜の事業のための畜舎の敷地に転用しようとする場合には、法第4条第1項の許可を受ける必要がある。（〇）	令和5年度本試験 【問21】 正解肢！ 肢2 〔農地法〕自己の所有する面積4アールの農地を農作物の育成又は養畜の事業のための農業用施設に転用する場合は、農地法第4条第1項の許可を受ける必要はない。（✗）
『あてる』 予想問題 第2回 【問23】 肢2 〔印紙税〕宅地建物取引業者の従業者Bが、業務上当初作成した「土地を8,000万円で譲渡する」旨を記載した土地譲渡契約書の契約金額を変更するために再度作成する契約書で、「当初の契約書の契約金額を2,000万円減額し、6,000万円とする」旨を記載した変更契約書は、契約金額を減額するものであることから、印紙税は課税されない。（✗）	令和5年度本試験 【問23】 肢4 〔印紙税〕当初作成の「土地を1億円で譲渡する」旨を記載した土地譲渡契約書の契約金額を変更するために作成する契約書で、「当初の契約書の契約金額を1,000万円減額し、9,000万円とする」旨を記載した変更契約書について、印紙税の課税標準となる当該変更契約書の記載金額は、1,000万円である。（✗）
『あてる』 予想問題 第1回 【問48】 肢2 〔統計〕令和5年版国土交通白書（令和5年6月公表）によれば、令和3年度末時点の宅地建物取引業者数は12万8,597業者となっており、令和2年度末時点に比べ減少した。（✗）	令和5年度本試験 【問48】 正解肢！ 肢1 〔統計〕令和3年度宅地建物取引業法の施行状況調査（令和4年9月公表）によれば、令和4年3月末における宅地建物取引業者の全事業者数は14万業者を超え、8年連続で増加した。（〇）

上記はごく一部です。ほかにも多数、的中しました！

2024年度版 本試験をあてる TAC直前予想模試 宅建士 目次

「TACはいつでも王道を行きます」

『あてる 宅建士』だけの 強力特集

p.4 特集1 まずはここから
2024本試験 出題予想論点チェック
分野・科目別に出題が予想される論点と問題数、それぞれの目標得点がひとめでわかります！

p.6 特集2 試験前にこれだけは覚えておきたい
頻出事項 総まとめ
宅建士試験を受けるなら絶対に身につけておきたい知識を、表形式でスピーディに確認！

p.32 特集3 ここが必ず狙われる
2024本試験 法律改正点・最新統計
本試験で狙われやすい法律改正点と、必ず１問は出題される最新統計を把握しましょう！

p.58 特集4 宅建士本試験をデータや難易度で徹底分析
2024本試験 絶対合格戦略
「彼を知り己を知れば百戦殆からず」（『孫子』）。宅建士本試験を数字やデータを使って徹底的に分析！

p.62 特集5 最新本試験＋TAC独自のデータで自分の実力をチェック
宅建士 合格力診断
本試験の分析の後は、今の自分の実力もチェック！ ダウンロード版の『2023年度本試験』を解いた後に自分の解答と見比べれば、現在の"合格力"がわかります！

p.67 合格祈願！
講師からの応援メッセージ

予想模試 **5** 回分
（オリジナル予想模試**4**回＆過去問厳選予想模試**1**回）

＋

最新本試験 **6** 回分
（2020年度10月・12月、2021年度10月・12月、2022年度、2023年度）
ダウンロード版

難易度を3段階に設定した「**オリジナル問題**」と、「**厳選過去問**」の予想模試が**全5回分**！
出題予想論点の把握＆実力判定＆得点力UPがこの1冊で**すべて可能**です!!
しかも最新本試験DL版は、**問題が本試験と同じA4サイズ＆本物そっくり解答用紙つき**！

《過去問厳選予想模試》
選りすぐりの過去問で基本論点を確認！

《オリジナル予想模試》
〜〜オリジナル問題は難易度を3段階に設定〜〜

◎**第1、2回　合格基準点38点**
初見の問題で頻出・重要論点の理解度を確認！

◎**第3回　合格基準点37点**
標準的な問題で現在の得点力を確認！

◎**第4回　合格基準点36点**
周辺知識なども含んだ問題で、初出問題への対応力も確認！

※最新本試験のダウンロードの仕方は、裏表紙の裏面でご案内しています。

特集1 まずはここから

2024本試験 出題予想論点チェック

民法等　出題 14問　「不得意分野」をできるだけなくそう！　目標得点 8点

民法　10問　「事例」が頻出、「図解」を心がけよう！　目標 6点

意思表示・制限行為能力者・債務不履行・手付・売買の契約不適合責任・危険負担・代理・時効・債権譲渡・相殺・連帯債務・保証債務・委任・請負・不法行為・物権変動と対抗要件・所有権と共有・担保物権・相続

借地借家法　2問　苦手な受験生多し。取れれば差が！　目標 1点

借家権　借地権

区分所有法　1問　過去問だけでOK　深入り厳禁☠

不動産登記法　1問　過去問だけでOK　深入り厳禁☠

どちらかで　目標 1点

法令上の制限　出題 8問　用語や数字のオンパレード！覚悟を決めて暗記しよう　目標得点 6点

都市計画法　2問　　目標 2点

都市計画・開発許可

建築基準法　2問　　目標 1点

集団規定・単体規定・道路・容積率・建蔽率・高さ制限

盛土規制法　1問　　目標 1点

土地区画整理法　1問

農地法　1問　　目標 1点

3条許可・4条許可・5条許可

国土利用計画法　1問　　目標 1点

特集1　2024本試験 出題予想論点チェック

目標は"38点"

宅建士本試験では、膨大な範囲の中から出題されます。そのため、"どんな問題が出されやすいのか"といった傾向を把握し、必要不可欠な知識を中心に学習することがとても大切です。ここではまず、2024年度の本試験で出題が予想される論点と問題数、それぞれの目標得点を分野・科目別に確認しましょう。

宅建業法等　出題20問　勉強しやすく得点源 ここでの失点は命取り!!　目標得点 18点

宅建業法　19問　まんべんなく。目指すのは「パーフェクト」！　目標 17点

宅建業の定義・免許・宅建士・営業保証金・保証協会・広告規制・契約締結上の規制・案内所等の届出・媒介契約・重要事項説明（35条書面）・37条書面・8種規制（クーリング・オフ等）・報酬額の制限・監督処分・罰則

住宅瑕疵担保履行法　1問　やるべき過去問は約10年分のみ！深入り厳禁☠　目標 1点

その他関連知識　出題 8問　やるべきことを絞り込むべし!!　目標得点 6点

共通科目　出題 3問　登録講習修了者は「1点」は確実に！　目標 2点

不動産鑑定評価基準／地価公示法　1問（どちらか片方から1問）　今年は「地価公示法」がアヤシイ！　目標 1点

税法　2問　今年は「固定資産税」「登録免許税」がアヤシイ！　目標 1点

不動産取得税・固定資産税・印紙税・譲渡所得税・贈与税・登録免許税

免除科目　出題 5問　登録講習修了者はココが免除になる!!　目標 4点

住宅金融支援機構　1問　過去問だけでOK　目標 1点

景品表示法（公正競争規約）　1問　常識でも結構イケる！　目標 1点

統計　1問　暗記のみ！「2024本試験 最新統計」を活用　目標 1点

地価公示・新設住宅着工戸数・法人企業統計・宅建業者数

土地・建物　2問（各1問）　過去問だけでOK　深入り厳禁☠　目標 1点

特集2 試験前にこれだけは覚えておきたい

頻出事項総まとめ

宅建士試験を受けるなら
絶対に身につけておきたい知識を、
表形式でスピーディに確認！

〈民法等〉
意思表示／売買の契約不適合／時効制度／委任契約／委任契約の終了事由／普通借地権／借地権の要件／借家権／定期借家権／不動産登記法

〈宅建業法〉
宅地建物取引業の定義／免許の基準／免許の基準と登録の基準／廃業等の届出／宅地建物取引士の登録／死亡等の届出／「変更の届出」と「変更の登録」／供託／事務所等の規制／媒介契約／三大書面／「自ら売主」の8種制限／報酬計算／監督処分

〈法令上の制限〉
都市計画法／開発許可が不要になる場合／開発許可を受けた開発区域内での建築等の制限／建築基準法の規制／建築確認／国土利用計画法の届出制／国土法の届出が必要・不要な取引／農地法／盛土規制法

〈その他関連知識〉
不動産鑑定評価／地価公示法／不動産取得税／固定資産税／印紙税／登録免許税／譲渡所得税／住宅借入金等特別税額控除

特集2 **頻出事項 総まとめ**

▶ 民法等

1　意思表示

		当事者間の効力	善意無過失の第三者に対抗できるか？
心裡留保	原則	有効	有効なので対抗問題にならない
	例外	無効→相手方が悪意または有過失	✕（善意の第三者にも対抗✕）
虚偽表示		無効	
錯誤		取消しできる	✕（取消し前の第三者）
	要件1	重要な錯誤	
	要件2	表意者に重過失なし（例外あり）	
強迫	有効	取消しできる	◯（取消し前の第三者）
詐欺			✕（取消し前の第三者）

One Point

「善意無過失の第三者」に対抗できるか覚えておきましょう。

2　売買の契約不適合〔売主の担保責任〕

	買主の取れる手段	1年の期間制限
(1)目的物が種類・品質に関して契約内容不適合	①　追完請求権 ・目的物の修補、代替物の引渡しまたは不足分の引渡しによる履行の追完を請求することができる。ただし、売主には、変更権がある ・不適合が、**買主の責めに帰すべき事由**によるものであるときは、追完請求が**できない**	あり
(2)目的物が数量に関して契約内容不適合	②　代金減額請求権 ・買主が相当の期間を定めて履行の追完の催告をし、その期間内に履行の追完がないとき、代金の減額を請求できる（ただし、追完が不能であるとき等は、直ちに代金減額請求ができる） ・不適合が、**買主の責めに帰すべき事由**によるものであるときは、代金減額請求が**できない**	なし
(3)権利が契約内容不適合	③　損害賠償請求・解除権の行使 (1)(2)(3)はすべて債務不履行だから、損害賠償の請求（**売主の責めに帰することができない事由**によるものであるときは、損害賠償請求は**できない**）や解除権の行使（売主の責めに帰すべき事由は必要ではないが、**買主の責めに帰すべき事由**によるときは、買主は、解除**できない**）もできる	

One Point

他人物売買契約は有効です。売主の義務違反に対しては、債務不履行として処理します。

7

3　時効制度

	取得時効			消滅時効	
成立要件	所有の意思		起算点	確定期限	→期限到来時から
	平穏			不確定期限	→期限到来時から
	公然			期限の定めなし	→権利発生時から
	占有の開始時に	善意無過失　→10年	期間	債権： ①権利行使可能を知った時から5年 ②権利行使可能時から10年※ のいずれか早い方	
		悪意または有過失→20年			

		共通点
更新	効果	それまでに経過した時効期間は0に戻る
	更新事由	請求等　　　→確定判決等によって権利が確定したとき
		承認
完成猶予	効果	時効の進行が停止する　　→時効完成が遅れることになる
	完成猶予事由	裁判外の催告等
効果	援用による	援用権者　　→時効によって直接に利益を受ける者
	時効の起算点にさかのぼって権利変動する	

※　人の生命または身体の侵害による損害賠償請求権については20年。

One Point

時効の「更新」と「完成猶予」は異なる制度です。

4　委任契約

権利義務	委任者の義務	報酬支払い	・原則無償 ・特約があるときのみ有償
		費用償還	→利息を含む
		費用前払い	
		代弁済	
		損害賠償	→受任者が自身に過失がないのに損害を受けたとき
	受任者の義務	善管注意義務	→無償・有償問わず
		報告	→委任者の請求時・事務終了時
		受取物引渡し	
		渡すべき金銭消費の責任	→利息・損害賠償を含む

One Point

委任契約は、特約がない限り「タダ働き」です。

5 委任契約の終了事由

	死亡	破産	後見開始	解除
委任者	○	○	×	○
受任者	○	○	○	○
双方	相手方の不利な時期等に解除した場合 →損害賠償（やむをえない場合を除く）			

One Point
任意代理の代理権消滅事由と比較しておきましょう。

6 普通借地権

対抗要件	登記	・借地権の登記 ・借地上の建物の登記
	掲示	登記のある建物滅失時 →2年間のみ
譲渡・転貸	原則	→賃貸人の承諾必要
	無断のとき	→賃貸人は解除できる
	建物譲渡のとき	→借地人は裁判所の許可を求めることができる
借主に不利な特約	原則	→無効

One Point
賃貸人の承諾に代わる裁判所の許可の制度は、「借家権」にはありません。

7 借地権の要件の比較

	普通借地権	定期借地権		
		一般定期 借地権	事業用定期 借地権	建物譲渡 特約付借地権
存続期間	定めあり→・30年以上 ・30年未満なら30年に 定めなし→30年	50年以上	10年以上 50年未満	30年以上
目的	建物所有目的のみ	制約なし	事業用のみ 居住用は不可	制約なし
契約方法	定めなし	書面 （電磁的記録）	公正証書	定めなし

One Point
定期借地権は、更新・建物買取請求権の行使ができません。

8　借家権

		普通借家権	
存続期間	原則	→ ・定めによる ・上限なし	
	1年未満の定め	→期間の定めがないものとみなす	
更新・使用継続・解約	法定更新 （期間の定めあり）	期間満了の1年から6ヵ月前までに更新拒絶の通知がない	更新される
		賃貸人からの拒絶があるが正当事由がない	
	使用継続 （期間の定めあり・なし）	賃貸借終了後→ ・賃借人が使用継続 ・賃貸人が異議を述べない	
	解約申入れ （期間の定めなし）	賃貸人から → ・6ヵ月以上前に ・正当事由必要	
		賃借人から → ・3ヵ月以上前に ・正当事由不要	
譲渡・転貸	原則	賃貸人の同意必要	
	例外	裁判所の許可制度なし →借地権と異なる	
	建物転貸借の場合	・期間満了　→賃貸人は転借人に通知しないと対抗できない ・解約申入れ　・通知から6ヵ月経過後に契約終了	
対抗要件	登記	賃借権の登記	
	引渡し	建物の引渡し	
借主に不利な特約	原則	→無効	

One Point
造作買取請求権を認めない特約は、有効です。

9　定期借家権

		定期借家権
存続期間	原則	→ ・定めによる ・上限なし
	1年未満の定め	→定めのとおり有効
契約方法	契約	書面（電磁的記録）
	説明	更新がない旨を契約書とは別の書面を交付（又は電磁的方法により提供）して説明する
終了	原則	→期間満了
	期間が1年以上の場合	→ ・期間満了1年～6ヵ月前の間に通知必要 ・通知がなければ終了を対抗できない ・期間経過後の通知の場合 　→通知から6ヵ月経過すれば終了対抗可

One Point
「書面」は「公正証書」でなくてもかまいません。「電磁的記録」でもOKです。

特集2　頻出事項 総まとめ

10　不動産登記法　登記手続の原則と例外

チェック！

原則		例外	
申請主義	・当事者の申請による ・申請の義務はない	登記官が職権で登記	登記官の職権でできる
			当事者に申請義務がある場合 【例】表示に関する登記 新築・滅失後 1 ヵ月以内に申請する
共同申請主義	登記権利者と登記義務者の共同	単独申請	・確定判決 ・相続、合併による権利移転 ・遺贈（相続人に対する遺贈に限る）による権利移転 ・買戻しの特約に関する登記の抹消（契約の日から10年を経過したとき） ・保存登記 ・一定の場合の仮登記、その抹消
・当事者の登記所への出頭は不要 ・オンラインや郵送で登記できる			

One Point

令和 5 年改正で、単独申請できるものとして「遺贈（相続人に対する遺贈に限る）」「買戻しの特約に関する登記の抹消（契約の日から10年を経過したとき）」が追加されました。また、令和 6 年改正で、相続登記の申請が義務化されています。不動産登記法の他、区分所有法も、基本事項は見直しておきましょう。

宅建業法

1 宅地建物取引業の定義

宅地	現在建物がある土地
	建物を建てる目的（将来建物が建つ）で取引する土地
	用途地域内の土地　→現在する公園・広場・道路・河川・水路は除く

取引※		売買（交換）	貸借
	自ら（自分の所有する土地や建物を）	○	×
	代理	○	○
	媒介	○	○

業	不特定	→特定の相手なら該当しない
	多数	→少数なら該当しない
	反復継続	→「一括」なら該当しない

※　○は宅建業の免許が必要、×は不要。

One Point
特に「取引」の定義は重要です。

特集2　頻出事項 総まとめ

2　免許の基準〔欠格事由〕

☐☐☐
チェック!

申請者本人	能力	心身の故障により宅建業を適正に営むことができない者として国土交通省令で定めるもの			
		復権を得ない破産者　　→復権を得れば直ちに免許を受けられる			
	刑罰関係	原則→禁錮以上の刑		刑の執行が終わった日から	5年を経過しない者
				刑の執行を受けることがなくなった日から	
		宅建業法違反	罰金以上の刑	刑の執行が終わった日から	
		暴力団規制に関する法律			
		傷害罪・暴行罪等		刑の執行を受けることがなくなった日から	
		背任罪			
	暴力団員等	暴力団員による不当な行為の防止等に関する法律2条6号に規定する暴力団員又は同号に規定する暴力団員でなくなった日から5年を経過しない者			
	宅建業に関して	免許の申請前5年以内に宅建業に関し不正又は著しく不当な行為をした者			
		宅建業に関し不正又は不誠実な行為をするおそれが明らかな者			
	宅建業免許を取り消された者	不正手段により免許を受けた			取消しから5年を経過しない場合は不可
		業務停止処分事由該当で情状が特に重い			
		業務停止処分に違反			
	取り消された者が法人の場合	聴聞公示日前60日以内に役員だった者			
	駆け込み廃業	聴聞公示日後取消し処分までに相当の理由なく廃業等の届出をした者			届出の日から5年を経過しない場合は不可
	廃業者が法人の場合	聴聞公示日前60日以内に役員だった者			
関係者	未成年者	法定代理人が欠格事由に該当する			
		法定代理人から営業の許可を受けていない			
	法人・個人	役員・政令使用人に欠格事由に該当する者がいる場合は不可			
	暴力団員等がその事業活動を支配する者				
手続き	免許申請書	その中の重要な事項につき→	・虚偽の記載 ・記載が欠けている		
	添付書類				
	事務所	定められた数の成年者である専任の宅建士を置いていない者			

One Point

「宅地建物取引士」の「登録の基準」と区別しましょう。

3 免許の基準と登録の基準の相違点

	宅地建物取引業者 免許の基準	宅地建物取引士 登録の基準	
実務経験	不要	2年以上の実務経験が必要 →ただし登録実務講習で代替可能	
成年者と同一の行為能力を有しない未成年者	免許は受けられる →ただし法定代理人の欠格事由が審査される	登録できない	
登録の消除	―	一定の理由で登録を消除された場合	登録消除処分の日から5年間再登録できない
		消除処分の聴聞の公示後、相当の理由なく登録の消除申請をした者	消除された日から5年間再登録できない
		事務禁止処分期間中、本人の消除申請による登録の消除の場合	事務禁止期間中は再登録できない
その他	宅建業に関して不正・不当な行為等があった場合	―	
	法人の役員等関係者が欠格事由に該当する場合	―	

One Point
「宅建業者」と「宅地建物取引士」の比較の視点が重要です。

4 廃業等の届出

事由	届出義務者		届出期限	免許失効の時点
	個人業者	法人業者		
死亡	相続人	―	その事実を知った日から30日以内	死亡時
破産手続開始の決定	破産管財人	破産管財人	その日から30日以内	届出の時
宅建業の廃止	本人	代表役員		届出の時
法人の解散	―	清算人		届出の時
法人の合併消滅	―	消滅会社の代表役員		合併の時

One Point
4「宅建業者」の「廃業等の届出」と6「宅地建物取引士」の「死亡等の届出」を区別して覚えましょう。

5　宅地建物取引士の登録について

登録先・登録権者		都道府県知事	宅建士試験→合格→登録の流れは、同じ都道府県内で進行する
登録の効果		有効な場所	→日本全国
		有効期間	→一生有効
登録の移転（登録先を変更できる場合）		申請できるケース	登録先以外の都道府県にある事務所で業務に従事し、又はしようとする場合
		申請方法	現に登録をしている都道府県知事を経由して申請する
		宅建士証	・新規宅建士証の交付は、現に有する宅建士証と引き換え ・宅建士証交付の際の講習は不要 ・新規宅建士証の有効期間は、従前の宅建士証の残存期間

One Point

「登録の移転」は任意です。

6　死亡等の届出

事由	届出義務者	届出期限
死亡	相続人	その事実を知った日から30日以内
心身の故障により宅建士の事務を適正に行うことができない者として国土交通省令で定めるものになった	本人・法定代理人・同居の親族	その日から30日以内
破産者になった	本人	
成年者と同一の行為能力を有しない未成年者になった		
一定事由により免許を取り消された		
一定の罪により罰金刑、又は禁錮以上の刑に処せられた		
暴力団員等になった		

One Point

6「宅地建物取引士」の「死亡等の届出」と4「宅建業者」の「廃業等の届出」を区別して覚えましょう。

7 宅建業者の「変更の届出」と宅地建物取引士の「変更の登録」の比較

	宅地建物取引業者 変更の届出	宅地建物取引士 変更の登録
届出・申請先	免許権者（知事または国土交通大臣）	登録先の知事
時間的制約	30日以内に	遅滞なく
変更事由	商号・名称	勤務先の宅建業者の商号・名称
	事務所の名称・所在地	ー
	役員と政令で定める使用人の氏名	ー
	事務所ごとの専任の宅建士の氏名	ー
	ー	氏名
	ー	住所
	ー	本籍
	ー	性別
	ー	勤務先の業者の免許証番号

One Point

変更事由は暗記しておきましょう。

8 供託〔【主】＝主たる事務所（本店）、【従】＝従たる事務所（支店）〕

	営業保証金	弁済業務保証金分担金	弁済業務保証金
納付義務者	宅建業者	宅建業者	保証協会
納付先	主たる事務所のもよりの供託所に本・支店分あわせて一括納付	加入する保証協会	法務大臣及び国土交通大臣の定める供託所（東京法務局）
金額	【主】1,000万円 【従】500万円		【主】60万円 【従】30万円
方法	金銭・有価証券	金銭のみ	金銭・有価証券
有価証券の評価額	国債→額面の100% 地方債・政府保証債→額面の90% その他→額面の80%		国債→額面の100% 地方債・政府保証債→額面の90% その他→額面の80%
時間的制約	供託後、免許権者に届け出た後でなければ開業不可 免許取得後3ヵ月経っても届出がなければ、免許権者から催告 →催告の到達後、1ヵ月経っても届出がなければ、免許権者は、免許取消しできる	保証協会に加入するまでに納付	分担金受領後**1週間以内**に供託 →その旨を、免許権者に届出
事務所新設	主たる事務所のもよりの供託所へ供託し、届出以後、新事務所で開業可	2週間以内に納付 →納付しないと社員たる地位を喪失 →宅建業を続ける場合は**1週間以内**に営業保証金を供託しなければならない	分担金受領後**1週間以内**に供託
主たる事務所を移転する場合	供託所をもよりの供託所に変える →金銭のみの場合は保管替え請求 →有価証券を含む場合は新供託所に供託してから取戻し		

One Point

特に「1週間以内」という期間を覚えておきましょう。

9 事務所等の規制のまとめ

	業務を行う場所		備えるべきもの		設置の手続き	
事務所	・本店 ・宅建業を営む支店 ・継続的施設で、契約締結権限がある使用人を置く所		標識		変更の届出	→30日以内
			報酬額			
			従業者名簿 →10年保存			
			帳簿	閉鎖後5年保存	免許換え	知事免許 →直接新知事へ
			成年・専任の宅建士	業務従事者→5人に1人以上		大臣免許 →本店管轄知事経由で
案内所	契約締結又は契約申込みを受けるところ	①継続的施設で事務所以外 ②分譲を行う案内所 ③分譲の代理・媒介を行う案内所 ④展示会場	標識		届出 →業務開始10日前まで	
					届出先（双方へ）	・免許権者 ・現地管轄知事
			成年・専任の宅建士	→1人以上	届出内容	所在地、業務内容、業務期間、専任の宅建士の氏名
	契約締結又は契約申込みを受けないところ	上記4ヵ所	標識		届出不要	
		物件所在地				

One Point
「事務所」と「案内所」を区別しておきましょう。

10 媒介契約の比較・まとめ

	一般媒介	専任媒介	専属専任媒介
有効期間	規制なし	3ヵ月以内（更新後も）→超える場合は3ヵ月に	
更新		依頼者の申出により可（自動更新不可）	
業務状況の報告		2週間に1回以上（口頭でも可）	1週間に1回以上（口頭でも可）
相手方の探索義務 指定流通機構（レインズ）への登録義務		契約日から7日以内（休業日を除く）	契約日から5日以内（休業日を除く）

One Point
「専任」と「専属専任」の違いを覚えておきましょう。

11 三大書面（電磁的記録）の比較・まとめ

		媒介・代理契約書面	35条書面		37条書面	
交付の目的		業者と依頼人とのトラブル防止	契約を結ぶかどうかの判断資料の提供		契約当事者間のトラブル防止	
交付義務者		宅建業者	宅建業者（複数関与する場合は全員）		宅建業者	
交付の相手方		依頼人	買主・借主（交換の場合は両当事者）		契約の両当事者	
交付の時期		媒介契約の締結後遅滞なく	契約が成立するまでに		契約締結後遅滞なく	
交付の方法	宅建士の説明	不要	必要※ →	・場所はどこでもよい・宅建士証の提示が必要	不要	
	記名	宅建業者（記名押印）	宅建士 → 専任でなくともよい		宅建士 → 専任でなくともよい	
書面（電磁的記録）の記載事項		物件を特定する事項 → 所在、地番等	取引物件や取引条件等を判断・確認するための事項		必要的記載事項	当事者の住所・氏名
		価額又は評価額 根拠を明示する（口頭でも可）		代金・借賃の額、支払時期・方法		物件を特定する事項
		媒介契約の種類	記載不要			既存建物の構造耐力上主要な部分等の状況について当事者双方が確認した事項
		建物状況調査を実施する者のあっせんに関する事項（既存建物のとき）		引渡し時期		代金・借賃の額・支払時期・支払方法
		媒介契約の有効期間・解除		移転登記申請時期		引渡し時期
		指定流通機構への登録に関する事項				移転登記申請時期
		報酬に関する事項			任意的記載事項	代金・借賃等以外に支払われる金銭の額・時期・目的
		違反に対する措置				解除に関する事項
		標準媒介契約約款に基づくものか否か				損害賠償額の予定・違約金に関する事項
						危険負担に関する事項
						契約不適合責任に関する事項
						租税公課に関する事項
						あっせんによるローンが成立しないときの措置

※ 「交付の相手方」が「宅建業者」の場合、重要事項説明は「不要」。

One Point

「交付の目的」から導けるように理解しましょう。なお、「媒介・代理契約書面」は「宅建業者」の「記名押印」が必要です。

12 「自ら売主」の8種制限の原則と例外のまとめ

☐☐☐
チェック!

	全体像	原則		例外			
クーリング・オフ	・買主は申込みの撤回や契約の解除ができる ・買主等に不利な特約は無効	一定期間内に書面により発信したときに効力発生		契約申し込みの場所が事務所等	事務所		
					案内所や展示会場	→土地に定着（専任宅建士の設置義務あり）	
		効果	・損害賠償や違約金は発生しない ・手付金等の金銭は返還される		買主の自宅や勤務先	→買主が申し出た場合	
				猶予期間経過	猶予期間＝書面で告げられた日から8日間		
				履行関係の終了	引渡しを受け、代金全部を支払った場合		
手付金等の保全措置	宅建業者には、買主から受け取る手付金等の金銭について、解約等の際に返還できるよう、受領前に保全措置を講じる義務がある	受領額全額の保全が必要（保全措置を講じていないとき、買主は手付金等を支払わなくてもよい）		不要な場合	所有権の登記をしたとき		
	未完成物件	①銀行等による保証 ②保険事業者による保証保険			受領額が少ないとき	未完成物件	代金の5％以下かつ1,000万円以下
	完成物件	上記①②（＝未完成物件）と同様 ③指定保管機関による保管（手付金等を寄託）				完成物件	代金の10％以下かつ1,000万円以下
手付に関する制限	買主が解除しやすいように金額を制限する	手付額は代金の2割まで					
		解約手付とみなす					
		買主に不利な特約 →無効					
自己所有でない物件の契約締結の制限	他人物・未完成物件の売買は原則として禁止される（買主が取得できないおそれがあるため）	契約できない		契約できる	他人物売買	売主が他人物を取得する契約あり	予約（契約）がある→契約できる（ただし、停止条件付売買契約の場合は、確実ではないので契約不可）
					未完成物件	手付金等の保全措置が講じられたとき	
契約不適合責任に関する特約の制限	買主保護のため契約不適合責任につき買主に不利な特約を禁止	買主に不利な特約 →無効		期間	通知期間を引渡しの日から2年以上とする特約 →有効		
損害賠償額の予定等の制限	賠償金の予定額等を一定限度に制限（買主が多額の損害賠償金を払うことにならないように保護）	違約金と合わせて、代金の2割まで					
		2割を超える部分 →無効					

	全体像	原則	例外
割賦販売契約の解除等の制限	買主の支払いが遅れた場合の売主の解除等を制限	売主の宅建業者が解除するには30日以上の期間を定めて書面で催告 これに反する特約→無効	
所有権留保の制限	割賦販売・提携ローン付き売買の場合	所有権留保等は不可	例外（できる場合） 受領額が少ない →代金の3割以下 担保の手段を講じられない（抵当権・保証等をつけられない）とき

One Point

特に「クーリング・オフ」と「手付金等の保全措置」を覚えておきましょう。

13 報酬計算のまとめ

		本体価格	限度額
限度額の計算式		400万円超	本体価格×3％＋6万円
		200万円超 400万円以下	本体価格×4％＋2万円
		200万円以下	本体価格×5％
売買・交換	媒介		依頼者の一方から限度額まで
			【例】売主・買主双方からの媒介依頼なら、それぞれから限度額まで →合計2倍額まで
	代理		代理の依頼者から限度額2倍まで
			【例】売主の代理なら売主から2倍額まで
	代理と媒介の混合		限度額2倍まで
			【例】売主から代理、買主から媒介なら、買主からは媒介の限度額まで →合計2倍額まで
	複数業者が関与		全業者を1人とみなす→貸借の場合も同じ
	消費税		課税事業者　　　　→10％プラス
			免税事業者　　　　→4％プラス
貸借	合計		→借賃の1ヵ月分
	権利金を売買代金とみなして売買と同様に計算できる（居住用建物以外）		
	消費税		課税事業者　　　　→10％プラス
			免税事業者　　　　→4％プラス
貸借の居住用建物、居住用以外の建物、土地による区別			居住用建物 / 居住用以外 / 土地
	賃料・権利金への消費税課税		されない / される / されない
	媒介の場合の報酬の制限		当事者の一方から1/2ヵ月分（例外あり） / なし
	権利金基準の計算の可否		できない / できる

One Point

消費税の計算をしなくても正解を導ける場合は、省略してかまいません。

14 監督処分

宅建業者に対して		現地の知事	免許権者
指示	業務に関し他の法令に違反し宅建業者として不適当であると認められる	できる	できる
	宅建士が監督処分を受けた場合において宅建業者の責めに帰すべき理由がある		
	宅建業法の規定に違反した		
業務停止	業務に関し他の法令に違反し宅建業者として不適当であると認められる	できる	できる
	宅建士が監督処分を受けた場合において宅建業者の責めに帰すべき理由がある		
	指示処分に違反した		
	一定の宅建業法の規定に違反した		
免許取消	業務停止処分に違反するなどの欠格要件に該当する	できない	できる
	免許を受けて1年以内に営業を開始しない		

宅地建物取引士に対して		現地の知事	登録知事
指示	事実に反して事務所の専任の宅建士である旨の表示を許し宅建業者がその旨を表示した	できる	できる
	名義貸しをして他人が宅建士である旨の表示をした		
	事務に関し不正又は著しく不当な行為をした		
事務禁止	指示処分事由に該当	できる	できる
	指示処分違反		
登録消除	事務禁止処分事由に該当し情状が特に重い	できない	できる
	欠格要件に該当		
	不正手段により登録を受けた		

One Point

業務停止処分、事務禁止処分は、それぞれ1年以内です。

法令上の制限

1 都市計画法〔区域区分〕

市街化区域	・すでに市街地となっている区域 ・おおむね10年以内に優先的かつ計画的に市街化を図るべき区域
市街化調整区域	市街化を抑制すべき区域
非線引都市計画区域	区域区分が定められていない都市計画区域

One Point
用語の定義はキーワードを暗記しておきましょう。

2 開発許可が不要になる場合

	意義・例	市街化区域	市街化調整区域	非線引・準都市計画区域	これら以外
ミニ開発行為	規模の小さい開発行為	1,000㎡未満不要	許可必要	3,000㎡未満不要	10,000㎡未満不要
・農林漁業用建築物 ・農林漁業を営む者の居住用建物 のための開発行為	・畜舎、温室等の生産、集荷用建物 ・農家		許可不要		
公益的建築物のための開発行為	駅舎等の鉄道施設、図書館、公民館、変電所等	許可不要			
・都市計画事業 ・土地区画整理事業 ・市街地再開発事業 ・防災街区整備事業 の施行として行う開発行為		許可不要			
非常災害のための必要な応急措置として行う開発行為					
通常の管理行為又は軽易な行為	車庫等				

One Point
そもそも「開発行為」に該当しない場合も許可が不要であることに注意しましょう。

3　開発許可を受けた開発区域内での建築等の制限

チェック!

	原則	例外
工事完了公告前	建築・建設できない	・工事に必要な仮設建築物 ・知事が支障がないと認めた ・開発行為に同意しない所有者等の権利に基づく建築
工事完了公告後	・予定建築物の新築 ・予定建築物への改築・用途変更等	・知事が許可した ・用途地域等が定められている

One Point

「例外」のうち「知事が認めた・許可した場合」については、覚えなくても対応できます。

4　建築基準法の規制のまとめ

チェック!

	建蔽率			容積率			斜線制限			日影規制
	原則	緩和措置		比較して小さいほう			道路	隣地	北側	
		防火地域内耐火建築物等	特定行政庁指定の角地等							
1低専	都市計画で指定	+1/10	+1/10	都市計画で指定	前面道路の幅員による制限	1低専	あり	なし	※あり	軒高7m超か地上3階以上
2低専						2低専				
田園						田園				
1中高						1中高		あり		高さ10m超
2中高						2中高				
1住居		+1/10→原則が8/10のときは制限なしになる				1住居			なし	
2住居						2住居				
準住居						準住居				
近商						近商				
商業	8/10					商業				なし
準工	都市計画で指定					準工				高さ10m超
工業		+1/10				工業				なし
工専						工専				
無指定	特定行政庁指定			特定行政庁指定		無指定				地方公共団体が条例で指定

※　1中高住専・2中高住専のうち、日影規制適用区域内では北側斜線制限は適用されない。

One Point

建蔽率と容積率の対比問題に注意してください。

5 建築確認が必要な大きな建築物〔増築の場合は、増築後の面積〕

特殊建築物	用途に供する部分の床面積の合計が200㎡を超えるもの	・劇場、映画館、演芸場、公会堂、集会場 ・病院、診療所、ホテル、旅館、下宿、共同住宅 ・寄宿舎、学校、体育館 ・百貨店、マーケット、展示場 ・キャバレー、バー ・倉庫、自動車車庫、自動車修理工場
木造 大規模建築物	・階数が3以上 ・延べ面積が500㎡を超える ・高さが13mを超える ・軒高が9mを超える	→いずれかに該当する場合
木造以外 鉄骨造等	・階数が2以上 ・延べ面積が200㎡を超える	→いずれかに該当する場合

One Point
建築確認の要否の問題に答えられるようにしましょう。

6 国土利用計画法の届出制

	事後届出制	事前届出制
区域	無指定	注視区域・監視区域
目的	適正な土地利用	・適正な土地利用 ・地価の抑制
届出義務者	権利取得者	取引の両当事者
届出要件の面積の判断基準	権利取得者を基準	取引の両当事者を基準
審査事項	利用目的（ただし取引対価も届出事項）	利用目的・予定対価
手続き	・契約後2週間以内に届出 ・勧告は届出後3週間以内	届出後6週間以内に勧告・不勧告を通知 →通知があるまで契約締結不可 変更の場合　原則→再度の届出必要 　　　　　　例外→減額のみのときは届出不要
届出義務違反	・契約は有効 ・罰則あり	
勧告に従わないとき	・知事は勧告内容等を公表できる ・契約は有効 ・罰則はない	

One Point
「事後」「事前」は契約締結時を基準にします。

25

7 国土法の届出が必要・不要な取引の要件〔無指定・注視区域について〕

面積	市街化区域内	→2,000㎡以上は必要
	市街化区域以外の都市計画区域内	→5,000㎡以上は必要
	都市計画区域外	→10,000㎡以上は必要
権利	土地の所有権、地上権、賃借権やそれらの権利取得を目的とする権利は必要	
	・譲渡担保や代物弁済、地上権や賃借権の設定（権利金等一時金の授受があるもの）は必要 ・抵当権の設定は不要	
	他に届出不要なケース	→贈与、相続、時効取得、合併
権利移転・設定する契約	予約を含む	→予約完結権、買戻権の譲渡は必要（行使は不要）
	停止条件付売買契約	→・契約締結時は必要 ・条件成就時は不要

One Point

届出の要否は暗記しておきましょう。

8 農地法のまとめ〔農＝農地、採＝採草放牧地、他＝その他の用途〕

	3条	4条	5条
	権利移動	転用	権利移動＋転用
対象取引	農 → 農 採 → 採 採 → 農	農 → 他	農 → 他 採 → 他
許可権者	農業委員会	知事〔農林水産大臣が指定する市町村（指定市町村）の区域内にあっては、指定市町村の長〕	
許可不要の例外	相続・遺産分割・包括遺贈・相続人への特定遺贈・法人の合併	農業用施設用の転用 → 農業用倉庫・畜舎・温室（2アール未満）	
	権利を取得等、転用する者が国、都道府県で一定の場合		
	土地収用法等によって権利が収用・使用（転用）される場合		
市街化区域内の特例	なし	あり→農業委員会に届出	
違反したとき	契約無効 →罰則あり	原状回復 →罰則あり	・契約無効 ・原状回復 　→罰則あり

One Point

農地法は確実に1点取れるように準備しておきましょう。

9　盛土規制法〔届出制〕

どのような場合に		いつ届け出るか
宅地造成等工事規制区域に指定時	→ 現に宅地造成等工事をしている	宅地造成等工事規制区域に指定された後21日以内
高さ2mを超える擁壁・崖面崩壊防止施設、排水施設・地滑り抑止ぐい	→ 全部又は一部の除却工事を行う	工事着手の14日前まで
公共施設用地	→ 宅地又は農地等に転用した	転用後14日以内

One Point

宅地造成等工事規制区域における「許可制」と区別して覚えておきましょう。

その他関連知識

1　不動産鑑定評価の手法

チェック！□□□

原価法	手法	価格時点における対象不動産の**再調達原価**を求め、この再調達原価について**減価修正**を行って対象不動産の試算価格（積算価格）を求める手法である。
	適用	対象不動産が「土地」のみである場合、再調達原価を求めうる造成地・埋立地等の場合に有効であるが、**既成市街地**の土地は、再調達原価の把握が困難であるため、一般に原価法は適用できない。
取引事例比較法	手法	まず多数の取引事例を収集して適切な事例の選択を行い、これらに係る取引価格に必要に応じて**事情補正及び時点修正**を行い、かつ、地域要因の比較及び個別的要因の比較を行って求められた価格を比較考量し、これによって対象不動産の試算価格（比準価格）を求める手法である。
	適用	不動産の取引が**極めて乏しい地域**や取引されることが**極めて少ない神社・仏閣、学校・公園等**の公共・公益用の不動産については、その適用は困難である。
収益還元法	手法	対象不動産が将来生み出すであろうと期待される**純収益の現在価値の総和**を求めることにより対象不動産の試算価格（収益価格）を求める手法である。
	適用	賃貸用不動産又は賃貸以外の事業の用に供する不動産の価格を求める場合に、特に有効であるが、**自用の不動産**といえども、**賃貸を想定**することにより適用されるものである。

One Point

念のため過去問も見ておきましょう。

2　地価公示法（公示価格の効力）

チェック！□□□

①	都市及びその周辺の地域等において土地の取引を行う者	公示価格を指標として取引を行うよう努める
②	不動産鑑定士が公示区域内の土地について鑑定評価を行う場合	公示価格を規準とする
③	公示区域内の土地を公共事業に供するために取得する場合	公示価格を規準とする
④	公示区域内の土地を収用する場合において補償金の額を算定する場合	公示価格を規準として算定した当該土地の価格を考慮する

One Point

令和6年度は、地価公示法の出題可能性が高く、また地価公示法はマスターしやすい法律なので、完璧に準備しておきましょう。

3 不動産取得税

課税主体	不動産所在の都道府県	普通徴収 →送付される納税通知書によって納付	
課税客体	不動産の取得	登記の有無とは関係なし	
	課税される	売買・交換（有償）、贈与（無償）、新築・増築・改築（価格増加の場合）、特定遺贈	
	課税されない	相続・包括遺贈・合併	
納税義務者	不動産を取得した者	個人・法人	
		建売住宅等 →1年経過時の所有者（未譲渡の場合のみ）	
課税標準	原則	固定資産課税台帳登録価格 →改築の場合は増加した価格	
	住宅取得の特例	新築住宅	既存住宅
	住宅の要件	床面積50㎡以上240㎡以下	
	戸建以外の貸家住宅	床面積40㎡以上240㎡以下	―
	控除額	・1,200万円（認定長期優良住宅は1,300万円）・法人も対象	・築後経過年数による・取得した個人の居住用のみ
	宅地評価土地の特例	登録価格×1/2	
税率	原則	4％	
	特例	3％（土地・住宅）	
税額	原則	税金の基本計算式	→課税標準×税率＝納付税額
	特例	住宅用地の税額減額	→宅地上の住宅が特例適用住宅の場合
免税点	土地の取得	10万円（未満なら免税）	
	家屋の取得 建築等	23万円（未満なら免税）	
	その他	12万円（未満なら免税）	

One Point

税法からは2問出題されます。各税法の基本事項は覚えておきましょう。

29

4　固定資産税

課税主体	固定資産所在の市町村	普通徴収　→送付される納税通知書によって納付	
課税客体	固定資産の保有	→土地や建物などを持っていることを理由に納める	
納税義務者	原則	1月1日現在、固定資産課税台帳に所有者として登録されている者	→法人を含む
	例外	100年を超える期間の地上権者等	
課税標準	原則	固定資産課税台帳登録価格	→市町村長が毎年3月31日までに価格を決定し、縦覧帳簿を作成し、縦覧
	住宅地の特例	土地の広さの区分	課税標準
	小規模住宅用地	住宅用地の面積が200㎡以下の部分等	登録価格×1/6
	一般住宅用地	住宅用地の面積が200㎡を超える部分	登録価格×1/3
税率		1.4%（標準税率）	
税額	原則	税金の基本計算式	→課税標準×税率＝納付税額
	新築住宅の税額減額の特例	中高層耐火等〔3階以上のもの〕	左以外
		床面積50㎡以上280㎡以下	
	期間	5年間	3年間
	減額される額	120㎡までの部分の税額の1/2	
免税点	土地の保有	30万円（未満なら免税）	
	家屋の保有	20万円（未満なら免税）	

One Point
不動産取得税との相違点に注意しましょう。

5　印紙税〔不動産の譲渡にかかる契約書の課税標準〕

記載金額なし（印紙税額200円）となるもの
① 贈与契約書
② 変更契約書（金額の**減少**の場合）　↔　金額の増加の場合は増加金額
③ 地上権・**土地賃借権**※の設定・譲渡に関する契約書
　（**賃貸料**や、その他に敷金・保証金等の**後日返還されることが予定されている金額のみが記載**されている場合）
　　↔　権利金・礼金・更新料等、後日返還されることが予定されていない金額に対し課税される。

※　建物賃貸借契約書・抵当権設定契約書・委任契約書は、そもそも課税されない。

One Point
印紙税は、令和4年度、令和5年度の2年連続で出題されました。令和6年度の出題可能性は高くありませんが、念のため基本事項については再確認しておきましょう。

6　登録免許税〔住宅用家屋の所有権移転登記に係る税率の軽減措置〕

主な**要件**のまとめ
① **売買**または**競落**による「**住宅用家屋**」の取得
② **個人**が**自己の居住用**の住宅として使用
③ 取得後**1年以内**に登記
④ 床面積が**50㎡以上**
⑤ 過去に適用を受けた場合でも適用要件を満たせば**再度適用を受けることができる**（一生に一度という限定はない）

One Point
この特例は過去頻出なので、覚えておきましょう。

7　譲渡所得税

課税標準	原則	→課税譲渡所得金額		
	特別控除	課税標準の算定に当たって一定額を控除する	収用交換等 → 5,000万円 居住用財産 → 3,000万円	
	居住用財産の買換え特例	→譲渡資産対価要件＝1億円以下		
税率	原則	短期（所有期間5年以下）→30% 長期（所有期間5年超）→15%		
軽減税率	居住用財産を譲渡した場合	所有期間10年超	・6,000万円以下の部分 → 10% ・6,000万円を超える部分→ 15%	
	優良住宅地造成用譲渡の場合	所有期間5年超	・2,000万円以下の部分 → 10% ・2,000万円を超える部分→ 15%	
税額	原則	税金の基本計算式	→課税標準×税率＝納付税額	

One Point
買換え特例の譲渡資産対価要件には注意しましょう。

8　住宅借入金等特別税額控除

制度概要	要件	控除
ローンを組んでマイホームを取得した場合、その後の所得税が減税される制度	・住宅取得 ・増改築 ・マンションリフォーム	控除額 →年末ローン残高の一定割合
	居住用家屋の取得資金　→敷地取得資金を含む	
	取得日等から6ヵ月以内に居住	
	床面積40㎡以上※　　→上限なし	
	10年以上の住宅ローン	控除期間→13年間
	年間所得2,000万円以下→2,000万円超の年は控除されない	
	譲渡損失の繰越控除との併用　→できる	

※　合計所得金額1,000万円超の者については面積要件は「50㎡以上」。

One Point
住宅ローン控除の要件を整理しましょう。

特集3 ここが必ず狙われる
2024本試験 法律改正点・最新統計

> TAC宅建士講座の『法律改正点レジュメ』（裏表紙の裏面でご案内）もぜひ併せてご利用ください！

法律改正点

1　民法　　　　　　　　　　　　　　　　　　　　　　重要度 C

　無戸籍者の問題を解消するとともに、児童虐待を防止し、子どもの権利利益を擁護するため以下の改正（令和6年4月1日施行）がなされた。
　宅建士試験の過去の出題傾向からするとあまり出題可能性は高くないが、念のため概要と改正前後の規定を掲載する。

1．再婚禁止期間の撤廃・嫡出制度の見直し等
（1）再婚禁止期間に関する規定の削除（民法733条・746条削除、773条改正）

　「女は、（適用除外の場合を除いて）前婚の解消又は取消しの日から起算して100日を経過した後でなければ、再婚をすることができない。」との規定（旧民法733条）が**削除**された。

　これに伴い、「（旧民法）733条の規定に違反した婚姻は、前婚の解消若しくは取消しの日から起算して100日を経過し、又は女が再婚後に出産したときは、その取消しを請求することができない。」との規定（旧民法746条）が**削除**された。

　さらに、「父を定めることを目的とする訴え」の規定（773条）が**改正**され、「**732条（重婚の禁止）の規定**（改正前：733条1項の規定）に違反して婚姻をした女が出産した場合において、772条（嫡出の推定）の規定によりその子の父を定めることができないときは、裁判所が、これを定める。」となった。

（2）嫡出推定・否認に関する規定の改正（民法772条・774条・775条・777条・778条改正）

改正後
（嫡出の推定）
772条　妻が婚姻中に懐胎した子は、当該婚姻における夫の子と推定する。**女が婚姻前に懐胎した子であって、婚姻が成立した後に生まれたものも、同様とする**。
　2　前項の場合において、婚姻の成立の日から200日以内に生まれた子は、**婚姻前に懐胎したものと推定**し、婚姻の成立の日から200日を経過した後又は婚姻の解消若しくは取消しの日から300日以内に生まれた子は、**婚姻中に懐胎したものと推定する**。
　3　1項の場合において、女が子を懐胎した時から子の出生の時までの間に**2以上の婚姻**をしていたときは、その子は、**その出生の直近の婚姻における夫の子と推定する**。

特集3　2024本試験 法律改正点・最新統計

4　前3項の規定により父が定められた子について、774条の規定によりその父の嫡出で
あることが否認された場合における前項の規定の適用については、同項中「直近の婚姻」
とあるのは、「直近の婚姻（774条の規定により子がその嫡出であることが否認された夫
との間の婚姻を除く）」とする。

（嫡出の否認）
774条　772条の規定により子の父が定められる場合において、**父又は子**は、子が嫡出であ
ることを否認することができる。

2　前項の規定による**子の否認権**は、親権を行う母、親権を行う養親又は未成年後見人が、
子のために行使することができる。

3　1項に規定する場合において、**母**は、子が嫡出であることを否認することができる。た
だし、その否認権の行使が子の利益を害することが明らかなときは、この限りでない。

4　772条3項の規定により子の父が定められる場合において、子の懐胎の時から出生の
時までの間に母と婚姻していた者であって、子の父以外のもの（以下「**前夫**」という）
は、子が嫡出であることを否認することができる。ただし、その否認権の行使が子の利益
を害することが明らかなときは、この限りでない。

5　前項の規定による否認権を行使し、772条4項の規定により読み替えられた772条3
項の規定により新たに子の父と定められた者は、1項の規定にかかわらず、子が自らの嫡
出であることを否認することができない。

（嫡出否認の訴え）
775条　次の①～④に掲げる否認権は、それぞれ①～④に定める者に対する嫡出否認の訴え
によって行う。

①　**父の否認権**　子又は親権を行う母

②　**子の否認権**　父

③　**母の否認権**　父

④　**前夫の否認権**　父及び子又は親権を行う母

2　前項①又は④に掲げる否認権を親権を行う母に対し行使しようとする場合において、親
権を行う母がないときは、家庭裁判所は、特別代理人を選任しなければならない。

（嫡出否認の訴えの出訴期間）
777条　次の①～④に掲げる否認権の行使に係る嫡出否認の訴えは、それぞれ①～④に定め
る時から**3年以内**に提起しなければならない。

①　**父の否認権**　父が子の出生を知った時

②　**子の否認権**　その出生の時

③　**母の否認権**　子の出生の時

④　**前夫の否認権**　前夫が子の出生を知った時

778条　772条3項の規定により父が定められた子について774条の規定により嫡出である
ことが否認されたときは、次の①～④に掲げる否認権の行使に係る嫡出否認の訴えは、前条
の規定にかかわらず、それぞれ①～④に定める時から**1年以内**に提起しなければならない。

①　772条4項の規定により読み替えられた772条3項の規定により新たに子の父と定

33

められた者の否認権　新たに子の父と定められた者が当該子に係る嫡出否認の裁判が確定したことを知った時

② 子の否認権　子が①の裁判が確定したことを知った時

③ 母の否認権　母が①の裁判が確定したことを知った時

④ 前夫の否認権　前夫が①の裁判が確定したことを知った時

778条の2　777条（②に限る）又は前条（②に限る）の期間の満了前**6箇月**以内の間に親権を行う母、親権を行う養親及び未成年後見人がないときは、子は、母若しくは養親の親権停止の期間が満了し、親権喪失若しくは親権停止の審判の取消しの審判が確定し、若しくは親権が回復された時、新たに養子縁組が成立した時又は未成年後見人が就職した時から**6箇月**を経過するまでの間は、嫡出否認の訴えを提起することができる。

2　子は、**その父と継続して同居した期間**（当該期間が2以上あるときは、そのうち最も長い期間）が**3年を下回るとき**は、777条（②に限る）及び前条（②に限る）の規定にかかわらず、**21歳**に達するまでの間、嫡出否認の訴えを提起することができる。ただし、子の否認権の行使が父による養育の状況に照らして父の利益を著しく害するときは、この限りでない。

3　774条2項の規定は、前項の場合には、適用しない。

4　777条（④に限る）及び前条（④に限る）に掲げる否認権の行使に係る嫡出否認の訴えは、子が**成年**に達した後は、提起することができない。

778条の3〜778条の4　新設（略）

（3）認知の無効の訴えに関する規定の改正・新設（民法786条改正・新設）

改正後

（認知の無効の訴え）

786条　次の①〜③に掲げる者は、それぞれ①〜③に定める時（783条1項の規定による認知がされた場合にあっては、子の出生の時）から**7年以内**に限り、認知について反対の事実があることを理由として、**認知の無効の訴えを提起することができる**。ただし、③に掲げる者について、その認知の無効の主張が子の利益を害することが明らかなときは、この限りでない。

① **子又はその法定代理人**　子又はその法定代理人が認知を知った時

② **認知をした者**　認知の時

③ **子の母**　子の母が認知を知った時

2　子は、**その子を認知した者と認知後に継続して同居した期間**（当該期間が2以上あるときは、そのうち最も長い期間）が**3年を下回るとき**は、前項（①に限る）の規定にかかわらず、**21歳**に達するまでの間、認知の無効の訴えを提起することができる。ただし、子による認知の無効の主張が認知をした者による養育の状況に照らして認知をした者の利益を著しく害するときは、この限りでない。

3　前項の規定は、同項に規定する子の法定代理人が1項の認知の無効の訴えを提起する場合には、適用しない。

4　1項及び2項の規定により認知が無効とされた場合であっても、子は、認知をした者が

支出した子の監護に要した費用を償還する義務を負わない。

２．子どもの懲戒に関する規定の削除等

（１）監護教育権の具体化・明確化と懲戒権に関する規定の削除（民法821条・822条改正）

親権を行う者は、監護及び教育をするに当たっては、子の人格を尊重するとともに、その年齢及び発達の程度に配慮しなければならず、かつ、体罰その他の子の心身の健全な発達に有害な影響を及ぼす言動をしてはならないこととするとともに、懲戒に関する規定を削除することとした。

もっとも、社会的に許容される正当なしつけは、民法820条の「監護及び教育」として行うことができる。

改正後

（監護及び教育の権利義務）

820条　親権を行う者は、子の利益のために子の**監護**及び**教育**をする権利を有し、義務を負う。

（子の人格の尊重等）

821条　親権を行う者は、前条の規定による**監護**及び**教育**をするに当たっては、**子の人格を尊重する**とともに、その**年齢及び発達の程度に配慮**しなければならず、かつ、**体罰その他の子の心身の健全な発達に有害な影響を及ぼす言動をしてはならない。**

（居所の指定）

822条　子は、親権を行う者が指定した場所に、その居所を定めなければならない（虐待を正当化する口実とされた「親権を行う者は、監護・教育に必要な範囲内で、その子を懲戒することができる」旨の**懲戒権**の規定は**削除**された）。

2　建物の区分所有等に関する法律（区分所有法）・宅建業法 等　重要度 C

アナログ規制の横断的な見直し

現行法上、申請や届出の方法について、フロッピーディスク等の**特定の記録媒体の使用を定める規定**が数多く存在し、**手続のオンライン化等の妨げ**となっている状況があること、また文書の作成等に係る規定について、クラウドサービス等を利用することは解釈上許容されるものの、現行の規定ぶりからは**クラウドサービス等の利用の可否が必ずしも明確ではない**ことから、「デジタル社会の形成を図るための規制改革を推進するための経済産業省関係省令の一部を改正する省令」（令和5年経済産業省令第63号）により、「フレキシブルディスク」、「シー・ディー・ロム」といった**具体の媒体名**を定める経済産業省所管の省令について、**媒体名の削除**又は「**電磁的記録媒体**」等の抽象的な規定への見直し等の所要の改正がなされた。

参考

【区分所有法30条5項・39条3項】

30条5項

規約は、書面又は**電磁的記録**（電子的方式、磁気的方式その他人の知覚によっては認識することができない方式で作られる記録であって、電子計算機による情報処理の用に供されるものとして法務省令で定めるものをいう。以下同じ）により、これを作成しなければならない。

39条3項

　　区分所有者は、規約又は集会の決議により、前項の規定による書面による議決権の行使に代えて、**電磁的方法**（電子情報処理組織を使用する方法その他の情報通信の技術を利用する方法であって法務省令で定めるものをいう。以下同じ）によって議決権を行使することができる。

【区分所有法施行規則1条・3条】

（電磁的記録）

1条　建物の区分所有等に関する法律30条5項に規定する法務省令で定める**電磁的記録は**、電子計算機に備えられたファイル又は**電磁的記録媒体**（電子的方式、磁気的方式その他人の知覚によっては認識することができない方式で作られる記録であって電子計算機による情報処理の用に供されるものに係る記録媒体をいう。3条1項②において同じ）をもって調製するファイルに情報を記録したものとする。

（電磁的方法）

3条　法39条3項に規定する法務省令で定める（**電磁的**）**方法**は、次に掲げる方法とする。

　①　送信者の使用に係る電子計算機と受信者の使用に係る電子計算機とを電気通信回線で接続した電子情報処理組織を使用する方法であって、当該電気通信回線を通じて情報が送信され、受信者の使用に係る電子計算機に備えられたファイルに当該情報が記録されるもの

　②　**電磁的記録媒体**をもって調製するファイルに情報を記録したものを交付する方法

　2　前項①②に掲げる方法は、受信者がファイルへの記録を出力することにより書面を作成することができるものでなければならない。

【宅建業法施行規則10条の10・10条の11・13条の10・16条の7・16条の9】

（**電磁的記録**に記録された事項を提供するための方法）

10条の10　法17条の11第2項4号の国土交通省令で定める方法は、次に掲げるもののうち、登録講習機関が定めるものとする。

　①　送信者の使用に係る電子計算機（入出力装置を含む。以下同じ）と受信者の使用に係る電子計算機とを電気通信回線で接続した電子情報処理組織を使用する方法であって、当該電気通信回線を通じて情報が送信され、受信者の使用に係る電子計算機に備えられたファイルに当該情報が記録されるもの

　②　**電磁的記録媒体**（**電磁的記録**（電子的方式、磁気的方式その他の人の知覚によっては認識することができない方式で作られる記録であって、電子計算機による情報処理の用に供されるものをいう。13条の25において同じ）**に係る記録媒体**をいう。以下同じ）をもって調製するファイルに情報を記録したものを交付する方法（以下第2項省略）

10条の11　（第1項省略）

　2　前項各号に掲げる事項が、電子計算機に備えられたファイル又は**電磁的記録媒体**に記録され、必要に応じ登録講習機関において電子計算機その他の機器を用いて明確に紙面に表示されるときは、当該記録をもって帳簿への記載に代えることができる。

　3　登録講習機関は、法17条の15に規定する帳簿（前項の規定による記録が行われた同項のファイル又は**電磁的記録媒体**を含む）を、登録講習業務の全部を廃止するまで保存しなければならない。（以下第4項省略）

13条の10　（第1項省略）

2　前項各号に掲げる事項が、電子計算機に備えられたファイル又は**電磁的記録媒体**に記録され、必要に応じ当該指定試験機関において電子計算機その他の機器を用いて明確に紙面に表示されるときは、当該記録をもって法16条の11に規定する帳簿への記載に代えることができる。

3　法第16条の11に規定する帳簿（前項の規定による記録が行われた同項のファイル又は**電磁的記録媒体**を含む）は、委任都道府県知事ごとに備え、試験事務を廃止するまで保存しなければならない。

（法41条1項の規定により交付しなければならない書面の交付に係る情報通信の技術を利用する方法）

16条の7　法41条5項の国土交通省令・内閣府令で定める措置は、次に掲げる措置とする。

①　電子情報処理組織を使用する措置のうちイ又はロに掲げるもの

　イ　宅地建物取引業者の使用に係る電子計算機と買主の使用に係る電子計算機とを接続する電気通信回線を通じて送信し、受信者の使用に係る電子計算機に備えられたファイルに記録する措置

　ロ　宅地建物取引業者の使用に係る電子計算機に備えられたファイルに記録された法41条1項1号に規定する保証委託契約に基づき当該契約を締結した銀行等が手付金等の返還債務を連帯して保証する旨又は同項第二号に規定する保証保険契約で約する事項（以下「契約事項」という）を電気通信回線を通じて買主の閲覧に供し、当該買主の使用に係る電子計算機に備えられたファイルに当該契約事項を記録する措置

②　**電磁的記録媒体**をもって調製するファイルに契約事項を記録したものを交付する措置（以下第2項・第3項省略）

（法41条1項の規定により交付しなければならない書面の交付に係る情報通信の技術を利用した承諾の取得）

16条の9　令4条の2第1項の国土交通省令・内閣府令で定める方法は、次に掲げる方法とする。

①　電子情報処理組織を使用する方法のうちイ又はロに掲げるもの

　イ　宅地建物取引業者の使用に係る電子計算機と買主の使用に係る電子計算機とを接続する電気通信回線を通じて送信し、受信者の使用に係る電子計算機に備えられたファイルに記録する方法

　ロ　宅地建物取引業者の使用に係る電子計算機に備えられたファイルに記録された法41条5項の承諾に関する事項（令4条の3第1項に規定する電磁的方法による承諾又は当該承諾をしない旨の申出をする場合にあっては、法41条の2第6項の承諾に関する事項）を電気通信回線を通じて買主の閲覧に供し、当該宅地建物取引業者の使用に係る電子計算機に備えられたファイルに当該承諾に関する事項を記録する方法

②　**電磁的記録媒体**をもって調製するファイルに当該承諾に関する事項を記録したものを交付する方法（以下2項省略）

3　不動産登記法　重要度 A

　所有者が亡くなったのに相続登記がされないことによって、登記簿を見ても所有者が分からない「**所有者不明土地**」が全国で増加し、周辺の環境悪化や民間取引・公共事業の阻害が生ずるなど、社会問題となっている。

　この問題を解決するため、不動産登記法が改正（**令和6年4月1日施行**）され、これまで**任意**だった**相続登記**が**義務化**されることになった。なお、令和6年4月1日より前に相続した不

動産で、相続登記がされていないものについても、令和9年3月31日までに相続登記をしなければならない。

1．相続登記申請の義務化・相続人申告登記の新設

（1）相続申請登記の義務化（不動産登記法76条の2新設・164条改正）

相続人は、不動産（土地・建物）を**相続**で取得したことを**知った日から3年以内**に、相続登記の申請をしなければならない（**義務化**）。

遺産分割（相続人間の話し合い）で不動産を取得した場合も、別途、**遺産分割から3年以内**に、**遺産分割の結果に基づく相続登記**の申請をしなければならない。

正当な理由がないのに上記の**相続登記の申請をしない場合、10万円以下の過料**が科される可能性がある。

（2）相続人申告登記の新設（不動産登記法76条の3新設・164条改正）

当分の間遺産分割を行う予定がない場合や早期の遺産分割が難しい場合には、新設された「**相続人申告登記**」の手続を法務局ですることによって、相続登記義務を果たすこともできる。**相続人申告登記**は、相続登記義務の履行期限が迫っている場合などに、その義務を果たすために利用することが想定される。ただし、遺産分割がされた後にこれに基づく登記をする義務を相続人申告登記によって履行することはできないことや、不動産についての権利関係を公示するものではなく、効果が限定的であることに留意が必要。

相続した不動産を売却したり、抵当権の設定をしたりするような場合には、相続登記をする必要があるので、できるだけ早めに相続人の間で遺産分割の話し合いを行い、**遺産分割の結果に基づく相続登記**をしなければならない。

相続人申告登記の詳細な申出方法や必要書類については、相続登記の手続と比べて簡略化したものとなる。具体的には、法務局（登記官）に対して、対象となる不動産を特定した上で、①所有権の登記名義人について相続が開始した旨及び②自らがその相続人である旨を申し出て行う。

相続人申告登記は、申出をした相続人についてのみ、相続登記の義務を履行したものとみなされる。相続人の全員が義務を履行したとみなされるには、相続人全員がそれぞれ申出をする必要がある。複数の相続人が連名で（話し合って）申出書を作成することで、複数人分の申出をまとめてすることもできる。

2．その他の不動産登記法の改正

（1）所有権の登記の登記事項の新設（不動産登記法73条の2新設）

改正後

（所有権の登記の登記事項）

73条の2　所有権の登記の登記事項は、59条各号（権利に関する登記の登記事項）に掲げるもののほか、次のとおりとする。

① **所有権の登記名義人が法人であるときは、会社法人等番号**（商業登記法7条（他の法

令において準用する場合を含む）に規定する会社法人等番号をいう）**その他の特定の法人を識別するために必要な事項**として法務省令で定めるもの

② **所有権の登記名義人が国内に住所を有しないとき**は、その国内における連絡先となる者の氏名又は名称及び住所その他の**国内における連絡先に関する事項**として法務省令で定めるもの

（2）登記事項証明書の記載事項の特例の新設（不動産登記法119条6項新設）

改正後

（登記事項証明書の交付等）

119条　何人も、登記官に対し、手数料を納付して、登記記録に記録されている事項の全部又は一部を証明した書面（以下「登記事項証明書」という）の交付を請求することができる。

2　何人も、登記官に対し、手数料を納付して、登記記録に記録されている事項の概要を記載した書面の交付を請求することができる。

（3項～5項　省略）

6　登記官は、1項及び2項の規定にかかわらず、**登記記録に記録されている者（自然人であるものに限る）**の住所が明らかにされることにより、**人の生命若しくは身体に危害を及ぼすおそれがある場合**又は**これに準ずる程度に心身に有害な影響を及ぼすおそれがあるものとして法務省令で定める場合**において、その者からの**申出**があったときは、法務省令で定めるところにより、1項及び2項に規定する各書面に当該**住所に代わるものとして法務省令で定める事項**を記載しなければならない。

4　宅地建物取引業法／解釈・運用の考え方／標準媒介契約約款 [重要度 A]

1．宅地造成等規制法改正に伴う改正

「宅地造成等規制法」が全面改正され、「**宅地造成及び特定盛土等規制法**」となったことに伴い、宅建業法・宅建業法施行令・宅建業法施行規則につき以下の改正がなされた。

（1）広告の開始時期の制限（宅建業法法33条）・契約の締結等の時期の制限（宅建業法36条）の対象となる許可等の処分に、「宅地造成及び特定盛土等規制法12条1項、16条1項、30条1項及び35条1項の許可」が**追加**された（施行令2条の5第23号）。

（2）重要事項説明書に記載・説明すべき事項（宅建業法法35条1項2号）として、「宅地造成及び特定盛土等規制法12条1項、16条1項、27条1項、28条1項、30条1項及び35条1項」が**追加**された（施行令3条27号）。

2．建物状況調査（インスペクション）について

（1）鉄筋コンクリート造又は鉄骨鉄筋コンクリート造の共同住宅等については、**建物状況調査の期間を2年間とする**（施行規則16条の2の2）。

平成30年４月の建物状況調査の促進等を内容とする法改正施行から５年を迎え、更なる建物状況調査の普及促進に向けて、共同住宅の実態に応じた建物状況調査の合理化を図る目的で改正された。

改正後

宅建業法35条１項６号の２　当該建物が既存の建物であるときは、次に掲げる事項
　　　イ　建物状況調査（実施後国土交通省令で定める期間を経過していないものに限る）を実施しているかどうか、及びこれを実施している場合におけるその結果の概要

施行規則16条の２の２
（法35条１項６号の２イの国土交通省令で定める期間）
16条の２の２　法35条１項６号の２イの国土交通省令で定める期間は、１年**（鉄筋コンクリート造又は鉄骨鉄筋コンクリート造の共同住宅等（住宅の品質確保の促進等に関する法律施行規則１条４号に規定する共同住宅等をいう）にあっては、２年）**とする。

（２）　標準媒介契約約款における建物状況調査の記載について
　　　建物状況調査を実施する者のあっせんを「無」とする場合には、その**理由を記載**するとともに、建物状況調査の目的や性質について、取引の相手方に誤解を与えないよう**付記し**なければならない。（**３．宅建業法の解釈・運用の考え方／標準媒介契約約款の主要な改正**参照）

３．宅建業法の解釈・運用の考え方／標準媒介契約約款の主要な改正

　　「宅建業法の解釈・運用の考え方」（国土交通省）は、宅建士試験で出題されることがあるため、令和６年宅建士試験対策としては、令和５年５月26日（「**宅地造成等規制法**」⇒「**宅地造成及び特定盛土等規制法**」等形式的な改正）・令和５年12月28日（「**磁気ディスク等**」⇒「**電磁的記録媒体**」に改正）・令和６年４月１日施行の改正をおさえておく必要がある。また「標準媒介契約約款」についても令和６年４月１日施行の改正をおさえておく必要がある。以下、主要な改正部分に下線をひく形で掲載した。

宅建業法の解釈・運用の考え方

改正後（下線は令和６年４月１日施行改正部分）

第34条の２関係

７　建物状況調査を実施する者のあっせんについて

　　宅地建物取引業者は、媒介契約を締結するときは、媒介契約書に「建物状況調査を実施する者のあっせんの有無」について記載することとする。

　　標準媒介契約約款では、媒介契約の目的物件が既存の住宅である場合において、あっせん「無」とするときは、その理由を記入することとしているが、例えば次のような理由を記入することが考えられる。

・甲が、建物状況調査を実施する者のあっせんを希望しないため

・目的物件の所有者から、建物状況調査の実施の同意が得られないため

・既に建物状況調査が実施されているため

　また、依頼者が建物状況調査について認識した上で既存住宅の取引を行えるよう、宅地建物取引業者は依頼者に対して、建物状況調査に関して説明を行うことが望ましい。（以下省略）

第35条第1項第6号の2関係

1　重要事項説明の対象となる建物状況調査について

　建物状況調査が過去1年（鉄筋コンクリート造又は鉄骨鉄筋コンクリート造の共同住宅等（住宅の品質確保の促進等に関する法律施行規則1条4号に規定する共同住宅等をいう）にあっては、2年。以下この項において同じ）以内に実施されている場合には、建物状況調査を実施した者が作成した「建物状況調査の結果の概要（重要事項説明用）」（別添4）に基づき、劣化事象等の有無を説明することとする。説明を行うに当たっては、当該建物状況調査を実施した者が既存住宅状況調査技術者であることを既存住宅状況調査技術者講習実施機関のホームページ等において確認した上で行うよう留意すること。

　なお、住戸内における調査と住戸外における調査を、異なる調査者がそれぞれの調査範囲及びその責任分担を明確にした上で、それぞれ実施している場合も、建物状況調査として有効である。この場合、「建物状況調査の結果の概要（重要事項説明用）」として、住戸内における調査を実施した者が作成したものと住戸外における調査を実施した者が作成したものが分かれているときは、その両方を説明するものとする。（以下省略）

2　建物の建築及び維持保全の状況に関する書類について（規則第16条の2の3関係）

　規則16条の2の3各号に掲げる書類の保存の状況に関する説明は、原則として、当該書類の有無を説明するものであり、当該書類に記載されている内容の説明まで宅地建物取引業者に義務付けるものではない。また、規則16条の2の3各号に掲げる書類の保存に代えて、当該書類に係る電磁的記録が保存されている場合も含むものとする。なお、規則16条の2の3各号に掲げる書類の作成義務がない場合や当該書類が交付されていない場合には、その旨を説明することが望ましい。

　また、売主・買主が安心して取引ができるよう、住宅の品質に関する正確な情報を提供する観点から、必要に応じ規則16条の2の3各号に掲げる書類の概要等を消費者に情報提供することが考えられる。（以下省略）

その他の留意すべき事項

4　不動産の売主等による告知書の提出について

　宅地又は建物の過去の履歴や性状など、取引物件の売主や所有者しか分からない事項に関し、売主等から協力を得られるときにおいて告知書を提出してもらい、これを買主等に渡すことについては、建物状況調査の活用と併せて、告知書により買主等への情報提供の充実が図られることで、将来の紛争の防止に役立つなど、宅地又は建物の円滑な流通を促進することが期待されることから、積極的に行うことが望ましい。（以下省略）

標準媒介契約約款（専任媒介契約書・専属専任媒介契約書・一般媒介契約書抜粋）

改正後 （下線は令和6年4月1日施行改正部分）

3　建物状況調査を実施する者のあっせんの有無（有・無）

目的物件が既存の住宅である場合において、あっせん「無」とするときは、その理由を記入すること。

注　建物状況調査の結果は瑕疵の有無を判定するものではなく、瑕疵がないことを保証するものでもありませんが、住宅の品質に関する情報を提供することにより、売主・買主が安心して取引ができるよう、目的物件について、目視を中心とした非破壊調査により、劣化事象等の状況を把握し、明らかにするものです。

5　都市計画法 重要度 B

1．開発許可基準・開発許可申請書記載事項の改正

（1）開発許可基準の改正（都市計画法33条1項7号）

「宅地造成等規制法（以下「宅造法」という）」が「宅地造成及び特定盛土等規制法（以下「**盛土規制法**」という）」に改正されたことに伴い、開発許可の基準が改正された（33条1項7号）。盛土規制法10条1項の宅地造成等工事規制区域（以下「宅造区域」という）内又は同法26条1項の特定盛土等規制区域（以下「特盛区域」という）内で行う都市計画法の開発許可の対象となる宅地造成又は特定盛土等に関する工事を行う場合は、都市計画法33条1項7号の規定により、**盛土規制法**13条又は31条の技術的基準に適合する必要がある。

これにより、宅造区域内又は特盛区域内において行う都市計画法の開発許可を受けた工事については、**盛土規制法**15条2項又は34条2項の規定により、同法12条1項又は30条1項の許可を受けたものとみなされる。

（2）開発許可申請書記載事項の改正（都市計画法33条1項12号・13号、施行規則15条、28条の4）

宅造区域内における宅地造成等又は特盛区域内における特定盛土等に関する工事の許可を要する開発行為について、「申請者に必要な**資力及び信用**があること」、「工事施行者に工事完成に必要な**能力**があること」が許可の要件とされた（33条1項12号・13号）。これを受け、かかる開発行為については、開発行為許可申請書に「**資金計画**」を記載することを要し（30条1項5号、規則15条4号）、工事施行者の変更が「**軽微な変更**」となるのは、氏名・名称・住所の変更に限ることとされた（28条の4第2号）。

6　建築基準法 重要度 C

1．「宅造法」⇒「盛土規制法」に伴う改正（建築基準法施行令9条、施行規則1条の3）

建築基準法6条1項の規定による建築確認申請に際して適合確認が必要な「**建築基準関係規定**」として、従来の宅地造成等工事規制区域内において行われる宅地造成等に関する工事

特集3 **2024本試験 法律改正点・最新統計**

の許可・変更の許可の規定のほか、特定盛土等規制区域内において行われる特定盛土等又は土石の堆積に関する工事の許可・変更の許可の規定が**追加**され（施行令９条９号）、適合確認に必要な図書の添付が義務づけられた（施行規則１条の３）。

２．中大規模建築物の木造化を促進する防火規定の合理化

（１）「耐火建築物」の定義の変更（建築基準法２条９号の２イ改正）

「耐火建築物」の定義が、以下のとおり変更された。なお、「**主要構造部のうち防火上及び避難上支障がない部分**」については、建築基準法施行令108条の３が新設された。

改正前 （建築基準法２条９号の２イ）

２条９号の２　**耐火建築物**　次に掲げる基準に適合する建築物をいう。

　　イ　その**主要構造部**が（１）又は（２）のいずれかに該当すること。

　　（１）　**耐火構造**であること。

　　（２）　次に掲げる性能（外壁以外の主要構造部にあっては、（ⅰ）に掲げる性能に限る）に関して政令で定める技術的基準に適合するものであること。

　　　（ⅰ）　当該建築物の構造、建築設備及び用途に応じて屋内において発生が予測される火災による火熱に当該火災が終了するまで耐えること。

　　　（ⅱ）　当該建築物の周囲において発生する通常の火災による火熱に当該火災が終了するまで耐えること。

改正後 （下線は改正部分）

２条９号の２　**耐火建築物**　次に掲げる基準に適合する建築物をいう。

　　イ　その**主要構造部のうち、防火上及び避難上支障がないものとして政令で定める部分以外の部分**（以下「**特定主要構造部**」という）が、（１）又は（２）のいずれかに該当すること。

　　（１）　**耐火構造**であること。

　　（２）　次に掲げる性能（外壁以外の特定主要構造部にあっては、（ⅰ）に掲げる性能に限る）に関して政令で定める技術的基準に適合するものであること。

　　　（ⅰ）　当該建築物の構造、建築設備及び用途に応じて屋内において発生が予測される火災による火熱に当該火災が終了するまで耐えること。

　　　（ⅱ）　当該建築物の周囲において発生する通常の火災による火熱に当該火災が終了するまで耐えること。

参　考 （建築基準法施行令108条の３新設）

（主要構造部のうち防火上及び避難上支障がない部分）

108条の３　法２条９号の２イの政令で定める部分は、主要構造部のうち、次の各号のいずれにも該当する部分とする。

　　①　当該部分が、床、壁又は109条に規定する防火設備（当該部分において通常の火災が発生した場合に建築物の他の部分又は周囲への延焼を有効に防止できるものとして、国土交通大臣が

43

定めた構造方法を用いるもの又は国土交通大臣の認定を受けたものに限る）で区画されたものであること。

② 当該部分が避難の用に供する廊下その他の通路の一部となっている場合にあっては、通常の火災時において、建築物に存する者の全てが当該通路を経由しないで地上までの避難を終了することができるものであること。

（2）3,000㎡超の大規模建築物の木造化の促進（建築基準法21条2項・3項）

延べ面積が3,000㎡を超える大規模建築物を木造とする場合にも、構造部材である木材をそのまま見せる「あらわし」による設計が可能となるよう、新たな構造方法を導入し、大規模建築物への木造利用の促進を図ることとした。

| 改正後 | （建築基準法21条2項・3項）

2 延べ面積が3,000㎡を超える建築物（その主要構造部（床、屋根及び階段を除く）の前項の政令で定める部分の全部又は一部に木材、プラスチックその他の可燃材料を用いたものに限る）は、その壁、柱、床その他の建築物の部分又は防火戸その他の政令で定める防火設備を通常の火災時における火熱が当該建築物の周囲に防火上有害な影響を及ぼすことを防止するためにこれらに必要とされる性能に関して政令で定める技術的基準に適合するもので、国土交通大臣が定めた構造方法を用いるもの又は国土交通大臣の認定を受けたものとしなければならない。

3 前2項に規定する基準の適用上1の建築物であっても別の建築物とみなすことができる部分として政令で定める部分が2以上ある建築物の当該建築物の部分は、これらの規定の適用については、それぞれ別の建築物とみなす。

（3）階数に応じて要求される耐火性能基準の合理化（政令・告示の改正）

階数に応じて要求される耐火性能基準を合理化し、中層建築物への木材利用の促進を図ることとした。たとえば、現行は60分刻み（1時間・2時間等）の耐火性能等について、**階数5以上9以下の建築物の最下層**について**90分耐火性能**で**設計可能**とした。

3．部分的な木造化を促進する防火規定の合理化
（1）大規模建築物における部分的な木造化の促進（施行令112条22項新設）

耐火性能が要求される大規模建築物においても、壁・床で防火上区画された防火上・避難上支障のない範囲内で**部分的な木造化を**可能とした。

これにより、例えば、複数にまたがるメゾネット住戸内の中間床や壁・柱など、最上階の屋根や柱・梁などについて、**部分的な木造化**を行う設計が**可能**となった。

（2）防火規定上の別棟扱いの導入による低層部分の木造化の促進（建築基準法26条2項改正等）

高い耐火性能の壁などや、十分な離隔距離を有する渡り廊下で、分棟的に区画された建築物については、その高層部・低層部をそれぞれ**防火既定上の別棟として扱う**ことで、**低**

層部分の木造化が可能となった。

（3）防火壁の設置範囲の合理化 （施行令112条5項改正）

他の部分と防火壁などで**有効に区画**された建築物の部分であれば、**1,000㎡を超える場合**であっても**防火壁**などの**設置は要しない**こととした。

4．一定範囲内の増築等において遡及適用しない規定・範囲の追加 （法86条の7改正等）

既存不適格建築物について、安全性等の確保を前提に接道義務・道路内建築制限の遡及適用を合理化し、「**市街地環境への影響が増大しないと認められる大規模の修繕・大規模の模様替を行う場合**」は、**現行基準を適用しない**こととした（法86条の7、施行令137条～137条の12参照）。

5．定期調査の指定可能対象範囲の拡大 （建築基準法12条1項、施行令16条2項、14条の2第2号）

令和3年12月に発生した大阪市北区ビル火災を踏まえ、**階数が3階以上で延べ面積が200㎡を超える事務所等の建築物**について、特定行政庁が定期調査報告の対象として指定できることとされた。すなわち、「政令で定める建築物」で特定行政庁が指定するもの（国等の建築物を除く）の所有者（所有者と管理者が異なる場合においては、管理者）は、当該建築物の敷地、構造及び建築設備について、定期に、一級建築士若しくは二級建築士又は建築物調査員にその状況の調査をさせて、その結果を特定行政庁に報告しなければならないが（建築基準法12条1項）、「政令で定める建築物」として、**事務所その他これに類する用途に供する建築物**については、従来は、階数が5階以上で延べ面積が1,000㎡を超えるものとされていたが、改正により、**階数が3階以上で延べ面積が200㎡を超える**ものとされた（施行令16条2項、14条の2第2号）。

6．建築確認関係事務の担い手不足の解消 （建築基準法2条35号、4条、6条等）

改正前は、地方公共団体において建築確認の事務を行う**建築主事**は、「建築基準適合判定資格者検定に合格し、国土交通大臣の登録を受けた者でなければならない」とされていたが、検定の受検者・合格者の減少、資格者の高齢化により、**建築主事の継続的・安定的確保**に支障が生じ、**建築確認関係事務の担い手不足解消**のための改正がなされた。

改正のポイントは、受検資格の見直し（二級建築士試験合格者・受検段階で実務未経験者の受検を可能とする）、建築副主事等（小規模建築物等に限り建築確認関係事務を行う）資格の新設である。以下、宅建士試験対策上重要な改正後の条文を掲載する。

改正後 （下線は令和6年4月1日施行改正部分）

（用語の定義）

2条35号

㉟　**特定行政庁**　この法律の規定により**建築主事**又は**建築副主事**を置く市町村の区域については当該市町村の長をいい、その他の市町村の区域については都道府県知事をいう。

（以下略）

（建築主事又は建築副主事）

4条

1　政令で指定する人口25万以上の市は、その長の指揮監督の下に、6条1項の規定による確認に関する事務その他のこの法律の規定により建築主事の権限に属するものとされている事務（以下この条において「**確認等事務**」という）をつかさどらせるために、**建築主事**を置かなければならない。（2項～6項略）

7　1項、2項又は5項の規定によって建築主事を置いた市町村又は都道府県は、当該市町村又は都道府県における確認等事務の実施体制の確保又は充実を図るため必要があると認めるときは、建築主事のほか、当該市町村の長又は都道府県知事の指揮監督の下に、**確認等事務のうち建築士法3条1項各号に掲げる建築物（以下「大規模建築物」という）に係るもの以外のものをつかさどらせる**ために、**建築副主事**を置くことができる。（以下略）

（建築物の建築等に関する申請及び確認）

6条

1　建築主は、1号から3号までに掲げる建築物を建築しようとする場合（増築しようとする場合においては、建築物が増築後において1号から3号までに掲げる規模のものとなる場合を含む）、これらの建築物の大規模の修繕若しくは大規模の模様替をしようとする場合又は4号に掲げる建築物を建築しようとする場合においては、当該工事に着手する前に、その計画が建築基準関係規定（この法律並びにこれに基づく命令及び条例の規定（以下「建築基準法令の規定」という）その他建築物の敷地、構造又は建築設備に関する法律並びにこれに基づく命令及び条例の規定で政令で定めるものをいう。以下同じ）に適合するものであることについて、確認の申請書を提出して**建築主事又は建築副主事**（以下「**建築主事等**」という）の確認（**建築副主事の確認にあっては、大規模建築物以外の建築物に係るものに限る。以下この項において同じ**）を受け、確認済証の交付を受けなければならない。（以下略）

7　土地区画整理法
重要度 C

アナログ規制の横断的な見直し（2　建物の区分所有等に関する法律（区分所有法）・宅建業法 等も参照）

改正前 （土地区画整理法77条5項）

5　前項後段の公告（**建築物等を移転又は除却する旨の公告**）は、**官報その他政令で定める定期刊行物に掲載して行う**ほか、その公告すべき内容を政令で定めるところにより当該土地区画整理事業の施行地区内の適当な場所に掲示して行わなければならない。この場合において、施行者は、公告すべき内容を当該土地区画整理事業の施行地区を管轄する市町村長に通知し、当該市町村長は、当該掲示がされている旨の公告をしなければならない。

特集3　2024本試験 法律改正点・最新統計

改正後（土地区画整理法77条5項）

5　前項後段の公告（**建築物等を移転又は除却する旨の公告**）は、国土交通省令で定めるところにより、**官報その他政令で定める定期刊行物への掲載及び電気通信回線に接続して行う自動公衆送信（公衆によって直接受信されることを目的として公衆からの求めに応じ自動的に送信を行うことをいい、放送又は有線放送に該当するものを除く。以下この項において同じ）により行う**ほか、その公告すべき内容を政令で定めるところにより当該土地区画整理事業の施行地区内の適当な場所に掲示して行わなければならない。ただし、その事業の規模が著しく小さい場合その他の国土交通省令で定める場合は、当該公告を電気通信回線に接続して行う自動公衆送信により行うことを要しない。

8　宅地造成及び特定盛土等規制法　　　重要度 A

令和3年、静岡県熱海市で大雨に伴って盛土が崩落し、大規模な土石流災害が発生したことや、危険な盛土等に関する法律による規制が必ずしも十分でないエリアが存在していること等を踏まえ、「宅地造成等規制法」を抜本的に改正して「宅地造成及び特定盛土等規制法」（以下「盛土規制法」、令和5年5月26日施行）とし、盛土等による災害から国民の生命・身体を守る観点から、土地の用途やその目的にかかわらず、危険な盛土等を全国一律の基準で包括的に規制することとした。抜本的な改正であるため、ここでは、改正法の概要を記載する。

1．目的（1条）

この法律は、**宅地造成、特定盛土等**又は**土石の堆積**に伴う**崖崩れ又は土砂の流出による災害の防止**のため必要な規制を行うことにより、国民の生命及び財産の保護を図り、もって公共の福祉に寄与することを目的とする。

2．用語の定義（2条）

（1）宅地造成（2条2号）

宅地以外の土地を宅地にするために行う盛土その他の**土地の形質の変更**で政令で定めるものをいう（※）。

※　政令で定める**土地の形質の変更**（施行令3条）

①	高さ**1m超**の崖を生ずる盛土
②	高さ**2m超**の崖を生ずる切土
③	盛土・切土を同時にする場合、高さ**2m超**の崖を生ずる盛土・切土（①②を除く）
④	①③に該当しない高さ**2m超**の盛土
⑤	①～④に該当しない盛土・切土で、盛土・切土をする土地の面積が**500㎡超**

（2）特定盛土等（2条3号）

宅地又は農地等において行う盛土その他の**土地の形質の変更**で、当該宅地又は農地等に隣接し、又は近接する宅地において災害を発生させるおそれが大きいものとして政令で定

47

めるものをいう（※）。

※　（1）宅地造成の※と同じ。

（3）土石の堆積（2条4号）

　　宅地又は農地等において行う土石の堆積で政令で定めるもの（一定期間の経過後に当該土石を除却するものに限る）をいう（※）。

※　政令で定める**土石の堆積**（施行令4条）

①	高さ2m超の土石の堆積
②	①に該当しない土石の堆積で、土石の堆積を行う土地の面積が**500㎡超**

3．区域の指定

（1）　**都道府県知事**は、基本方針（3条）に基づき、かつ、基礎調査（4条）の結果を踏まえ、**宅地造成、特定盛土等又は土石の堆積**（以下「**宅地造成等**」という）に伴い災害が生ずるおそれが大きい市街地若しくは市街地となろうとする土地の区域又は集落の区域（これらの区域に隣接し、又は近接する土地の区域を含む。以下「市街地等区域」という）であって、**宅地造成等に関する工事について規制を行う必要があるもの**を、**宅地造成等工事規制区域**として**指定**することができる（10条1項）。

（2）　**都道府県知事**は、基本方針（3条）に基づき、かつ、基礎調査（4条）の結果を踏まえ、**宅地造成等工事規制区域以外の土地の区域**であって、土地の傾斜度、渓流の位置その他の自然的条件及び周辺地域における土地利用の状況その他の社会的条件からみて、当該区域内の土地において**特定盛土等又は土石の堆積**が行われた場合には、これに伴う災害により市街地等区域その他の区域の居住者その他の者（以下「居住者等」という）の生命又は身体に危害を生ずるおそれが特に大きいと認められる区域を、**特定盛土等規制区域**として**指定**することができる（26条1項）。

（3）　**都道府県知事**は、基本方針（3条）に基づき、かつ、基礎調査（4条）の結果を踏まえ、この法律の目的を達成するために必要があると認めるときは、**宅地造成又は特定盛土等**（宅地において行うものに限る）に伴う災害で相当数の居住者等に危害を生ずるものの発生のおそれが大きい一団の造成宅地（これに附帯する道路その他の土地を含み、**宅地造成等工事規制区域内の土地を除く**）の区域であって政令で定める基準に該当するものを、**造成宅地防災区域**として**指定**することができる（45条1項）。

4．工事等の規制

1　「宅地造成等工事規制区域」内における「宅地造成等に関する工事等」の規制

（1）　**宅地造成等工事規制区域**内において行われる**宅地造成等に関する工事**（※1）については、**工事主**は、当該**工事に着手する前**に、主務省令で定めるところにより、**都道府県知事の許可**を受けなければならない。ただし、宅地造成等に伴う災害の発生のおそれがないと認められるものとして政令で定める工事（※2）については、この限りでない（12条1項）。

48

特集3　2024本試験 法律改正点・最新統計

※1　許可を要する「宅地造成」「特定盛土等」「土石の堆積」の規模は、**2．用語の定義**参照。

※2　「高さ2m超の土石の堆積であって、土石の堆積を行う土地の面積が300㎡を超えないもの」（法12条1項ただし書、施行令5条1項5号、施行規則8条10号イ）等は、「許可不要」。

　この許可を受けた者は、当該許可に係る**宅地造成等に関する工事の計画の変更**をしようとするときは、主務省令で定めるところにより、**都道府県知事の許可**を受けなければならない。ただし、主務省令で定める軽微な変更をしようとするときは、この限りでない（16条1項）。この**軽微な変更**をしたときは、**遅滞なく、その旨を都道府県知事に届け出**なければならない（16条2項）。

（2）　この許可（政令で定める規模（※）の宅地造成等に関する工事に係るものに限る）を受けた者は、主務省令で定めるところにより、主務省令で定める期間ごとに、当該許可に係る宅地造成等に関する工事の実施の状況その他主務省令で定める事項を都道府県知事に報告（**定期報告**）しなければならない（19条1項）。

※　**定期報告を要する宅地造成等の規模**（施行令25条）

a	下記（3）※（**中間検査を要する規模**）と同様の**宅地造成・特定盛土等**
b	高さ5m超かつ1,500㎡超の土石の堆積
c	bに該当しない土石の堆積で、**土石の堆積**をする土地の面積が**3,000㎡超**

（3）　この許可を受けた者は、当該許可に係る宅地造成又は特定盛土等（政令で定める規模（※）のものに限る）に関する工事が政令で定める工程（以下「特定工程」という）を含む場合において、当該特定工程に係る工事を終えたときは、その都度主務省令で定める期間内に、主務省令で定めるところにより、都道府県知事の検査（**中間検査**）を申請しなければならない（18条1項）。

※　**中間検査を要する宅地造成・特定盛土等の規模**（施行令23条）

a	高さ2m超の崖を生ずる盛土
b	高さ5m超の崖を生ずる切土
c	盛土・切土を同時にする場合、高さ5m超の崖を生ずる盛土・切土（ab を除く）
d	acに該当しない高さ5m超の盛土
e	a〜dに該当しない盛土・切土で、盛土・切土をする土地の面積が**3,000㎡超**

（4）　宅地造成又は特定盛土等に関する工事についてこの許可を受けた者は、当該許可に係る工事を完了したときは、主務省令で定める期間内に、主務省令で定めるところにより、その工事が技術的基準（13条1項）に適合しているかどうかについて、都道府県知事の検査（**完了検査**）を申請しなければならない（17条1項）。都道府県知事は、この検査の結果、工事が技術的基準（13条1項）に適合していると認めた場合においては、主務省令で定める様式の**検査済証**をこの許可を受けた者に**交付**しなければならない（17条2項）。

　土石の堆積に関する工事についてこの許可を受けた者は、当該許可に係る工事（**堆積した全ての土石を除却**するものに限る）を完了したときは、主務省令で定める期間内

49

に、主務省令で定めるところにより、**堆積されていた全ての土石の除却**が行われたかどうかについて、**都道府県知事の確認**を申請しなければならない（17条4項）。都道府県知事は、この確認の結果、堆積されていた全ての土石が除却されたと認めた場合においては、主務省令で定める様式の**確認済証**をこの許可を受けた者に**交付**しなければならない（17条5項）。

（5）　**都道府県知事**は、勧告（22条2項）、改善命令（23条）、立入検査（24条）、報告の聴取（25条）をすることができる。

（6）　**都道府県知事**は、偽りその他不正な手段によりこの許可を受けた者又はその許可に付した条件に違反した者に対して、その**許可を取り消すことができる**（20条1項）。

　　　無許可工事者は、**3年以下の懲役又は1,000万円以下の罰金**に処する（55条1項1号）。

2　「特定盛土等規制区域」内における「特定盛土等又は土石の堆積に関する工事等」の規制

（1）　**特定盛土等規制区域**内において行われる**特定盛土等又は土石の堆積に関する工事**（※）については、**工事主**は、当該**工事に着手する日の30日前までに**、主務省令で定めるところにより、当該工事の計画を**都道府県知事に届け出**なければならない。ただし、特定盛土等又は土石の堆積に伴う災害の発生のおそれがないと認められるものとして政令で定める工事（※）については、この限りでない（27条1項）。

　　※　届出を要する「特定盛土等」・「土石の堆積」の規模・例外は、**4．工事等の規制1（1）※1及び※2**と同様。

　　　この届出をした者は、当該届出に係る**特定盛土等又は土石の堆積に関する工事の計画の変更**（主務省令で定める**軽微な変更を除く**）をしようとするときは、当該変更後の**工事に着手する日の30日前までに**、主務省令で定めるところにより、当該変更後の工事の計画を**都道府県知事に届け出**なければならない（28条1項）。

（2）　**特定盛土等規制区域**内において行われる**特定盛土等又は土石の堆積**（大規模な崖崩れ又は土砂の流出を生じさせるおそれが大きいものとして政令で定める規模（※1）のものに限る。以下同じ）**に関する工事**については、**工事主**は、当該**工事に着手する前に**、主務省令で定めるところにより、**都道府県知事の許可**を受けなければならない。ただし、特定盛土等又は土石の堆積に伴う災害の発生のおそれがないと認められるものとして政令で定める工事（※2）については、この限りでない（30条1項）。

　　※1　**許可を要する特定盛土等又は土石の堆積の規模**（施行令28条、23条、25条2項）

a	高さ**2m超**の崖を生ずる盛土
b	高さ**5m超**の崖を生ずる切土
c	盛土・切土を同時にする場合、高さ**5m超**の崖を生ずる盛土・切土（ａｂを除く）
d	ａｃに該当しない高さ**5m超**の盛土
e	ａ～ｄに該当しない盛土・切土で、盛土・切土をする土地の**面積が3,000㎡超**
f	高さ**5m超**かつ**1,500㎡超**の土石の堆積
g	ｆに該当しない土石の堆積で、**土石の堆積**をする土地の**面積が3,000㎡超**

　　※2　**4．工事等の規制1（1）※2**と同様。

この許可を受けた者は、当該許可に係る**特定盛土等又は土石の堆積に関する工事の計画の変更**をしようとするときは、主務省令で定めるところにより、**都道府県知事の許可**を受けなければならない。ただし、主務省令で定める軽微な変更をしようとするときは、この限りでない（35条1項）。この**軽微な変更**をしたときは、**遅滞なく**、その旨を**都道府県知事に届け出**なければならない（35条2項）。

（3）　この許可（政令で定める規模の特定盛土等又は土石の堆積に関する工事に係るものに限る）を受けた者は、主務省令で定めるところにより、主務省令で定める期間ごとに、当該許可に係る特定盛土等又は土石の堆積に関する工事の実施の状況その他主務省令で定める事項を都道府県知事に報告（**定期報告**）しなければならない（38条1項）。

（4）　この許可を受けた者は、当該許可に係る特定盛土等（政令で定める規模のものに限る）に関する工事が政令で定める工程（以下「特定工程」という）を含む場合において、当該特定工程に係る工事を終えたときは、その都度主務省令で定める期間内に、主務省令で定めるところにより、都道府県知事の検査（**中間検査**）を申請しなければならない（37条1項）。

（5）　特定盛土等に関する工事についてこの許可を受けた者は、当該許可に係る工事を完了したときは、主務省令で定める期間内に、主務省令で定めるところにより、その工事が技術的基準（31条1項）に適合しているかどうかについて、都道府県知事の検査（**完了検査**）を申請しなければならない（36条1項）。都道府県知事は、この検査の結果、工事が技術的基準（31条1項）に適合していると認めた場合においては、主務省令で定める様式の**検査済証**をこの許可を受けた者に**交付**しなければならない（36条2項）。

　　　土石の堆積に関する工事についてこの許可を受けた者は、当該許可に係る工事（**堆積した全ての土石を除却**するものに限る）を完了したときは、主務省令で定める期間内に、主務省令で定めるところにより、**堆積されていた全ての土石の除却**が行われたかどうかについて、**都道府県知事の確認**を申請しなければならない（36条4項）。都道府県知事は、この確認の結果、堆積されていた全ての土石が除却されたと認めた場合においては、主務省令で定める様式の**確認済証**をこの許可を受けた者に**交付**しなければならない（36条5項）。

（6）　**都道府県知事**は、勧告（41条2項）、改善命令（42条）、立入検査（43条）、報告の聴取（44条）をすることができる。

（7）　**都道府県知事**は、偽りその他不正な手段によりこの許可を受けた者又はその許可に付した条件に違反した者に対して、その**許可を取り消す**ことができる（39条1項）。

　　　無許可工事者は、**3年以下の懲役又は1,000万円以下の罰金**に処する（55条1項2号）。

　　　（1）の無届出工事者は、**1年以下の懲役又は100万円以下の罰金**に処する（57条）。

9　独立行政法人住宅金融支援機構法 　　重要度 B

1.「宅造法」⇒「盛土規制法」に伴う改正（独立行政法人住宅金融支援機構法施行令3条2号改正）

「宅地造成等規制法」による規制が、「宅地造成及び特定盛土等規制法」による規制に強化

されたことに伴い、住宅金融支援機構による**直接融資対象**が**追加**された（施行令３条２号）

改正後 （下線は改正部分）

（災害を防止し又は軽減するため、住宅部分を有する建築物の敷地について擁壁の設置等の工事を行う必要がある場合）

3条　法２条６項の政令で定める場合は、住宅部分を有する建築物の敷地について次に掲げる法律の規定による擁壁又は排水施設の設置又は改造その他の工事の施行の勧告又は命令を受けた場合とする。

 ①　建築基準法10条１項又は３項

 ②　宅地造成及び特定盛土等規制法22条２項、23条１項・２項、41条２項、42条１項・２項、46条２項又は47条１項・２項

 ③　急傾斜地の崩壊による災害の防止に関する法律９条３項又は10条１項・２項

参　考 （住宅金融支援機構法２条６項・13条１項６号）

 6　この法律において「**災害予防関連工事**」とは、災害を防止し又は軽減するため、住宅部分を有する建築物の敷地について擁壁又は排水施設の設置又は改造その他の工事を行う必要がある場合として政令で定める場合における当該工事をいう。

（業務の範囲）

13条　機構は、４条の目的を達成するため、次の業務を行う。

 ⑥　災害予防代替建築物の建設若しくは購入若しくは災害予防移転建築物の移転に必要な資金（当該災害予防代替建築物の建設若しくは購入又は当該災害予防移転建築物の移転に付随する行為で政令で定めるものに必要な資金を含む。）、**災害予防関連工事に必要な資金**又は地震に対する安全性の向上を主たる目的とする住宅の改良に必要な資金の**貸付け**を行うこと。

2.「空家等対策の推進に関する特別措置法」に伴う改正 （住宅金融支援機構法13条２項２号等改正）

 住宅金融支援機構の**業務**として「**空家等及び空家等の跡地の活用の促進に必要な資金の融通に関する情報の提供その他の援助**」が**追加**された（法13条２項２号）。

改正後 （住宅金融支援機構法13条２項２号）

 2　機構は、前項に規定する業務のほか、次の業務を行う。

 ②　空家等対策の推進に関する特別措置法21条の規定による情報の提供その他の援助を行うこと。

参　考 （空家等対策の推進に関する特別措置法21条）

（独立行政法人住宅金融支援機構の行う援助）

21条　独立行政法人住宅金融支援機構は、独立行政法人住宅金融支援機構法13条１項に規定する業務のほか、市町村又は23条１項に規定する空家等管理活用支援法人からの委託に基づき、**空家等及び空家等の跡地の活用の促進に必要な資金の融通に関する情報の提供その他の援助**を行うことができる。

特集3　2024本試験 法律改正点・最新統計

10　税法

令和6年度（一部令和5年度）税制改正大綱より　　重要度 B

　令和6年（2024年）4月1日施行の税制改正は、宅建士試験対策上は以下の3点を押さえておけばよい。なお、宅建士試験合格後の実務上は情報（本書では省略）にも注意が必要である。

（1）適用期限を延長した特例

（2）「相続時精算課税の特例」の改正

（3）「住宅ローン控除」の改正

（1）適用期限を延長した特例

　従来から存在する特例につき、適用期限を延長した（「○○年○月○日まで」という日付を覚えることが重要なのではなく、当該特例措置等が「令和6年（2024年）の宅建士試験で出題される可能性がある」点に注意することが重要である）。

【不動産取得税】

・新築住宅の取得日の特例（令和8年3月31日まで）

・認定長期優良住宅取得の課税標準の特例（令和8年3月31日まで）

・宅地の課税標準の特例（令和9年3月31日まで）

・税率（土地・住宅の取得の場合）の軽減（令和9年3月31日まで）

【固定資産税】

・新築住宅（認定長期優良住宅含む）の税額の減額（令和8年3月31日まで）

・既存住宅（耐震・バリアフリー・省エネ）改修工事した場合の税額の減額（令和8年3月31日まで）

【印紙税】

・不動産の譲渡に関する契約書等に係る税率の軽減措置（令和9年3月31日まで）

【登録免許税】

・税率（住宅用家屋・特定認定長期優良住宅・認定低炭素住宅）の軽減（令和9年3月31日まで）

【相続税・贈与税】

・直系尊属から住宅取得等資金の贈与を受けた場合の贈与税の非課税（令和8年12月31日まで）

・住宅取得等資金の贈与を受けた場合の相続時精算課税の特例（贈与者の年齢要件なし）（令和8年12月31日まで）

【所得税】

・特定の居住用財産の買換え及び交換の場合の長期譲渡所得の課税の特例（令和7年12月31日まで）

・居住用財産の買換え等の場合の譲渡損失の損益通算及び繰越控除（令和7年12月31日まで）

・特定居住用財産の譲渡損失の損益通算及び繰越控除（令和7年12月31日まで）

・認定住宅等の新築等をした場合の所得税額の特別控除（令和7年12月31日まで）等

（2）「相続時精算課税の特例」の改正（相続税法21条の9、租特法70条の3、施行令40条の5等）

改正前

・贈与税申告時に届出書を提出しなければならない。その後、少額贈与でも申告義務あり。

・手続きが煩雑で、一度選択すると暦年課税に変えられない。

改正後

・年110万円の非課税枠が設けられた（暦年課税と同様）。

・枠内の贈与であれば申告不要。相続財産にも加算されない。

・死亡前7年以内の贈与も加算対象外（暦年課税と異なる）。

（3）「住宅ローン控除」の改正（租特法41条、施行令26条）

令和6年度税制改正大綱より抜粋

住宅借入金等を有する場合の所得税額の特別控除について、次の措置を講ずる。

① 個人で、年齢40歳未満であって配偶者を有する者、年齢40歳以上であって年齢40歳未満の配偶者を有する者又は年齢19歳未満の扶養親族を有する者（以下「子育て特例対象個人」という）が、認定住宅等の新築若しくは認定住宅等で建築後使用されたことのないものの取得又は買取再販認定住宅等の取得（以下「認定住宅等の新築等」という）をして令和6年1月1日から同年12月31日までの間に居住の用に供した場合の住宅借入金等の年末残高の限度額（借入限度額）を次のとおりとして本特例の適用ができることとする。

住宅の区分	借入限度額
認定住宅	5,000万円
ＺＥＨ水準省エネ住宅	4,500万円
省エネ基準適合住宅	4,000万円

② 認定住宅等の新築又は認定住宅等で建築後使用されたことのないものの取得に係る床面積要件の緩和措置について、令和6年12月31日以前に建築確認を受けた家屋についても適用できることとする。

③ その他所要の措置を講ずる。

※1 「認定住宅等」とは、認定住宅、ＺＥＨ水準省エネ住宅及び省エネ基準適合住宅をいい、「認定住宅」とは、認定長期優良住宅及び認定低炭素住宅をいう。以下同じ。

※2 「買取再販認定住宅等」とは、認定住宅等である既存住宅のうち宅地建物取引業者により一定の増改築等が行われたものをいう。

※3 上記①及び②について、その他の要件等は、現行の住宅借入金等を有する場合の所得税額の特別控除と同様とする。

特集3　2024本試験 法律改正点・最新統計

2024年本試験用統計

１．土地取引の動向（令和６年版土地白書）

　　令和５年の全国の**土地取引件数**（売買による土地の所有権移転登記の件数）は、**約129万件**となり、（２年連続で減少したものの）**ほぼ横ばい**で推移している。

２．地価公示（令和６年３月国土交通省）

　　令和５年１月以降の１年間の地価は、**全国平均**では、**全用途平均・住宅地・商業地のいずれも３年連続で上昇（上昇率拡大）**した。

　　三大都市圏（東京圏・大阪圏・名古屋圏）**平均**では、**全用途平均・住宅地・商業地のいずれも３年連続で上昇（上昇率拡大）**した。

　　地方圏平均では、**全用途平均・住宅地・商業地のいずれも３年連続で上昇**した。全用途平均・商業地は上昇率が拡大し、住宅地は前年と同じ上昇率となった。

　　地方四市（札幌市・仙台市・広島市・福岡市）では、全用途平均・住宅地・商業地のいずれも11年連続で上昇した。全用途平均・住宅地は上昇率が縮小したが、商業地は上昇率が拡大した。その他の地域では、全用途平均・住宅地・商業地のいずれも２年連続で上昇（上昇率拡大）した。

　　全国の地価は、景気が緩やかに回復している中、地域や用途により差があるものの、三大都市圏・地方圏ともに上昇が継続するとともに、三大都市圏では上昇率が拡大し、地方圏でも上昇率が拡大傾向となるなど、上昇基調を強めている。

地価⇒いずれも３年連続の上昇（地方圏の住宅地以外**は上昇率拡大**）（単位：％）

	全用途平均	住宅地	商業地
全　　国	2.3	2.0	3.1
三大都市圏	3.5	2.8	5.2
地方圏	1.3	1.2	1.5

３．建築着工統計（令和６年１月国土交通省）

　　令和５年の新設住宅着工は、持家、貸家及び分譲住宅が減少したため、**全体で減少**となった。

（１）令和５年の新設住宅着工戸数等

　①　819,623戸（前年比**4.6％減**）で、**3年ぶりの減少**となった。

　　　参考：

平成28年	967,237戸（前年比6.4％増）	2年連続の増加
平成29年	964,641戸（前年比0.3％減）	3年ぶりの減少
平成30年	942,370戸（前年比2.3％減）	2年連続の減少
令和元年	905,123戸（前年比4.0％減）	3年連続の減少
令和２年	815,340戸（前年比9.9％減）	4年連続の減少
令和３年	856,484戸（前年比5.0％増）	5年ぶりの増加
令和４年	859,529戸（前年比0.4％増）	2年連続の増加
令和５年	**819,623戸（前年比4.6％減）**	**3年ぶりの減少**

　②　**新設住宅着工床面積**は64,178千㎡（前年比**7.0％減**）で、**2年連続の減少**。

（２）令和５年の利用関係別戸数

　①　**持　　家**→224,352戸（前年比11.4％減、**2年連続の減少**）

　②　**貸　　家**→343,894戸（前年比0.3％減、**3年ぶりの減少**）

　③　**分譲住宅**→246,299戸（前年比3.6％減、**3年ぶりの減少**）

　　　・**マンション**は107,879戸（同0.3％減、**昨年の増加から再びの減少**）

　　　・**一戸建住宅**は137,286戸（同6.0％減、**3年ぶりの減少**）

　※　持家＝建築主（個人）が自分で居住する目的で建築するもの。

　　　貸家＝建築主が賃貸する目的で建築するもの。

　　　分譲住宅＝建て売り又は分譲の目的で建築するもの。

４．法人企業統計（財務省）

令和４年度法人企業統計調査		不動産業	全産業との比較
売　上　高		46兆2,682億円 前年度比－4.8% ２年ぶりの減収	全産業売上高の約2.9%
営　業　利　益		4兆6,592億円 前年度比－13.2% ３年ぶりの減益	全産業営業利益の約7.4%
経　常　利　益		5兆9,392億円 前年度比－2.0% ３年ぶりの減益	全産業経常利益の約6.2%
売上高利益率	売上高営業利益率	10.1% 前年度比 ３年ぶりの下落	全産業売上高 営業利益率（4.0%） より高い
	売上高経常利益率	12.8% 前年度比 ３年連続の上昇	全産業売上高 経常利益率（6.0%） より高い

５．宅地建物取引業者に関する統計（国土交通省）

（１）宅地建物取引業者数（令和４年度末現在）

① **12万9,604**（法人11万6,230）**業者**（前年度末比1,007業者増）と、**９年連続の増加**となっている。

② 国土交通大臣免許業者が2,922（法人2,920）業者（前年度末比146業者増）。

都道府県知事免許業者が12万6,682（法人11万3,310）業者（前年度末比861業者増）。

（２）宅地建物取引業者に対する監督処分・行政指導の実施状況（令和４年度）

監督処分件数は139件（免許取消処分63件・業務停止処分38件・指示処分38件）。前年度と比較して、業務停止処分は増加したものの、監督処分の合計・免許取消処分・指示処分は減少した。なお、行政指導（宅建業法71条の規定に基づき文書により行った指導・助言・勧告）の件数（528件）は、前年度比で減少している。

６．土地利用の動向（令和５年版土地白書）

（１）令和２年における我が国の国土面積は、約3,780万ha。

（２）森林（約2,503万ha）が最も多く、これに次ぐ農地（約437万ha）と併せて全国土面積の約８割を占めている。

（３）**宅地**（住宅地・工業用地等）は**約197万ha**。このほか、道路（約142万ha）、水面・河川・水路（約135万ha）、原野等（約31万ha）となっている。

特集4 宅建士本試験をデータや難易度で徹底分析
2024本試験 絶対合格戦略

「彼を知り己を知れば百戦殆からず」。中国の春秋戦国時代に書かれた兵法書『孫子』にある一節です。つまり、勝利を得るには相手を知り、自分を知ることが大切ということ。ここでは、数字やデータを使って宅建士本試験を徹底的に分析します！

1 数字で見る宅建士本試験（最近5年間の本試験の合格率と合格点）

（1） 合格に必要な「全体」の得点は？

年　度	合格率	合格点
令和元年度	17.0%	35点/50
令和2年度(10月)※	17.6%	38点/50
令和2年度(12月)※	13.1%	36点/50
令和3年度(10月)※	17.9%	34点/50
令和3年度(12月)※	15.6%	34点/50
令和4年度	17.0%	36点/50
令和5年度	17.2%	36点/50

合格率は**13～18％**、合格点は、**34～38点**ということがわかります。

※令和2・3年度は、10月と12月の2回実施。

（2） 合格に必要な「科目ごと」の得点は？

年　度	合格点	民法等	宅建業法	法令上の制限	その他関連知識
令和元年度	35点/50	9/14	16/20	5/8	5/8
令和2年度(10月)	38点/50	8/14	18/20	6/8	6/8
令和2年度(12月)	36点/50	7/14	17/20	6/8	6/8
令和3年度(10月)	34点/50	7/14	17/20	5/8	5/8
令和3年度(12月)	34点/50	7/14	16/20	6/8	5/8
令和4年度	36点/50	8/14	17/20	5/8	6/8
令和5年度	36点/50	7/14	17/20	6/8	6/8

2　令和5年度宅建士本試験の分析

（1）　基本的な問題がほとんどだった！

①「民法等」の難易度と合格点

Aランクの問題（正答率が70％以上の問題）	4問
中間の難易度であるBランクの問題	7問
Cランクの問題（正答率が40％未満の問題）	3問
⇒　合格点	7点程度（1問＝1点）

②「宅建業法」の難易度と合格点

Aランクの問題	16問
Bランクの問題	3問
Cランクの問題	1問
⇒　合格点	17点程度

③「法令上の制限」の難易度と合格点

Aランクの問題	7問
Bランクの問題	1問
Cランクの問題	0問
⇒　合格点	6点程度

④「その他関連知識」の難易度と合格点

Aランクの問題	4問
Bランクの問題	4問
Cランクの問題	0問
⇒　合格点	6点程度

以上のように、

全50問中　⇒　A・Bランクの問題　　合計46問
　　　　　⇒　Aランクの問題　　　　合計31問

　と、A・Bランクの問題が出題のほとんどを占めています。特に、Aランクの問題は合計31問も出題されました。ちなみに、**令和4年度も合格点36点のところAランク問題が29問**でした。
　これらの事実は重要です。合否はA・Bランクの問題、特にAランクの問題がしっかり得点できたかにかかっているといえるでしょう。

（2）　いろいろな出題の工夫がなされている！

- ケースの形で問われる「**民法等**」の「**事例型問題**」は例年より多く**8問**
- 知識の確実性が必要な「**宅建業法**」の「**個数問題**」が例年より多く**7問**出題
- 過去に未出題の難問も散見される

3　令和6年度宅建士本試験の合格戦略

（1）　まずは頻出基本分野をマスターして、基本的な問題で確実に得点しよう！

合否の分かれ目　5つの鉄則

1	なにが頻出基本分野なのかを知り、徹底的にマスターする
2	Aランクの問題をしっかり得点する
3	基本分野のマスターでBランクの問題も攻略する
4	情報を得る＆基礎力を養成するために過去問を学習する
5	今年のヤマの確認も忘れずに行う

　先程も述べたように、**合格できるかどうかはA・Bランクの問題、特にAランクの問題をしっかり得点できるか**にかかっています。特に、令和2年度（10月）のように**合格点が高いときほど、こうした傾向は強まります**。そのため、合格戦略としてもっとも重要なのは、**なにが頻出基本分野なのかを知り、徹底的にマスターする**ことです。そうすることが、**Aランクの問題で確実に得点できる力**につながります。

　Bランクの問題であっても、やはり大切なのは基本分野のマスターです。Bランクの問題は、**実はほとんどが基本的な問題の選択肢で構成されている**ため、いかに基本分野を身につけたかによって、**正解を導く力に差が出ます。複雑な事例問題や個数問題であっても同様です**。

　なお、みなさんはもちろんご存知だと思いますが、宅建士試験で合格を勝ち取るためには、**過去問での学習が欠かせません**。マスターすべき項目の範囲やその程度を知ることができるなど、**過去問はまさに情報の宝庫**です。**基礎力養成**のためにも、過去問を使った学習はきっちりと行ってください。最後に、**今年のヤマの確認も忘れずに行いましょう**。

（2）　これがよく出題される頻出基本分野と今年のヤマ！

　右の頻出基本分野・事項は、『**あてる　宅建士**』の**予想問題**を通じて、**完璧にマスターしてしまいましょう**。

　その上で**ヤマ**（例えば「民法等」なら、今年は意思表示、契約不適合責任、代理、連帯債務、保証、不法行為等）も準備しておきましょう。その他、**改正点**もヤマといってよいでしょう。

1	**民法等**	意思表示、制限行為能力、代理
		債務不履行・解除、売買の契約不適合、不法行為
		対抗問題、抵当権
		相続
		不動産登記法
		賃貸借・借地借家法、区分所有法
2	**宅建業法**	宅建業の意義、免許の基準、業者名簿、廃業等の届出
		宅建士資格登録、宅建士証
		保証金
		広告規制、媒介契約の規制
		重要事項の説明、37条書面、8種規制、報酬
		住宅瑕疵担保履行法
3	**法令上の制限**	開発許可制度、地区計画
		建築確認、建蔽率、容積率、高さの制限
		国土法（事後届出制）
		農地法
		換地処分、仮換地の指定
		宅地造成等工事規制区域
4	**その他関連知識**	税金（固定資産税と登録免許税）
		地価公示法
		住宅金融支援機構法
		表示規約
		統計（公示地価・住宅着工統計等）
		地形（宅地としての適否）
		建築物の構造・特徴（木造・鉄筋コンクリート造等）

（3）　さまざまな出題の工夫への対処！

①　「事例型問題」対策は、**基礎学習の段階から具体的なケースで理解**をしていくこと

②　「個数問題」で正解するためには、**基本重要知識の確実なマスターが不可欠**

③　**法改正**対策としては、**近年の法改正点の理解**が必要

　いずれにしても、出題の形式上の変化に惑わされず、**理解中心の学習（「わかって合格る」学習です）**をすることをお勧めします。

　これからのみなさんの効果的な学習と今年の宅建士本試験の合格を強くお祈りしています。

特集5
最新本試験＋TAC独自のデータで自分の実力をチェック

宅建士 合格力診断

本試験の分析の後は、今の自分の実力もチェック！
ダウンロード版の『2023年度本試験』を解いた後に
自分の解答と見比べれば、現在の"合格力"がわかります！

★ ご注意 ★

本特集をご使用になる前に、まずはダウンロード版でご提供している『2023年度本試験』にぜひチャレンジしてください（ダウンロードの仕方については、右ページ下部の『本書読者の方限定 ウェブコンテンツ』をご覧ください）。解答後にご利用になることで、現時点での自分の"合格力"がどの程度かわかります。

特集5　宅建士 合格力診断

使い方

　Ⓐの表は、2023年度本試験に対し、TACの無料Web採点サービス"データリサーチ"に参加した方のデータを集計したものです。パーセンテージはその選択肢を選んだ方の割合、色のついた選択肢は正解肢を示しています。最初に『2023年度本試験』を解答した後、自分の答えをⒶの表に書き込んでください。各問題について、自分と同じ答えを選んだ方の割合や、その問題の正答率を確認し、正解だった問題についてはⒷの"正答率ランキング"に〇をつけていきます。最後に〇の数を集計しましょう。

※データリサーチ…インターネットを活用して日本全国の受験者の方から解答データを収集し、精度の高い得点分析結果を提供する、TAC独自の解答分析サービスです。

Ⓐ 2023年度本試験データリサーチ

科目	問題	論点	肢1	肢2	肢3	肢4	自分の答え
民法等	問1	対抗問題	72.3%	16.5%	1.2%	9.6%	
	問2	意思表示	9.8%	66.8%	2.8%	20.1%	
	問3	契約不適合（担保責任）	7.8%	6.6%	84.2%	1.1%	
	問4	不法行為	2%	2.1%	95.1%	0.5%	
	問5	無権代理	1.7%	3%	94.1%	0.9%	
	問6	相続	19%	78.1%	1.1%	1.4%	
	問7	弁済等	84.9%	0.8%	1.2%	12.7%	
	問8	請負	4.6%	78.6%	3.9%	12.4%	
	問9	時効	0.9%	0.7%	79%	19%	
	問10	抵当権	7.8%	85.7%	2.4%	3.8%	
	問11	借地借家法・借地権	0.9%	0.3%	1.8%	96.6%	
	問12	借地借家法・借家権	32.2%	3.9%	6.5%	56.9%	
	問13	区分所有法	96.3%	0.5%	0.3%	2.5%	
	問14	不動産登記法	8%	85.9%	2.6%	3.1%	
法令上の制限	問15	都市計画法・複合	2.4%	0.8%	2.2%	94.2%	
	問16	都市計画法・開発許可	18.3%	77.6%	2%	1.7%	
	問17	建築基準法・複合	7.7%	6.5%	2.5%	82.9%	
	問18	建築基準法・複合	13.5%	1.9%	0.6%	82.6%	
	問19	宅地造成等規制法	0.6%	2.7%	94.7%	0.6%	
	問20	土地区画整理法	88.2%	4.7%	2.5%	3.2%	
	問21	農地法	1.4%	96.1%	1%	0.2%	
	問22	国土利用計画法	37.3%	40.3%	13%	7.9%	

※見本のため、実際の論点やパーセンテージ、正解肢とは異なります。

Ⓑ 2023年度本試験　正答率ランキング

順位	問題	論点	正答率	自分の答え
1位	問7	弁済等	97.6%	
2位	問32	報酬	97.3%	
3位	問8	請負	97.1%	
4位	問33	保証協会	96.9%	
5位	問9	時効	96.1%	
6位	問34	37条書面	95.7%	
7位	問10	抵当権	95.3%	
8位	問28	重要事項の説明	95.2%	
9位	問4	不法行為	95.1%	
10位	問29	監督・罰則	94.7%	
11位	問35	複合	93.2%	
12位	問11	借地借家法・借地権	90.7%	
13位	問48	統計	89.5%	
14位	問24	固定資産税	89.2%	
15位	問49	土地	88.6%	
16位	問25	地価公示法	86.7%	
16位	問44	宅建士	86.7%	
18位	問40	複合	85.9%	
19位	問23	譲渡所得税	85.2%	
20位	問36	37条書面	85%	
21位	問1	対抗問題	83.9%	
22位	問6	相続	83.6%	
23位	問5	無権代理	80%	
24位	問30	広告	79.6%	
25位	問31	媒介契約	79.1%	

※見本のため、実際の問題や論点、パーセンテージとは異なります。

本書読者の方限定 ウェブコンテンツ	2023年度本試験（問題＆解答・解説）※最新本試験6回分内	アクセス用パスワード 241010876

TAC出版　検索　→　書籍連動ダウンロードサービス　にアクセス　→　パスワードを入力

※本サービスの提供期間は、2024年10月31日までを予定。

2024年度本試験を受けた後はデータリサーチに参加！

Webページで解答を入力（選択）するだけで、期間内であれば得点・順位・平均点・正答率などを何度でも閲覧することができます！

TAC 宅建士 データリサーチ　検索　→　登録・閲覧はこちらから　にアクセス

※本サービスの提供期間は、2024年10月31日までです。

2023年度本試験データリサーチ

科目	問題	論点	肢1	肢2	肢3	肢4	自分の答え
民法等	問1	相続	73.6%	4.4%	7.3%	14.6%	
	問2	相隣関係	53.9%	1.7%	43.6%	0.7%	
	問3	請負	14.1%	76.1%	4.5%	5.1%	
	問4	相殺	14.0%	12.6%	24.5%	48.7%	
	問5	不在者の財産管理	21.0%	6.4%	21.9%	50.5%	
	問6	対抗問題	40.3%	9.3%	15.8%	4.4%	
	問7	配偶者居住権	22.5%	10.1%	27.6%	39.6%	
	問8	未成年者	17.0%	8.1%	64.8%	9.9%	
	問9	賃貸借	13.6%	45.4%	39.1%	1.7%	
	問10	抵当権	47.1%	12.4%	36.5%	3.7%	
	問11	借地権	7.3%	21.1%	3.8%	67.5%	
	問12	借家権	9.2%	12.0%	68.7%	9.9%	
	問13	区分所有法	3.4%	78.4%	6.4%	11.5%	
	問14	不動産登記法	8.0%	73.3%	10.7%	7.7%	
法令上の制限	問15	地域地区・地区計画等	6.6%	4.0%	7.7%	81.5%	
	問16	開発許可申請手続き等	77.5%	6.3%	12.1%	4.0%	
	問17	単体規定・集団規定等	1.5%	1.6%	93.1%	3.7%	
	問18	集団規定	55.7%	8.2%	28.0%	8.0%	
	問19	盛土規制法　※1	83.5%	3.4%	2.7%	10.2%	
	問20	土地区画整理法	6.4%	17.4%	6.3%	69.7%	
	問21	農地法	5.9%	74.2%	2.6%	17.2%	
	問22	国土利用計画法等	83.4%	4.4%	2.5%	9.5%	
関連知識 その他	問23	印紙税	81.8%	10.2%	4.3%	3.6%	
	問24	不動産取得税	2.9%	17.6%	29.5%	49.8%	
	問25	不動産鑑定評価基準	10.9%	0.8%	1.9%	86.2%	
宅建業法	問26	37条書面と電磁的方法	4.0%	18.8%	67.7%	9.3%	
	問27	建物状況調査	8.4%	6.3%	10.4%	74.7%	
	問28	業務上の規制等	0.6%	1.2%	90.6%	7.4%	
	問29	免許基準	11.0%	86.1%	1.6%	1.1%	
	問30	営業保証金	79.1%	16.2%	3.8%	0.7%	
	問31	広告複合	0.8%	6.4%	4.7%	87.8%	
	問32	届出複合	9.2%	2.5%	5.9%	82.2%	
	問33	重要事項の説明	60.8%	2.7%	18.6%	17.8%	
	問34	報酬規制	4.7%	17.7%	72.2%	5.2%	
	問35	クーリング・オフ	6.5%	6.2%	0.8%	86.4%	
	問36	業務上の規制	2.7%	10.8%	85.1%	1.3%	
	問37	従業者名簿等	0.3%	2.8%	93.9%	2.8%	
	問38	宅建業の意味等	2.8%	48.9%	45.3%	2.8%	
	問39	手付金等の保全措置	5.9%	72.9%	17.1%	3.9%	
	問40	専任媒介契約	0.8%	3.8%	5.5%	89.7%	
	問41	監督処分等	2.3%	57.2%	31.1%	9.1%	
	問42	重要事項の説明	5.5%	13.6%	78.8%	1.8%	
	問43	37条書面	0.5%	3.0%	2.9%	93.4%	
	問44	保証協会	90.5%	2.7%	1.7%	4.8%	
	問45	住宅瑕疵担保履行法	5.7%	4.0%	1.7%	88.3%	
関連知識 その他 ※2	問46	住宅金融支援機構	3.1%	89.7%	1.7%	4.5%	
	問47	景表法（公正競争規約）	0.7%	74.5%	0.7%	23.1%	
	問48	統計	38.8%	8.7%	47.1%	4.3%	
	問49	土地	2.9%	92.5%	1.7%	1.9%	
	問50	建築物の構造と材料	4.4%	6.4%	79.5%	8.8%	

※1　法改正により、問19は盛土規制法として改題しています。

※2　登録講習修了者の免除問題となります。

※3　一定数の未回答が含まれるため、各問題につき、合計した数字が100%にならない場合があります。

2023年度本試験　正答率ランキング

順位	問題	論点	正答率	自分の答え
1位	問37	従業者名簿等	93.9%	
2位	問43	37条書面	93.4%	
3位	問17	単体規定・集団規定等	93.1%	
4位	問49	土地	92.5%	
5位	問28	業務上の規制等	90.6%	
6位	問44	保証協会	90.5%	
7位	問40	専任媒介契約	89.7%	
7位	問46	住宅金融支援機構	89.7%	
9位	問45	住宅瑕疵担保履行法	88.3%	
10位	問31	広告複合	87.8%	
11位	問35	クーリング・オフ	86.4%	
12位	問25	不動産鑑定評価基準	86.2%	
13位	問29	免許基準	86.1%	
14位	問36	業務上の規制	85.1%	
15位	問19	盛土規制法	83.5%	
16位	問22	国土利用計画法等	83.4%	
17位	問32	届出複合	82.2%	
18位	問23	印紙税	81.8%	
19位	問15	地域地区・地区計画等	81.5%	
20位	問50	建築物の構造と材料	79.5%	
21位	問30	営業保証金	79.1%	
22位	問42	重要事項の説明	78.8%	
23位	問13	区分所有法	78.4%	
24位	問16	開発許可申請手続き等	77.5%	
25位	問3	請負	76.1%	
26位	問27	建物状況調査	74.7%	
27位	問47	景表法（公正競争規約）	74.5%	
28位	問21	農地法	74.2%	
29位	問1	相続	73.6%	
30位	問14	不動産登記法	73.3%	
31位	問39	手付金等の保全措置	72.9%	
32位	問34	報酬規制	72.2%	
33位	問20	土地区画整理法	69.7%	
34位	問12	借家権	68.7%	
35位	問26	37条書面と電磁的方法	67.7%	
36位	問11	借地権	67.5%	
37位	問8	未成年者	64.8%	
38位	問33	重要事項の説明	60.8%	
39位	問41	監督処分等	57.2%	
40位	問18	集団規定	55.7%	
41位	問2	相隣関係	53.9%	
42位	問5	不在者の財産管理	50.5%	
43位	問24	不動産取得税	49.8%	
44位	問38	宅建業の意味等	48.9%	
45位	問4	相殺	48.7%	
46位	問9	賃貸借	45.4%	
47位	問48	統計	38.8%	
48位	問10	抵当権	36.5%	
49位	問7	配偶者居住権	27.6%	
50位	問6	対抗問題	15.8%	

ここがボーダーライン！

　データリサーチの結果によれば、2023年度本試験（合格点36点）でボーダーラインとなったのは、36位の《民法等》問11「借地権」（正答率67.5%）でした。37位の《民法等》問8「未成年者」（64.8%）、38位の《宅建業法》問33「重要事項の説明」（60.8%）も含め、データリサーチに参加した受験者の方の6割が正答できた問題を確実に正解すれば、合格できたことがわかります。

　もし正答率が上位の問題を間違えてしまった場合は、そこがあなたの弱点です。過去問や本書『あてる 宅建士』などを活用してしっかりと知識を補強し、ぜひ合格力をあげてください。逆に正答率が下位の問題が正答できた場合、そこがあなたの強みです。同じく過去問や本書『あてる 宅建士』などを活用しながら、今の調子で本番まで知識を維持して、合格力の基礎にしましょう。

あなたの正解数（合格点36点）

問／50問中

36問以上…合格力は十分！
　今の調子でますますがんばりましょう！
33～35問…ボーダーライン！
　あとひと息がんばって、勝利を確実なものに！
32問以下…もう一歩！
　でも、あきらめなければきっと栄光を勝ち取れます！

※上記は本書独自の見解に基づき判定したものとなります。

Let's Try! 本番をシミュレート 『あてる』予想模試の使いかた

★ 本試験形式の問題を5回分（1回50問、計250問）、本書の後半部分に収録しています。
★ 問題文は1回分ずつ取外し式です。本番の臨場感を体験しながら学習が可能です。
★ 近年の試験傾向を分析し、今年出題される可能性の高い項目を厳選収録しました。
★ マークシートは切り取って、またはコピーしてご利用ください。
★ 本書は今年の本試験と同様、2024年4月1日現在施行の法令に従っています。

特長1

★ 『過去問厳選予想模試』は出題予想論点の「過去問のみ」で構成。また、『オリジナル予想模試』は段階的にステップアップできるレベル構成です。本書の予想模試なら、「出題予想論点」を学習しながら「今の実力」がチェックできます！

過去問厳選予想模試

オリジナル予想模試～～難易度は3段階～～

第1回……合格基準点 38点
第2回……合格基準点 38点
第3回……合格基準点 37点
第4回……合格基準点 36点

特長2

★ 『実力診断シート』を使うことで、科目別、難易度別、総合の成績がわかります。自分の理解度や弱点を確認して、さらなる合格力アップにお役立てください！

【マスターすべき問題がわかる難易度表示】

難易度A →基本的な問題（確実に正解したい問題）

難易度B →標準的な問題（合否の分かれ目となる問題）

難易度C →難しい問題（難易度は高いが得点に差をつけられる問題）

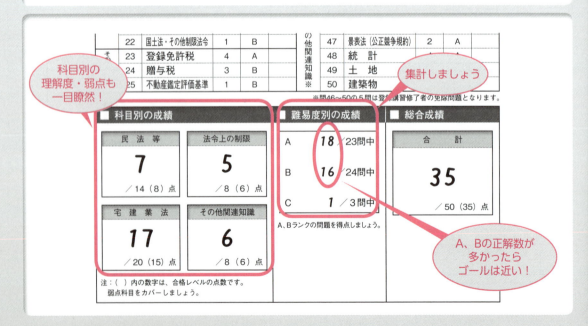

講師からの応援メッセージ

本書『あてる 宅建士』の予想模試の作成を担当したTAC宅建士講座の精鋭講師陣から、読者の方に向けた熱いエールです！

宅建業法

藤沢正樹講師
（ＴＡＣ宅建士講座）

受験生はテキスト等で知識を習得しますが、分かっているつもりでも得点が伸びないのは、問題演習が足りないからです。過去問に加え、本書の良質な問題を解いて、アウトプットを補強しましょう。インプットと同時にアウトプットの練習もすれば、「テキスト等の記述はこういう意味なのだな」と目から鱗が落ちる瞬間を何度も味わうはずです。これは自分だけの「お宝」ですから、忘れないうちに、テキスト等の余白に書き込みましょう。

法令上の制限

吉田佳史講師
（ＴＡＣ宅建士講座）

皆さんが宅建合格のために"使える時間"と"やらなければならない学習範囲"は有限です。工夫して時間を作り出し、必要不可欠な情報を限定的に取り入れればよいのです。しかし、合格できる可能性は無限です。そもそも、受験は人のためのものではなく、自分のためのものです。受験にあたり、辛い思いはみんないっしょです。さあ！ 実行あるのみです。この『あてる』の問題に３度挑戦しましょう！ きっと、思いは届きますよ。

民法等・その他関連知識

川村龍太郎講師
（ＴＡＣ宅建士講座）

宅建士試験合格のためには、全科目まんべんなく点数を獲得しなければなりません。まずは５分でも良いので宅建の時間をつくりましょう。受験勉強は、机に向かわなくても、また深夜早朝でも可能です。正答率の低い選択肢は後回しにして、忘れたら覚え直しをくりかえし、試験終了まであきらめず、がんばってください。民法等は、未出題論点に目を奪われがちですが、基本事項を確実にすることで、合格ラインに達することができます。その他関連知識は、５点免除の有無に関わらず、得点しやすい傾向が続いています。

「宅建士試験公告」について

令和6年6月7日（金）に、宅地建物取引士資格試験（宅建士試験）の官報公告がなされる予定です。受験生の方は、官報または試験実施団体である（一財）不動産適正取引推進機構のホームページ（https://www.retio.or.jp/）を、必ずご確認ください。

《令和6年度宅地建物取引士資格試験 申込期間の予定》
● 郵送申込み
　令和6年7月1日（月）から7月16日（火）まで
● インターネット申込み
　令和6年7月1日（月）から7月31日（水）まで

本書は、宅建士試験の出題根拠法令が「令和6年4月1日現在施行されているもの」であることを前提に作成しております。この点も上記「宅建士試験公告」でご確認ください。

【冊子ご利用時のご注意】

　以下の「冊子」は、この色紙を残したまま、ていねいに抜き取り、ご利用ください。
　なお、抜き取りの際の損傷についてのお取替えはご遠慮願います。

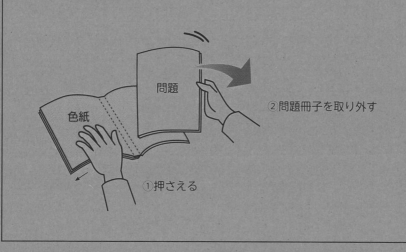

TAC出版

過去問厳選予想模試

問　　　題

制限時間２時間

　次の注意事項をよく読んでから、始めてください。

（注意事項）

1　問　　　題

　問題は、１ページから33ページまでの50問です。

　試験開始の合図と同時に、ページ数を確認してください。

　乱丁や落丁があった場合は、直ちに試験監督員に申し出てください。

2　解　　　答

　正解は、各問題とも一つだけです。

　二つ以上の解答をしたもの及び判読が困難なものは、正解としません。

3　適用法令

　問題の中の法令に関する部分は、令和６年４月１日現在施行されている規定に基づいて出題されています。

【問　1】　A所有の甲土地につき、AとBとの間で売買契約が締結された場合における次の記述のうち、民法の規定及び判例によれば、正しいものはどれか。

1　Bは、甲土地は将来地価が高騰すると勝手に思い込んで売買契約を締結したところ、実際には高騰しなかった場合、動機の錯誤を理由に本件売買契約を取り消すことができる。

2　Bは、第三者であるCから甲土地がリゾート開発される地域内になるとだまされて売買契約をした場合、AがCによる詐欺の事実を知っていたとしても、Bは本件売買契約を詐欺を理由に取り消すことはできない。

3　AがBにだまされたとして詐欺を理由にAB間の売買契約を取り消した後、Bが甲土地をAに返還せずにDに転売してDが所有権移転登記を備えても、AはDから甲土地を取り戻すことができる。

4　BがEに甲土地を転売した後に、AがBの強迫を理由にAB間の売買契約を取り消した場合には、EがBによる強迫につき過失なく知らなかったときであっても、AはEから甲土地を取り戻すことができる。

【問　2】　制限行為能力者に関する次の記述のうち、民法の規定及び判例によれば、正しいものはどれか。

1　古着の仕入販売に関する営業を許された未成年者は、成年者と同一の行為能力を有するので、法定代理人の同意を得ないで、自己が居住するために建物を第三者から購入したとしても、その法定代理人は当該売買契約を取り消すことができない。

2　被保佐人が、不動産を売却する場合には、保佐人の同意が必要であるが、贈与の申し出を拒絶する場合には、保佐人の同意は不要である。

3　成年後見人が、成年被後見人に代わって、成年被後見人が居住している建物を売却する際、後見監督人がいる場合には、後見監督人の許可があれば足り、家庭裁判所の許可は不要である。

4　被補助人が、補助人の同意を得なければならない行為について、同意を得ていないにもかかわらず、詐術を用いて相手方に補助人の同意を得たと信じさせていたときは、被補助人は当該行為を取り消すことができない。

【問　3】　契約の解除に関する次の1から4までの記述のうち、民法の規定及び下記判決文によれば、誤っているものはどれか。

（判決文）

　同一当事者間の債権債務関係がその形式は甲契約及び乙契約といった2個以上の契約から成る場合であっても、それらの目的とするところが相互に密接に関連付けられていて、社会通念上、甲契約又は乙契約のいずれかが履行されるだけでは契約を締結した目的が全体としては達成されないと認められる場合には、甲契約上の債務の不履行を理由に、その債権者が法定解除権の行使として甲契約と併せて乙契約をも解除することができる。

1　同一当事者間で甲契約と乙契約がなされても、それらの契約の目的が相互に密接に関連付けられていないのであれば、甲契約上の債務の不履行を理由に甲契約と併せて乙契約をも解除できるわけではない。

2　同一当事者間で甲契約と乙契約がなされた場合、甲契約の債務が履行されることが乙契約の目的の達成に必須であると乙契約の契約書に表示されていたときに限り、甲契約上の債務の不履行を理由に甲契約と併せて乙契約をも解除することができる。

3　同一当事者間で甲契約と乙契約がなされ、それらの契約の目的が相互に密接に関連付けられていても、そもそも甲契約を解除することができないような付随的義務の不履行があるだけでは、乙契約も解除することはできない。

4　同一当事者間で甲契約（スポーツクラブ会員権契約）と同時に乙契約（リゾートマンションの区分所有権の売買契約）が締結された場合に、甲契約の内容たる屋内プールの完成及び供用に遅延があると、この履行遅延を理由として乙契約を民法第541条により解除できる場合がある。

－ 2 －

【問　4】　事業者ではないＡが所有し居住している建物につきＡＢ間で売買契約を締結するに当たり、Ａは建物引渡しから３か月に限り担保責任を負う旨の特約を付けたが、売買契約締結時点において当該建物の構造耐力上主要な部分に品質に関する契約内容との不適合（以下この問において「不適合」という。）があり、Ａはそのことを知っていたがＢに告げず、Ｂはそのことを知らなかった。この場合に関する次の記述のうち、民法の規定によれば、正しいものはどれか。

1　Ｂが当該不適合を建物引渡しから１年が経過した時に知った場合、Ｂは、当該不適合を知った時から１年以内にその旨をＡに通知しなくても、Ａに対して担保責任を追及することができる。

2　建物の構造耐力上主要な部分の不適合については、契約の目的を達成できるか否かにかかわらず、Ｂは不適合を理由に直ちに売買契約を解除することができる。

3　Ｂが不適合を理由にＡに対して損害賠償請求をすることができるのは、不適合を理由に売買契約を解除することができない場合に限られる。

4　ＡＢ間の売買をＢと媒介契約を締結した宅地建物取引業者Ｃが媒介していた場合には、ＢはＣに対して担保責任を追及することができる。

【問　5】　ＡがＢの代理人としてＢ所有の甲土地について売買契約を締結した場合に関する次の記述のうち、民法の規定及び判例によれば、正しいものはどれか。

1　Ａが甲土地の売却を代理する権限をＢから書面で与えられている場合、Ａ自らが買主となって売買契約を締結したときは、Ａは甲土地の所有権を当然に取得する。

2　Ａが甲土地の売却を代理する権限をＢから書面で与えられている場合、ＡがＣの代理人となってＢＣ間の売買契約を締結したときは、Ｃは甲土地の所有権を当然に取得する。

3　Ａが無権代理人であってＤとの間で売買契約を締結した後に、Ｂの死亡によりＡが単独でＢを相続した場合、Ｄは甲土地の所有権を当然に取得する。

4　Ａが無権代理人であってＥとの間で売買契約を締結した後に、Ａの死亡によりＢが単独でＡを相続した場合、Ｅは甲土地の所有権を当然に取得する。

－ 3 －

【問　6】　Aは、Bに対し建物を賃貸し、月額10万円の賃料債権を有している。この賃料債権の消滅時効に関する次の記述のうち、民法の規定及び判例によれば、誤っているものはどれか。

1　Aが、Bに対する賃料債権につき支払督促の申立てをし、確定判決と同一の効力を有するものによって権利が確定したときは、消滅時効は、支払督促の事由が終了した時に更新される。

2　Bが、Aとの建物賃貸借契約締結時に、賃料債権につき消滅時効の利益はあらかじめ放棄する旨約定したとしても、その約定に法的効力は認められない。

3　Aが、Bに対する賃料債権につき内容証明郵便により支払を請求したときは、その請求により消滅時効は更新される。

4　Bが、賃料債権の消滅時効が完成した後にその賃料債権を承認したときは、消滅時効の完成を知らなかったときでも、その完成した消滅時効の援用をすることは許されない。

【問　7】　AとBとが共同で、Cから、C所有の土地を2,000万円で購入し、代金を連帯して負担する（連帯債務）と定め（その他別段の意思表示はないものとする。）、CはA・Bに登記、引渡しをしたのに、A・Bが支払をしない場合の次の記述のうち、民法の規定によれば、正しいものはどれか。

1　Cは、Aに対して2,000万円の請求をすると、それと同時には、Bに対しては、全く請求をすることができない。

2　AとBとが、代金の負担部分を1,000万円ずつと定めていた場合、AはCから2,000万円請求されても、1,000万円を支払えばよい。

3　BがCに2,000万円支払った場合、Bは、Aの負担部分と定めていた1,000万円及びその支払った日以後の法定利息をAに求償することができる。

4　Cから請求を受けたBは、Aが、Cに対して有する1,000万円の債権をもって相殺しない以上、Aの負担部分についても、Cに対して債務の履行を拒むことはできない。

－ 4 －

【問　8】　Aに雇用されているBが、勤務中にA所有の乗用車を運転し、営業活動のため顧客Cを同乗させている途中で、Dが運転していたD所有の乗用車と正面衝突した（なお、事故についてはBとDに過失がある。）場合における次の記述のうち、民法の規定及び判例によれば、正しいものはどれか。

1　Aは、Cに対して事故によって受けたCの損害の全額を賠償した。この場合、Aは、BとDの過失割合に従って、Dに対して求償権を行使することができる。

2　Aは、Dに対して事故によって受けたDの損害の全額を賠償した。この場合、Aは、被用者であるBに対して求償権を行使することはできない。

3　事故によって損害を受けたCは、AとBに対して損害賠償を請求することはできるが、Dに対して損害賠償を請求することはできない。

4　事故によって損害を受けたDは、Aに対して損害賠償を請求することはできるが、Bに対して損害賠償を請求することはできない。

【問　9】　A所有の甲土地についての所有権移転登記と権利の主張に関する次の記述のうち、民法の規定及び判例によれば、正しいものはどれか。

1　甲土地につき、時効により所有権を取得したBは、時効完成前にAから甲土地を購入して所有権移転登記を備えたCに対して、時効による所有権の取得を主張することができない。

2　甲土地の賃借人であるDが、甲土地上に登記ある建物を有する場合に、Aから甲土地を購入したEは、所有権移転登記を備えていないときであっても、Dに対して、自らが賃貸人であることを主張することができる。

3　Aが甲土地をFとGとに対して二重に譲渡してFが所有権移転登記を備えた場合に、AG間の売買契約の方がAF間の売買契約よりも先になされたことをGが立証できれば、Gは、登記がなくても、Fに対して自らが所有者であることを主張することができる。

4　Aが甲土地をHとIとに対して二重に譲渡した場合において、Hが所有権移転登記を備えない間にIが甲土地を善意のJに譲渡してJが所有権移転登記を備えたときは、Iがいわゆる背信的悪意者であっても、Hは、Jに対して自らが所有者であることを主張することができない。

【問 10】 AはBから2,000万円を借り入れて土地とその上の建物を購入し、Bを抵当権者として当該土地及び建物に2,000万円を被担保債権とする抵当権を設定し、登記した。この場合における次の記述のうち、民法の規定及び判例によれば、誤っているものはどれか。

1 AがBとは別にCから500万円を借り入れていた場合、Bとの抵当権設定契約がCとの抵当権設定契約より先であっても、Cを抵当権者とする抵当権設定登記の方がBを抵当権者とする抵当権設定登記より先であるときには、Cを抵当権者とする抵当権が第1順位となる。

2 当該建物に火災保険が付されていて、当該建物が火災によって焼失してしまった場合、Bの抵当権は、その火災保険契約に基づく損害保険金請求権に対しても行使することができる。

3 Bの抵当権設定登記後にAがDに対して当該建物を賃貸し、当該建物をDが使用している状態で抵当権が実行され当該建物が競売された場合、Dは競落人に対して直ちに当該建物を明け渡す必要はない。

4 AがBとは別に事業資金としてEから500万円を借り入れる場合、当該土地及び建物の購入代金が2,000万円であったときには、Bに対して500万円以上の返済をした後でなければ、当該土地及び建物にEのために2番抵当権を設定することはできない。

【問　11】　賃貸借契約に関する次の記述のうち、民法及び借地借家法の規定並びに判例によれば、誤っているものはどれか。

1　建物の所有を目的とする土地の賃貸借契約において、借地権の登記がなくても、その土地上の建物に借地人が自己を所有者と記載した表示の登記をしていれば、借地権を第三者に対抗することができる。

2　建物の所有を目的とする土地の賃貸借契約において、建物が全焼した場合でも、借地権者は、その土地上に滅失建物を特定するために必要な事項等を掲示すれば、借地権を第三者に対抗することができる場合がある。

3　建物の所有を目的とする土地の適法な転借人は、自ら対抗力を備えていなくても、賃借人が対抗力のある建物を所有しているときは、転貸人たる賃借人の賃借権を援用して転借権を第三者に対抗することができる。

4　仮設建物を建築するために土地を一時使用として１年間賃借し、借地権の存続期間が満了した場合には、借地権者は、借地権設定者に対し、建物を時価で買い取るように請求することができる。

【問　12】　Aが所有する甲建物をBに対して３年間賃貸する旨の契約をした場合における次の記述のうち、借地借家法の規定によれば、正しいものはどれか。

1　AがBに対し、甲建物の賃貸借契約の期間満了の１年前に更新をしない旨の通知をしていれば、ＡＢ間の賃貸借契約は期間満了によって当然に終了し、更新されない。

2　Aが甲建物の賃貸借契約の解約の申入れをした場合には申入れ日から３月で賃貸借契約が終了する旨を定めた特約は、Bがあらかじめ同意していれば、有効となる。

3　Cが甲建物を適法に転借している場合、ＡＢ間の賃貸借契約が期間満了によって終了するときに、Cがその旨をBから聞かされていれば、AはCに対して、賃貸借契約の期間満了による終了を対抗することができる。

4　ＡＢ間の賃貸借契約が借地借家法第38条の定期建物賃貸借で、契約の更新がない旨を定めるものである場合、当該契約前にAがBに契約の更新がなく期間の満了により終了する旨を記載した書面を交付（又は電磁的方法により提供）して説明しなければ、契約の更新がない旨の約定は無効となる。

— 7 —

【問　13】　建物の区分所有等に関する法律に関する次の記述のうち、正しいものはどれか。

1　専有部分が数人の共有に属するときは、規約で別段の定めをすることにより、共有者は、議決権を行使すべき者を2人まで定めることができる。

2　規約及び集会の決議は、区分所有者の特定承継人に対しては、その効力を生じない。

3　敷地利用権が数人で有する所有権その他の権利である場合には、区分所有者は、規約で別段の定めがあるときを除き、その有する専有部分とその専有部分に係る敷地利用権とを分離して処分することができる。

4　集会において、管理者の選任を行う場合、規約に別段の定めがない限り、区分所有者及び議決権の各過半数で決する。

【問　14】　不動産の登記に関する次の記述のうち、不動産登記法の規定によれば、誤っているものはどれか。

1　新築した建物又は区分建物以外の表題登記がない建物の所有権を取得した者は、その所有権の取得の日から1月以内に、所有権の保存の登記を申請しなければならない。

2　登記することができる権利には、抵当権及び賃借権が含まれる。

3　建物が滅失したときは、表題部所有者又は所有権の登記名義人は、その滅失の日から1月以内に、当該建物の滅失の登記を申請しなければならない。

4　区分建物の所有権の保存の登記は、表題部所有者から所有権を取得した者も、申請することができる。

【問　15】　都市計画法に関する次の記述のうち、誤っているものはどれか。

1　田園住居地域内の農地の区域内において、土地の形質の変更を行おうとする者は、一定の場合を除き、市町村長の許可を受けなければならない。

2　風致地区内における建築物の建築については、一定の基準に従い、地方公共団体の条例で、都市の風致を維持するため必要な規制をすることができる。

3　市街化区域については、少なくとも用途地域を定めるものとし、市街化調整区域については、原則として用途地域を定めないものとする。

4　準都市計画区域については、無秩序な市街化を防止し、計画的な市街化を図るため、都市計画に市街化区域と市街化調整区域との区分を定めなければならない。

【問　16】　都市計画法に関する次の記述のうち、誤っているものはどれか。ただし、許可を要する開発行為の面積については、条例による定めはないものとし、この問において「都道府県知事」とは、地方自治法に基づく指定都市、中核市及び施行時特例市にあってはその長をいうものとする。

1　非常災害のため必要な応急措置として開発行為をしようとする者は、当該開発行為が市街化調整区域内において行われるものであっても都道府県知事の許可を受けなくてよい。

2　用途地域等の定めがない土地のうち開発許可を受けた開発区域内においては、開発行為に関する工事完了の公告があった後は、都道府県知事の許可を受けなければ、当該開発許可に係る予定建築物以外の建築物を新築することができない。

3　都市計画区域及び準都市計画区域外の区域内において、8,000㎡の開発行為をしようとする者は、都道府県知事の許可を受けなくてよい。

4　準都市計画区域内において、農業を営む者の居住の用に供する建築物の建築を目的とした1,000㎡の土地の区画形質の変更を行おうとする者は、あらかじめ、都道府県知事の許可を受けなければならない。

【問　17】　建築基準法に関する次の記述のうち、正しいものはどれか。

1　建築物の高さ31m以下の部分にある全ての階には、非常用の進入口を設けなければならない。

2　防火地域内にある３階建ての木造の建築物を増築する場合、その増築に係る部分の床面積の合計が10㎡以内であれば、その工事が完了した際に、建築主事若しくは建築副主事又は指定確認検査機関の完了検査を受ける必要はない。

3　４階建ての事務所の用途に供する建築物の２階以上の階にあるバルコニーその他これに類するものの周囲には、安全上必要な高さが1.1m以上の手すり壁、さく又は金網を設けなければならない。

4　建築基準法の改正により、現に存する建築物が改正後の規定に適合しなくなった場合、当該建築物の所有者又は管理者は速やかに当該建築物を改正後の建築基準法の規定に適合させなければならない。

【問　18】　建築基準法に関する次の記述のうち、正しいものはどれか。

1　街区の角にある敷地又はこれに準ずる敷地内にある建築物の建蔽率については、特定行政庁の指定がなくとも都市計画において定められた建蔽率の数値に10分の１を加えた数値が限度となる。

2　第一種低層住居専用地域、第二種低層住居専用地域又は田園住居地域内においては、建築物の高さは、12m又は15mのうち、当該地域に関する都市計画において定められた建築物の高さの限度を超えてはならない。

3　用途地域に関する都市計画において建築物の敷地面積の最低限度を定める場合においては、その最低限度は200㎡を超えてはならない。

4　建築協定区域内の土地の所有者等は、特定行政庁から認可を受けた建築協定を変更又は廃止しようとする場合においては、土地所有者等の過半数の合意をもってその旨を定め、特定行政庁の認可を受けなければならない。

【問　19】　宅地造成及び特定盛土等規制法に関する次の記述のうち、誤っているものはどれか。なお、この問において「都道府県知事」とは、地方自治法に基づく指定都市及び中核市にあってはその長をいうものとする。

1　宅地造成等工事規制区域内において、過去に宅地造成等に関する工事が行われ現在は工事主とは異なる者がその工事が行われた土地を所有している場合、当該土地の所有者は、宅地造成等に伴う災害が生じないよう、その土地を常時安全な状態に維持するように努めなければならない。

2　宅地造成等工事規制区域内において行われる宅地造成等に関する工事について許可をする都道府県知事は、当該許可に、工事の施行に伴う災害を防止するために必要な条件を付することができる。

3　宅地を宅地以外の土地にするために行う土地の形質の変更は、宅地造成に該当しない。

4　宅地造成等工事規制区域内において、切土であって、当該切土をする土地の面積が400㎡で、かつ、高さ1ｍの崖を生ずることとなるものに関する宅地造成等の工事を行う場合には、一定の場合を除き、都道府県知事の許可を受けなければならない。

【問　20】　土地区画整理法に関する次の記述のうち、誤っているものはどれか。なお、この問において「組合」とは、土地区画整理組合をいう。

1　組合は、事業の完成により解散しようとする場合においては、都道府県知事の認可を受けなければならない。

2　施行地区内の宅地について組合員の有する所有権の全部又は一部を承継した者がある場合においては、その組合員がその所有権の全部又は一部について組合に対して有する権利義務は、その承継した者に移転する。

3　組合を設立しようとする者は、事業計画の決定に先立って組合を設立する必要があると認める場合においては、7人以上共同して、定款及び事業基本方針を定め、その組合の設立について都道府県知事の認可を受けることができる。

4　組合が施行する土地区画整理事業に係る施行地区内の宅地について借地権のみを有する者は、その組合の組合員とはならない。

― 11 ―

【問　21】　農地法（以下この問において「法」という。）に関する次の記述のうち、正しいものはどれか。

1　市街化区域内の農地を宅地とする目的で権利を取得する場合は、あらかじめ農業委員会に届出をすれば法第5条の許可は不要である。

2　遺産分割により農地を取得することとなった場合、法第3条第1項の許可を受ける必要がある。

3　法第2条第3項の農地所有適格法人の要件を満たしていない株式会社は、耕作目的で農地を借り入れることはできない。

4　雑種地を開墾し耕作している土地でも、登記簿上の地目が雑種地である場合は、法の適用を受ける農地に当たらない。

【問　22】　国土利用計画法第23条の事後届出（以下この問において「事後届出」という。）に関する次の記述のうち、正しいものはどれか。

1　都市計画区域外においてAが所有する面積12,000㎡の土地について、Aの死亡により当該土地を相続したBは、事後届出を行う必要はない。

2　市街化区域においてAが所有する面積3,000㎡の土地について、Bが購入した場合、A及びBは事後届出を行わなければならない。

3　市街化調整区域に所在する農地法第3条第1項の許可を受けた面積6,000㎡の農地を購入したAは、事後届出を行わなければならない。

4　市街化区域に所在する一団の土地である甲土地（面積1,500㎡）と乙土地（面積1,500㎡）について、甲土地については売買によって所有権を取得し、乙土地については対価の授受を伴わず賃借権の設定を受けたAは、事後届出を行わなければならない。

－ 12 －

【問 23】 令和6年中に、個人が居住用財産を譲渡した場合における譲渡所得の課税に関する次の記述のうち、正しいものはどれか。

1 令和6年1月1日において所有期間が10年以下の居住用財産については、居住用財産の譲渡所得の3,000万円特別控除(租税特別措置法第35条第1項)を適用することができない。

2 令和6年1月1日において所有期間が10年を超える居住用財産について、収用交換等の場合の譲渡所得等の5,000万円特別控除(租税特別措置法第33条の4第1項)の適用を受ける場合であっても、特別控除後の譲渡益について、居住用財産を譲渡した場合の軽減税率の特例(同法第31条の3第1項)を適用することができる。

3 令和6年1月1日において所有期間が10年を超える居住用財産について、その譲渡した時にその居住用財産を自己の居住の用に供していなければ、居住用財産を譲渡した場合の軽減税率の特例を適用することができない。

4 令和6年1月1日において所有期間が10年を超える居住用財産について、その者と生計を一にしていない孫に譲渡した場合には、居住用財産の譲渡所得の3,000万円特別控除を適用することができる。

【問 24】 不動産取得税に関する次の記述のうち、正しいものはどれか。

1 不動産取得税の課税標準となるべき額が、土地の取得にあっては10万円、家屋の取得のうち建築に係るものにあっては1戸につき23万円、その他のものにあっては1戸につき12万円に満たない場合においては、不動産取得税が課されない。

2 令和6年4月に取得した床面積250㎡である新築住宅に係る不動産取得税の課税標準の算定については、当該新築住宅の価格から1,200万円が控除される。

3 宅地の取得に係る不動産取得税の課税標準は、当該取得が令和9年3月31日までに行われた場合、当該宅地の価格の4分の1の額とされる。

4 家屋が新築された日から2年を経過して、なお、当該家屋について最初の使用又は譲渡が行われない場合においては、当該家屋が新築された日から2年を経過した日において家屋の取得がなされたものとみなし、当該家屋の所有者を取得者とみなして、これに対して不動産取得税を課する。

― 13 ―

【問 25】 不動産の鑑定評価に関する次の記述のうち、不動産鑑定評価基準によれば、誤っているものはどれか。

1 不動産の価格を形成する要因とは、不動産の効用及び相対的稀少性並びに不動産に対する有効需要の三者に影響を与える要因をいう。不動産の鑑定評価を行うに当たっては、不動産の価格を形成する要因を明確に把握し、かつ、その推移及び動向並びに諸要因間の相互関係を十分に分析すること等が必要である。

2 不動産の鑑定評価における各手法の適用に当たって必要とされる事例は、鑑定評価の各手法に即応し、適切にして合理的な計画に基づき、豊富に秩序正しく収集、選択されるべきであり、例えば、投機的取引と認められる事例は用いることができない。

3 取引事例比較法においては、時点修正が可能である等の要件をすべて満たした取引事例について、近隣地域又は同一需給圏内の類似地域に存する不動産に係るもののうちから選択するものとするが、必要やむを得ない場合においては、近隣地域の周辺の地域に存する不動産に係るもののうちから選択することができる。

4 原価法における減価修正の方法としては、耐用年数に基づく方法と、観察減価法の二つの方法があるが、これらを併用することはできない。

【問 26】 宅地建物取引業者が行う宅地建物取引業法第35条に規定する重要事項の説明に関する次の記述のうち、正しいものはどれか。なお、説明の相手方は宅地建物取引業者ではないものとする。

1 建物の売買の媒介に関し、受領しようとする預り金について保全措置を講ずる場合において、預り金の額が売買代金の額の100分の10以下であるときは、その措置の概要を説明する必要はない。

2 宅地の貸借の媒介を行う場合、当該宅地について借地借家法第22条に規定する定期借地権を設定しようとするときは、その旨を説明しなければならない。

3 建物の貸借の媒介を行う場合、消費生活用製品安全法に規定する特定保守製品の保守点検に関する事項を説明しなければならない。

4 建物の貸借の媒介を行う場合、契約の期間については説明する必要があるが、契約の更新については、宅地建物取引業法第37条の規定により交付すべき書面（当該書面を交付すべき者の承諾を得て、当該書面に記載すべき事項を電磁的方法で提供する場合における当該電磁的方法を含む。）への記載事項であり、説明する必要はない。

【問　27】　宅地建物取引業の免許（以下この問において「免許」という。）に関する次の記述のうち、宅地建物取引業法の規定によれば、正しいものはどれか。

1　免許を受けようとする法人の非常勤役員が、刑法第246条（詐欺）の罪により懲役1年の刑に処せられ、その刑の執行が終わった日から5年を経過していなくても、当該法人は免許を受けることができる。

2　免許を受けようとする法人の政令で定める使用人が、刑法第252条（横領）の罪により懲役1年執行猶予2年の刑に処せられ、その刑の執行猶予期間を満了している場合、その満了の日から5年を経過していなくても、当該法人は免許を受けることができる。

3　免許を受けようとする法人の事務所に置く専任の宅地建物取引士が、刑法第261条（器物損壊等）の罪により罰金の刑に処せられ、その刑の執行が終わった日から5年を経過していない場合、当該法人は免許を受けることができない。

4　免許を受けようとする法人の代表取締役が、刑法第231条（侮辱）の罪により拘留の刑に処せられ、その刑の執行が終わった日から5年を経過していない場合、当該法人は免許を受けることができない。

― 15 ―

【問　28】　宅地建物取引業法に規定する宅地建物取引士資格登録（以下この問において「登録」という。）に関する次の記述のうち、正しいものはどれか。

1　業務停止の処分に違反したとして宅地建物取引業の免許の取消しを受けた法人の政令で定める使用人であった者は、当該免許取消しの日から5年を経過しなければ、登録を受けることができない。

2　宅地建物取引業者A（甲県知事免許）に勤務する宅地建物取引士（甲県知事登録）が、宅地建物取引業者B（乙県知事免許）に勤務先を変更した場合は、乙県知事に対して、遅滞なく勤務先の変更の登録を申請しなければならない。

3　甲県知事登録を受けている者が、甲県から乙県に住所を変更した場合は、宅地建物取引士証の交付を受けていなくても、甲県知事に対して、遅滞なく住所の変更の登録を申請しなければならない。

4　宅地建物取引士資格試験に合格した者は、宅地建物取引に関する実務の経験を有しない場合でも、合格した日から1年以内に登録を受けようとするときは、登録実務講習を受講する必要はない。

【問　29】　次の記述のうち、宅地建物取引業法の規定によれば、正しいものはどれか。なお、この問において、「事務所」とは、同法第31条の3に規定する事務所等をいう。

1　宅地建物取引業者は、その事務所ごとに、公衆の見やすい場所に、免許証及び国土交通省令で定める標識を掲げなければならない。

2　宅地建物取引業者は、その事務所ごとに従業者名簿を備える義務を怠った場合、監督処分を受けることはあっても罰則の適用を受けることはない。

3　宅地建物取引業者は、各事務所の業務に関する帳簿を主たる事務所に備え、取引のあったつど、その年月日、その取引に係る宅地又は建物の所在及び面積等の事項を記載しなければならない。

4　宅地建物取引業者は、その事務所ごとに一定の数の成年者である専任の宅地建物取引士を置かなければならないが、既存の事務所がこれを満たさなくなった場合は、2週間以内に必要な措置を執らなければならない。

【問 30】 宅地建物取引業者が行う広告に関する次の記述のうち、宅地建物取引業法の規定によれば、正しいものはどれか。

1 宅地建物取引業者は、宅地の造成又は建物の建築に関する工事が完了するまでの間は、当該工事に必要な都市計画法に基づく開発許可、建築基準法に基づく建築確認その他法令に基づく許可等の処分があった後でなければ、当該工事に係る宅地又は建物の売買その他の業務に関する広告をすることはできない。

2 宅地建物取引業者が、複数の区画がある宅地の売買について、数回に分けて広告をするときは、最初に行う広告以外には取引態様の別を明示する必要はない。

3 宅地建物取引業者は、建物の貸借の媒介において広告を行った場合には、依頼者の依頼の有無にかかわらず、報酬とは別に、当該広告の料金に相当する額を受領することができる。

4 宅地建物取引業の免許を取り消された者は、免許の取消し前に建物の売買の広告をしていれば、当該建物の売買契約を締結する目的の範囲内においては、なお宅地建物取引業者とみなされる。

【問 31】 宅地建物取引業保証協会（以下この問において「保証協会」という。）に関する次の記述のうち、宅地建物取引業法の規定によれば、誤っているものはどれか。

1 保証協会は、弁済業務保証金分担金の納付を受けたときは、その納付を受けた額に相当する額の弁済業務保証金を供託しなければならない。

2 保証協会は、弁済業務保証金の還付があったときは、当該還付額に相当する額の弁済業務保証金を供託しなければならない。

3 保証協会の社員との宅地建物取引業に関する取引により生じた債権を有する者（宅地建物取引業者ではないものとする。）は、当該社員が納付した弁済業務保証金分担金の額に相当する額の範囲内で、弁済を受ける権利を有する。

4 保証協会の社員との宅地建物取引業に関する取引により生じた債権を有する者は、弁済を受ける権利を実行しようとする場合、弁済を受けることができる額について保証協会の認証を受けなければならない。

— 17 —

【問　32】　次の記述のうち、宅地建物取引業の免許を要する業務が含まれるものはどれか。

1　A社は、所有する土地を10区画にほぼ均等に区分けしたうえで、それぞれの区画に戸建住宅を建築し、複数の者に貸し付けた。

2　B社は、所有するビルの一部にコンビニエンスストアや食堂など複数のテナントの出店を募集し、その募集広告を自社のホームページに掲載したほか、多数の事業者に案内を行った結果、出店事業者が決まった。

3　C社は賃貸マンションの管理業者であるが、複数の貸主から管理を委託されている物件について、入居者の募集、貸主を代理して行う賃貸借契約の締結、入居者からの苦情・要望の受付、入居者が退去した後の清掃などを行っている。

4　D社は、多数の顧客から、顧客が所有している土地に住宅や商業用ビルなどの建物を建設することを請け負って、その対価を得ている。

【問 33】 宅地建物取引業者Aの業務に関する次の記述のうち、宅地建物取引業法（以下この問において「法」という。）の規定に違反するものの組合せはどれか。

ア　Aは、マンションを分譲するに際して案内所を設置したが、売買契約の締結をせず、かつ、契約の申込みの受付も行わない案内所であったので、当該案内所に法第50条第1項に規定する標識を掲示しなかった。

イ　Aは、建物の売買の媒介に際し、買主に対して手付の貸付けを行う旨を告げて契約の締結を勧誘したが、売買は成立しなかった。

ウ　Aは、法第49条の規定によりその事務所ごとに備えるべきこととされている業務に関する帳簿について、取引関係者から閲覧の請求を受けたが、閲覧に供さなかった。

エ　Aは、自ら売主となるマンションの割賦販売の契約について、宅地建物取引業者でない買主から賦払金が支払期日までに支払われなかったので、直ちに賦払金の支払の遅延を理由として契約を解除した。

1　ア、イ
2　ア、ウ
3　ア、イ、エ
4　イ、ウ、エ

【問 34】 宅地建物取引業者Ａ社（甲県知事免許）の営業保証金に関する次の記述のうち、宅地建物取引業法の規定によれば、正しいものはどれか。

1 　Ａ社は、甲県の区域内に新たに支店を設置し宅地建物取引業を営もうとする場合、甲県知事にその旨の届出を行うことにより事業を開始することができるが、当該支店を設置してから３月以内に、営業保証金を供託した旨を甲県知事に届け出なければならない。

2 　甲県知事は、Ａ社が宅地建物取引業の免許を受けた日から３月以内に営業保証金を供託した旨の届出をしないときは、その届出をすべき旨の催告をしなければならず、その催告が到達した日から１月以内にＡ社が届出をしないときは、Ａ社の免許を取り消すことができる。

3 　Ａ社は、宅地建物取引業の廃業により営業保証金を取り戻すときは、営業保証金の還付を請求する権利を有する者（以下この問において「還付請求権者」という。）に対して公告しなければならないが、支店の廃止により営業保証金を取り戻すときは、還付請求権者に対して公告する必要はない。

4 　Ａ社は、宅地建物取引業の廃業によりその免許が効力を失い、その後に自らを売主とする取引が結了した場合、廃業の日から10年経過していれば、還付請求権者に対して公告することなく営業保証金を取り戻すことができる。

【問 35】 次の記述のうち、宅地建物取引業法（以下この問において「法」という。）の規定によれば、正しいものはどれか。

1 宅地建物取引士が死亡した場合、その相続人は、死亡した日から30日以内に、その旨を当該宅地建物取引士の登録をしている都道府県知事に届け出なければならない。

2 甲県知事の登録を受けている宅地建物取引士は、乙県に所在する宅地建物取引業者の事務所の業務に従事しようとするときは、乙県知事に対し登録の移転の申請をし、乙県知事の登録を受けなければならない。

3 宅地建物取引士は、事務禁止の処分を受けたときは宅地建物取引士証をその交付を受けた都道府県知事に提出しなくてよいが、登録消除の処分を受けたときは返納しなければならない。

4 宅地建物取引士は、法第37条に規定する書面を交付する際、取引の関係者から請求があったときは、専任の宅地建物取引士であるか否かにかかわらず宅地建物取引士証を提示しなければならない。

— 21 —

【問　36】　宅地建物取引業者が行う宅地建物取引業法第35条に規定する重要事項の説明に関する次の記述のうち、正しいものはどれか。なお、説明の相手方は宅地建物取引業者ではないものとする。

1　建物の貸借の媒介を行う場合、当該建物が住宅の品質確保の促進等に関する法律に規定する住宅性能評価を受けた新築住宅であるときは、その旨について説明しなければならないが、当該評価の内容までを説明する必要はない。

2　建物の売買の媒介を行う場合、飲用水、電気及びガスの供給並びに排水のための施設が整備されていないときは、その整備の見通し及びその整備についての特別の負担に関する事項を説明しなければならない。

3　建物の貸借の媒介を行う場合、当該建物について、石綿の使用の有無の調査の結果が記録されているときは、その旨について説明しなければならないが、当該記録の内容までを説明する必要はない。

4　昭和55年に竣工した建物の売買の媒介を行う場合、当該建物について耐震診断を実施した上で、その内容を説明しなければならない。

－ 22 －

【問 37】 宅地建物取引業法に関する次の記述のうち、誤っているものはどれか。なお、この問において、「35条書面」とは、同法第35条の規定に基づく重要事項を記載した書面を、「37条書面」とは、同法第37条の規定に基づく契約の内容を記載した書面をいい、「35条書面」及び「37条書面」には、当該書面に記載すべき事項を電磁的方法により提供する場合における当該電磁的方法を含まないものとする。

1 宅地建物取引業者は、抵当権に基づく差押えの登記がされている建物の貸借の媒介をするにあたり、貸主から当該登記について告げられなかった場合であっても、35条書面及び37条書面には、当該登記について記載しなければならない。

2 宅地建物取引業者は、37条書面の作成を宅地建物取引士でない従業者に行わせることができる。

3 宅地建物取引業者は、その媒介により建物の貸借の契約が成立した場合、天災その他不可抗力による損害の負担に関する定めがあるときには、その内容を37条書面に記載しなければならない。

4 37条書面に記名する宅地建物取引士は、35条書面に記名した宅地建物取引士と必ずしも同じ者である必要はない。

【問 38】 宅地建物取引業者A社が、宅地建物取引業者でないBから自己所有の土地付建物の売却の媒介を依頼された場合における次の記述のうち、宅地建物取引業法（以下この問において「法」という。）の規定によれば、誤っているものはどれか。

1 A社がBと専任媒介契約を締結した場合、当該土地付建物の売買契約が成立したときは、A社は、遅滞なく、登録番号、取引価格及び売買契約の成立した年月日を指定流通機構に通知しなければならない。

2 A社がBと専属専任媒介契約を締結した場合、A社は、Bに当該媒介業務の処理状況の報告を電子メールで行うことはできない。

3 A社が宅地建物取引業者C社から当該土地付建物の購入の媒介を依頼され、C社との間で一般媒介契約（専任媒介契約でない媒介契約）を締結した場合、A社は、C社に法第34条の2の規定に基づく書面を交付し、又は政令で定めるところにより、C社の承諾を得て、当該書面に記載すべき事項を電磁的方法により提供しなければならない。

4 A社がBと一般媒介契約（専任媒介契約でない媒介契約）を締結した場合、A社がBに対し当該土地付建物の価額又は評価額について意見を述べるときは、その根拠を明らかにしなければならない。

— 24 —

【問 39】 宅地建物取引業者A社が、自ら売主として宅地建物取引業者でない買主Bとの間で締結した建物の売買契約について、Bが宅地建物取引業法第37条の2の規定に基づき、いわゆるクーリング・オフによる契約の解除をする場合における次の記述のうち、正しいものはどれか。

1 Bは、モデルルームにおいて買受けの申込みをし、後日、A社の事務所において売買契約を締結した。この場合、Bは、既に当該建物の引渡しを受け、かつ、その代金の全部を支払ったときであっても、A社からクーリング・オフについて何も告げられていなければ、契約の解除をすることができる。

2 Bは、自らの希望により自宅近くの喫茶店において買受けの申込みをし、売買契約を締結した。その3日後にA社から当該契約に係るクーリング・オフについて書面で告げられた。この場合、Bは、当該契約締結日から起算して10日目において、契約の解除をすることができる。

3 Bは、ホテルのロビーにおいて買受けの申込みをし、その際にA社との間でクーリング・オフによる契約の解除をしない旨の合意をした上で、後日、売買契約を締結した。この場合、仮にBがクーリング・オフによる当該契約の解除を申し入れたとしても、A社は、当該合意に基づき、Bからの契約の解除を拒むことができる。

4 Bは、A社の事務所において買受けの申込みをし、後日、レストランにおいてA社からクーリング・オフについて何も告げられずに売買契約を締結した。この場合、Bは、当該契約締結日から起算して10日目において、契約の解除をすることができる。

— 25 —

【問　40】　宅地建物取引業者Ａ社による投資用マンションの販売の勧誘に関する次の記述のうち、宅地建物取引業法の規定に違反するものはいくつあるか。

ア　Ａ社の従業員は、勧誘に先立ってＡ社の商号及び自らの氏名を告げてから勧誘を行ったが、勧誘の目的が投資用マンションの売買契約の締結である旨を告げなかった。

イ　Ａ社の従業員は、「将来、南側に５階建て以上の建物が建つ予定は全くない。」と告げ、将来の環境について誤解させるべき断定的判断を提供したが、当該従業員には故意に誤解させるつもりはなかった。

ウ　Ａ社の従業員は、勧誘の相手方が金銭的に不安であることを述べたため、売買代金を引き下げ、契約の締結を誘引した。

エ　Ａ社の従業員は、勧誘の相手方から、「午後３時に訪問されるのは迷惑である。」と事前に聞いていたが、深夜でなければ迷惑にはならないだろうと判断し、午後３時に当該相手方を訪問して勧誘を行った。

1　一つ
2　二つ
3　三つ
4　四つ

— 26 —

【問　41】　宅地建物取引業者Ａ社が宅地建物取引業法（以下この問において「法」という。）第37条の規定により交付すべき書面（以下この問において「37条書面」といい、書面を交付すべき相手方等の承諾を得て、政令の定めるところにより、電磁的方法による提供をする場合における当該電磁的方法を含むものとする。また、37条書面の交付及び図書の交付は、当該電磁的方法による提供を含むものとする。）に関する次の記述のうち、法の規定に違反するものはどれか。

1　Ａ社は、自ら売主として宅地建物取引業者でない買主との間で宅地の売買契約を締結した。この際、当該買主の代理として宅地建物取引業者Ｂ社が関与していたことから、37条書面を買主に加えてＢ社へも交付した。

2　Ａ社は、宅地建物取引業者Ｃ社が所有する建物について、宅地建物取引業者でない買主から購入の媒介の依頼を受け、当該建物の売買契約を成立させた。この際、Ｃ社と当該買主との間では、Ｃ社が法第41条の2に規定する手付金等の保全措置を講じており、Ａ社もそのことを知っていたが、37条書面には当該措置の内容を記載しなかった。

3　Ａ社は、建築工事完了前の建物の売買を媒介し、当該売買契約を成立させた。この際、37条書面に記載する当該建物を特定するために必要な表示については、法第35条の規定に基づく重要事項の説明において使用した図書があったため、当該図書の交付により行った。

4　Ａ社は、居住用建物の貸借を媒介し、当該賃貸借契約を成立させた。この際、当該建物の引渡しの時期に関する定めがあったが、法第35条の規定に基づく重要事項の説明において、既に借主へ伝達していたことから、37条書面にはその内容を記載しなかった。

【問 42】 宅地建物取引業者Aが、自ら売主として、宅地建物取引業者でないBとの間で建物の売買契約を締結する場合における次の記述のうち、民法及び宅地建物取引業法の規定によれば、正しいものはどれか。

1 Cが建物の所有権を有している場合、AはBとの間で当該建物の売買契約を締結してはならない。ただし、AがCとの間で、すでに当該建物を取得する契約（当該建物を取得する契約の効力の発生に一定の条件が付されている。）を締結している場合は、この限りではない。

2 Aは、Bとの間における建物の売買契約において、「AがBに対して、建物の種類又は品質に関して契約の内容に適合しない場合におけるその不適合を担保すべき責任を負うのは、建物の引渡しの日から1年以内に当該不適合をBがAに通知した場合に限る」旨の特約を付した。この場合、当該特約は無効となり、BがAに対して責任を追及することができるのは、当該建物の引渡しの日から2年以内に通知した場合に限られることになる。

3 Aは、Bから喫茶店で建物の買受けの申込みを受け、翌日、同じ喫茶店で当該建物の売買契約を締結した際に、その場で契約代金の2割を受領するとともに、残代金は5日後に決済することとした。契約を締結した日の翌日、AはBに当該建物を引き渡したが、引渡日から3日後にBから宅地建物取引業法第37条の2の規定に基づくクーリング・オフによる契約の解除が書面によって通知された。この場合、Aは、契約の解除を拒むことができない。

4 AB間の建物の売買契約における「宅地建物取引業法第37条の2の規定に基づくクーリング・オフによる契約の解除の際に、AからBに対して損害賠償を請求することができる」旨の特約は有効である。

【問　43】　宅地建物取引業法の規定によれば、次の記述のうち、正しいものはどれか。

1　宅地建物取引業者は、その事務所ごとにその業務に関する帳簿を備えなければならないが、当該帳簿の記載事項を事務所のパソコンのハードディスクに記録し、必要に応じ当該事務所においてパソコンやプリンターを用いて紙面に印刷することが可能な環境を整えていたとしても、当該帳簿への記載に代えることができない。

2　宅地建物取引業者は、その主たる事務所に、宅地建物取引業者免許証を掲げなくともよいが、国土交通省令で定める標識を掲げなければならない。

3　宅地建物取引業者は、その事務所ごとに、その業務に関する帳簿を備え、宅地建物取引業に関し取引のあった月の翌月1日までに、一定の事項を記載しなければならない。

4　宅地建物取引業者は、その業務に従事させる者に、従業者証明書を携帯させなければならないが、その者が宅地建物取引士で宅地建物取引士証を携帯していれば、従業者証明書は携帯させなくてもよい。

【問 44】 宅地建物取引業者A社（消費税課税事業者）は売主Bから土地付中古別荘の売却の代理の依頼を受け、宅地建物取引業者C社（消費税課税事業者）は買主Dから別荘用物件の購入に係る媒介の依頼を受け、BとDの間で当該土地付中古別荘の売買契約を成立させた。この場合における次の記述のうち、宅地建物取引業法の規定によれば、正しいものの組合せはどれか。なお、当該土地付中古別荘の売買代金は320万円（うち、土地代金は100万円）で、消費税額及び地方消費税額を含むものとする。

ア A社がBから受領する報酬の額によっては、C社はDから報酬を受領することができない場合がある。

イ A社はBから、少なくとも154,000円を上限とする報酬を受領することができる。

ウ A社がBから100,000円の報酬を受領した場合、C社がDから受領できる報酬の上限額は208,000円である。

エ A社は、代理報酬のほかに、Bからの依頼の有無にかかわらず、通常の広告の料金に相当する額についても、Bから受け取ることができる。

1 ア、イ
2 イ、ウ
3 ウ、エ
4 ア、イ、ウ

— 30 —

【問　45】　特定住宅瑕疵担保責任の履行の確保等に関する法律に基づく住宅販売瑕疵担保保証金の供託又は住宅販売瑕疵担保責任保険契約の締結に関する次の記述のうち、正しいものはどれか。なお、本問における「瑕疵」とは、種類又は品質に関して契約の内容に適合しない状態をいう。

1　宅地建物取引業者は、自ら売主として宅地建物取引業者である買主との間で新築住宅の売買契約を締結し、その住宅を引き渡す場合、住宅販売瑕疵担保保証金の供託又は住宅販売瑕疵担保責任保険契約の締結を行う義務を負う。

2　自ら売主として新築住宅を販売する宅地建物取引業者は、住宅販売瑕疵担保保証金の供託をする場合、宅地建物取引業者でない買主へのその住宅の引渡しまでに、買主に対し、保証金を供託している供託所の所在地等について記載した書面を交付（又は買主の承諾を得て、書面に記載すべき事項を電磁的方法により提供）して説明しなければならない。

3　自ら売主として新築住宅を宅地建物取引業者でない買主に引き渡した宅地建物取引業者は、基準日に係る住宅販売瑕疵担保保証金の供託及び住宅販売瑕疵担保責任保険契約の締結の状況について届出をしなければ、当該基準日以後、新たに自ら売主となる新築住宅の売買契約を締結することができない。

4　住宅販売瑕疵担保責任保険契約を締結している宅地建物取引業者は、当該保険に係る新築住宅に、構造耐力上主要な部分及び雨水の浸入を防止する部分の隠れた瑕疵（構造耐力又は雨水の浸入に影響のないものを除く。）がある場合に、特定住宅販売瑕疵担保責任の履行によって生じた損害について保険金を請求することができる。

— 31 —

【問 46】 独立行政法人住宅金融支援機構（以下この問において「機構」という。）に関する次の記述のうち、誤っているものはどれか。

1 機構は、証券化支援事業（買取型）において、中古住宅を購入するための貸付債権を買取りの対象としていない。

2 機構は、証券化支援事業（買取型）において、バリアフリー性、省エネルギー性、耐震性又は耐久性・可変性に優れた住宅を取得する場合に、貸付金の利率を一定期間引き下げる制度を実施している。

3 機構は、マンション管理組合や区分所有者に対するマンション共用部分の改良に必要な資金の貸付けを業務として行っている。

4 機構は、災害により住宅が滅失した場合において、それに代わるべき建築物の建設又は購入に必要な資金の貸付けを業務として行っている。

【問 47】 宅地建物取引業者が行う広告に関する次の記述のうち、不当景品類及び不当表示防止法（不動産の表示に関する公正競争規約を含む。）の規定によれば、正しいものはどれか。

1 インターネット上に掲載した賃貸物件の広告について、掲載直前に契約済みとなったとしても、消費者からの問合せに対し既に契約済みであり取引できない旨を説明すれば、その時点で消費者の誤認は払拭されるため、不当表示に問われることはない。

2 宅地の造成及び建物の建築が禁止されており、宅地の造成及び建物の建築が可能となる予定がない市街化調整区域内の土地を販売する際の新聞折込広告においては、当該土地が市街化調整区域内に所在する旨を16ポイント以上の大きさの文字で表示すれば、宅地の造成や建物の建築ができない旨まで表示する必要はない。

3 半径300m以内に小学校及び市役所が所在している中古住宅の販売広告においては、当該住宅からの道路距離及び徒歩所要時間の表示を省略して、「小学校、市役所近し」と表示すればよい。

4 近くに新駅の設置が予定されている分譲住宅の販売広告を行うに当たり、当該鉄道事業者が新駅設置及びその予定時期を公表している場合、広告の中に新駅設置の予定時期を明示して表示してもよい。

【問　48】　次の記述のうち、正しいものはどれか。

1　令和4年度法人企業統計年報（令和5年9月公表）によれば、令和4年度における全産業の経常利益は前年度に比べ13.5％増加となったが、不動産業の経常利益は2.0％の増加にとどまった。

2　令和6年地価公示（令和6年3月公表）によれば、令和5年1月以降の1年間の地価は、全国平均では住宅地、商業地のいずれについても上昇となった。

3　令和6年版国土交通白書（令和6年6月公表）によれば、令和5年3月末における宅地建物取引業者数は約20万に達している。

4　建築着工統計（令和6年1月公表）によれば、令和5年の貸家の新設着工戸数は約34.4万戸となっており、3年連続の増加となった。

【問　49】　土地に関する次の記述のうち、最も不適当なものはどれか。

1　扇状地は、山地から河川により運ばれてきた砂礫等が堆積して形成された地盤である。

2　三角州は、河川の河口付近に見られる軟弱な地盤である。

3　台地は、一般に地盤が安定しており、低地に比べ、自然災害に対して安全度は高い。

4　埋立地は、一般に海面に対して比高を持ち、干拓地に比べ、水害に対して危険である。

【問　50】　建築の構造に関する次の記述のうち、最も不適当なものはどれか。

1　耐震構造は、建物の柱、はり、耐震壁などで剛性を高め、地震に対して十分耐えられるようにした構造である。

2　免震構造は、建物の下部構造と上部構造との間に積層ゴムなどを設置し、揺れを減らす構造である。

3　制震構造は、制震ダンパーなどを設置し、揺れを制御する構造である。

4　既存不適格建築物の耐震補強として、制震構造や免震構造を用いることは適していない。

【冊子ご利用時のご注意】

　以下の「冊子」は、この色紙を残したまま、ていねいに抜き取り、ご利用ください。
　なお、抜き取りの際の損傷についてのお取替えはご遠慮願います。

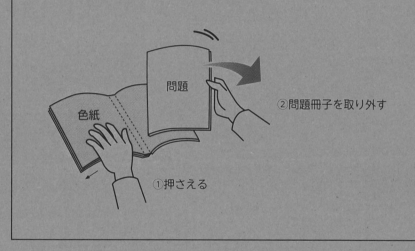

TAC出版

予想模試 第1回
問　　　題
制限時間2時間／合格基準点38点

次の注意事項をよく読んでから、始めてください。

(注意事項)

1　問　　題

　　問題は、1ページから29ページまでの50問です。

　　試験開始の合図と同時に、ページ数を確認してください。

　　乱丁や落丁があった場合は、直ちに試験監督員に申し出てください。

2　解　　答

　　正解は、各問題とも一つだけです。

　　二つ以上の解答をしたもの及び判読が困難なものは、正解としません。

3　適用法令

　　問題の中の法令に関する部分は、令和6年4月1日現在施行されている規定に基づいて出題されています。

【問　1】　Aが甲土地をBに売却した場合に関する次の記述のうち、民法の規定及び判例によれば、正しいものはどれか。

1　甲土地はAがCから購入したもので、CからAに対する所有権移転登記がまだ行われていない場合、Bは、所有権移転登記を備えていなくても、Cに対して甲土地の所有権を主張することができる。

2　Bが甲土地をDに売却しDが所有権移転登記を備えたが、その後AがBの詐欺を理由にAB間の売買契約を取り消した場合、DがBの詐欺の事実を知っていたか否かにかかわらず、AはDに対して甲土地の所有権を主張することができない。

3　Bが甲土地をEに売却しEが所有権移転登記を備えたが、その後AがBの強迫を理由にAB間の売買契約を取り消した場合、EがBの強迫の事実を過失なく知らなかったときは、AはEに対して甲土地の所有権を主張することができない。

4　Aが所有者として登記されている甲土地について、Bが登記を信頼してAと売買契約を締結したが、実は甲土地はAの土地ではなく第三者Fの土地であり、Fが債権者の追及を逃れるために売買契約の実態はないのに登記だけAに移していた場合、Bは、無権利者であるAから甲土地を買い受けた以上、Fに対して甲土地の所有権を主張することができない。

【問　2】　Aが雇用している従業員Bが、Aの事業の執行につき不法行為を行い、これによりCに危害を加えた場合に関する次の記述のうち、民法の規定及び判例によれば、正しいものはどれか。

1　Aに使用者としての損害賠償責任が発生する場合、Cは、Aに対して不法行為に基づく損害賠償を請求したときは、Bに対して請求することはできない。

2　Aに使用者としての損害賠償責任が発生し、AがCの損害の全額をCに賠償した場合、Aは、Bに対して、信義則上相当な限度において求償することができる。

3　Aに使用者としての損害賠償責任が発生する場合、CのAに対する損害賠償請求権が消滅時効にかかったときは、BのCに対する損害賠償義務も消滅する。

4　Bの加害行為によりCが即死した場合、Cには精神的な損害が発生する余地がないので、Cに相続人がいても、その相続人がCの慰謝料請求権を相続することはない。

－ 1 －

【問　3】　Aが、B所有の甲建物をBから買い受ける契約（代金3,000万円、手付300万円）を締結し、手付を支払ったが、残代金は1か月後所有権移転登記及び引渡しと引換えに支払う旨の約定がある場合に関する次の記述のうち、民法の規定及び判例によれば、正しいものはどれか。なお、手付については、AB間で解約手付である旨約定している。

1　甲建物がBの失火により全焼してしまった場合でも、Aは、直ちに売買契約を解除することはできない。

2　履行期にAが残代金を提供したにもかかわらず、Bが所有権移転登記及び引渡しをしない場合、Aは、Bに対して、通常生ずべき損害のうち、債務不履行時に、A及びBが予見すべきであったものに限り、賠償請求することができる。

3　Bが本件手付に基づき売買契約を解除する場合、Bは、Aに対して、単に口頭で手付の額の倍額である600万円を償還することを告げて、受領を催告すれば足りる。

4　BからAに対する所有権移転登記がなされた後、AがAの債権者Cとの間で甲建物につき抵当権設定契約を締結し、その設定登記をしたが、その後BがAの債務不履行を理由に売買契約を解除した場合、Bは、その抵当権の消滅をCに対して主張することはできない。

【問　4】　Aが、B名義の所有権の登記がなされているB所有の甲建物について期間2年で賃貸借契約を締結し、賃借権の登記がなされた場合に関する次の記述のうち、民法及び借地借家法の規定並びに判例によれば、正しいものはどれか。

1　AB間の賃貸借契約は、AB間の合意があっても、書面により契約を締結していなければ効力を生じない。

2　Bが、C所有の乙土地をCから賃借し、その上に甲建物を所有して、自己名義で甲建物の保存登記をしている場合、BがCに無断で甲建物をAに賃貸しているときは、Cは、借地の無断転貸借を理由として、BC間の賃貸借契約を解除することができる。

3　期間満了前に甲建物全体が類焼により焼失し、使用及び収益をすることができなくなった場合、AB間の賃貸借契約は終了する。

4　Dは、Bから甲建物の譲渡を受けた場合で賃貸人の地位を承継したときは、所有権の移転について登記を備えていなくても、Aに対して、自らが賃貸人であることを主張することができる。

－ 2 －

【問　5】　抵当権に関する次の記述のうち、民法の規定によれば、正しいものはどれか。

1　抵当権者は、抵当目的物が火災により焼失して債務者が火災保険金請求権を取得した場合には、その火災保険金請求権に物上代位することができる。

2　抵当権は、法律上当然に成立する担保物権であり、契約によって成立することはない。

3　抵当権は、動産についても、不動産についても成立する。

4　抵当権者は、善良な管理者の注意をもって、抵当目的物を占有しなければならない。

【問　6】　Aを注文者、Bを請負人とする建物の請負契約（以下「本件契約」という。）が締結された場合に関する次の記述のうち、民法の規定によれば、正しいものはどれか。

1　本件契約がAの責めに帰すべき事由によって中途で終了した場合、Aは、請負代金の履行を拒むことはできないが、Bは、自己の債務を免れたことによって得た利益をAに償還しなければならない。

2　Bが完成させた建物に契約の内容に適合しない欠陥がある場合、その修補が可能であっても、Aは、Bに対して当該建物の修補を請求することはできない。

3　Aは、Bが建物を完成させる前であっても、本件契約を解除することができない。

4　Bが完成させた建物に契約の内容に適合しない欠陥があって、そのために本件契約を締結した目的を達することができない場合でも、Aは、本件契約を解除することはできない。

－ 3 －

【問　7】　令和6年7月1日にAが死亡し、相続人がAの子であるBとCの2名である場合に関する次の記述のうち、民法の規定及び判例によれば、正しいものはどれか。

1　Bが嫡出子、Cが非嫡出子であった場合、Bの相続分はCの相続分の2倍となる。

2　相続の開始から3か月が経過した場合、Cが自己のために相続の開始があったことを知らなかったときでも、Cは、単純承認をしたものとみなされる。

3　相続財産に属する甲土地について、遺産分割前に、BがCに無断でB単独名義の所有権移転登記をしてこれを第三者Dに譲渡した場合、Cは、Dが所有権移転登記を備えたときでも、Dに対して自己の持分を登記なくして対抗することができる。

4　遺産のすべてをCに相続させる旨の適法な遺言がなされていた場合、Bは、遺留分侵害額に相当する金銭の支払いを請求することができない。

【問　8】　制限行為能力者に関する次の記述のうち、民法の規定によれば、正しいものはどれか。なお、保佐人及び補助人の同意に代わる家庭裁判所の許可については、考慮しないものとする。

1　成年被後見人が成年後見人の同意を得て不動産の贈与を受ける契約をした場合でも、成年後見人は、当該法律行為を取り消すことができる。

2　未成年者が法定代理人の同意を得ずに不動産を売却した場合でも、法定代理人は、当該法律行為を取り消すことができない。

3　被補助人が、補助人の同意を得なければならない不動産の売却について、その同意を得ずにこれを売却した場合、被補助人が詐術を用いて相手方に行為能力者であると信じさせていたときでも、補助人は、当該法律行為を取り消すことができる。

4　被保佐人が保佐人の同意を得ずに日用品を購入した場合、保佐人は、当該法律行為を取り消すことができる。

－4－

【問　9】　Aが、BからB所有の甲建物を買い受けた場合に関する次の記述のうち、民法の規定によれば、正しいものはどれか。

1　Aは、Bから甲建物の引渡しを受ける前に、Bに対して代金を支払わなければならない。

2　Aに引き渡された甲建物が、品質に関して契約の内容に適合しないものである場合、AB間の売買契約が、宅地建物取引業者Cの媒介により契約締結に至ったものであるときは、Aは、Bに対しても、Cに対しても、担保責任を追及することができる。

3　Aに引き渡された甲建物が、品質に関して契約の内容に適合しないものである場合、それが売買契約をした目的を達成することができないとまではいえないものであるときでも、Bは、担保責任を負うことがある。

4　Aに引き渡された甲建物が、品質に関して契約の内容に適合しないものである場合、AがBに対して甲建物の補修による履行の追完を請求したときは、Bは、必ずこれに応じなければならず、Aが請求した方法と異なる方法によって履行の追完をすることは認められない。

【問　10】　AがB所有の甲土地を占有している場合に関する次の記述のうち、民法の規定及び判例によれば、正しいものはどれか。

1　Aが悪意で甲土地の占有を開始した場合、Aは、所有の意思をもって、平穏かつ公然に20年間その占有を続けたときでも、甲土地の所有権を時効取得することができない。

2　Aが悪意で甲土地の占有を開始し、所有の意思をもって、平穏かつ公然に３年間占有を続けた後、甲土地を17年間Cに賃貸した場合、Aは、甲土地の所有権を時効取得することができない。

3　Aが甲土地を平穏かつ公然に20年間占有していた場合でも、その占有が賃借権に基づくものであるときは、Aは、甲土地の所有権を時効取得することができない。

4　Aの父が悪意で甲土地の占有を開始し、所有の意思をもって、平穏かつ公然に12年間占有を続けた後、Aが相続によりその占有を承継し、その後８年間占有した場合、Aは、甲土地の所有権を時効取得することができない。

【問　11】　建物所有目的の土地の賃貸借契約（一時使用目的ではない。）に関する次の記述のうち、借地借家法の規定によれば、誤っているものはどれか。

1　居住用建物所有目的の借地権の存続期間が、10年と定められている場合でも、20年と定められている場合でも、いずれの場合もその期間は30年となる。

2　建物の構造を制限する旨の借地条件がある場合、法令による土地利用の規制の変更その他事情の変更により、その借地条件の変更が相当であるにもかかわらず、借地条件の変更につき当事者間に協議が調わないときは、裁判所は、当事者の申立てにより、その借地条件を変更することができる。

3　存続期間を30年以上として、居住用建物所有目的の借地権を設定する場合においては、契約の更新（更新の請求及び土地の使用の継続によるものを含む。）及び建物の築造による存続期間の延長がなく、並びに借地借家法第13条の規定による建物買取請求をしないこととする旨の特約を定めることができるが、この特約は、公正証書によってしなければならない。

4　借地借家法第23条の事業用定期借地権は、個人が住宅を建てる場合も、住宅賃貸の事業者が賃貸マンションを建てる場合も、設定することはできない。

－ 6 －

【問　12】　Aを賃貸人、Bを賃借人とする甲建物の賃貸借契約（以下この問において「本件契約」という。）が、期間を2年として令和6年8月1日に締結された場合に関する次の記述のうち、民法及び借地借家法の規定並びに判例によれば、正しいものはどれか。なお、借地借家法第39条に定める取壊し予定の建物の賃貸借及び同法第40条に定める一時使用目的の建物の賃貸借は考慮しないものとする。

1　Bの賃料不払を理由として本件契約が解除された場合でも、Bは、Aの同意を得てBが建物に付加した造作について、その買取りをAに請求することができる。

2　A及びBのいずれも更新拒絶の通知をしなかったことから本件契約が更新される場合、更新後の期間について特段の定めがなければ、更新後の契約期間も2年となる。

3　本件契約について契約の更新がない旨を定めるには、書面あるいは電磁的記録によって契約を締結すれば足りる。

4　本件契約が借地借家法第38条の定期建物賃貸借契約で、契約の更新がない旨を定めた場合でも、Aは、期間満了の1年前から6月前までの間に、Bに対し期間満了により本件契約が終了する旨の通知をしなければ、期間2年での終了をBに対抗することができない。

【問　13】　建物の区分所有等に関する法律に関する次の記述のうち、誤っているものはどれか。

1　集会の議事録の保管場所は、規約の保管場所と同様、建物内の見やすい場所に掲示しなければならない。

2　管理者は、自然人に限ることなく、また、区分所有者以外の者からも選任することができる。

3　規約及び集会の決議は、区分所有者の特定承継人に対しても、その効力を生じる。

4　規約を保管する者は、利害関係人の請求があったときは、正当な理由がある場合でも、規約の閲覧を拒んではならない。

【問 14】 不動産の登記に関する次の記述のうち、不動産登記法の規定によれば、誤っているものはどれか。

1 登記の申請をする者の委任による代理人の権限は、本人の死亡によっては、消滅しない。

2 登記事項証明書の交付の請求は、利害関係を有することを明らかにしなければ、することができない。

3 被相続人から所有不動産の遺贈を受け、それにより当該不動産を取得した相続人がいる場合、その遺贈による所有権の移転の登記は、相続人が単独で申請することができる。

4 所有権の登記がない土地と所有権の登記がある土地との合筆の登記は、することができない。

【問 15】 都市計画法に関する次の記述のうち、正しいものはどれか。

1 無秩序な市街化を防止し、計画的な市街化を進めるため、都市計画区域を市街化区域と市街化調整区域に区分（以下「区域区分」という。）することができるので、三大都市圏の一定の区域等でも、必要があるときは、区域区分を定めることができる。

2 都市施設は、特に必要があるときは、都市計画区域外においても定めることができる。

3 特例容積率適用地区は、建築物の容積率の限度からみて未利用となっている建築物の容積の活用を促進して土地の高度利用を図るために定める地区であり、用途地域のうち、第一種低層住居専用地域、第二種低層住居専用地域、田園住居地域又は工業専用地域内に限り、定めることができる。

4 都道府県が都市計画区域を指定する場合において、一体の都市として総合的に整備し、開発し、及び保全する必要がある区域であっても、当該市町村の区域外にわたり、都市計画区域を指定することはできない。

－ 8 －

【問　16】　都市計画法（以下この問において「法」という。）に関する次の記述のうち、正しいものはどれか。なお、この問において「都道府県知事」とは、地方自治法に基づく指定都市、中核市及び施行時特例市にあってはその長をいうものとする。

1　都市計画区域及び準都市計画区域以外の区域で行われる開発区域の面積が9,500㎡のコンクリートプラントの建設のための土地の区画形質の変更を行おうとする者は、都道府県知事の許可を受けなくてもよい。

2　市街化区域における1ヘクタールのマンション建設の用に供する目的で行う開発行為については、都道府県知事は、あらかじめ開発審査会の議を経なければ、開発許可をすることはできない。

3　市街化区域内で開発許可の申請をした者に対しては、当該開発行為が法第33条の許可基準のいずれか一つに該当し、かつ、その申請手続きが法令の手続きに違反していなければ、都道府県知事は許可をしなければならない。

4　開発許可の処分についての審査請求は、都道府県知事に対して行う。

【問　17】　建築基準法（以下この問において「法」という。）に関する次の記述のうち、誤っているものはどれか。

1　法は、建築物の敷地、構造、設備及び用途に関する最低の基準を定めて、国民の生命、健康及び財産の保護を図り、もって公共の福祉の増進に資することを目的とする。

2　法第42条第2項の規定によれば、道路の境界線とみなされる線と道路との間の部分の敷地が私有地であっても、敷地面積には算入されない。

3　地方公共団体は、道路と一定の建築物の敷地との関係について、条例でその制限を付加することはできないが、緩和することができる。

4　法第28条の2に規定されている、著しく衛生上有害なものとして建築材料に添加してはならない物質は、石綿のみ政令で指定されている。

【問 18】 建築基準法に関する次の記述のうち、誤っているものはどれか。ただし、指定確認検査機関の確認については考慮しないものとする。

1 建築物が、2以上の斜線制限（道路斜線制限、隣地斜線制限、北側斜線制限）の異なる地域にまたがる場合は、建築物の各部分でそれぞれの地域の斜線制限が適用される。

2 建築物の敷地が、都市計画により定められた建築物の容積率の限度が異なる地域にまたがる場合、建築物が一方の地域内のみに建築される場合であっても、その容積率の限度は、それぞれの地域に属する敷地の部分の割合に応じて按分計算により算出された数値となる。

3 建築物の建蔽率の限度が10分の8とされている地域内で、かつ、防火地域内にある耐火建築物又はこれと同等以上の延焼防止性能を有するものとして政令で定める建築物を建築する場合は、建築物の建蔽率は適用されない。

4 建築主は、鉄筋コンクリート造4階建てで、延べ面積1,200㎡の共同住宅の新築工事を完了した場合は、一定の場合を除き、その工事完了日から7日以内に到達するように、建築主事に対し、当該工事に係る検査の申請をする必要がある。

― 10 ―

【問　19】　宅地造成及び特定盛土等規制法に関する次の記述のうち、誤っているものはどれか。なお、この問において「都道府県知事」とは、地方自治法に基づく指定都市及び中核市にあってはその長をいうものとする。

1　土地の占有者は、都道府県知事が、基礎調査のために他人の占有する土地に立ち入って測量又は調査を行う場合、正当な理由がない限り、立入りを拒み、又は妨げてはならない。

2　都道府県知事は、宅地造成等工事規制区域内の土地について、宅地造成等に伴う災害を防止するために必要があると認める場合、その土地の工事施行者に対して、擁壁等の設置等の措置をとることを勧告することができる。

3　宅地造成等工事規制区域内において、公共施設用地を宅地に転用した者は、一定の場合を除き、その転用した日から21日以内にその旨を都道府県知事に届け出なければならない。

4　都道府県知事は、造成宅地防災区域内の造成宅地について、宅地造成又は特定盛土等に伴う災害で、相当数の居住者等に危害を生ずるものの防止のため必要があると認める場合においては、その造成宅地の所有者に対し、擁壁等の設置又は改造その他同項の災害の防止のため必要な措置をとることを勧告することができる。

【問　20】　土地区画整理法に関する次の記述のうち、誤っているものはどれか。

1　土地区画整理組合を設立しようとする者は、5人以上共同して、定款及び事業計画を定め、その組合の設立について都道府県知事（指定都市等ではその長）の認可を受けなければならない。

2　仮換地の指定があった場合において、従前の宅地の所有者は、当該従前の宅地について抵当権を設定することができ、仮換地について抵当権を設定することはできない。

3　土地区画整理組合が仮換地を指定する場合において、従前の宅地について賃借権者がいるときは、その者に対し、その仮換地について仮にそれらの権利の目的となるべき宅地又はその部分を指定しなければならない。

4　施行者は、換地処分を行う前において、換地計画に基づき換地処分を行うため必要がある場合には、換地計画において換地を定めないこととされる宅地の所有者等に対し、宅地の使用収益を停止させることができる。

【問　21】　農地法（以下この問において「法」という。）に関する次の記述のうち、正しいものはどれか。

1　農業者Aが耕作目的で農地を取得しようとする場合は、当該農地がAの住所のある市町村の区域内にあるときに限り、農業委員会の許可を受ければよい。

2　宅地に転用するため農地を取得しようとする場合に、「農地の所有権を契約締結時から1年以内に移転する」旨の予約契約を行おうとするときは、その契約の締結について、法第5条第1項の許可を受ける必要がある。

3　砂利採取法第16条の認可を受けて市街化調整区域内にある農地を砂利採取のために一時的に貸し付ける場合には、法第5条第1項の許可を受ける必要はない。

4　農家が、市街化区域外にある自己所有の農地を、賃貸住宅を建設するために転用する場合には、法第4条第1項の許可を受ける必要がある。

【問　22】　国土利用計画法（以下この問において「法」という。）第23条の都道府県知事（以下この問において「甲」という。）への届出（以下この問において「事後届出」という。）に関する次の記述のうち、正しいものはどれか。

1　甲から事後届出に係る土地利用目的に関し勧告を受けた権利取得者Aは、当該甲に対し、当該土地の権利を買い取るべきことを請求することができる。

2　都市計画区域外にある10,000㎡の土地を時効取得したBは、事後届出が不要となる。

3　事後届出が必要な一定の契約で権利取得者となったCが届出を行わなかった場合には、法の規定に基づき、Cは甲から当該届出を行うよう勧告を受ける。

4　信託契約によって土地の所有権移転を受けた信託銀行が、信託財産である当該土地をDに売却した場合には、Dは、事後届出が不要となる。

【問　23】　住宅用家屋の所有権の移転登記に係る登録免許税の税率の軽減措置に関する次の記述のうち、誤っているものはどれか。

1　この税率の軽減措置の適用対象となる住宅用家屋は、床面積が50㎡以上で、その住宅用家屋を取得した個人の居住の用に供されるものでなければならない。

2　この税率の軽減措置の適用を受けるためには、その住宅用家屋の取得後1年以内に所有権の移転の登記をしなければならない。

3　この税率の軽減措置は、売買又は贈与により取得した住宅用家屋について受ける所有権の移転の登記に適用される。

4　この税率の軽減措置は、以前にこの措置の適用を受けたことのある者が新たに取得した住宅用家屋について受ける所有権の移転の登記にも適用される。

【問　24】　不動産取得税に関する次の記述のうち、誤っているものはどれか。

1　家屋が新築された日から一定期間を経過して、なお、当該家屋について最初の使用又は譲渡が行われない場合においては、当該家屋が新築された日からその一定期間を経過した日において家屋の取得がなされたものとみなし、当該家屋の所有者を取得者とみなして、これに対して不動産取得税を課する。

2　土地に定着した立木は、土地と同時に取引される場合に限り、課税対象となる。

3　法人が中古住宅を取得した場合、住宅取得に係る不動産取得税の課税標準の算定について、当該住宅の価格から一定額を控除する旨の課税標準の特例は適用されない。

4　宅地の取得に係る不動産取得税の課税標準は、当該取得が令和6年10月に行われた場合、当該宅地の価格の2分の1の額とされる。

－ 13 －

【問　25】　地価公示法に関する次の記述のうち、正しいものはどれか。

1　標準地の正常な価格とは、土地について、自由な取引が行われるとした場合におけるその取引において通常成立すると認められる価格をいい、この「取引」には、たとえ住宅地とするためであっても、農地の取引は含まれない。

2　不動産鑑定士は、土地鑑定委員会の求めに応じて標準地の鑑定評価を行うに当たっては、近傍類地の取引価格から算定される推定の価格、近傍類地の地代等から算定される推定の価格及び同等の効用を有する土地の造成に要する推定の費用の額を平均して求めなければならない。

3　土地鑑定委員が、標準地の選定のために他人の占有する土地に立ち入ろうとする場合は、立ち入る1週間前までに、土地の占有者の承諾を得なければならない。

4　標準地は、公示区域（都市計画法第4条第2項に規定する都市計画区域に該当しない区域を含み、国土利用計画法第12条第1項の規定により指定された規制区域を除く。）内において選定される。

【問　26】　宅地建物取引業の免許（以下この問において「免許」という。）に関する次の記述のうち、正しいものはいくつあるか。

ア　A社が、自社所有の工場跡地を20区画に分割し、宅地として不特定多数の者に反復継続して売却する場合、A社は免許を受ける必要はない。

イ　宅地建物取引業者である個人Bが宅地建物取引業を営む目的で株式会社C社を設立し、Bがその代表取締役となって業務を行う場合、C社は免許を受ける必要はない。

ウ　Dが、用途地域内の自己所有の宅地を20区画に分割し、不特定多数の者に反復継続して売却する場合、宅地建物取引業者Eを代理人として売却するときは、Dは免許を受ける必要はない。

1　一つ

2　二つ

3　三つ

4　なし

－ 14 －

【問 27】 宅地建物取引業者Aがその業務に関して行う広告に関する次の記述のうち、宅地建物取引業法の規定によれば、正しいものはどれか。

1 Aは、別荘地に別荘（建物）を建設して分譲する場合、契約の締結を建築確認後に行うこととすれば、建築確認前であっても別荘の分譲広告をすることができる。

2 Aは、宅地建物取引業者ではないBが建物を新築するため建築確認の申請中であった場合でも、「建築確認申請中」として新聞広告をすれば、Bの代理人として当該建物の販売に関する契約の予約をすることができる。

3 Aは、建物の形質に関し、実際のものよりも著しく優良であると人を誤認させるような広告を行った場合、実際に取引の相手方となった者が誤認しなかったとしても、誇大広告に該当する。

4 Aは、実在しない宅地について広告することはできないが、宅地が実在すれば、実際に取引する意思のない宅地については広告することができる。

【問 28】 甲県知事の宅地建物取引士資格登録（以下この問において「登録」という。）を受けている宅地建物取引士Aに関する次の記述のうち、宅地建物取引業法の規定によれば、正しいものはいくつあるか。

ア Aが、甲県から乙県に転居しようとする場合、Aは、転居のみを理由としては、乙県知事に登録の移転は申請できない。

イ Aが、甲県から乙県に転居し、その住所を乙県内に定めた場合、Aは、30日以内に甲県知事に変更の登録を申請しなければならない。

ウ Aが破産手続開始の決定を受けた場合、Aの破産管財人は、30日以内にAが登録を受けている甲県知事にその旨を届け出なければならない。

1 一つ
2 二つ
3 三つ
4 四つ

－ 15 －

【問　29】　宅地建物取引業者Aが行う業務に関する次の記述のうち、宅地建物取引業法の規定に違反しないものはどれか。

1　Aは、従業者名簿に従業者の氏名、生年月日及び主たる職務内容を記載したが、宅地建物取引士であるか否かの別は記載しなかった。

2　Aは、建物の売買の代理において、依頼者に不当に高額の報酬を要求したが、実際に受領した報酬額は、国土交通大臣が定める額を超えていなかった。

3　Aは、自ら売主となる宅地建物取引業者ではない買主Bとの宅地の売買において、当該宅地の売買契約の締結後、すでにBに対して宅地を引き渡していたため、Bの手付放棄による売買契約の解除を拒んだ。

4　Aは、自ら売主となる投資用マンションの売買の勧誘に先立ち、Aの名称又は商号を告げずに勧誘を行った。

【問　30】　宅地建物取引業者A（消費税課税事業者）が甲及び乙から甲所有の建物の売買について媒介の依頼を受け、甲乙間で売買契約を成立させた場合、Aが甲から受領できる報酬の限度額（消費税額及び地方消費税額を含む。）は、次のうちどれか。なお、建物の代金は2,200万円（消費税額及び地方消費税額を合算した額200万円を含む。）とする。

1　66万円

2　72万円

3　72万6,000円

4　79万2,000円

－ 16 －

【問 31】 宅地及び建物の売買の媒介における宅地建物取引業法第35条の規定に基づく重要事項を記載した書面（以下この問において「35条書面」という。）及び同法第37条の規定に基づく契約内容を記載した書面（以下この問において「37条書面」という。）に関する次の記述のうち、誤っているものはどれか。

1 宅地建物取引業者は、買主となろうとする者の承諾が得られた場合でも、35条書面を、37条書面と同時に交付してはならない。

2 宅地建物取引業者は、35条書面及び37条書面について、近くの喫茶店で交付しても構わない。

3 宅地建物取引業者は、買主に35条書面を交付する場合、買主が宅地建物取引業者であっても、35条書面に宅地建物取引士をして記名をさせなければならない。

4 宅地建物取引業者は、35条書面の説明を専任でない宅地建物取引士にさせてはならない。

【問 32】 マンション（区分所有建物）の貸借の媒介をする場合に、宅地建物取引業法第35条の規定に基づき重要事項として説明しなければならない事項は、次のうちどれか。なお、説明の相手方は宅地建物取引業者ではないものとする。

1 当該マンションの敷地に関する権利の種類及び内容

2 当該マンションの敷地の一部を特定の者にのみ使用を許す旨の規約の定めがあるときは、その内容

3 当該マンションの建物の計画的な維持修繕のための費用の積立てを行う旨の規約の定めがあるときは、その内容

4 台所、浴室、便所その他当該区分所有建物の設備の整備状況

－ 17 －

【問　33】　宅地建物取引業者Aが自ら売主となって、宅地建物取引業者でないBと工事完了後のマンションの売買契約を、価格5,000万円で締結した。この場合、宅地建物取引業法第41条の2に規定する手付金等の保全措置（以下この問において「保全措置」という。）に関する次の記述のうち、同法の規定によれば、誤っているものはどれか。

1　Bは、手付金1,000万円をAに支払う場合、Aが保全措置を講じないときは、手付金の支払いを拒絶することができる。

2　Aは、Bから手付金1,000万円を受領するに当たって、500万円については銀行と保証委託契約を締結し、残りの500万円をAの友人が連帯保証するとして、保全措置を講ずることができる。

3　Aは、手付金500万円、中間金1,500万円とし、マンションの引渡し及び登記の移転を中間金の支払いと同時とした場合、保全措置を講ずることなく残代金を受領することができる。

4　Aは、手付金等の保全措置を講ずる場合でも、Bから手付金1,500万円を受領することはできない。

【問　34】　宅地建物取引士Aが、甲県知事から宅地建物取引士証の交付を受けている場合に関する次の記述のうち、正しいものはどれか。

1　Aが宅地建物取引士証の更新の申請を怠りその有効期間が満了した場合、Aは、その登録を消除される。

2　Aが従事していた宅地建物取引業者B社を退職し、宅地建物取引業者C社に勤務することにしたときでも、Aは、宅地建物取引士証の書換え交付を申請する必要はない。

3　宅地建物取引業者でもあるAが宅地建物取引業を廃止したときは、Aは、宅地建物取引士証をその交付を受けた甲県知事に返納しなければならない。

4　Aが宅地建物取引士証の有効期間の更新を受けようとするときは、Aは、国土交通大臣が指定する講習で有効期間満了の日前6月以内に行われるものを受講しなければならない。

－ 18 －

【問　35】　宅地建物取引業者A（甲県知事免許）が、甲県内に本店aと支店bを設置して営業しようとし、又は営業している場合の営業保証金に関する次の記述のうち、宅地建物取引業法の規定によれば、誤っているものはいくつあるか。

ア　甲県知事は、免許をした日から3月以内に営業保証金を供託した旨の届出がない場合、Aに対して当該届出をすべき旨の催告をしなければならない。

イ　甲県知事は、Aが、営業保証金の供託の届出をすべき旨の催告を受けたにもかかわらず、当該催告が到達した日から1月以内に届出をしない場合、Aの免許を取り消すことができる。

ウ　Aは、営業保証金を金銭と有価証券で供託している場合において、本店を移転したため、その最寄りの供託所が変更した場合、その金銭で供託している部分についても、保管替えを請求することはできない。

1　一つ
2　二つ
3　三つ
4　なし

【問 36】 宅地建物取引業保証協会（以下この問において「保証協会」という。）及び
弁済業務保証金分担金に関する次の記述のうち、正しいものはどれか。

1 保証協会は、新たに宅地建物取引業者がその社員として加入したときは、直ちにそ
の旨を、当該宅地建物取引業者が免許を受けた国土交通大臣又は都道府県知事に報告
しなければならない。

2 保証協会に加入している宅地建物取引業者と宅地建物取引業に関し取引をした者が
その取引により生じた債権の還付を受けるときは、その額について、当該宅地建物取
引業者が免許を受けた国土交通大臣又は都道府県知事の認証を受けなければならない。

3 120万円の弁済業務保証金分担金を納付して保証協会の社員となった者が、当該保
証協会の社員としての地位を失った場合、引き続き宅地建物取引業を営もうとすると
きは、その地位を失った日から1週間以内に、1,000万円の営業保証金を供託しなけ
ればならない。

4 保証協会は、国土交通大臣の指定を受けた一般社団法人として、その社員である宅
地建物取引業者との契約により、当該宅地建物取引業者が受領した手付金等の保管事
業を行うことが義務付けられている。

【問　37】　宅地建物取引業者が、建物の売買を媒介し、契約が成立した場合に、宅地建物取引業法第37条の規定により、その契約の各当事者に交付する書面の記載事項でないものは、次のうちいくつあるか。

ア　当該建物が区分所有建物であり、その1棟の建物及び敷地の管理の委託を受けている法人があるときは、その商号又は名称、その主たる事務所の所在地

イ　私道に関する負担の定めがあるときは、その内容

ウ　当該建物が種類又は品質に関して契約の内容に適合しない場合におけるその不適合を担保すべき責任の履行に関して保証保険契約の締結の措置を定めたときは、その内容

1　なし
2　一つ
3　二つ
4　三つ

－ 21 －

【問 38】 宅地建物取引業者AがBの所有する建物の売却の依頼を受け、Bと媒介契約を締結した場合に関する次の記述のうち、宅地建物取引業法（以下この問において「法」という。）の規定によれば、正しいものの組合せはどれか。

ア 媒介契約が専属専任媒介契約である場合、業務の処理状況を1週間に1回、電子メールにて報告すると特約をした場合、その特約は無効である。

イ 媒介契約が専任媒介契約（専属専任媒介契約を除く。）である場合、Aは、契約の相手方を探索するため、媒介契約締結の日から7日（休業日を除く。）以内に、当該建物につき所定の事項を指定流通機構に登録しなければならない。

ウ AがBに対して当該建物の価額について意見を述べる場合、Aはその根拠をBに示さなければならないが、AがBに交付すべき書面（法第34条の2第11項の規定による電磁的方法による提供を含む。）には、その根拠を記載する必要はない。

1 ア、イ
2 ア、ウ
3 イ、ウ
4 ア、イ、ウ

【問 39】 宅地建物取引業者Aが、宅地の売買の注文を受けたときの取引態様の明示に関する次の記述のうち、宅地建物取引業法の規定によれば、正しいものはどれか。

1 Aは、顧客から宅地の購入の注文を受けた場合において、自己所有の物件を提供しようとするときでも、取引態様の別を明示しなければならない。

2 Aは、他の宅地建物取引業者から注文を受けた場合、当該宅地建物取引業者に対しては、取引態様の別を明示する必要はない。

3 Aは、宅地の売買に関する注文を受けた場合、注文者に対して書面又は電磁的方法による提供により取引態様の別を明示しなければならない。

4 Aは、宅地の販売の広告チラシに取引態様の別を明示していた場合は、注文者に対して取引態様の別を明示する必要はない。

— 22 —

【問 40】 宅地建物取引業者Aが自ら売主となって、宅地建物取引業者でない買主Bと宅地の売買契約を締結した場合における、宅地建物取引業法第37条の2の規定による売買契約の解除（以下この問において「解除」という。）に関する次の記述のうち、正しいものはどれか。

1 　BがAから媒介の依頼を受けた宅地建物取引業者Cの申出によりCの事務所で買受けの申込みをし、売買契約を締結した場合、Bは、その契約を解除することができる。

2 　Bがテント張りの現地案内所で買受けの申込みをし、売買契約を締結した場合、AがBに対し契約を解除することができる旨及びその方法を告げなかったときでも、Bは、宅地の引渡しを受け、かつ、売買代金の全部を支払った後は、契約を解除することはできない。

3 　Bが自宅近くの喫茶店で買受けの申込みをし、Aから契約を解除することができる旨及びその方法を書面で告げられ、売買契約を締結した場合、Bは、原則としてその日から8日以内に当該契約を口頭により解除することができる。

4 　BがAとの売買契約を解除した場合、Aは、契約の解除に伴う損害賠償又は違約金の支払いを請求することができる。

【問　41】　宅地建物取引業法第35条の規定に基づく重要事項の説明（以下この問において「説明」という。）に関する次の記述のうち、誤っているものはどれか。なお、説明の相手方は宅地建物取引業者ではないものとする。

1　宅地建物取引業者は、売主及び買主の双方から依頼を受けて建物の売買の媒介を行う場合、宅地建物取引士をして、当該建物の買主に対して説明をしなければならず、売主に対しては説明をする必要はない。

2　宅地建物取引業者は、建物の売買の代理を行う場合、当該建物について石綿の使用の有無の調査の結果が記録されていないときは、自ら石綿の使用の有無の調査を行って、その結果の内容を説明しなければならない。

3　宅地建物取引業者は、自ら売主となって建物を売却する場合、当該建物が種類又は品質に関して契約の内容に適合しない場合におけるその不適合を担保すべき責任の履行に関し保証保険契約の締結等の措置を講じないときは、その旨を説明しなければならない。

4　宅地建物取引業者は、建物の売買の媒介を行う場合、当該建物の新築の工事に着手した時期が平成2年10月1日であるときは、指定確認検査機関による耐震診断を受けていても、その内容を説明する必要はない。

— 24 —

【問　42】　宅地建物取引業者Aが、自ら売主となって、買主Bと宅地又は建物の売買契約を締結しようとし、又は締結した場合に関する次の記述のうち、宅地建物取引業法の規定によれば、正しいものはどれか。

1　Aが、宅地建物取引業者ではないBと締結した建物の売買契約が割賦販売の契約である場合、Bの賦払金の支払義務が履行されないときは、Aは、Bに対し30日以上の相当期間を定めてその支払いを書面で催告した後でなければ、当該契約を解除することができない。

2　Aが、宅地建物取引業者ではないBとの間において、代金額4,000万円の宅地の売買契約を締結する場合、「違約金については800万円とし、別に損害賠償の予定額を400万円とする」旨の特約はすべて無効である。

3　Aが、宅地建物取引業者Bと宅地（代金額8,000万円）の売買契約を締結する場合、手付金の額を2,000万円とする旨の定めは無効である。

4　Aが、宅地建物取引業者ではないBと建物の売買契約を締結する場合、「AがBに引き渡した建物が種類又は品質に関して契約の内容に適合しない場合におけるその不適合を担保すべき責任をBがAに追及するためには、Bは引渡しの日から1年以内にAに不適合を通知しなければならない」旨の特約を定めたときは、その特約は無効であり、Bは引渡しの日から2年以内に通知すれば当該責任を追及することができる。

【問　43】　宅地建物取引業法に関する次の記述のうち、正しいものはどれか。

1　宅地建物取引業者A（国土交通大臣免許）の宅地建物取引業の免許（以下この問において「免許」という。）の有効期間は3年であり、免許の更新の申請は、有効期間満了の日の90日前から30日前までに行わなければならない。

2　宅地建物取引業者B社（甲県知事免許）の役員が住所を変更した場合、B社は、その旨を甲県知事に届け出る必要はない。

3　国土交通大臣の免許を受けている宅地建物取引業者C社と甲県知事の免許を受けている宅地建物取引業者D社が合併し、D社が消滅した場合、D社を代表する役員であった者は、その旨を国土交通大臣に届け出なければならない。

4　E社が、甲県に本店を、乙県に支店をそれぞれ有する場合で、乙県の支店のみで宅地建物取引業を営もうとするとき、E社は、乙県知事の免許を受けなければならない。

― 25 ―

【問　44】　宅地建物取引業者が建物の売買の媒介を行う場合の宅地建物取引業法第35条に規定する重要事項の説明に関する次の記述のうち、同条の規定に違反するものはどれか。なお、説明の相手方は宅地建物取引業者ではないものとする。

1　当該建物が津波防災地域づくりに関する法律により指定された津波災害警戒区域内にあったが、買主もそのことを承知していたので、その旨の説明を省略した。

2　当該建物の代金の額は、後日、売主と買主の話し合いにより確定することになっていたので、代金の額の説明を省略した。

3　当該建物の登記記録に記載されている所有者の氏名は説明したが、所有権の移転登記の申請時期についての説明は省略した。

4　当該建物の引渡しの時期が明確ではなかったので、引渡しの時期を説明しなかった。

【問　45】　宅地建物取引業者Ａ（甲県知事免許）の特定住宅瑕疵担保責任の履行の確保等に関する法律（以下この問において「住宅瑕疵担保履行法」という。）に基づく住宅販売瑕疵担保保証金の供託又は住宅販売瑕疵担保責任保険契約の締結（以下この問において「資力確保措置」という。）に関する次の記述のうち、正しいものはどれか。

1　Ａが自ら売主として新築住宅を宅地建物取引業者ではない買主に引き渡した場合、Ａは基準日ごとに、当該基準日にかかる資力確保措置の状況について、国土交通大臣に届け出なければならない。

2　Ａが自ら売主として新築住宅を宅地建物取引業者である買主に販売する場合、Ａは資力確保措置を講ずる義務を負う。

3　Ａが新築住宅の売買の媒介や代理をする場合、Ａは資力確保措置を講ずる義務を負う。

4　Ａが自ら売主として新築の建物を宅地建物取引業者ではない買主に販売する場合、当該建物が専ら事務所の用に供されるものであり、人の居住の用に供する建物ではないときは、Ａは資力確保措置を講ずる義務を負わない。

－ 26 －

【問　46】　独立行政法人住宅金融支援機構（以下この問において「機構」という。）に関する次の記述のうち、誤っているものはどれか。

1　証券化支援事業（買取型）に係る貸付金の利率は、金融機関によって異なる利率が適用される。

2　機構は、空家等対策の推進に関する特別措置法第21条の規定による情報の提供その他の援助を行っている。

3　機構は、証券化支援事業（買取型）において、第三者に賃貸する目的の物件などの投資用物件の取得に必要な資金の貸付けに係る貸付債権について譲受けの対象としている。

4　証券化支援事業（買取型）において、機構による譲受けの対象となる住宅の購入に必要な資金の貸付けに係る金融機関の貸付債権には、当該住宅の購入に付随する改良に必要な資金も含まれる。

【問　47】　宅地建物取引業者が行う広告等に関する次の記述のうち、不当景品類及び不当表示防止法（不動産の表示に関する公正競争規約を含む。）の規定によれば、正しいものはどれか。

1　「一棟リノベーションマンション」とは、マンション又はアパートであって、その建物を一括して売買するものをいう。

2　電車、バス等の交通機関の所要時間は、平常時の所要時間を明示しなければならないが、朝の通勤ラッシュ時の所要時間を明示する必要はない。

3　建築工事完了後1年経過したが居住の用に供されたことがない分譲住宅について、広告に「新築」と表示することはできない。

4　過去の販売価格を比較対照価格とする二重価格表示は、比較対照価格に用いる過去の販売価格を、値下げの3か月以上前に公表された価格であって、値下げ前3か月以上にわたり実際に販売のために公表していた価格としなければ、不当な二重価格表示に該当する。

【問　48】　次の記述のうち、正しいものはどれか。

1　令和6年地価公示（令和6年3月公表）によれば、令和5年1月以降の1年間の地価は、三大都市圏平均では、住宅地について、3年連続の上昇となった。

2　令和6年版国土交通白書（令和6年6月公表）によれば、令和4年度末時点の宅地建物取引業者数は12万9,604業者となっており、令和3年度末時点に比べ減少した。

3　建築着工統計（令和6年1月公表）によれば、令和5年の持家の新設着工戸数は約22.4万戸となっており、2年連続の増加となった。

4　令和4年度法人企業統計調査（令和5年9月公表）によれば、令和4年度における全産業の経常利益は前年度に比べ13.5％減少したが、不動産業の経常利益は5兆9,392億円と、2.0％増加した。

【問　49】　土地に関する次の記述のうち、最も不適当なものはどれか。

1　建物の基礎の支持力は、粘土地盤よりも砂礫地盤の方が発揮されやすいため、粘土地盤と砂礫地盤が地層を形成しているところでは、不同沈下を防ぐ手段として、基礎を砂礫地盤に到達させることが望ましい。

2　造成地の不同沈下は、一般に切土部よりも盛土部で起こりやすい。

3　等高線の間隔の小さい河口付近と比較して、等高線の間隔の大きい河口付近では、河川の氾濫により河川より離れた場所でも浸水する可能性が低くなる。

4　土石流は、山腹、川底の石や土砂が長雨や集中豪雨などによって一気に下流へと押し流されるものであり、急勾配の渓流に多量の不安定な砂礫の堆積がある所や、流域内で豪雨に伴う傾斜崩壊の危険性の大きな場合に起こりやすい。

【問 50】 建築物に関する次の記述のうち、正しいものはどれか。

1 基礎は直接基礎と杭基礎に大別されるが、建築物自体の重量が大きく、浅い地盤の地耐力では建築物が支えられない場合は、原則として直接基礎を用いなければならない。

2 はり、けたその他の横架材には、その中央部附近の下側であれば、耐力上支障のある欠込みをすることができる。

3 階段の幅が2mを超える場合には、中間に手すりを設けなければならない。

4 鉄筋コンクリート造において、鉄筋に対するコンクリートのかぶり厚さは、原則として、耐力壁以外の壁又は床にあっては2cm以上、耐力壁、柱又ははりにあっては3cm以上としなければならない。

【冊子ご利用時のご注意】

　以下の「冊子」は、この色紙を残したまま、ていねいに抜き取り、ご利用ください。
　なお、抜き取りの際の損傷についてのお取替えはご遠慮願います。

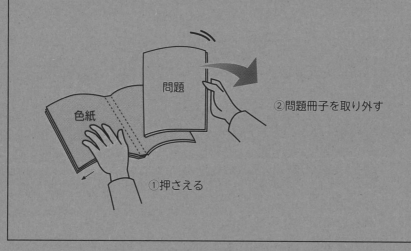

TAC出版

予想模試 第2回
問　　　題
制限時間2時間／合格基準点38点

次の注意事項をよく読んでから、始めてください。

(注意事項)

1　問　　　題

問題は、1ページから32ページまでの50問です。

試験開始の合図と同時に、ページ数を確認してください。

乱丁や落丁があった場合は、直ちに試験監督員に申し出てください。

2　解　　　答

正解は、各問題とも一つだけです。

二つ以上の解答をしたもの及び判読が困難なものは、正解としません。

3　適用法令

問題の中の法令に関する部分は、令和6年4月1日現在施行されている規定に基づいて出題されています。

【問　1】　代理に関する次の記述のうち、民法の規定によれば、正しいものはどれか。

1　代理人が後見開始の審判を受けた場合、その代理権は消滅する。

2　不動産の売買契約に関して、同一人物が売主の代理人及び買主となった場合、当該売買契約の効果は、本人である売主の意向にかかわらず、両当事者に有効に帰属する。

3　代理人が本人のためにすることを示さないでした意思表示は、常に代理人に帰属する。

4　代理人が相手方に対してした意思表示の効力が詐欺によって影響を受けるべき場合には、その事実の有無は、代理人ではなく、本人について決する。

【問　2】　Aを売主、Bを買主として甲建物の売買契約を締結し、AからBに甲建物の引渡しがなされたが、甲建物には、品質に関してAB間の契約の内容に適合しない欠陥（以下「契約不適合」という。）があった。この場合に関する次の記述のうち、民法の規定によれば、正しいものはどれか。なお、その契約不適合を知らなかったことについてAには重大な過失があったものとし、特に指示がない限り、契約不適合につきBに責めに帰すべき事由はないものとする。

1　Bは、Aに対し、代替建物の引渡しによる履行の追完を請求することができ、この請求を受けたAは、甲建物の修補による履行の追完をすることはできない。

2　Bが、Aに対し、相当の期間を定めて履行の追完の催告をし、その期間内に履行の追完がないときは、Bは、契約不適合の程度に応じて代金の減額を請求することができる。

3　Bが、売買契約締結時から1年以内に契約不適合をAに通知しないときは、Bは、契約不適合を理由として、履行の追完の請求、代金の減額の請求、損害賠償の請求及び契約の解除をすることができない。

4　契約不適合がBの責めに帰すべき事由によるものであっても、Bは、契約不適合を理由として、履行の追完の請求、代金の減額の請求をすることができる。

【問　3】　Aが有する権利の消滅時効に関する次の記述のうち、民法の規定及び判例によれば、誤っているものはどれか。

1　Aが土地を所有している場合、その所有権は、権利を行使することができる時から20年間行使しなかったときでも、時効により消滅することはない。

2　AがBに対して有する金銭債権について、Bは、消滅時効が完成した場合の消滅時効の利益をあらかじめ放棄することができない。

3　AがBに対して有する金銭債権について裁判外でその支払いを請求した場合、Aの債権の消滅時効は、その時から新たにその進行を始める。

4　AがBに対して有する金銭債権について、Bが当該債権の消滅時効の完成後にAに対して債務を承認した場合、Bが消滅時効の完成を知らなかったときでも、Bは、その完成した消滅時効を援用することができない。

【問　4】　Aは、Bから借金をし、Bの債権の担保として、A所有の甲土地及びその上に存する乙建物に抵当権を設定し、その旨の登記もされた。この場合、民法及び借地借家法の規定並びに判例によれば、次の記述のうち誤っているものはどれか。

1　Bの抵当権の実行により、Cが甲土地、Dが乙建物を競落した場合、Cは、Dに対して、甲土地の明渡しを請求することができる。

2　Bは、第三者から借金をした場合、Aに対する抵当権をもって、さらにその第三者の債権のための担保とすることができる。

3　Bの抵当権設定登記後に、Aが、Bの同意を得ずに、Eに対して、乙建物を期間4年の約定で賃貸しこれを引き渡した場合、Eは、この賃貸借をBに対抗することができない。

4　Bの抵当権設定登記前に、Aが、Fに対して、乙建物を期間4年の約定で賃貸しこれを引き渡していた場合、Fは、この賃貸借をBに対抗することができる。

【問　5】　ＡがＢに対してＡ所有の甲土地を令和６年７月１日に売却した場合に関する次の記述のうち、民法の規定及び判例によれば、正しいものはどれか。

1　Ａが自分の真意ではないと認識しながらＢに対する甲土地の売却の意思表示を行い、Ｂもその意思表示がＡの真意ではないことを知っていた場合、ＣがＡＢ間の契約の事情を知らずにＢから甲土地を買い受けたときは、Ａは、Ｃに対して甲土地の所有権を主張することができない。

2　ＡがＢの詐欺を理由にＡＢ間の売買契約を取り消した後、ＤがＢから甲土地を買い受けた場合、Ｄが所有権移転登記を備えたときでも、Ａは、Ｄに対して甲土地の所有権を主張することができる。

3　ＡＢ間の売買契約がＡとＢとで意を通じた仮装のもので、ＥがそのＡＢ間の契約の事情を知らずにＢから甲土地を買い受けた場合でも、Ｅが所有権移転登記を備えていないときは、Ａは、Ｅに対して甲土地の所有権を主張することができる。

4　ＢがＦに甲土地を転売した後に、ＡがＢの強迫を理由にＡＢ間の売買契約を取り消した場合、ＦがＢによる強迫につき過失なく知らなかったときは、Ａは、Ｆに対して甲土地の所有権を主張することができない。

－ 3 －

【問　6】　Aを売主、Bを買主とする甲建物の売買契約が成立した場合に関する次の記述のうち、民法の規定によれば、誤っているものはどれか。

1　BがAに解約手付を交付している場合、Aが契約の履行に着手していないときは、Bは、既に代金の一部を支払っていても、手付を放棄して売買契約を解除することができる。

2　甲建物の引渡し前に、甲建物が地震によって滅失した場合、Bは、Aに対して、代金の支払いを拒むことができる。

3　甲建物の引渡し前に、甲建物が地震によって滅失した場合、Bは、Aに対して、損害賠償を請求することができない。

4　Bが代金の一部を先に支払い、残代金は1か月後所有権移転登記及び甲建物の引渡しと引換えに支払う旨の合意がある場合、Aは履行期に債務を履行したが、Bは履行期が過ぎても残代金を支払わなかったので、Aが売買契約を解除したときは、Bは、Bの原状回復義務とAの受領済み代金返還義務に関して同時履行の抗弁権を主張することはできない。

【問　7】　AがBに対して1,000万円の代金債権を有しており、Aがこの代金債権をCに譲渡した場合における次の記述のうち、民法の規定及び判例によれば、誤っているものはどれか。

1　AB間の代金債権には譲渡禁止特約があり、Cがその特約の存在を知らないことにつき重大な過失がある場合には、AC間の債権譲渡は有効であるが、BはCに対する債務の履行を拒むことができ、かつ、既にAに弁済したことを主張することができる。

2　AがBに対して有する代金債権がAB間の売買予約に基づくものであり、将来発生する代金債権であった場合には、AC間の債権譲渡は無効であるが、Bの予約完結権行使により代金債権が発生した時から有効となる。

3　AがBに対して債権譲渡の通知をすれば、その譲渡通知が確定日付によるものでなくても、CはBに対して自らに弁済するように主張することができる。

4　AがBに対する代金債権をDに対しても譲渡し、Cに対する債権譲渡もDに対する債権譲渡も確定日付のある証書でBに通知した場合には、CとDの優劣は、確定日付の先後ではなく、確定日付のある通知がBに到達した日時の先後で決まる。

－ 4 －

【問　8】　事業者Aに雇用されているBが、令和6年7月1日の営業時間中に、A所有の乗用車を運転して取引先に向かって行く途中で人身事故を起こし、歩行者Cに危害を加えた場合における次の記述のうち、民法の規定及び判例によれば、正しいものはどれか。

1　Cが即死であった場合、C本人の慰謝料請求権は観念できないので、Cに相続人Dがいるときでも、DがCの慰謝料請求権を相続することはない。

2　Aに使用者としての損害賠償責任が発生する場合、AがCに対して貸金債権を有しているときでも、Cは、不法行為に基づく損害賠償債請求権をもって貸金債務を相殺することはできない。

3　Aに使用者としての損害賠償責任が発生し、AがCに対して損害を賠償した場合、A自身は不法行為を行っていないので、Aは、Bに対して、負担した損害額の全額を求償することができる。

4　BにCに対する不法行為に基づく損害賠償責任が発生し、BがCに対して損害を賠償した場合、Bは、Aに対して、損害の公平な分担という見地から相当と認められる額について求償することができる。

【問　9】　Aが、令和6年3月末日に遺言を残さず死亡した場合の相続財産の法定相続分に関する次の記述のうち、民法の規定によれば、正しいものはどれか。

1　Aに、配偶者Bと、父親Cがいる場合、Cの法定相続分は2分の1である。

2　Aに、配偶者B、Bとの間の実子D、Bとの婚姻前に縁組した養子Eがいる場合、Eには法定相続分はない。

3　Aに、配偶者B、Bとの間の実子Fがおり、FはGと婚姻して実子Hがいたが、FがAの死亡より前に死亡していた場合、Hの法定相続分は、2分の1である。

4　Aに、内縁の妻Iと、兄J、弟Kがいる場合、Jの法定相続分は8分の3である。

【問 10】 Aは、BからB所有の甲建物を賃借し、敷金として賃料2か月分に相当する金額をBに交付した。この場合に関する次の記述のうち、民法の規定によれば、正しいものはどれか。

1 Bは、Aの責めに帰すべき事由によって甲建物の使用及び収益のために修繕が必要となった場合でも、その修繕をする義務を負う。

2 賃貸借が終了した場合、Aは、通常の使用及び収益によって生じた甲建物の損耗があるときは、その損耗について原状に復する義務を負う。

3 Aが甲建物をBの承諾を得てCに対して適法に転貸した後、BがAとの賃貸借契約を合意解除した場合でも、Bは、その解除の当時、Aの債務不履行による解除権を有していたときは、その合意解除の効果をCに対して対抗することができる。

4 AがDに対して賃借権を譲渡した場合、Bがこの賃借権譲渡を承諾したときは、敷金に関する権利義務は、AからDに承継される。

【問　11】　借地権（借地借家法第25条に規定する一時使用目的の借地権を除く。）に関する次の記述のうち、借地借家法の規定及び判例によれば、正しいものはどれか。

1　借地権の存続期間が定められていない場合、借地権設定者は、借地権者に対して、いつでも解約を申し入れて、建物を収去して土地を明け渡すよう請求することができる。

2　建物の規模を制限する借地条件がある場合、付近の土地の利用状況の変化その他事情の変更により、現に借地権を設定するにおいてはその借地条件と異なる建物の所有を目的とすることが相当であるにもかかわらず、借地条件の変更につき当事者間に協議が調わないときは、裁判所は、借地権者の申立てがある場合に限り、その借地条件を変更することができる。

3　第三者が賃借権の目的である土地の上の建物を競売により取得した場合、その第三者が賃借権を取得しても借地権設定者に不利となるおそれがないにもかかわらず、借地権設定者がその賃借権の譲渡を承諾しないときは、その第三者は、裁判所に対して、借地権設定者の承諾に代わる許可の申立てをすることができる。

4　借地権者が賃借権の目的である一筆の土地の上に甲及び乙の2棟の建物を所有している場合、借地権設定者がその土地を第三者に売却し、第三者が所有権移転登記を備えたときは、借地権者は、甲建物に借地権者名義の所有権保存登記があっても、乙建物が未登記であれば、第三者に対して借地権を対抗することができない。

— 7 —

【問 12】 借地借家法第38条の定期建物賃貸借（以下この問において「定期建物賃貸借」という。）に関する次の記述のうち、借地借家法の規定によれば、正しいものはどれか。

1 定期建物賃貸借契約を締結するには、公正証書によらなければならない。

2 定期建物賃貸借契約を締結しようとする場合、契約期間を3か月とすることはできない。

3 居住の用に供する建物を目的として、定期建物賃貸借契約を締結することはできない。

4 定期建物賃貸借契約を締結しようとする場合、賃貸人は、あらかじめ、賃借人に対し、当該賃貸借は契約の更新がなく、期間の満了により当該賃貸借は終了することについて、その旨を記載した書面を交付（又は賃借人の承諾を得て、当該書面に記載すべき事項を電磁的方法により提供）して説明しなければならない。

【問 13】 建物の区分所有等に関する法律に関する次の記述のうち、正しいものはどれか。

1 集会の議事録が書面で作成されているときは、議長及び集会に出席した区分所有者の2人がこれに署名し、押印をしなければならない。

2 敷地利用権が数人で有する所有権である場合、区分所有者は、規約によらなくとも、集会の決議があれば、その有する専有部分とその専有部分に係る敷地利用権とを分離して処分することができる。

3 区分所有者の承諾を得て専有部分を占有する者は、会議の目的たる事項につき利害関係を有する場合、集会に出席して議決権を行使することができる。

4 占有者は、建物又はその敷地若しくは附属施設の使用方法につき、区分所有者が規約又は集会の決議に基づいて負う義務と同一の義務を負う。

－ 8 －

【問　14】　不動産の登記に関する次の記述のうち、不動産登記法の規定によれば、誤っているものはどれか。

1　賃借権の設定の登記をする場合において、敷金があるときは、その旨も登記事項となる。

2　登記の申請に係る不動産の所在地が当該申請を受けた登記所の管轄に属しないときは、登記官は、理由を付した決定で、当該申請を却下しなければならない。

3　表題部所有者であるAから土地を買い受けたBは、Aと共同してBを登記名義人とする所有権の保存の登記を申請することができる。

4　信託の登記の申請は、当該信託に係る権利の保存、設定、移転又は変更の登記の申請と同時にしなければならない。

【問　15】　都市計画法に関する次の記述のうち、誤っているものはどれか。

1　工業専用地域は、主として工業の利便を増進するため定める地域である。

2　都市計画施設の区域又は市街地開発事業の施行区域内において建築物の建築をしようとする者は、一定の場合を除き、都道府県知事（市の区域内にあっては、当該市の長。以下同じ。）の許可を受ける必要がある。

3　市街地開発事業等予定区域に関する都市計画において定められた区域内において、建築物の建築以外の一定の行為をしようとする者は、一定の場合を除き、都道府県知事の許可を受ける必要がある。

4　市町村が定める都市計画は、議会の議決を経て定められた当該市町村の建設に関する基本構想に即し、かつ、都道府県が定めた都市計画に適合したものでなければならない。

【問 16】 都市計画法（以下この問において「法」という。）に関する次の記述のうち、正しいものはどれか。なお、この問における都道府県知事とは、地方自治法に基づく指定都市、中核市及び施行時特例市にあってはその長をいうものとする。

1 開発許可申請書には、開発区域において予定される建築物又は特定工作物の用途を記載する必要はないが、その構造、設備及び予定建築価額を記載する必要がある。

2 農業を営む者が、市街化区域内に所在する自己の所有する1,000㎡の土地を、水田のみにする目的で区画形質の変更を行おうとする場合には、開発許可は不要である。

3 開発許可を受けた開発区域内の土地においては、開発行為に関する工事完了の公告があるまでの間であれば、都道府県知事の承認を受けることで、工事用の仮設建築物を建築することができる。

4 法第33条に規定する開発許可基準のうち、排水施設の構造及び能力についての基準は、主として自己の居住の用に供する住宅の建築の用に供する目的で行う開発行為には、適用されない。

【問 17】 建築基準法（以下この問において「法」という。）に関する次の記述のうち、誤っているものはどれか。ただし、この問において、建築副主事、指定確認検査機関及び建築士法第3条第1項各号については、考慮しないものとする。

1 道路の内にある建築物で特定行政庁が安全上、防火上及び衛生上支障がないと認めて建築審査会の同意を得て許可したものについては、建築物の建蔽率の制限は適用されない。

2 都市計画区域内における住宅の新築にあたっては、建築主は、当該工事着手前に、その建築物の延べ面積が一定規模を超える場合に限り、建築主事の建築確認を受ける必要がある。

3 鉄骨造であって、平屋建てのコンビニエンスストアー（用途に供する床面積の合計350㎡）を新築する場合、建築主は、建築主事が工事の完了検査の申請を受理した日から7日を経過したときは、検査済証の交付を受ける前でも、仮に、当該建築物又は建築物の部分を使用し、又は使用させることができる。

4 建築監視員は、工事中の建築物について法の規定に違反することが明らかな建築物について、緊急の必要がある一定の場合には、当該建築物の建築主に対して、工事の施工停止を命ずることができる。

【問 18】 建築基準法（以下この問において「法」という。）に関する次の記述のうち、正しいものはどれか。

1 特定街区内の建築物について、建築物の容積率の規定は、適用されない。

2 隣地境界線からの水平距離が一定の位置において確保される採光、通風等と、同程度以上の採光、通風等が当該位置において確保されるものとして一定の基準に適合する建築物についても、法第56条第1項第2号の規定による隣地斜線制限は適用される。

3 延べ面積が2,900㎡の建築物は、一定の主要構造部（床・屋根・階段を除く。）の全部又は一部に木材・プラスチック等の可燃材料を用いている場合、一定の技術的基準に適合するもので、国土交通大臣が定めた構造方法を用いるもの又は国土交通大臣の認定を受けたものとしなければならない。

4 建築協定を締結する場合においては、当該協定区域内の土地が借地権の目的となっているときは、必ず、当該借地権の目的となっている土地所有者の合意を得なければならない。

【問 19】 宅地造成及び特定盛土等規制法に関する次の記述のうち、正しいものはどれか。なお、この問において「都道府県知事」とは、地方自治法に基づく指定都市及び中核市にあってはその長をいうものとする。

1 宅地造成等工事規制区域内において、宅地を宅地以外の土地にするために、切土をした部分に生じる崖の高さが5mを超える場合は、都道府県知事の許可を受けなければならない。

2 都道府県知事は、宅地造成等工事規制区域内の土地の占有者に対して、当該土地又は当該土地において行われている工事の状況について報告を求めることはできない。

3 宅地造成等工事規制区域内において、盛土又は切土をする土地の面積が1,800㎡の土地の排水施設を設置する場合、その土地における排水施設は、政令で定める資格を有する者の設計によらなければならない。

4 国が宅地造成等工事規制区域内において行う宅地造成等に関する工事については、都道府県知事との協議をしなくても、行うことができる。

－ 12 －

【問　20】　土地区画整理組合（以下この問において「組合」という。）が施行する土地区画整理事業（以下この問において「事業」という。）に関する次の記述のうち、正しいものはどれか。

1　事業施行後の宅地価額の総額が、事業施行前の宅地価額の総額を超える場合に限り、保留地を定めることができる。

2　組合の設立認可の申請が、都道府県知事に対してあった場合には、当該都道府県知事は、原則として、施行地区となるべき区域を管轄する市町村長に、その事業計画を30日間公衆の縦覧に供させなければならない。

3　組合は、施行地区内の宅地について換地処分を行うため、換地計画を定めなければならず、当該換地計画について、直接、都道府県知事の認可を申請しなければならない。

4　換地処分は、施行者である組合が換地計画において定められた関係事項を通知してするものとされている。

【問　21】　農地法（以下この問において「法」という。）に関する次の記述のうち、正しいものはどれか。

1　土地区画整理法に基づく土地区画整理事業により道路を建設するために、所有する農地を転用しようとする場合であっても、法第4条第1項の許可は必要である。

2　現在耕作の用に供されている1.9アールの市街化調整区域内にある農地を、3ヵ月間だけ資材置場として無償で借り受ける場合において、登記簿上の地目が雑種地であれば、農業委員会へ届出をすることで足りる。

3　農家が、自己所有の市街化調整区域内の休閑地に住宅を建築する場合であっても、法第4条第1項の許可が不要とはいえない。

4　土地収用法に基づき、農地に関する権利が収用され、又は使用される場合には、法第3条第1項の許可は必要である。

【問 22】 国土利用計画法（以下この問において「法」という。）第23条の届出（以下この問において「事後届出」という。）に関する次の記述のうち、誤っているものはどれか。なお、この問において「都道府県知事」とは、地方自治法に基づく指定都市にあってはその長をいうものとする。

1 都道府県知事は、一定の売買契約で権利取得者となった者（以下この問において「権利取得者」という。）に対し、勧告をした場合において、必要があると認めるときは、その勧告に基づいて講じた措置について報告をさせることができる。

2 土地の売買契約を締結した場合の届出について、虚偽の届出をした者は、6ヵ月以下の懲役又は100万円以下の罰金に処せられる。

3 注視区域又は監視区域内に所在する土地の売買について、法第27条の4及び第27条の7の事前届出をした者は、併せて、事後届出をする必要はない。

4 権利取得者が行った事後届出に対し、都道府県知事から土地の利用目的に関する変更勧告がなされた場合に、当該権利取得者がその勧告に従わなかったときは、都道府県知事は、当該届出に係る土地の売買契約を取り消すことができる。

【問 23】 印紙税に関する次の記述のうち、正しいものはどれか。

1 土地の売買契約書（記載金額3,000万円）を3通作成し、売主A、買主B及び媒介した宅地建物取引業者Cがそれぞれ1通ずつ保存する場合、Cが保存する契約書にも、印紙税が課される。

2 一の契約書に土地の譲渡契約（記載金額4,000万円）と建物の請負契約（記載金額3,000万円）をそれぞれ区分して記載した場合、印紙税の課税標準となる当該契約書の記載金額は、3,000万円である。

3 抵当権の設定に関する契約書（被担保債権額1,000万円）を作成した場合、印紙税の課税標準となる当該契約書の記載金額は、1,000万円である。

4 建物の建築工事請負契約に際して、請負人D社が「請負金額3,300万円（うち消費税及び地方消費税の金額300万円）を受領した」旨を記載した領収書を作成した場合、印紙税の課税標準となる当該領収書の記載金額は、3,300万円である。

【問 24】 固定資産税に関する次の記述のうち、誤っているものはどれか。ただし、認定長期優良住宅については考慮しないものとする。

1 固定資産税の標準税率は1.4％であるが、市町村の条例によって、この税率を超える税率で課税することもできる。

2 一定の要件を満たした新築住宅に対して課される固定資産税については、新たに課されることとなった年度から５年度間又は３年度間に限り、床面積120㎡までの部分の税額が２分の１に減額される。

3 令和６年６月に土地の売買があった場合には、当該土地に対して課される固定資産税は、売主と買主とで連帯して納付しなければならない。

4 固定資産税の納税者は、その納付すべき当該年度の固定資産税に係る固定資産について固定資産課税台帳に登録された価格（一定のものを除く。）について不服がある場合においては、一定の期間内に、文書をもって、固定資産評価審査委員会に審査の申出をすることができる。

【問 25】 地価公示法に関する次の記述のうち、正しいものはどれか。

1 土地の取引を行う者は、取引の対象土地に類似する利用価値を有すると認められる標準地について公示された価格を指標として取引を行うよう、努めなければならない。

2 土地鑑定委員会は、一定事項を公示したときは、すみやかに、関係都道府県知事に対して、公示した事項のうち当該都道府県に存する標準地に係る部分を記載した書面及び標準地の所在を表示する図面を送付しなければならない。

3 都道府県知事は、公示事項記載書面等を、当該都道府県の事務所において、５年間一般の閲覧に供しなければならない。

4 土地収用法の規定により、公示区域内の土地について、当該土地に対する事業の認定の告示の時における相当な価格を算定するときは、公示価格を指標として算定した当該土地の価格を考慮しなければならない。

－ 15 －

【問　26】　宅地建物取引業者Aが行う宅地建物取引業法（以下この問において「法」という。）第35条に規定する重要事項の説明に関する次の記述のうち、同条の規定に違反しないものはどれか。なお、説明の相手方は宅地建物取引業者ではないものとする。

1　Aは、取引の相手方が取引する予定の物件について熟知していたため、重要事項の説明は、宅地建物取引士ではないAの支店の支店長に行わせた。

2　Aが、売主及び買主の双方から宅地の売買の媒介依頼を受けた場合、売主及び買主の双方から「早急に契約を締結したい」旨の申出があったので、その日のうちに宅地の売買契約を成立させ、契約成立の日の翌日、買主に重要事項説明書を交付して、説明をした。

3　Aの従業者である宅地建物取引士が、宅地建物取引士証を亡失したため宅地建物取引士証の再交付を申請中である場合、Aは、当該宅地建物取引士に宅地建物取引士証の再交付を受けるまでの間、宅地建物取引業者の従業員であることを証する証明書を取引の相手方に提示して重要事項の説明を行わせた。

4　Aは、パートタイムで雇われている専任でない宅地建物取引士に重要事項の説明をさせた。

【問　27】　宅地建物取引業の免許（以下この問において「免許」という。）に関する次の記述のうち、宅地建物取引業法の規定によれば、正しいものはどれか。

1　A社の取締役が、刑法第204条（傷害）の罪を犯し懲役1年執行猶予2年の刑に処せられた場合、このことを理由として、すでに受けているA社の免許は取り消される。

2　B社の顧問で取締役よりもB社に対する支配力を有すると認められる者が、公職選挙法違反により罰金の刑に処せられた場合、このことを理由として、すでに受けているB社の免許は取り消される。

3　C社が免許を申請する直前、C社の代表取締役が道路交通法に違反して罰金の刑に処せられた場合、C社は、免許を受けることができない。

4　宅地建物取引業者Dが、業務停止処分の聴聞の期日及び場所が公示された日から当該処分をする日又は当該処分をしないことを決定する日までの間に相当の理由なく廃業の届出を行った場合、Dは、当該届出の日から5年を経過しなければ免許を受けることはできない。

【問　28】　宅地建物取引業法（以下この問において「法」という。）に規定する宅地建物取引士又は宅地建物取引士資格登録（以下この問において「登録」という。）に関する次の記述のうち、正しいものはどれか。

1　法定代理人から宅地建物取引業に係る営業を許可された未成年者Aは、登録を受けることはできるが、Aが宅地建物取引業の免許を受ける場合においても、Aが設置する事務所の成年者である専任の宅地建物取引士とみなされることはない。

2　登録を受けているBが死亡した場合、Bの相続人は、死亡した日から30日以内に、その旨を当該登録をしている都道府県知事に届け出なければならない。

3　宅地の売主である宅地建物取引業者の業務に従事する宅地建物取引士Cは、当該宅地の買主に法第37条の規定により交付すべき書面を交付する際、買主から請求されなかった場合、宅地建物取引士証を提示せずに同書面を交付することができる。

4　宅地建物取引士Dが、不正手段により登録を受けた場合、その登録をした都道府県知事は、宅地建物取引士資格試験の合格の決定を取り消さなければならない。

【問　29】　宅地建物取引業者A（甲県知事免許）の「事務所」に関する次の記述のうち、宅地建物取引業法の規定によれば、誤っているものはどれか。

1　甲県知事は、Aの事務所の所在地を確知できない場合、公告をし、その公告の日から30日を経過してもAからの申出がないときは、Aの免許を取り消すことができる。

2　Aは、その事務所ごとに帳簿を備えなければならないが、取引の関係者から請求があった場合でも、当該帳簿を閲覧させる義務はない。

3　Aが自ら売主となる宅地について、Aの事務所で宅地建物取引業者ではない者から買受けの申込みを受け、翌日、買主の自宅で売買契約を締結した場合、買主は、宅地建物取引業法第37条の2の規定に基づく売買契約の解除をすることができない。

4　Aは、その事務所ごとに、その最寄りの供託所に営業保証金を供託し、甲県知事にその旨を届け出なければならない。

【問　30】　宅地建物取引業者がその業務に関して行う広告に関する次の記述のうち、宅地建物取引業法の規定によれば、正しいものはいくつあるか。

ア　宅地建物取引業者は、建築確認が必要とされるマンションの建築に関する工事の完了前において、建築確認の申請中である場合、自ら貸主として当該マンションを賃貸する旨の広告をすることができる。

イ　現在又は将来の環境、交通の利便について、実際のものよりも著しく優良であると人を誤認させるような表示をした場合、実際に契約の成立に至らなくても、罰則を科せられることがある。

ウ　宅地建物取引業者は、宅地の売買に関する注文を受けた場合、注文者が取引態様の明示のある広告を見たため問い合わせをしないときでも、改めて取引態様の別を明らかにしなければならない。

エ　宅地建物取引業者は、宅地建物取引業法第65条の規定により業務の全部の停止を命じられている期間中、宅地又は建物の販売行為を行うことはできないが、販売に関する広告は行うことができる。

1　一つ
2　二つ
3　三つ
4　四つ

【問　31】　宅地建物取引業保証協会（以下この問において「保証協会」という。）に加入している宅地建物取引業者Aに関する次の記述のうち、宅地建物取引業法の規定によれば、誤っているものはいくつあるか。

ア　Aは、保証協会の社員の地位を失ったときは、当該地位を失った日から2週間以内に、営業保証金を本店の最寄りの供託所に供託しなければならない。

イ　Aは、保証協会から還付充当金を納付すべき旨の通知を受けた場合、当該通知を受けた日から2週間以内に還付充当金を保証協会に納付しなければならない。

ウ　Aは、保証協会に加入した後、新たに従たる事務所を設置した場合、事務所を設置した日から2週間以内に当該事務所の分の弁済業務保証金分担金を保証協会に納付しなければならない。

1　一つ
2　二つ
3　三つ
4　なし

【問　32】　宅地建物取引業の免許（以下この問において「免許」という。）に関する次の記述のうち、正しいものはどれか。

1　建設業の許可を受けているAが、建築請負契約に付帯して宅地の売買のあっせんを不特定多数の人を対象に反復継続して行う場合、Aは、免許を必要としない。

2　地主Bが、用途地域内の所有地を20区画に分割し、駐車場用地として不特定多数の人を対象に反復継続して売却する場合、Bは、免許を必要としない。

3　Cが、その所有する賃貸マンションをDに一括して賃貸し、Dが不特定多数の人に反復継続して転貸する場合、Cは免許を必要としないが、Dは免許を必要とする。

4　Eが、土地区画整理事業により換地として取得した宅地を20区画に区画割りして、Fに一括して売却する場合、Eは、免許を必要としない。

― 19 ―

【問 33】 甲県知事の宅地建物取引業の免許（以下この問において「免許」という。）を受けた宅地建物取引業者A（法人）に対する監督処分についての次の記述のうち、宅地建物取引業法の規定によれば、誤っているものはどれか。

1 Aが免許を受けて事業を開始した後、引き続き1年以上その事業を休止した場合でも、Aにやむを得ない理由があるときは、甲県知事は、Aの免許を取り消さなくてもよい。

2 Aの役員が、宅地建物取引業の業務に関するものではないが、脱税し、所得税法に違反したとして罰金の刑に処せられた場合でも、甲県知事は、Aに対して業務停止処分をすることができない。

3 甲県知事は、不正の手段により免許を取得したことを理由にAの免許を取り消した場合、その旨を甲県の公報又はウェブサイトへの掲載その他の適切な方法により公告しなければならない。

4 Aが業務停止処分を受けているのにもかかわらず、それに違反して乙県内で業務を行っている場合でも、乙県知事は、Aの免許を取り消すことができない。

【問 34】 甲県に本店、乙県に支店を1か所設置して業務を行っている宅地建物取引業者Aの営業保証金に関する次の記述のうち、宅地建物取引業法の規定によれば、正しいものはいくつあるか。なお、B及びCは、宅地建物取引業者ではないものとする。

ア Aは、30区画の宅地分譲を行う案内所を乙県内に設置し、当該案内所で買受けの申込み及び売買契約の締結を行うときは、業務開始の10日前までに一定事項を届け出る必要があるが、当該案内所については、営業保証金を追加して供託する必要はない。

イ Aの乙県の支店で宅地を購入したBが、Aとの当該取引により損害を被った場合、Bは、500万円を限度として、Aが供託した営業保証金から還付を受けることができる。

ウ Aと宅地建物取引業に関し取引をしたCは、その取引により生じた債権に関し、国土交通大臣の認証を受けて、営業保証金の還付を受けることができる。

1 一つ

2 二つ

3 三つ

4 なし

－ 20 －

【問　35】　甲県知事の宅地建物取引業の免許を受けている宅地建物取引業者Ａ（法人）は、甲県知事の宅地建物取引士資格登録（以下この問において「登録」という。）を受けている宅地建物取引士Ｂを本店の専任の宅地建物取引士として従事させている。この場合に関する次の記述のうち、宅地建物取引業法の規定によれば、正しいものはどれか。

1　Ａが甲県内で主たる事務所の所在地を変更した場合、Ａは変更の届出をしなければならず、Ｂは変更の登録の申請をしなければならない。

2　Ｂが本籍を変更した場合、Ａは変更の届出をしなければならず、Ｂは変更の登録の申請をしなければならない。

3　Ａが宅地建物取引業を廃業した場合、Ａは廃業の届出をしなければならず、Ｂは変更の登録の申請をしなければならない。

4　Ａが商号を変更した場合、Ａは変更の届出をしなければならないが、Ｂは変更の登録の申請をする必要はない。

【問　36】　宅地建物取引業者が自ら売主となってマンションの売買契約を締結する場合における宅地建物取引業法第35条の規定に基づく重要事項の説明に関する次の記述のうち、同条の規定に違反しないものはいくつあるか。なお、説明の相手方は宅地建物取引業者ではないものとする。

ア　当該マンションが工事完了前であったため、工事完了時の建物の説明として、建築確認通知書により、敷地面積、建築面積、延べ面積及び工事完了予定日を説明し、他の説明は省略した。

イ　手付金等の保全措置について、保証委託契約によって保全措置を講ずることとし、その措置の概要は説明したが、保証保険契約については説明しなかった。

ウ　建物の区分所有等に関する法律第２条第３項に規定する専有部分の利用について、管理規約で「ペット飼育禁止」の制限があったが、そのことに関して説明をしなかった。

1　一つ

2　二つ

3　三つ

4　なし

— 21 —

【問 37】 宅地建物取引業者Aが宅地を自ら売主として宅地建物取引業者ではないBに売却する場合における宅地建物取引業法（以下この問において「法」という。）第35条の規定に基づく重要事項の説明に関する次の記述のうち、法の規定に違反しないものはどれか。なお、この問において、法第35条の規定に基づき交付する書面を「35条書面」といい、法第37条の規定に基づく契約の内容を記載した書面を「37条書面」という。

1 Aは、Bに宅地建物取引取引士Cをして35条書面を交付させたが、Bが他の物件も探索していたので、Bの承諾を得て、Cに重要事項の説明をさせることを省略した。

2 AがBに35条書面を交付するに当たっては、説明を担当した宅地建物取引士Cが記名をしたが、Aが37条書面を作成した際には、Cに代わって別の宅地建物取引士Dに記名をさせた。

3 Aの従業者である宅地建物取引士Cと買主Bは友人であり、BはCが宅地建物取引士であることを知っていたので、CはBに対して35条書面を交付して説明をする際に、宅地建物取引士証の提示を省略した。

4 Bが1年前に当該宅地の隣接地を購入しており、その際、Aは、宅地建物取引士CにBに対して35条書面を交付して重要事項の説明をさせていたことから、今回の宅地の売却に当たっては、重要事項の説明をすることを省略した。

－ 22 －

【問　38】　宅地建物取引業者Aが、Bの所有する既存の建物の売却の依頼を受け、Bと媒介契約を締結した場合に関する次の記述のうち、宅地建物取引業法（以下この問において「法」という。）の規定によれば、誤っているものをすべて含む組合せはどれか。

ア　当該媒介契約が一般媒介契約（専任媒介契約でない媒介契約）である場合、ＡＢ間の合意により、媒介契約の有効期間を6か月とする旨の特約を締結したときは、当該媒介契約の有効期間は、3か月となる。

イ　ＡＢ間の媒介契約が専属専任媒介契約である場合、Aは、契約の相手方を探すため、当該物件につき必要な事項を、媒介契約締結の日から7日以内（休業日を除く。）に指定流通機構に登録しなければならない。

ウ　ＡＢ間の媒介契約が一般媒介契約（専任媒介契約でない媒介契約）である場合で、AがBに対して建物状況調査（建物の構造耐力上主要な部分又は雨水の浸入を防止する部分として国土交通省令で定めるものの状況の調査であって、経年変化その他の建物に生ずる事象に関する知識及び能力を有する者として国土交通省令で定める者が実施するものをいう。）を実施する者のあっせんを行う予定がない場合は、法第34条の2第1項に定める書面（同条第11項の規定に基づく電磁的方法を含む。）にその旨を記載する必要はない。

1　ア、イ
2　イ、ウ
3　ア、ウ
4　ア、イ、ウ

－ 23 －

【問 39】 宅地建物取引業者Aが、自ら売主として宅地建物取引業者ではない買主Bとの間で締結した宅地の売買契約について、Bが宅地建物取引業法第37条の2の規定に基づき、いわゆるクーリング・オフによる契約の解除をする場合における次の記述のうち、正しいものはどれか。

1 Bがクーリング・オフにより当該売買契約の解除を行った場合において、Aに損害が発生したときは、Aは、代金の額の20％を超えない範囲内であれば、契約の解除に伴う損害賠償又は違約金の支払いをBに請求することができる。

2 買受けの申込み及び契約の締結がテント張りの現地案内所でなされた場合、AがBに対しクーリング・オフについて書面で告げなかったときでも、Bは、宅地の引渡しを受け、かつ、売買代金の全部を支払った後は、契約の解除をすることはできない。

3 Bが、事務所近くのレストランにおいて買受けの申込み及び契約の締結をした場合、AがBに対しクーリング・オフできる旨及びその方法についてBの承諾を得て電磁的方法により提供することにより告知したときは、その告知した日から起算して2週間後で、かつ、代金の一部を支払った後は、Bは、当該契約を解除することができない。

4 買受けの申込み及び契約の締結がBの自宅近くの喫茶店でなされ、AがBに対しクーリング・オフについて書面で告げた場合でも、Bは、原則としてその日から8日以内であれば、当該契約を口頭により解除することができる。

― 24 ―

【問 40】 宅地建物取引業者Ａ（甲県知事免許）が設置する一団の宅地建物の分譲を行う案内所に関する次の記述のうち、宅地建物取引業法の規定によれば、誤っているものはどれか。なお、この問において、「契約行為等」とは、宅地若しくは建物の売買若しくは交換の契約（予約を含む。）若しくは宅地若しくは建物の売買、交換若しくは貸借の代理若しくは媒介の契約を締結し、又はこれらの契約の申込みを受けることをいう。

1 Ａが契約行為等を行う案内所を甲県内に設置する場合、当該案内所には、業務に関する帳簿を備える必要はない。

2 Ａが乙県内に契約行為等を行う案内所を設置しようとする場合、甲県知事を経由して国土交通大臣に免許換えの申請をする必要はない。

3 Ａが契約行為等を行わない案内所を甲県内に設置する場合、Ａは、この案内所の場所について、宅地建物取引業法第50条第2項の規定による届出を甲県知事に行う必要はない。

4 Ａが契約行為等を行わない案内所を甲県内に設置する場合、当該案内所には、標識を掲げる必要はない。

【問 41】 宅地建物取引業者Ａが、媒介により建物の売買又は貸借の契約を成立させた場合、宅地建物取引業法第37条の規定により、その契約の各当事者に書面を交付し、又は同条第4項又は第5項の規定により当該書面に記載すべき事項を電磁的方法により提供しなければならないが（以下この問においてかかる方法により提供されたものを「電子書面」という。）、次の事項のうち、当該書面又は電子書面に記載が不要なものはどれか。

1 建物の貸借契約において、建物の引渡しの時期

2 建物の売買契約において、代金の額並びにその支払いの時期と方法

3 建物の貸借契約において、契約の更新に関する定めがあるときは、その内容

4 建物の売買契約において、当該建物が種類又は品質に関して契約の内容に適合しない場合におけるその不適合を担保すべき責任又は当該責任の履行に関して講ずべき保証保険契約の締結その他の措置について定めがあるときは、その内容

－ 25 －

【問 42】 Aが自ら売主となってB所有の中古の建物をCに売却し、その後CはDの媒介によりEに当該建物を転売する場合に関する次の記述のうち、宅地建物取引業法（以下この問において「法」という。）の規定によれば、正しいものはいくつあるか。なお、A、C及びDは、宅地建物取引業者であり、B及びEは宅地建物取引業者ではないものとする。

ア B所有の建物について、AがBと停止条件付きの売買契約を締結した場合、Aは、その条件の成就前は、当該建物をCに売却する契約を締結することができない。

イ Cが当該建物の所有権を取得した後、DがCから当該建物の売却について一般媒介契約（専任媒介契約でない媒介契約）を締結したときは、Dは、法第34条の2第1項の規定に基づき交付すべき書面に建物状況調査を実施する者のあっせんに関する事項を記載しなければならない。

ウ AC間の売買契約において、Cが当該建物の種類又は品質に関する契約不適合の担保責任をAに追及するには、Cは当該不適合を引渡しの日から1年以内にAに通知しなければならない旨の特約を締結した場合、当該特約は有効である。

エ Cが当該建物について所有権を取得した後、EがCとの売買契約に基づき、法第41条の2の規定に基づく保全措置が必要な手付金等を支払う場合、Dは手付金等を受領する前に保全措置を講じなければならない。

1 一つ
2 二つ
3 三つ
4 四つ

【問 43】 次の記述のうち、宅地建物取引業法の規定によれば、誤っているものはどれか。

1 宅地建物取引業者は、その事務所ごとに業務に関する帳簿を備え、各事業年度の末日をもって閉鎖し、原則として閉鎖後5年間当該帳簿を保存しなければならない。

2 宅地建物取引業者は、従業者名簿に従業者の氏名、生年月日及び主たる職務内容等を記載しなければならないが、従業者の住所は記載する必要がない。

3 宅地建物取引業者は、その事務所ごとに従業者名簿を備えなければならず、当該名簿を最終の記載をした日から5年間保存すれば、その後直ちに廃棄することができる。

4 宅地建物取引業者は、業務に従事させる者に従業者証明書を携帯させなければならず、この業務に従事させる者には、非常勤の役員及び単に一時的に事務の補助をする者も含まれる。

【問 44】 宅地建物取引業者Aが、B所有の宅地又は建物について、B及びCから媒介依頼を受けて売買又は賃貸借の契約を成立させた場合に関する次の記述のうち、宅地建物取引業法の規定によれば、正しいものはどれか。なお、宅地建物取引業者の受領する報酬に対する消費税等相当額に関しては考慮しないものとする。

1 Aが媒介依頼を受けたものが宅地の売買である場合において、その代金額が350万円である場合、現地調査等の費用が通常の売買の媒介に比べ2万円（消費税等相当額を含まない。）多く要する場合、その旨をBに説明し、これを報酬に加算する旨をAB間で合意したときに、AがB及びCのそれぞれから受領できる報酬の上限額は、Bから18万円、Cからは16万円である。

2 Aが媒介依頼を受けたものが宅地の売買である場合において、その代金額が2,200万円である場合、AがBから受け取ることのできる報酬の上限額は66万円である。

3 Aが媒介依頼を受けたものが遠隔地の宅地の売買の媒介である場合において、Bの特別の依頼により現地調査を行い、その費用の負担について媒介依頼を受ける際にBに説明しその承諾を得ていたときであっても、当該費用は報酬とは別にBから受領することはできない。

4 Aが媒介依頼を受けたものが建物についてCと締結されていた定期建物賃貸借の終了後の再契約である場合において、Aが受け取る報酬については、宅地建物取引業法の規定は適用されない。

【問 45】 宅地建物取引業者Ａ（甲県知事免許）が、自ら売主として宅地建物取引業者ではない買主に新築住宅を販売する場合における次の記述のうち、特定住宅瑕疵担保責任の履行の確保等に関する法律（以下この問において「法」という。）の規定によれば、正しいものはどれか。

1 新築住宅を買主に引き渡したＡは、年２回の基準日ごとに、基準日から３週間以内に、当該基準日に係る住宅販売瑕疵担保保証金の供託及び住宅販売瑕疵担保責任保険契約の締結の状況について、甲県知事に届け出なければならない。

2 Ａが住宅販売瑕疵担保保証金の供託をしている場合、Ａは、買主に対する法第15条に定める供託所の所在地等についての事項を記載した書面の交付に代えて、買主の承諾を得なくても、当該書面に記載すべき事項を電磁的方法により提供することができる。

3 Ａが住宅販売瑕疵担保保証金の供託をし、その額が、基準日において、販売新築住宅の合計戸数（住宅の床面積が55㎡以下であるときは、２戸をもって１戸と数える。）を基礎として算定する基準額を超えることとなった場合、Ａは、甲県知事の承認を受けた上で、その超過額を取り戻すことができる。

4 Ａは、住宅販売瑕疵担保責任保険契約の締結をしている場合、当該住宅を引き渡した時から10年間、当該住宅の構造耐力上主要な部分、雨水の浸入を防止する部分、配電設備の瑕疵によって生じた損害について保険金の支払を受けることができる。

－ 29 －

【問 46】 独立行政法人住宅金融支援機構（以下この問において「機構」という。）の業務に関する次の記述のうち、誤っているものはどれか。

1 機構は、住宅の建設、購入、改良若しくは移転（以下この問において「建設等」という。）をしようとする者又は住宅の建設等に関する事業を行う者に対し、必要な資金の調達又は良質な住宅の設計若しくは建設等に関する情報の提供、相談その他の援助を業務として行う。

2 機構は、銀行が貸し付けた住宅ローンの債権を買い取ることはできるが、保険会社が貸し付けた住宅ローンの債権を買い取ることはできない。

3 機構は、民間金融機関が貸し付けた住宅ローンについて、住宅融資保険を引き受けることにより、民間金融機関による住宅資金の供給を支援している。

4 機構は、事業主又は事業主団体から独立行政法人勤労者退職金共済機構の行う転貸貸付に係る住宅資金の貸付けを受けることができない勤労者に対し、財形住宅貸付業務を行っている。

【問 47】 宅地建物取引業者が行う広告に関する次の記述のうち、不当景品類及び不当表示防止法（不動産の表示に関する公正競争規約を含む。）の規定によれば、誤っているものはどれか。

1 新築分譲マンションが所在する市区町村内の町若しくは字の名称又は地理上の名称を用いる場合を除いては、当該物件の名称に、公園、庭園、旧跡その他の施設又は海（海岸）、湖沼若しくは河川の岸若しくは堤防の名称を使用するときは、当該物件がこれらの施設から直線距離で300m以内に所在していなければならない。

2 団地（一団の宅地又は建物をいう。）と駅その他の施設との間の道路距離又は所要時間は、取引する区画のうちそれぞれの施設ごとに、その施設から最も近い区画（マンション及びアパートにあっては、その施設から最も近い建物の出入口）を起点として算出した数値を表示することとされている。

3 鉄道、都市モノレールの駅若しくは路面電車の停留場（「駅等」という。）又はバスの停留所が新設予定である場合は、当該路線の運行主体が公表したものに限り、その新設予定時期を明示して表示することができる。

4 令和4年4月4日に建築された住宅について、令和5年5月5日に増築し、令和6年6月6日に改築したことをそれぞれ表示する場合は、それぞれの内容及び時期を明示しなければならない。

【問 48】 宅地建物の統計等に関する次の記述のうち、正しいものはどれか。

1 令和4年度法人企業統計調査（財務省、令和5年9月公表）によれば、令和4年度における不動産業の売上高は46兆2,682億円で、全産業の売上高の約10％を占めている。

2 住宅着工統計（国土交通省、令和6年1月公表）によれば、令和5年のマンションの新設住宅着工戸数は、前年比4.6％増で、3年ぶりの増加となった。

3 令和6年地価公示（令和6年3月公表）によれば、令和5年1月以降の1年間の地価は、全国平均では、全用途平均で3年連続で上昇した。

4 令和5年版土地白書（令和5年6月公表）によれば、令和2年における我が国の国土面積は、約3,780万ヘクタールであり、このうち住宅地、工業用地等の宅地が約437万ヘクタールとなっている。

— 31 —

【問　49】　土地に関する次の記述のうち、適当でないものはどれか。

1　低地は、一般に地盤が安定しており、台地に比べ、自然災害に対して安全度は高い。

2　著しく傾斜している谷に盛土して宅地を造成する場合、原地盤に繁茂している樹木を残したまま盛土を行ってはならない。

3　切土をする場合において、切土をした後の地盤に滑りやすい土質の層があるときは、地滑り抑止ぐい又はグラウンドアンカーその他の土留の設置等の措置を講じなければならない。

4　山頂から見て等高線が張り出している部分は尾根で、等高線が山頂に向かって高い方に弧を描いている部分は谷である。

【問　50】　建築物の構造と材料に関する次の記述のうち、最も不適当なものはどれか。

1　階数が2以上の木造建築物においては、間仕切壁を上下階とも同じ位置にならないようにつくった方が、一般的に耐震力は高まる。

2　コンクリートは、打上りが均質で密実になり、かつ、必要な強度が得られるようにその調合を定めなければならない。

3　積雪荷重の計算に当たり、雪下ろしを行う慣習のある地方においては、その地方における垂直積雪量が1mを超える場合においても、積雪荷重は、雪下ろしの実況に応じて垂直積雪量を1mまで減らして計算することができる。

4　鉄筋コンクリート構造は、耐火、耐久性が大きく骨組形態を自由にすることができる。

－ 32 －

【冊子ご利用時のご注意】

　以下の「冊子」は、この色紙を残したまま、ていねいに抜き取り、ご利用ください。
　なお、抜き取りの際の損傷についてのお取替えはご遠慮願います。

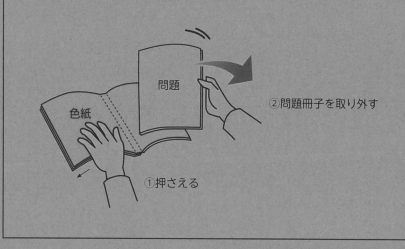

TAC出版

予想模試 第3回
問　　　題
制限時間2時間／合格基準点37点

　次の注意事項をよく読んでから、始めてください。

（注意事項）

1　問　　　題

　問題は、1ページから34ページまでの50問です。

　試験開始の合図と同時に、ページ数を確認してください。

　乱丁や落丁があった場合は、直ちに試験監督員に申し出てください。

2　解　　　答

　正解は、各問題とも一つだけです。

　二つ以上の解答をしたもの及び判読が困難なものは、正解としません。

3　適用法令

　問題の中の法令に関する部分は、令和6年4月1日現在施行されている規定に基づいて出題されています。

【問　1】　行為能力に関する次の記述のうち、民法の規定によれば、正しいものはどれか。なお、保佐人の同意に代わる家庭裁判所の許可については、考慮しないものとする。

1　被保佐人が、保佐人の同意を得ないでその所有する建物を売却した場合、当該売買契約は、無効である。

2　18歳に達した者が建物の賃貸借契約を有効に締結するには、父母双方がいる場合、少なくとも父母のどちらか一方の同意が必要である。

3　精神上の障害により事理を弁識する能力が不十分である者について、配偶者から補助開始の審判の請求があった場合、家庭裁判所は、その事実が認められるときは、本人の同意がなくてもその審判をすることができる。

4　成年後見人は、成年被後見人に代わって、成年被後見人が所有する建物を売却する場合、その建物が成年被後見人の居住の用に供するものであれば、家庭裁判所の許可を得なければならない。

【問　2】　債務不履行に関する次の記述のうち、民法の規定によれば、正しいものはどれか。なお、債務は令和6年7月1日以降に生じたものとする。

1　金銭債務の債務者が支払期日に支払いをしなかった場合、債権者は、その不履行が不可抗力であるか否かにかかわらず、債務者に対して遅延損害金を請求することができる。

2　契約に基づく債務の履行が契約の成立時に不能であった場合でも、債権者は、その不能が債務者の責めに帰することができない事由によるものであるときを除き、債務者に対して損害賠償の請求をすることができる。

3　金銭債務の債務者が支払期日に支払いをしなかった場合、特段の定めがない限り、債権者は、債務者に対して、年4％の割合による遅延損害金を請求することができる。

4　債務者がその債務について遅滞の責任を負っている間に、当事者双方の責めに帰することができない事由によってその債務の履行が不能となった場合、債権者は、債務者に対して損害賠償を請求することができない。

－ 1 －

【問　3】　委任に関する次の1から4までの記述のうち、民法の規定及び下記判決文によれば、誤っているものはどれか。

（判決文）

　ところで、本件管理契約は、委任契約の範ちゅうに属するものと解すべきところ、本件管理契約の如く単に委任者の利益のみならず受任者の利益のためにも委任がなされた場合であっても、委任契約が当事者間の信頼関係を基礎とする契約であることに徴すれば、受任者が著しく不誠実な行動に出る等やむをえない事由があるときは、委任者において委任契約を解除することができるものと解すべきことはもちろんであるが、さらに、かかるやむをえない事由がない場合であっても、委任者が委任契約の解除権自体を放棄したものとは解されない事情があるときは、該委任契約が受任者の利益のためにもなされていることを理由として、委任者の意思に反して事務処理を継続させることは、委任者の利益を阻害し委任契約の本旨に反することになるから、委任者は、民法651条に則り委任契約を解除することができ、ただ、受任者がこれによって不利益を受けるときは、委任者から損害の賠償を受けることによって、その不利益を填補されれば足りるものと解するのが相当である。

1　委任は、委任者又は受任者のいずれからも、いつでもその解除をすることができるが、相手方に不利な時期に委任の解除をしたときは、相手方に対して損害賠償責任を負う場合がある。

2　単に委任者の利益のみならず受任者の利益のためにも委任がなされた場合、やむをえない事由があるときは、委任者は、委任の解除をすることができる。

3　単に委任者の利益のみならず受任者の利益のためにも委任がなされた場合、やむをえない事由がないときは、委任者は、いつでも委任の解除をすることができ、ただ、それによって受任者が不利益を受けるときは、受任者は、委任者に対して損害賠償を請求することができる。

4　単に委任者の利益のみならず受任者の利益のためにも委任がなされた場合、やむをえない事由がなくても、委任者が委任を解除する権利自体を放棄したものとは解されない事情があるときは、委任者は、委任の解除をすることができる。

－ 2 －

【問　4】　AがA所有の甲土地の売却に関する代理権をBに与え、BがCとの間で甲土地の売買契約を締結した場合における次の記述のうち、民法の規定によれば、正しいものはどれか。

1　AがCをだまして当該契約を締結させた場合でも、Cは、Bが善意無過失であれば、当該契約を取り消すことができない。

2　AがBに代理権を与える前にBが保佐開始の審判を受けていた場合でも、Aは、Bが被保佐人であることを理由に当該契約を取り消すことができない。

3　AがBに代理権を与えた後にAが後見開始の審判を受け、その後に当該契約が締結された場合、Bによる当該契約の締結は、無権代理行為となる。

4　Bは、やむを得ない事由があるときでも、Aの許諾を得なければ、復代理人を選任することができない。

【問　5】　AとBがCに対して1,000万円の連帯債務を負っている場合に関する次の記述のうち、民法の規定によれば、正しいものはどれか。なお、AとBの負担部分は等しいものとし、連帯債務の効力に関する当事者間での別段の意思表示はないものとする。

1　CがAに対して1,000万円の請求をした場合、Cは、それと同時に、Bに対して1,000万円の請求をすることはできない。

2　Bが、Cに対する1,000万円の債務と、Cに対して有する1,000万円の債権を対当額で相殺する旨の意思表示をCにした場合、AのCに対する連帯債務も全部消滅する。

3　Aが、Cに対して、Aの負担部分の範囲内の金額である200万円を弁済した場合、Aは、Bに対して求償することができない。

4　CがBに対して1,000万円全額を免除した場合、AのCに対する連帯債務も全部消滅する。

【問　6】　AがBから甲土地を購入したところ、甲土地の所有者を名のるCがAに対して連絡してきた。この場合における次の記述のうち、民法の規定及び判例によれば、正しいものはどれか。

1　CもBから甲土地を購入しており、その売買契約書の日付とBA間の売買契約書の日付が同じである場合、登記がなくても、契約締結の時刻が早い方が所有権を主張することができる。

2　甲土地はCからB、BからAと売却されており、CB間の売買契約がBの強迫により締結されたことを理由として取り消された場合には、BA間の売買契約締結の時期にかかわらず、Cは登記がなくてもAに対して所有権を主張することができる。

3　Cが時効により甲土地の所有権を取得した旨主張している場合、Cの取得時効完成後にBA間で売買契約及び所有権移転登記がなされたときには、CはAに対して所有権を主張することができない。

4　Cは債権者の追及を逃れるために売買契約の実態はないのに甲土地の登記だけBに移し、Bがそれに乗じてAとの間で甲土地の売買契約を締結した場合には、CB間の売買契約が存在しない以上、Aは所有権を主張することができない。

【問　7】　Aには、配偶者B及びBとの間の子Cがいる。この場合における次の記述のうち、民法の規定及び判例によれば、誤っているものはどれか。

1　A及びBは、夫婦であっても、同一の証書で遺言をすることはできない。

2　Aが公正証書による遺言をする場合は、証人2人以上の立会いが必要であるが、自筆証書による遺言をする場合は、証人の立会いは不要である。

3　Aが死亡し、Bが単純承認した場合でも、Cは、限定承認をすることができる。

4　Aが死亡し、B及びCが単純承認した場合、Bが相続開始時に金銭を相続財産として保管しているときは、Cは、遺産分割協議が成立するまでの間は、自己の相続分に相当する金銭を支払うようBに請求することはできない。

－ 4 －

【問　8】　Aは、A所有の甲土地を、Bに対して5,000万円で売却する契約を締結し、Bから手付として500万円を受領した。この場合に関する次の記述のうち、民法の規定及び判例によれば、正しいものはどれか。

1　ＡＢ間で、手付金相当額を損害賠償額の予定とする旨定めていた場合、Bは、Aの債務不履行を理由に損害賠償請求をするに際しては、Aに債務不履行があったことのみならず、損害の発生や損害額の立証もしなければならない。

2　手付についてＡＢ間に別段の合意がない場合、手付は、解約手付とみなされる。

3　Bが甲土地の引渡しを受けてこれを使用していたが、3か月経過後、Bの代金不払いを理由にＡＢ間の売買契約が解除された場合、Bは、原状回復として甲土地をAに返還するとともに、3か月分の使用料相当額を支払う必要がある。

4　Aが第三者Cの詐欺によってBに甲土地を売却し、その後BがDに甲土地を転売した場合、BがCによる詐欺の事実を過失なく知らなかったときでも、DがCによる詐欺の事実を知っていれば、Aは、詐欺を理由にＡＢ間の売買契約を取り消すことができる。

【問　9】　Aは、令和6年10月1日、A所有の甲土地につき、Bとの間で、代金1,000万円、支払期日を同年12月1日とする売買契約を締結し、甲土地を引き渡した。この場合の相殺に関する次の記述のうち、民法の規定及び判例によれば、正しいものはどれか。

1　BがAに対して同年12月31日を支払期日とする貸金債権を有している場合には、Aは同年12月1日に売買代金債権と当該貸金債務を対当額で相殺することはできない。

2　同年12月15日にAの売買代金債権がAの債権者Cにより差し押さえられた場合、Bは、同年12月5日にAに対する別の債権（弁済期は同年12月10日だが未弁済）を取得していたときであっても、同年12月20日に売買代金債務と当該債権を対当額で相殺することはできない。

3　BがAに対し同年12月15日に消滅時効の期限が到来する貸金債権を有していた場合で、その後Aが当該消滅時効を援用したときは、Bは同年12月20日に売買代金債務と当該貸金債権を対当額で相殺することはできない。

4　同年10月10日、BがAの自動車事故によって全治2か月の被害を受け、Aに対して不法行為に基づく損害賠償債権を取得した場合には、Aは売買代金債権と当該損害賠償債務を対当額で相殺することはできない。

【問　10】　時効に関する次の記述のうち、民法の規定及び判例によれば、正しいものはどれか。

1　催告によって時効の完成が猶予されている間になされた再度の催告は、時効の完成猶予の効力を有しない。

2　10年より短い時効期間の定めがある権利が、確定判決又は確定判決と同一の効力を有するものによって確定した場合、その時効期間は、その短い時効期間の定めによる。

3　債務者は、時効の完成の事実を知らずに債務の承認をしたときは、その後、その完成した消滅時効を援用することができる。

4　債務不履行に基づく損害賠償請求権は、権利を行使することができる時から1年間行使しないときは、時効によって消滅する。

－ 6 －

【問 11】 居住用建物の所有を目的とする、期間30年の土地の賃貸借契約に関する次の記述のうち、借地借家法の規定及び判例によれば、正しいものはどれか。なお、賃借権の登記はなされておらず、借地借家法第25条に規定する一時使用の借地権は考慮しないものとする。

1 借地権の存続期間が満了した後、借地権者が土地の占有を継続する場合で、借地権設定者が遅滞なく異議を述べなかったときは、借地上の建物の有無にかかわらず、借地契約は従前の契約と同一の条件で更新されたものとみなされる。

2 借地契約を書面によって締結すれば、当該契約の更新がなく期間満了により終了し、終了時には借地権者が借地上の建物を収去すべき旨を有効に定めることができる。

3 借地権者は、自己の長男名義で所有権保存登記をした建物を借地上に所有していれば、第三者に対して借地権を対抗することができる。

4 借地権者が所有していた借地上の建物が滅失した場合でも、当該建物について借地権者名義の所有権保存登記がなされていたときは、借地権者は、借地借家法に規定する事項をその土地上の見やすい場所に掲示すれば、滅失のあった日から2年間は、建物を新たに築造し、かつ登記をしなくても、第三者に対して借地権を対抗することができる。

— 7 —

【問　12】　賃貸人Ａが賃借人Ｂとの間で、Ａ所有の居住用建物（床面積180㎡）について、期間２年と定めた賃貸借契約を令和６年７月１日に締結した場合に関する次の記述のうち、民法及び借地借家法の規定によれば、正しいものはどれか。なお、借地借家法第39条に定める取壊し予定の建物の賃貸借及び同法第40条に定める一時使用目的の建物の賃貸借は考慮しないものとする。

1　Ａは、Ｂの責めに帰すべき事由によって当該建物の修繕が必要となった場合でも、その修繕をしなければならない。

2　Ｂは賃借権の登記をしない限り賃借権を第三者に対抗することができない旨の特約を定めた場合、当該特約は有効である。

3　ＡＢ間の賃貸借契約が借地借家法第38条の定期建物賃貸借である場合、Ｂは契約期間中の中途解約をすることができない旨の特約を定めたときは、当該特約は無効である。

4　ＡＢ間の賃貸借契約が借地借家法第38条の定期建物賃貸借である場合、当該契約が公正証書によって締結されたときは、当該契約前にＡがＢに対して契約の更新がない旨を口頭で説明していれば、ＡＢ間の賃貸借契約は、期間満了により終了する。

【問　13】　建物の区分所有等に関する法律についての次の記述のうち、誤っているものはどれか。

1　管理者は、少なくとも毎年２回集会を招集しなければならない。

2　集会は、区分所有者全員の同意があれば、招集の手続きを経ないで開くことができる。

3　専有部分が数人の共有に属するときは、共有者は、議決権を行使すべき者１人を定めなければならない。

4　集会においては、規約に別段の定めがある場合及び別段の決議をした場合を除いて、管理者又は集会を招集した区分所有者の１人が議長となる。

－ 8 －

【問　14】　不動産の登記に関する次の記述のうち、不動産登記法の規定によれば、誤っているものはどれか。

1　土地の分筆の登記は、表題部所有者又は所有権の登記名義人以外の者は、申請することができない。

2　表題部所有者又は所有権の登記名義人が相互に持分を異にする土地の合筆の登記は、申請することができない。

3　受益者又は委託者は、受託者に代わって信託の登記を申請することができる。

4　敷地権付き区分建物の表題部所有者から所有権を取得した者は、当該敷地権の登記名義人の承諾を得ることなく、当該区分建物に係る所有権の保存の登記を申請することができる。

【問　15】　都市計画法に関する次の記述のうち、正しいものはどれか。

1　都市計画法に違反した者又は当該違反の事実を知って違反に係る建築物を購入した者に対しては、国土交通大臣又は都道府県知事に限り、当該法の規定により建築物の除却等の命令をすることができる。

2　地区計画の区域（一定の区域に限る。）内で、建築物の建築を行おうとする者から一定事項の届出があった場合、都道府県知事は、その届出に係る行為が地区計画に適合しないと認めるときは、その者に対し、設計の変更その他の必要な措置をとることを勧告することができる。

3　都市施設は、市街化区域については、少なくとも道路、公園及び下水道を定めるものとする。

4　市街化調整区域内について定められる地区整備計画においては、建築物の容積率の最高限度、建築物の建築面積の最高限度及び建築物等の高さの最高限度を定めることはできない。

― 9 ―

【問 16】 都市計画法の規定によれば、正しいものはどれか。なお、この問において「都道府県知事」とは、地方自治法に基づく指定都市、中核市及び施行時特例市にあってはその長をいうものとする。

1 開発許可を受けた開発行為に関する工事により設置された公共施設は、必ず、当該公共施設の存する市町村の管理に属する。

2 土地区画整理事業の施行として行う開発行為は、土地区画整理組合が行う場合でも、市町村が行う場合でも、開発許可を受ける必要はない。

3 市街化区域又は区域区分が定められていない都市計画区域において、都道府県知事が開発行為について開発許可をする場合に必要があると認めるときは、当該開発区域内の土地について、建築物の建蔽率、建築物の高さ、壁面の位置その他建築物の敷地、構造及び設備に関する制限を定めることができる。

4 市街化調整区域内において、生産される農産物の貯蔵に必要な建築物の建築を目的とする当該市街化調整区域内における土地の区画形質の変更をする場合には、都道府県知事の許可を受ける必要はない。

【問 17】 建築基準法（以下この問において「法」という。）に関する次の記述のうち、誤っているものはどれか。ただし、特定行政庁の許可は考慮しないものとする。

1 文化財保護法の規定によって重要文化財に指定された建築物には、法は適用されない。

2 建築物の敷地は、原則として、これに接する道の境より高くなければならず、建築物の地盤面は、これに接する周囲の土地より高くなければならない。

3 建築主が建築確認の申請をする場合において、事前に周辺住民の同意を得る必要はない。

4 第一種中高層住居専用地域内の建築物が、法第56条の2第1項の規定による日影規制の対象区域内にあるときは、法第56条第1項第3号の規定による北側斜線制限は適用される。

— 10 —

【問　18】　建築基準法に関する次の記述のうち、誤っているものはどれか。ただし、特定行政庁の許可は考慮しないものとする。

1　建築物の敷地が防火地域の内外にわたり、その敷地内の建築物の全部が耐火建築物又はこれと同等以上の延焼防止性能を有する一定の建築物であれば、その敷地はすべて防火地域内にあるものとみなされて、建築物の建蔽率に関する制限の緩和規定が適用される。

2　田園住居地域内において、高等専門学校や病院は、建築することができない。

3　私道の変更又は廃止によって、その道路に接する敷地が接道義務の規定に抵触することとなる場合には、特定行政庁は、当該敷地所有者の同意を得た場合に限り、その私道の変更又は廃止を制限し、又は禁止することができる。

4　敷地内には、屋外に設ける避難階段及び屋外への出口から道又は公園、広場その他の空地に通ずる幅員が1.5m（階数が3以下で延べ面積が200㎡未満の建築物の敷地内にあっては、90cm）以上の通路を設けなければならない。

― 11 ―

【問 19】 宅地造成及び特定盛土等規制法に関する次の記述のうち、正しいものはどれか。なお、この問において「都道府県知事」とは、地方自治法に基づく指定都市及び中核市にあってはその長をいうものとする。

1 都道府県知事は、造成宅地防災区域について指定事由がなくなったと認めるときは、当該造成宅地防災区域の一部に限り指定を解除することができるが、当該区域の全部について指定を解除することはできない。

2 宅地造成等工事規制区域内において行われる宅地造成等に関する工事（宅地造成等に伴う災害の発生のおそれがないと認められるものとして政令で定める工事を除く。）は、一定の技術的基準に従い、擁壁、排水施設その他の政令で定める施設の設置その他宅地造成等に伴う災害を防止するため必要な措置が講ぜられたものでなければならない。

3 宅地造成等工事規制区域内において、宅地以外の土地を宅地にするための盛土であって、当該盛土を行う高さが1mの崖を生ずることとなる土地の形質の変更は、宅地造成に該当する。

4 宅地造成等工事規制区域の指定の際に、当該宅地造成等工事規制区域内において宅地造成等に関する工事を行っている者は、当該工事について都道府県知事の許可を受ける必要がある。

【問 20】 土地区画整理法に関する次の記述のうち、正しいものはどれか。

1 施行地区における土地区画整理事業は、必ず都市計画事業として施行される。

2 土地区画整理組合が事業計画を定める場合において、宅地以外の土地を施行地区に編入するときは、当該土地管理者の許可を必要とする。

3 土地区画整理事業により施行者が取得した保留地を購入した者が、当該保留地に建築物の新築を行う場合、施行者の承認を受ける必要がある。

4 土地区画整理組合が換地計画を作成しようとする場合には、総会の議決を経なければならない。

― 12 ―

【問 21】 農地法（以下この問において「法」という。）に関する次の記述のうち、誤っているものはどれか。

1 市街化区域内において、4ヘクタールを超える農地を住宅建設のために転用する者は、転用行為に着手する前にあらかじめ農林水産大臣へ届出をしていれば、法第4条第1項の許可を受ける必要はない。

2 農地又は採草放牧地の賃貸借の当事者は、当該賃貸借契約を合意により解約する場合には、原則として、都道府県知事の許可を受ける必要がある。

3 会社の代表者が、その会社の業務に関し、法第4条第1項又は第5条第1項の規定に違反して転用行為をした場合は、その代表者が罰せられるのみならず、その会社も1億円以下の罰金刑が科せられる。

4 農家が、民事調停法による農事調停により、農地の所有権を取得しようとする場合には、市街化区域の内外を問わず、法第3条第1項の許可を受ける必要はない。

【問 22】 国土利用計画法第23条の事後届出（以下この問において「事後届出」という。）に関する次の記述のうち、正しいものはどれか。なお、この問において「都道府県知事」とは、地方自治法に基づく指定都市にあってはその長をいうものとする。

1 甲市所有の都市計画区域外に所在する13,000㎡の土地について、宅地建物取引業者Cが購入する契約を締結した場合、Cは、事後届出を行う必要はない。

2 金銭消費貸借契約の締結に伴い、債務者の所有する準都市計画区域内に所在する1ヘクタールの土地について、債権者のために質権を設定した場合、事後届出を行う必要がある。

3 都道府県知事は、勧告に基づき当該土地の利用目的が変更された場合において、必ず、当該土地に関する権利の処分についてのあっせんその他の措置を講じなければならない。

4 市街化区域に所在する2,400㎡の土地の所有者Aが、当該土地を一期1,200㎡、二期1,200㎡に分割して、当該土地にビルの建設を計画する宅地建物取引業者Bに売却するため事後届出を行う場合には、Bは、二期の売買契約を締結した日から2週間以内に、当該届出を行う必要がある。

【問　23】　住宅用家屋の所有権の移転登記に係る登録免許税の税率の軽減措置（以下この問において「軽減措置」という。）に関する次の記述のうち、正しいものはどれか。

1　軽減措置に係る登録免許税の課税標準となる不動産の価額は、売買契約書に記載された住宅用家屋の実際の取引価格である。

2　軽減措置の適用を受けるためには、やむを得ない事情がある場合を除き、その住宅用家屋の取得後6か月以内に所有権の移転登記をしなければならない。

3　軽減措置の適用対象となる住宅用家屋は、床面積が40㎡以上で、その住宅用家屋を取得した個人の居住の用に供されるものに限られる。

4　令和2年に軽減措置の適用を受けたことがある者による、令和6年に新たに取得した住宅用家屋に係る所有権の移転の登記であっても、適用要件を満たせば軽減措置の適用を受けることができる。

【問　24】　固定資産税に関する次の記述のうち、正しいものはどれか。ただし、認定長期優良住宅については考慮しないものとする。

1　固定資産の所有者の所在が震災により不明である場合、その所有者の法定相続人を所有者とみなして、これを固定資産課税台帳に登録し、その者に固定資産税を課することができる。

2　新築された住宅に対して課される固定資産税については、新たに課されることとなった年度から一定の年度分に限り、3分の1相当額を固定資産税額から減額される。

3　固定資産税は、固定資産に対し、当該固定資産所在の都道府県において課する。

4　財政上その他特別の必要がある場合を除き、一定区域内において同一の者が所有する家屋に係る固定資産税の課税標準額が20万円未満の場合には課税できない。

－ 14 －

【問　25】　不動産の鑑定評価に関する次の記述のうち、不動産鑑定評価基準によれば、正しいものはどれか。

1　原価法は、対象不動産が建物又は建物及びその敷地である場合において、再調達原価の把握及び減価修正を適切に行うことができるときに有効であり、対象不動産が土地のみである場合においては、この手法を適用することができない。

2　取引事例比較法は、近隣地域において対象不動産と類似の不動産の取引が行われている場合には有効であるが、同一需給圏内の類似地域等において対象不動産と類似の不動産の取引が行われている場合には、この手法を適用することができない。

3　収益還元法における収益価格を求める方法には、一期間の純収益を還元利回りによって還元するＤＣＦ法と、連続する複数の期間に発生する純収益及び復帰価格を、その発生時期に応じて現在価値に割り引き、それぞれを合計する直接還元法がある。

4　試算価格の調整とは、鑑定評価の複数の手法により求められた各試算価格の再吟味及び各試算価格が有する説得力に係る判断を行い、鑑定評価における最終判断である鑑定評価額の決定に導く作業をいう。

【問　26】　宅地建物取引業者Ａの宅地建物取引業法第37条の規定により交付すべき書面（以下この問において「37条書面」という。）の記載に関する次の記述のうち、宅地建物取引業法の規定に違反しないものはどれか。

1　Ａは、自ら売主として宅地建物取引業者ではない買主との間で建物を売却する契約を締結し、契約時に受領する手付金等に関し、宅地建物取引業法第41条の2に規定する手付金等の保全措置を講じたが、かかる保全措置の内容について、37条書面に記載しなかった。

2　Ａがマンションの貸借の媒介を行った場合、借主が借賃の支払方法を定めていなかったので、37条書面において借賃の支払方法を記載しなかった。

3　売買契約の目的物である建物の引渡しの時期については、買主が早急の引渡しを求めていなかったので、特に定めをすることはなく、Ａは、買主の同意を得て、その定めがない旨を37条書面に記載しなかった。

4　損害賠償額の予定に関する特約があったが、建物の貸借の媒介であり、売買の媒介ではなかったので、Ａは、当該特約の内容について、37条書面に記載しなかった。

― 15 ―

【問　27】　宅地建物取引業の免許（以下この問において「免許」という。）に関する次の記述のうち、宅地建物取引業法の規定によれば、正しいものはどれか。

1　宅地建物取引業者A（甲県知事免許）が免許の更新に当たって甲県知事から付された条件に違反した場合、甲県知事はその免許を取り消さなければならない。

2　宅地建物取引業者B社（甲県知事免許）は、自己の所有する賃貸マンションを不特定多数の者に賃貸するため、新たに乙県内に当該賃貸のみを業務として行う支店を設けることにした場合、Bは国土交通大臣への免許換えを申請しなければならない。

3　法人である宅地建物取引業者C社（甲県知事免許）が合併及び破産手続の開始決定以外の理由により解散した場合、清算人はその旨を甲県知事に届け出なければならず、C社の免許はその解散の時にその効力を失う。

4　個人である宅地建物取引業者Dが、刑法第208条（暴行）の罪を犯し懲役1年の刑に処せられた場合、それが執行猶予付きの判決であったときでも、その免許は必ず取り消される。

【問　28】　宅地建物取引業者Aに関する次の記述のうち、宅地建物取引業法（以下この問において「法」という。）の規定に違反するものはどれか。

1　Aは、宅地の売買契約を媒介する際、宅地建物取引業者ではない買主Bに対する法第35条の規定に基づく重要事項の説明として、契約の解除に関する事項について説明しなかったが、説明しないことについてAに過失はあったものの故意はなかった。

2　Aは、宅地建物取引業者である買主Cと、宅地の売買契約を締結するに当たり、Cに対し法第35条の2に規定する供託所等の説明をしなかった。

3　Aは、事務所の用に供する建物の貸主として、宅地建物取引業者である借主Dと賃貸借契約を締結したが、Dに対して法第37条に基づく書面を交付（同条第4項の規定による電磁的方法による提供を含む。）しなかった。

4　Aは、宅地建物取引業者ではない買主Eからテント張りの案内所で別荘地の買受けの申込みを受けて、売主として売買契約を締結したが、その際、法第37条の2の規定に基づき、いわゆるクーリング・オフによる契約の解除ができる旨及びその方法について、EがAから書面で告げられた日から起算して10日間、クーリング・オフによる解除を認める旨の特約をした。

－ 16 －

【問 29】 宅地建物取引業の免許（以下この問において「免許」という。）に関する次の記述のうち、宅地建物取引業法の規定によれば、正しいものはいくつあるか。

ア　A社の代表取締役が、公職選挙法違反により罰金の刑に処せられ、その刑の執行が終わった日から5年を経過していない場合、A社は免許を受けることができない。

イ　宅地建物取引業者B社の使用人であって、B社の宅地建物取引業を行う支店の代表者が、刑法第247条（背任）の罪により罰金の刑に処せられた場合、B社の免許は取り消される。

ウ　宅地建物取引業者C社の非常勤の役員が、宅地建物取引業法の規定に違反して罰金の刑に処せられた場合でも、C社の免許は取り消されることはない。

エ　D社の顧問が、暴力団員による不当な行為の防止等に関する法律第2条第6号に規定する暴力団員であり、かつ、取締役よりもD社に対する支配力が大きい場合、D社は免許を受けることができない。

1　一つ
2　二つ
3　三つ
4　四つ

【問 30】 宅地建物取引業者A (甲県知事免許)の営業保証金に関する次の記述のうち、宅地建物取引業法の規定によれば、正しいものはどれか。

1 Aが、営業保証金を金銭と国債証券で供託している場合で、主たる事務所を移転したためその最寄りの供託所が変更したとき、Aは、金銭で供託した部分に限り、保管替えを請求することができる。

2 Aが、甲県内にある支店を1か所閉鎖したことにより営業保証金の一部を取り戻そうとする場合においても、還付請求権者に対し、一定の公告手続きを行う必要がある。

3 Aが、事業の開始後、新たに甲県内に事務所を1か所増設した場合、500万円の営業保証金を本店の最寄りの供託所に供託すれば、甲県知事にその旨を届け出る前においても、増設した事務所で事業を開始することができる。

4 Aが、免許を受けてから1か月以内に営業保証金を供託した旨の届出をしない場合は、甲県知事から届出をすべき旨の催告を受け、さらに催告が到達した日から3か月以内に届出をしないと免許を取り消されることがある。

【問 31】 宅地建物取引業者A (甲県知事免許)が行う広告に関する次の記述のうち、宅地建物取引業法の規定によれば、誤っているものはどれか。

1 Aが、宅地を分譲するに当たり、その販売広告において宅地の将来の環境について著しく事実に相違する表示をしたが、その広告をインターネットを利用する方法で行った場合においても、甲県知事は、Aに対して監督処分をすることができる。

2 Aが、甲県知事からその業務の全部の停止を命ぜられた期間中は、当該停止処分が行われる前に印刷した広告の配布活動であっても、行うことはできない。

3 Aが、建物の分譲の広告を行う場合、建物代金に消費税が課されるときは、消費税額を含んだ価格を明瞭に表示しなければならない。

4 Aが、別荘地に住宅を建築して分譲する場合、売買契約の締結を建築基準法第6条第1項の建築確認を受けた後に行うこととすれば、広告については、同確認を受ける前であっても、同確認の申請中である旨を表示して行うことができる。

— 18 —

【問　32】　宅地建物取引業者A及びAの事務所の政令で定める使用人Bに関する次の記述のうち、宅地建物取引業法の規定によれば、正しいものはどれか。

1　Aが業務停止処分に違反したとして免許を取り消されたが、Bが当該取消しに係る聴聞の期日及び場所の公示の日の30日前にAを退職した場合、Bは当該取消しの日から5年を経過していなくても、宅地建物取引業の免許を受けることができる。

2　Bが宅地建物取引士となったときは、Bはその事務所に置かれる成年者である専任の宅地建物取引士とみなされる。

3　Aが設置する事務所等及び事務所等以外の国土交通省令で定めるその業務を行う場所について掲げる国土交通省令で定める標識には、政令で定める使用人の氏名も記載しなければならない。

4　Aは、Bがその住所を変更した場合、30日以内にその免許を受けた国土交通大臣又は都道府県知事に当該変更を届け出なければならない。

【問 33】 宅地建物取引業者Aが行う宅地建物取引業法（以下この問において「法」という。）第35条に規定する重要事項の説明に関する次の記述のうち、正しいものはいくつあるか。

ア　Aが行う重要事項の説明を担当する宅地建物取引士は、説明の相手方（宅地建物取引業者ではないものとする。）から請求がなくても、宅地建物取引士証を相手方に提示しなければならず、この提示を怠ると、A及び当該宅地建物取引士は、10万円以下の過料に処せられることがある。

イ　Aは、1棟のマンション（20戸）を競売により取得し、自ら借主を募集して、宅地建物取引業者ではない者と賃貸借契約を締結しようとする場合、重要事項の説明を行う必要はなく、法第35条の規定に基づく書面を交付し、又は法第35条第8項の規定に基づく提供（電磁的方法による提供）をする必要もない。

ウ　Aは、自ら売主となる建物が津波防災地域づくりに関する法律の規定により指定された津波災害警戒区域内にあるときは、重要事項の説明において宅地建物取引業者ではない買主に対し、その旨を説明する必要がある。

1　一つ
2　二つ
3　三つ
4　なし

【問　34】　課税事業者である宅地建物取引業者Aが単独で甲乙間に契約を成立させて報酬を受領した場合に関する次の記述のうち、宅地建物取引業法の規定に違反しないものはいくつあるか。なお、価額及び借賃についての消費税は考慮しなくてよい。

ア　Aが、甲及び乙から媒介の依頼を受けて、甲所有の建物（価額1,500万円）と乙所有の建物（価額2,000万円）について、交換契約を成立させ、甲及び乙からそれぞれ72万6,000円を受領した。

イ　Aが、甲所有の宅地の賃貸借について、甲から媒介の依頼を受け、甲と借主乙との間に賃貸借契約（借賃月額30万円）を成立させ、甲から33万円を受領した。

ウ　Aが、甲所有の宅地の売買について、甲から代理の依頼を受け、乙からは媒介の依頼を受けて、甲と乙との間の売買契約（価額3,000万円）を成立させ、甲から211万2,000円、乙から105万6,000円を受領した。

1　一つ
2　二つ
3　三つ
4　なし

【問　35】　宅地建物取引業者Aが、自ら売主として買主との間で締結した建物の売買契約について、買主が宅地建物取引業法第37条の2の規定に基づき、いわゆるクーリング・オフによる契約の解除をする場合に関する次の記述のうち、正しいものはどれか。

1　宅地建物取引業者ではない買主Bの申し出により、Bがその親類宅でAから建物に関する説明を受けて買受けの申込みをし、翌日にAの事務所で売買契約が締結された場合、Bは、クーリング・オフによる契約の解除をすることができない。

2　建物の買受けの申込み及び売買契約の締結が、Aが行う一団の建物の分譲のためのテント張りの案内所で行われた場合、宅地建物取引業者である買主Cが、契約締結の5日後にAから建物の引渡しを受けたが、残代金の支払いをしていないときは、Cは、クーリング・オフによる契約の解除をすることができる。

3　建物の買受けの申込み及び売買契約の締結が、事務所のそばの喫茶店で行われた場合において、Aが宅地建物取引業者ではない買主Dに対してクーリング・オフができる旨及びその方法について書面で告げなかった場合でも、Aは業務停止処分を受けることはない。

4　建物の買受けの申込み及び売買契約の締結が、宅地建物取引業者ではない買主Eの取引先の銀行で行われ、Eはその際にAからクーリング・オフができる旨及びその方法について口頭で告げられ、その5日後にこれを記載した書面の交付を受けた場合、クーリング・オフによる契約の解除が可能な期間の起算日は、口頭で告げられた日である。

【問　36】　宅地建物取引業者Ａ社（甲県知事免許）は、甲県内に本店及び１か所の宅地建物取引業を営む支店を設置し、甲県知事の宅地建物取引士資格登録を受けている宅地建物取引士Ｂを本店の専任の宅地建物取引士として業務に従事させている。次の記述のうち、宅地建物取引業法の規定によれば、誤っているものはいくつあるか。

ア　Ａ社の本店（本店では宅地建物取引業の業務に従事する者が17名、うちＢを含め専任の宅地建物取引士が４名）において、Ｂが退職した場合、Ａ社は、２週間以内に新たに専任の宅地建物取引士を補充する等の必要な措置を執らなければならない。

イ　Ａが甲県内の２つの事務所をすべて乙県内に移転し、引き続き宅地建物取引業を営もうとする場合、Ａは、甲県知事に廃業の届出を行うとともに、乙県知事に直接免許換えの申請をしなければならない。

ウ　Ａが甲県内の支店を乙県に移転し、国土交通大臣免許に免許換えをした場合、Ｂは遅滞なく、甲県知事に資格登録簿の変更の登録を申請しなければならない。

1　一つ
2　二つ
3　三つ
4　なし

【問　37】　住所に関する次の記述のうち、宅地建物取引業法の規定によれば、誤っているものはどれか。

1　宅地建物取引士は、取引の関係者から請求があったときは、宅地建物取引士証を提示しなければならないが、宅地建物取引士証の住所欄に容易に剥がすことが可能なシールを貼ったうえで提示しても差し支えない。

2　事務所ごとに設置される従業者名簿については、当該従業者の住所について記載する必要はない。

3　宅地建物取引業者名簿には、役員及び政令で定める使用人の住所も登載される。

4　宅地建物取引士の資格登録簿には、登録を受けようとする者の住所も登載される。

－ 23 －

【問 38】 宅地建物取引業の免許（以下この問において「免許」という。）に関する次の記述のうち、誤っているものはどれか。

1 信託業法第3条の免許を受けた信託会社Aが宅地建物取引業を営もうとする場合、国土交通大臣に届出をすれば、Aは免許を受ける必要はない。

2 医療法人Bが病院の建設資金に充てるため、その所有する雑種地を30区画の宅地に造成し、医療法人の不特定多数の関係者を対象に宅地として反復継続して分譲する場合、Bは免許を受ける必要がある。

3 免許を受けていないCが営む宅地建物取引業の取引に宅地建物取引業者が代理人として関与していても、Cの当該取引は、無免許事業に該当する。

4 Dが新たに宅地建物取引業を営むために免許の申請を行った場合、免許を受けるまでの間は、宅地建物取引業の取引を行うことはできないが、これから宅地建物取引業を営む目的をもって広告を行うことはできる。

【問 39】 宅地建物取引業者Aが、自ら売主となって、宅地建物取引業者ではない買主Bと5,000万円のマンション（完成物件）の売買契約(手付金500万円、中間金1,000万円)を締結した場合に関する次の記述のうち、宅地建物取引業法の規定によれば、誤っているものはどれか。なお、この問において「保全措置」とは、同法第41条の2の規定による手付金等の保全措置をいう。

1 当該マンションの売買契約で手付金が解約手付であることを定めていなかった場合でも、Aが契約の履行に着手していなければ、Bは、手付を放棄して契約を解除することができる。

2 当該マンションの引渡し及び所有権の移転登記を中間金の支払と同時に行うときは、Aは、保全措置を講ずることなく、Bから手付金及び中間金を受領することができる。

3 Bが当該マンションの売買契約を締結する前に申込証拠金30万円をAに支払っている場合、Aが契約締結時に手付金500万円を受領し、その後、当該マンションの引渡し及び所有権の移転登記前に、当該申込証拠金を代金に充当するときでも、Aは、当該申込証拠金につき保全措置を講ずる必要はない。

4 当該マンションの引渡し及び所有権の移転登記前にBが中間金を支払うときに、Aが保全措置を講じていない場合、Bは、当該中間金を支払わないことができる。

【問　40】　宅地建物取引業者Aが、BからB所有の宅地の売却の媒介を依頼され媒介契約を締結した場合における次の記述のうち、宅地建物取引業法（以下この問において「法」という。）の規定によれば、正しいものはいくつあるか。なお、この問において、法第34条の２第１項の規定に基づく書面の交付については、特に断りがない限り、同条第11項に基づく電磁的方法による提供を含むものとする。

ア　一般媒介契約（専任媒介契約でない媒介契約）を締結した場合、法第34条の２第11項に基づく電磁的方法によらず、同条第１項の規定に基づく書面を交付する場合、当該書面には宅地建物取引業者が記名をしなければならないが、押印をする必要はない。

イ　専属専任媒介契約を締結した場合、Aが探索した相手方以外の者とBとの間で売買契約を締結したときの措置についてAB間で取り決めがなければ、Aは当該措置について法第34条の２第１項の規定に基づき交付すべき書面に記載する必要はない。

ウ　専任媒介契約を締結した場合、Aは、売却の媒介の依頼を受けた宅地の評価額についての根拠を明らかにするため周辺の取引事例の調査をしたときは、当該調査の実施についてBの承諾を得ていなくても、同調査に要した費用をBに請求することができる。

1　一つ
2　二つ
3　三つ
4　なし

【問　41】　宅地建物取引業法 (以下この問において「法」という。) の規定に基づく監督処分等に関する次の記述のうち、正しいものはどれか。

1　宅地建物取引業者A（甲県知事免許）が宅地建物取引業に係る営業に関し成年者と同一の行為能力を有しない未成年者で、その法定代理人が刑法第222条（脅迫）の罪で罰金の刑に処せられた場合、甲県知事はAの免許を取り消さなければならない。

2　国土交通大臣は、その免許を受けた宅地建物取引業者Bに対して、宅地建物取引業の適正な運営を確保するため必要な指導を行おうとするときは、内閣総理大臣に協議しなければならない。

3　宅地建物取引業者C（甲県知事免許）の事務所の所在地を確知できないときは、甲県知事は、直ちにCの免許を取り消すことができる。

4　宅地建物取引業者D（国土交通大臣免許）が業務に関し取引の公正を害する行為をしたことを理由に、国土交通大臣がDに必要な指示をした場合でも、国土交通大臣はDの事務所の所在地を管轄する都道府県知事にその旨を通知する必要はない。

－ 26 －

【問 42】 宅地建物取引業者Aが行う宅地建物取引業法第35条に規定する重要事項の説明（以下この問において「説明」という。）に関する次の記述のうち、誤っているものはどれか。なお、説明の相手方は宅地建物取引業者ではないものとする。

1 　売買の対象となる既存の建物について、当該建物の新築の工事に着手した時期が昭和60年６月１日であるときは、建築物の耐震改修の促進に関する法律により、建築基準法に規定する指定確認検査機関等による耐震診断を受けたものであるときでも、その内容を説明する必要はない。

2 　売買の対象となる木造の建物が既存の建物であるときは、建物状況調査（実施後１年を経過していないものに限る。）を実施しているかどうか及びこれを実施している場合におけるその結果の概要を説明しなければならない。

3 　売買の対象となる建物が地域における歴史的風致の維持及び向上に関する法律第12条第１項により指定された歴史的風致形成建造物である場合、その増築をするときは市町村長への届出が必要である旨を説明しなければならない。

4 　代理して貸借を行う対象となる建物について、石綿の使用の有無の調査の結果が記録されているときは、その旨について説明しなければならないが、当該記録の内容までは説明する必要はない。

【問　43】　宅地建物取引業法第37条の規定により交付すべき書面（以下この問において「37条書面」という。）に関する次の記述のうち、宅地建物取引業法の規定によれば、誤っているものはどれか。なお、この問において、「37条書面」には、法第37条第4項又は同法第5項の規定に基づき電磁的方法により提供する場合における当該電磁的方法を含むものとする。

1　宅地建物取引業者Aが、事務所の用途に供する建物の賃貸借契約を貸主を代理して成立させた場合、Aは、37条書面に、借賃の額並びにその支払の時期及び方法は記載しなければならないが、当該建物の借主である法人において当該契約の任に当たった者の氏名については記載する必要はない。

2　宅地建物取引業者Bが、媒介により店舗の貸借の契約を成立させた場合、Bは、37条書面に、借賃についてのローンのあっせんの定めがあるときのローンが成立しないときの措置については記載する必要はない。

3　宅地建物取引業者Cが、自ら売主となる宅地の売買契約を締結した場合、当該宅地が東日本大震災復興特別区域法第64条第1項により指定された届出対象区域内にあるときは、Cは、37条書面に、土地の区画形質の変更等を行おうとするときは同条第4項に基づき一定事項を被災関連市町村長に届け出なければならない旨を記載しなければならない。

4　宅地建物取引業者Dが、媒介により建物の売買又は貸借の契約を成立させた場合、Dは、当該建物に係る天災その他不可抗力による損害の負担に関する定めがあるときは、その内容について、当該契約が売買契約であると貸借契約であるとを問わず、37条書面に記載しなければならない。

— 28 —

【問 44】 主たる事務所と2か所の宅地建物取引業を営む従たる事務所を有する宅地建物取引業者A（甲県知事免許、令和5年9月1日に営業保証金の供託等の手続を行って宅地建物取引業を開始した。）が、令和6年3月1日に弁済業務保証金分担金を納付して宅地建物取引業保証協会（以下この問において「保証協会」という。）に加入した。その後、同年6月1日に宅地建物取引業者でないBから、同年2月1日のAとの宅地の売買について債権が生じたとして、弁済業務保証金の還付請求があった。この場合、宅地建物取引業法の規定によれば、次の記述のうち、正しいものはどれか。

1　Aから弁済業務保証金分担金の納付を受けた保証協会は、納付を受けた日から2週間以内に、その納付を受けた額に相当する額の弁済業務保証金を供託所に供託しなければならない。

2　Aは、Bが還付を受け、保証協会から還付充当金を納付すべき旨の通知を受けたときは、その通知を受けた日から2週間以内に、その通知された額の還付充当金を保証協会に納付しなければならず、この期間内に納付しないときは甲県知事から免許取消処分を受けることがある。

3　Bは、保証協会が供託した弁済業務保証金について弁済を受ける権利を実行するときは、甲県知事の認証を受けた後、保証協会に対し還付請求をしなければならない。

4　Aは、令和6年5月1日に新たに甲県内に1か所の宅地建物取引業を営む従たる事務所を設置し、弁済業務保証金分担金を保証協会に納付した場合、Bは、その取引により生じた債権に関し、2,000万円を限度として、当該保証協会が供託した弁済業務保証金から弁済を受ける権利を有する。

― 29 ―

【問　45】　特定住宅瑕疵担保責任の履行の確保等に関する法律に基づく住宅販売瑕疵担保保証金の供託又は住宅販売瑕疵担保責任保険契約の締結（以下この問において「資力確保措置」という。）に関する次の記述のうち、正しいものはどれか。

1　宅地建物取引業者は、自ら売主として新築住宅を販売する場合だけでなく、中古住宅を販売する場合においても、資力確保措置を講ずる義務を負う。

2　宅地建物取引業者は、自ら売主として宅地建物取引業者である買主との間で新築住宅の売買契約を締結し、当該住宅を引き渡す場合においても、資力確保措置を講ずる義務を負う。

3　宅地建物取引業者は、自ら売主として新築住宅を販売する場合において、住宅販売瑕疵担保保証金の供託をするときは、当該新築住宅の売買契約を締結するまでに、買主に、供託所の所在地等の一定事項について、口頭のみで説明すれば足り、当該事項を記載した書面を交付し又は当該事項を電磁的方法により提供して説明する必要はない。

4　自ら売主として新築住宅を宅地建物取引業者ではない買主に引き渡した宅地建物取引業者は、基準日ごとに、当該基準日に係る資力確保措置の状況について、基準日から3週間以内に、その免許を受けた国土交通大臣又は都道府県知事に届け出なければならない。

【問　46】　独立行政法人住宅金融支援機構（以下この問において「機構」という。）の業務に関する次の記述のうち、誤っているものはどれか。

1　機構は、証券化支援事業（買取型）において、新築住宅購入のための貸付債権だけではなく、中古住宅購入のための貸付債権も、金融機関からの買取りの対象としている。

2　機構は、証券化支援事業（買取型）において、高齢者が自ら居住する住宅について改良（改良後の住宅が加齢に伴って生ずる高齢者の身体の機能の低下の状況に対応した構造及び設備について機構が定める基準に適合する構造及び設備を有するものとすることを主たる目的とするもの又は住宅のエネルギー消費性能の向上を主たる目的とするものに限る。）を行う場合に、債務者本人の死亡時に一括して借入金の元金を返済する制度を設けている。

3　機構は、住宅のエネルギー消費性能（建築物のエネルギー消費性能の向上に関する法律第2条第1項第2号に規定するエネルギー消費性能をいう。）の向上を主たる目的とする住宅の改良に必要な資金の貸付けを、業務として行っている。

4　機構は、住宅確保要配慮者（高齢者、低額所得者、子育て世帯、障害者、被災者等の住宅の確保に特に配慮を要する者。）の保護のため、住宅確保要配慮者に対する賃貸住宅の供給の促進に関する法律第19条の規定による貸付け及び同法第20条第1項の規定による保険を行う。

【問 47】 宅地建物取引業者が行う広告等に関する次の記述のうち、不当景品類及び不当表示防止法（不動産の表示に関する公正競争規約を含む。）の規定によれば、正しいものはどれか。

1 登記簿上「宅地」と記載されているが現況は「畑」である土地を販売する場合、地目については、「宅地」と表示すれば、不当表示に該当することはない。

2 建売住宅を販売するに当たり、当該住宅の壁に遮音性能が優れている壁材を使用している場合、完成した住宅としての遮音性能を裏付ける試験結果やデータがなくても、広告において、住宅としての遮音性能が優れているかのような表示をすることが、不当表示に該当することはない。

3 新築分譲マンションの広告に住宅ローンについて記載する場合、当該ローンを扱っている金融機関の商号等について表示するだけではなく、借入金の利率及び利息を徴する方式又は返済例も、また、ボーナス併用払のときは、1か月当たりの返済額の表示に続けて、ボーナス時に加算される返済額も明示して表示しなければならない。

4 新築住宅の居室等の広さを畳数で表示する場合においては、畳1枚当たりの広さは1.62平方メートル（各室の壁心面積を畳数で除した数値）以上の広さがあるという意味で用いなければならないが、中古住宅の居室等の広さを畳数で表示する場合は、この限りでない。

【問 48】 次の記述のうち、正しいものはどれか。

1 令和4年度法人企業統計調査（令和5年9月公表）によれば、令和4年度における不動産業の経常利益は前年度に比べ2.0％減少したが、全産業経常利益の約6.2％を占めている。

2 令和6年地価公示（令和6年3月公表）によれば、令和5年1月以降の1年間の地価は、全国平均では住宅地、商業地のいずれについても、3年ぶりの下落となった。

3 令和6年版土地白書（令和6年6月公表）によれば、土地取引について、売買による所有権移転登記の件数でその動向を見ると、令和5年の全国の土地取引件数は約200万件となり、前年比で大幅に増加した。

4 建築着工統計（令和6年1月公表）によれば、令和5年の新設住宅着工戸数は約82万戸となっており、3年連続の増加となった。

【問 49】 土地に関する次の記述のうち、最も不適当なものはどれか。

1 台地や丘陵は一般に地盤が安定しているが、台地や丘陵の縁辺部は、豪雨などによる崖崩れに対して、注意を要する。

2 崩壊跡地は、微地形的には馬蹄形状の凹地形を示すことが多く、また地下水位が高いため竹などの好湿性の植物が繁茂することが多い。

3 谷出口に広がる扇状地は、微高地ではあるが、地盤は堅固でないため、土石流災害に対して注意を要する。

4 地形図で見ると、急傾斜地では等高線の間隔は疎になり、傾斜が緩やかな土地では等高線の間隔は密になっている。

【問 50】 建築物の構造と材料に関する次の記述のうち、誤っているものはどれか。

1 鉄骨造の建築物の構造耐力上主要な部分の材料は、鋳鉄としなければならないが、鋳鉄は、圧縮応力又は接触応力以外の応力が存在する部分にも、使用することができる。

2 切土又は盛土をしたがけ面の擁壁は、鉄筋コンクリート造、無筋コンクリート造又は練積み造としなければならない。

3 木造建築物の外壁のうち、鉄網モルタル塗その他軸組が腐りやすい構造である部分の下地には、防水紙その他これに類するものを使用しなければならない。

4 木造建築物の構造耐力上主要な部分に使用する木材の品質は、節、腐れ、繊維の傾斜、丸身等による耐力上の欠点がないものでなければならない。

【冊子ご利用時のご注意】

　以下の「冊子」は、この色紙を残したまま、ていねいに抜き取り、ご利用ください。

　なお、抜き取りの際の損傷についてのお取替えはご遠慮願います。

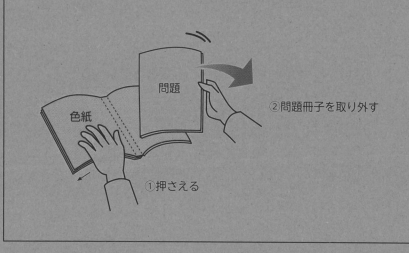

TAC出版

予想模試 第4回
問　　　題
制限時間2時間／合格基準点36点

次の注意事項をよく読んでから、始めてください。

（注意事項）

1　問　　　題

問題は、1ページから34ページまでの50問です。

試験開始の合図と同時に、ページ数を確認してください。

乱丁や落丁があった場合は、直ちに試験監督員に申し出てください。

2　解　　　答

正解は、各問題とも一つだけです。

二つ以上の解答をしたもの及び判読が困難なものは、正解としません。

3　適用法令

問題の中の法令に関する部分は、令和6年4月1日現在施行されている規定に基づいて出題されています。

【問　1】　損害賠償責任に関する次の1から4までの記述のうち、民法の規定、判例及び下記判決文によれば、誤っているものはどれか。

（判決文）

　契約の一方当事者が、当該契約の締結に先立ち、信義則上の説明義務に違反して、当該契約を締結するか否かに関する判断に影響を及ぼすべき情報を相手方に提供しなかった場合には、上記一方当事者は、相手方が当該契約を締結したことにより被った損害につき、不法行為による賠償責任を負うことがあるのは格別、当該契約上の債務の不履行による賠償責任を負うことはないというべきである。

1　契約締結の準備段階においても、信義則が当事者間の法律関係を規律し、信義則上の義務が発生する。

2　契約締結の準備段階においても、当該契約の一方当事者は、相手方が当該契約を締結したことにより被った損害につき、不法行為による賠償責任を負うことがある。

3　契約締結後において、当該契約の一方当事者は、相手方が被った損害につき、当該契約上の債務の不履行による賠償責任を負うことがある。

4　契約締結の準備段階においても、当該契約の一方当事者は、相手方が当該契約を締結したことにより被った損害につき、当該契約上の債務の不履行による賠償責任を負うことがある。

【問　2】　Aが、Bに対して1,000万円を貸し付け、CがBの債務の連帯保証人となっている場合に関する次の記述のうち、民法の規定及び判例によれば、正しいものはどれか。

1　AがCに対して裁判上で履行を請求した場合でも、Cは、Aに対して、まずBに催告するよう主張することができる。

2　AがBに対して裁判上で履行を請求して時効の完成が猶予された場合、その効果はCに対しては及ばない。

3　AがCに対して裁判上で履行を請求して時効の完成が猶予された場合、その効果はBに対しても及ぶ。

4　Bの債務について消滅時効が完成した場合、Cは、その後Bが時効の利益を放棄しても、Bの債務の消滅時効を援用することができる。

－ 1 －

【問　3】　Ａ（50歳）所有の甲土地につき、Ａから売却に関する代理権を与えられていないＢ（17歳）が、Ａの代理人として、Ｃ（45歳）との間で売買契約を締結した場合における次の記述のうち、民法の規定及び判例によれば、誤っているものはどれか。なお、表見代理は成立しないものとする。

1　ＢＣ間の売買契約の時において、Ｂが代理権を有しないことをＣが過失により知らなかったときであっても、Ｂの無権代理行為をＡが追認しない間は、Ｃは、ＢＣ間の売買契約を取り消すことができる。

2　Ｃは、Ａに対し、相当の期間を定めて、その期間内に追認をするかどうかを確答すべき旨の催告をすることができ、Ａがその期間内に確答をしないときは、追認を拒絶したものとみなされる。

3　Ａが追認を拒絶した後、Ａの死亡により、ＢがＡの唯一の相続人として相続した場合、ＡＣ間の売買契約は当然に有効になる。

4　ＢＣ間の売買契約の時において、Ｂが代理権を有しないことをＣが過失なくして知らなかったときであっても、Ｂは、Ｃに対して履行又は損害賠償の責任を負わない。

【問　4】　令和6年7月1日に設定された根抵当権に関する次の記述のうち、民法の規定によれば、正しいものはどれか。

1　根抵当権設定者は、担保すべき元本の確定すべき期日の定めがない場合、一定期間を経過しても、担保すべき元本の確定を請求することはできない。

2　根抵当権の極度額は、利害関係を有する者の承諾を得なくても、減額することができる。

3　元本の確定前に、根抵当権の被担保債権に属する個別の債権が根抵当権者から第三者に譲渡された場合、その第三者は、根抵当権に基づく優先弁済を主張することができない。

4　登記された極度額が5,000万円の場合、根抵当権者は、元本5,000万円とそれに対する最後の2年分の利息及び損害金の合計額につき、優先弁済を主張することができる。

－ 2 －

【問 5】 Aが1人で居住する甲建物の保存に瑕疵があったため、令和6年7月1日に甲建物の壁が崩れて通行人Bがケガをした場合（以下この問において「本件事故」という。）における次の記述のうち、民法の規定によれば、正しいものはどれか。

1 Aが甲建物をCから賃借している場合、Aは甲建物の保存の瑕疵による損害の発生の防止に必要な注意をしたとしても、Bに対して不法行為責任を負う。

2 Aが甲建物を所有している場合、Aは甲建物の保存の瑕疵による損害の発生の防止に必要な注意をしなかったときに限り、Bに対して不法行為責任を負う。

3 本件事故について、AのBに対する不法行為責任が成立する場合、BのAに対する損害賠償請求権は、B又はBの法定代理人が損害及び加害者を知った時から3年間行使しないときには、時効により消滅する。

4 Aが甲建物をDから賃借している場合、Aが甲建物の保存の瑕疵による損害の発生の防止に必要な注意をしなかったときは、Dは、Bに対して不法行為責任を負わない。

【問 6】 Aは、BからB所有の甲建物を月額15万円で賃借し、その引渡しを受け、敷金として30万円をBに交付した。この場合に関する次の記述のうち、民法及び借地借家法の規定によれば、正しいものはどれか。

1 AB間の賃貸借契約期間中に、Bが甲建物をCに譲渡し、Cが所有権移転登記を備えた場合、Aの承諾がないときでも、敷金が存在する限度において、敷金返還債務はBからCに承継される。

2 Aに賃料の未払いがある場合、Aは、AB間の賃貸借契約期間中、Bに対して、敷金をその賃料債務の弁済に充てるよう請求することができる。

3 AがBの承諾を得て甲建物をDに対して適法に月額20万円で転貸している場合、AがBに対して甲建物の賃料を支払期日になっても支払わないときは、Bは、Dに対して、転借料20万円全額を直接自分に支払うよう請求することができる。

4 AB間の賃貸借契約の期間満了前に甲建物が滅失し、使用及び収益をすることができなくなった場合でも、当該契約は終了しない。

— 3 —

【問 7】 時効に関する次の記述のうち、民法の規定及び判例によれば、誤っているものはどれか。なお、時効の対象となる債権の発生原因は、令和6年7月1日以降に生じたものとする。

1 債権者から債務者に対して、裁判外での債務履行の催告があったときは、消滅時効が更新される。

2 錯誤を理由とする取消権は、その行為の時から20年間行使しない場合、時効によって消滅する。

3 債務不履行に基づく損害賠償請求権は、債権者が権利を行使することができることを知った時から5年間行使しない場合、時効によって消滅する。

4 債務者が時効完成の事実を知らないで債務の承認をした場合でも、債務者は、その完成した消滅時効を援用することはできない。

【問 8】 相続に関する次の記述のうち、民法の規定及び判例によれば、誤っているものはどれか。

1 遺留分侵害額の請求権は、遺留分権利者が、相続の開始及び遺留分を侵害する贈与又は遺贈があったことを知った時から1年間行使しないとき、又は相続開始の時から10年を経過したときは、消滅する。

2 無権代理人が本人に無断で本人所有の甲土地を売却した後に、単独で本人を相続した場合、本人が自ら甲土地を売却したのと同様な法律上の効果が生じる。

3 被相続人の兄弟姉妹が相続人となるべき場合、相続開始以前に兄弟姉妹及びその子がいずれも死亡していたときは、その者の子（兄弟姉妹の孫）が相続人となる。

4 遺言執行者が管理する相続財産を相続人が無断で処分した場合、当該処分行為は無効となるが、これをもって善意の第三者に対抗することはできない。

－ 4 －

【問　9】　AがBに対してA所有の甲建物を売却し、AからBに対する所有権移転登記が行われた場合に関する次の記述のうち、民法の規定及び判例によれば、誤っているものはどれか。

1　Aが、Bから代金の一部として金銭を受領した後、売買契約を適法に解除した場合、Aは、その金銭をBに返還する際、その受領の時から利息を付さなければならない。

2　特約でBに留保された解除権の行使に期間の定めがない場合、Aは、Bに対して、相当の期間内に解除をするかどうかを確答すべき旨の催告をすることができるが、その期間内に解除の通知を受けないときは、売買契約は、解除されたものとみなされる。

3　Aが期日までに甲建物の引渡しをしなかったため、Aの責めに帰すべき事由による履行遅滞が生じた場合、Bは、Aに対して相当の期間を定めて履行を催告し、その期間内にAの履行がないときは、その契約を解除するとともに、損害賠償の請求をすることができる。

4　BがBの債権者Cとの間で甲建物について抵当権設定契約を締結し、その旨の登記をした場合、その後Aが売買契約を適法に解除したときでも、Aは、Cに対して、その抵当権の消滅を主張することができない。

【問　10】　A及びBが、持分を７・３の割合で、甲土地を共有している場合に関する次の記述のうち、民法の規定及び判例によれば、誤っているものはどれか。

1　甲土地がCによって不法に占有されている場合、Aは、Cに対して、単独で甲土地の明渡しを請求することができる。

2　Aが、Bに無断で、甲土地を自己の所有としてDに売却した場合、Bの持分については、他人の権利の売買となる。

3　Aは、いつでも甲土地の分割を請求することができるが、Bは、持分割合がAより少ないので、甲土地の分割を請求することができない。

4　Aが死亡し、相続人の不存在が確定した場合、Aの持分は、民法第958条の2の特別縁故者に対する財産分与がなされないときは、Bに帰属する。

－ 5 －

【問　11】　甲土地の所有者が甲土地につき、建物の所有を目的とせずに平置きの駐車場用地として賃貸する場合（以下「ケース①」という。）と、居住の用に供する建物の所有を目的として賃貸する場合（以下「ケース②」という。）に関する次の記述のうち、民法及び借地借家法の規定によれば、正しいものはどれか。

1　賃貸借契約の期間を60年と定めた場合、ケース①では、書面で契約を締結すれば期間はそのまま60年となり、ケース②では、口頭による合意であれば期間は30年となる。

2　賃貸借契約の期間を30年と定めた場合、期間満了後に賃借人が甲土地の使用を継続していたときは、ケース①では、賃貸借契約が更新したものと推定されることはないが、ケース②では、賃貸借契約が更新されたものとみなされることがある。

3　ケース①では、賃貸借の期間を定めなかった場合、賃貸人が解約の申入れをすれば、契約は解約の申入れの日から1年を経過することにより終了し、ケース②では、賃貸借の期間を60年と定めた場合、契約の更新がないことを電磁的記録によって定めれば、その特約は有効となる。

4　甲土地が、その所有者により第三者に売却された場合、ケース①では、賃借人は、甲土地の賃借権の登記を備えていれば、賃借人であることを当該第三者に対抗できるが、ケース②では、賃借人が甲土地の上に登記されている建物を所有していても、その建物に居住していなければ、賃借人であることを当該第三者に対抗できない。

【問 12】 Ａは、Ａ所有の甲建物につき、Ｂとの間で期間を10年とする借地借家法第38条第1項の定期建物賃貸借契約を締結し、Ｂは甲建物をさらにＣに賃貸（転貸）した。この場合に関する次の記述のうち、民法及び借地借家法の規定並びに判例によれば、正しいものはどれか。

1 ＢがＡに無断で甲建物をＣに転貸した場合には、背信的行為に当たらない特段の事情があったとしても、ＡはＡＢ間の賃貸借契約を解除することができる。

2 Ｂの債務不履行を理由にＡが賃貸借契約を解除したために当該賃貸借契約が終了した場合であっても、ＡはＣに対して甲建物の明渡しを請求することができない。

3 ＡＢ間の賃貸借契約が期間満了で終了する場合であっても、Ａは、Ｃにその旨の通知をしなければ、その終了をＣに対抗することができないが、Ｃにその旨の通知をすれば、ＢＣ間の転貸借は、その通知がされた日から3か月を経過することによって終了する。

4 ＡＢ間の賃貸借契約に賃料の改定について特約がある場合には、経済事情の変動によってＢのＡに対する賃料が不相当となっても、ＢはＡに対して借地借家法第32条第1項に基づく賃料の減額請求をすることはできない。

【問 13】 建物の区分所有等に関する法律（以下この問において「法」という。）についての次の記述のうち、誤っているものはどれか。

1 他の区分所有者から区分所有権を譲り受け、建物の専有部分の全部を所有することとなった者は、公正証書による規約の設定を行うことができる。

2 集会の招集通知は、会日より少なくとも1週間前に、会議の目的たる事項を示して、各区分所有者に発しなければならない。ただし、この期間は、規約で伸縮することができる。

3 専有部分が数人の共有に属するときの集会の招集の通知は、共有者間で法第40条の規定に基づく議決権を行使すべき者にすれば足り、議決権を行使すべき者が定められていないときは、共有者のいずれか1人にすれば足りる。

4 建物の価格の3分の1に相当する部分が滅失した場合、規約で別段の定めがない限り、各区分所有者は、滅失した共用部分について、復旧の工事に着手するまでに、集会において、復旧決議、建替え決議又は一括建替え決議があったときは、自ら単独で復旧することができない。

－ 7 －

【問　14】　不動産の登記に関する次の記述のうち、不動産登記法の規定によれば、誤っているものはどれか。

1　登記事項証明書の交付の請求は、請求に係る不動産の所在地を管轄する登記所以外の登記所の登記官に対しては、することができない。

2　権利の変更の登記又は更正の登記は、登記上の利害関係を有する第三者の承諾がある場合及び当該第三者がない場合に限り、付記登記によってすることができる。

3　共有物分割禁止の定めに係る権利の変更の登記の申請は、当該権利の共有者である全ての登記名義人が共同してしなければならない。

4　仮登記に関して、仮登記権利者が単独で申請できる場合がある。

【問　15】　都市計画法に関する次の記述のうち、正しいものはどれか。

1　田園住居地域内の農地の区域内において、土地の形質の変更を行おうとする者は、非常災害のため必要な応急措置として行う行為であっても、市町村長の許可を受けなければならない。

2　第二種中高層住居専用地域は、中高層住宅に係る良好な住居の環境を保護するため定める地域である。

3　都市計画の決定又は変更の提案は、当該提案に係る都市計画の素案の対象となる土地について所有権又は借地権を有している者（以下この問において「土地所有者等」という。）に限らず行うことができるが、この場合、土地所有者等の3分の2以上の同意を得る必要がある。

4　事業地内の建築物がある土地で、土地収用法の規定により収用の手続が保留されているものの所有者は、施行者に対し、当該土地を時価で買い取るべきことを請求することができる。

－ 8 －

【問　16】　都市計画法に関する次の記述のうち、正しいものはどれか。なお、この問において「都道府県知事」とは、地方自治法に基づく指定都市、中核市及び施行時特例市にあってはその長をいうものとする。

1　都道府県知事は、市街化区域内の土地について開発許可をしたときは、当該許可に係る開発区域内において予定される建築物の用途、構造及び設備を開発登録簿に登録しなければならない。

2　準都市計画区域内の土地において、9,900㎡のゴルフコースの建設を目的とする土地の区画形質の変更を行おうとする者は、あらかじめ、都道府県知事の許可を受ける必要がある。

3　開発許可を受けた開発区域内の土地においては、工事完了公告があるまでの間は、当該許可に係る開発行為に同意していない土地の所有者でも、建築物を建築することができない。

4　市街化調整区域のうち、開発許可を受けた開発区域以外の区域内で行う仮設建築物の新築については、都道府県知事の許可を受ける必要がある。

【問　17】　建築基準法に関する次の記述のうち、正しいものはどれか。

1　建築物の建蔽率の限度が10分の8とされている地域内で、かつ、防火地域内にある耐火建築物と同等以上の延焼防止性能を有する建築物については、当該建蔽率の限度は10分の9となる。

2　建築物の容積率の算定に当たり、建築物の一定の用途に供する部分の床面積の合計の3分の1を限度として、地下室の床面積を建築物の延べ面積に算入しないとする特例は、住宅の用途に供する部分を有する建築物に限り適用される。

3　高度利用地区内においては、建築物の容積率及び建築物の建蔽率並びに建築物の建築面積（同一敷地内に2以上の建築物がある場合、それぞれの建築面積）は、必ず、高度利用地区に関する都市計画において定められた内容に適合するものでなければならない。

4　建築物に設ける昇降機は、安全な構造で、かつ、その昇降路の周壁及び開口部は、防火上支障がない構造でなければならず、高さ35mの建築物には、原則として、非常用の昇降機を設けなければならない。

【問　18】　建築基準法に関する次の記述のうち、正しいものはどれか。ただし、この問において、建築副主事、指定確認検査機関及び建築士法第3条第1項各号については、考慮しないものとする。

1　都市計画区域内において、鉄骨造平屋建て、延べ面積200㎡の一般住宅に供する建築物を、診療所に用途変更する場合には、建築主事の確認を受ける必要はない。

2　日影規制は、地方公共団体の条例で指定された区域で適用されるが、準工業地域は、当該規制の対象区域とならない。

3　田園住居地域内の土地においても、都市計画で建築物の外壁又はこれに代わる柱の面から敷地境界線までの距離の限度を、0.5m又は1mとして定めることができる。

4　隣地境界線から後退して壁面線の指定がある場合には、当該壁面線を越えない建築物で、特定行政庁の許可があるものについては、建築物の建蔽率による制限が附加される。

【問　19】　宅地造成及び特定盛土等規制法に関する次の記述のうち、正しいものはどれか。なお、この問において「都道府県知事」とは、地方自治法に基づく指定都市及び中核市にあってはその長をいうものとする。

1　都道府県知事は、特定盛土等規制区域内に造成宅地防災区域を重ねて指定することは常にできない。

2　宅地造成等工事規制区域内の宅地造成又は特定盛土等に関する工事の検査済証が交付された後においても、宅地造成等に伴う災害防止上の必要性が認められる場合は、都道府県知事は、土地の工事主に対して、当該宅地の使用を禁止又は制限をすることができる。

3　都道府県知事は、工事主から、法第12条第1項本文の工事の許可の申請があった場合には、遅滞なく、許可証の交付をもって許可又は文書をもって不許可の処分を申請者に通知することになるが、許可をするにあたり、当該許可に、条件を付することはできない。

4　宅地造成等工事規制区域内において、土地を造成するために切土をする土地の面積が480㎡であって盛土を生じない場合、その切土をした部分に生じる崖の高さが2.5mであれば、都道府県知事の法第12条第1項本文の工事の許可は必要である。

— 10 —

【問　20】　土地区画整理組合（以下この問において「組合」という。）が施行する土地区画整理事業（以下この問において「事業」という。）に関する次の記述のうち、正しいものはどれか。

1　組合が施行する事業に係る施行地区内の宅地について、所有権又は借地権を有する者は、すべて当該組合の組合員となる。

2　仮換地が指定された場合において、当該仮換地について権原に基づき使用し、又は収益することができる者は、仮換地指定の効力発生の日から換地処分の公告の日まで、仮換地について使用し、又は収益することができる。

3　組合が賦課金の額及び賦課徴収方法を定める場合には、土地区画整理審議会の同意及び総会の議決を経なければならない。

4　組合が施行する事業の換地計画においては、定款で定める目的のため、一定の土地を換地として定めないで、その土地を保留地として定めることはできない。

【問　21】　農地法（以下この問において「法」という。）によれば、次の記述のうち、誤っているものはどれか。

1　あらかじめ農業委員会に届け出ることで、許可を不要とする市街化区域内の特例措置は、市街化区域内の農地を耕作目的で取得する場合には適用されない。

2　農業者が、包括遺贈で取得した土地（肥培管理のうえ作物を栽培している。）を自己の住宅用地として転用する場合には、法第4条第1項の許可を受ける必要がある。

3　法の適用については、土地の面積は、登記簿の地積によることとしているが、登記簿の地積が著しく事実と相違する場合及び登記簿の地積がない場合には、実測に基づき都道府県知事が認定したところによる。

4　競売により、倉庫の敷地とするため市街化区域外の農地を取得しようとする場合には、法第5条第1項の許可を受ける必要がある。

― 11 ―

【問 22】 国土利用計画法（以下この問において「法」という。）第23条の事後届出（以下この問において「事後届出」という。）に関する次の記述のうち、正しいものはどれか。なお、この問において「都道府県知事」とは、地方自治法に基づく指定都市にあってはその長をいうものとする。

1 市街化調整区域に所在するA所有の面積5,100㎡の土地と、市街化区域に所在するB所有の面積2,100㎡の土地について、交換契約を締結した場合には、AとBの両者とも事後届出を行う必要はない。

2 甲県知事は、宅地建物取引業者Aが事後届出を行った場合に、Aに対し、当該届出に係る土地の利用目的について、必要な助言をすることができるが、Aがその助言に従わないときでも、法の規定に基づき、その旨及び助言の内容を公表されることはない。

3 事後届出において、土地の所在及び面積については届出をしなければならない事項に該当しないが、土地に関する所有権移転後における土地利用目的については届出をしなければならない事項に該当する。

4 土地売買等の契約締結後、所定の期間内に事後届出をしなかった者は、懲役又は罰金に処せられることがあり、罰則が確定したときにはその契約の効力は無効となる。

【問 23】 住宅取得等資金の贈与を受けた場合の相続時精算課税の特例（「相続時精算課税の特別控除（2,500万円）」）に関する次の記述のうち、正しいものはどれか。

1 祖父母から住宅用家屋の贈与を受けた場合でも、この特例の適用を受けることができる。

2 自己の配偶者から住宅取得等資金の贈与を受けた場合でも、この特例の適用を受けることができる。

3 床面積（40㎡以上）の3分の2を、資金の贈与を受けた者の住宅として使用する家屋を新築した場合でも、この特例の適用を受けることができる。

4 住宅取得のための資金の贈与を受けた者について、その年の所得税法に定める合計所得金額が2,000万円を超えている場合には、この特例の適用を受けることができない。

－ 12 －

【問 24】 不動産取得税に関する次の記述のうち、正しいものはどれか。なお、認定長期優良住宅については考慮しないものとする。

1 令和6年4月に取得した床面積280㎡である新築住宅に係る不動産取得税の課税標準の算定については、当該新築住宅の価格から1,200万円が控除される。

2 不動産取得税の課税標準となるべき額が、土地の取得にあっては10万円、家屋の取得のうち建築に係るものにあっては一戸（共同住宅等にあっては、居住の用に供するために独立的に区画された一の部分をいう。以下同じ。）につき23万円、その他のものにあっては一戸につき12万円に満たない場合においては、不動産取得税を課することができない。

3 宅地の取得に係る不動産取得税の課税標準は、当該取得が令和6年7月に行われた場合、当該宅地の価格の3分の1の額とされる。

4 住宅は、別荘（日常生活の用に供しないものとして総務省令で定める家屋又はその部分のうち専ら保養の用に供するもの。）を含めて不動産取得税の課税対象となるが、店舗、工場、倉庫は不動産取得税の課税対象とはならない。

【問 25】 不動産の鑑定評価に関する次の記述のうち、不動産鑑定評価基準によれば、誤っているものはどれか。

1 不動産の価格はその判定の基準となった日においてのみ妥当するものであるから、不動産の鑑定評価を行うに当たっては、不動産の価格の判定の基準日を確定する必要があり、この日を価格時点という。

2 不動産の価格を求める鑑定評価の基本的な手法は、原価法、取引事例比較法及び収益還元法に大別され、このほかこれら三手法の考え方を活用した開発法等の手法がある。

3 鑑定評価の手法の適用に当たっては、最も効果的な鑑定評価の手法を当該案件に即して適切に適用すべきであり、地域分析及び個別分析により把握した対象不動産に係る市場の特性等を最も適切に反映した鑑定評価の一手法を、選択して適用すべきである。

4 鑑定評価報告書は、鑑定評価の基本的事項及び鑑定評価額を表し、鑑定評価額を決定した理由を説明し、その不動産の鑑定評価に関与した不動産鑑定士の責任の所在を示すことを主旨とするものである。

【問　26】　宅地建物取引業法（以下この問において「法」という。）の規定によれば、宅地建物取引業者Aに関する次の記述のうち、正しいものはどれか。

1　Aは、その事務所ごとにその業務に関する帳簿を備えなければならないが、当該帳簿の記載事項を事務所のパソコンのハードディスクに記録し、必要に応じ当該事務所においてパソコンやプリンターを用いて紙面に印刷することが可能な環境を整えていたとしても、当該帳簿への記載に代えることができない。

2　Aは、その事務所ごとに従業者名簿を備え、取引の関係者から請求があったときは、当該名簿をその者の閲覧に供しなければならないが、当該名簿を事務所のパソコンのハードディスクに記録し、ディスプレイの画面に表示する方法で閲覧に供することもできる。

3　Aは、建物の売買の媒介を行う場合、買主に対し、テレビ会議等のITを活用して法第35条の規定に基づく重要事項の説明をすることができるが（IT重説）、IT重説を行う場合は、法第35条第8項又は9項の規定による電磁的方法による重要事項説明書の提供のみが認められ、同条第1項から第3項までの規定による書面の交付によることはできない。

4　Aが宅地の所有者Bと売買の専属専任媒介契約を締結した場合、Aは、Bに対する当該媒介業務の処理状況の報告を電子メールで行うことはできない。

－ 14 －

【問 27】 宅地建物取引業者Aが、宅地建物取引業に関して報酬を受領する場合に関する次の記述のうち、宅地建物取引業法の規定によれば、正しいものはどれか。なお、消費税及び地方消費税に関しては考慮しないものとする。

1 Aが貸主B及び借主Cの双方から賃貸借の媒介依頼を受けて、B所有の宅地について1か月の地代5万円で賃貸借契約を成立させた場合、Cから依頼を受けるに当たって承諾を得ている場合を除き、Cから受領できる報酬の限度額は2万5,000円である。

2 AがDから売却の媒介又は代理の依頼を受けた価額400万円以下の物件が、通常の媒介又は代理に比べ現地調査等の費用を多く要するものであった場合、当該物件が空家ではない建物や宅地であったとしても、AがDに説明した上で当該多く要する費用をDから受領できる報酬の上限を規定するいわゆる低廉な空家等の売買又は交換の媒介又は代理に関する報酬の特例を適用できる。

3 Aが貸主Eと借主Fから店舗用建物の賃貸借の媒介の依頼を受けて、1か月の借賃30万円、権利金500万円（権利設定の対価として支払われるもので、返還されないものとする。）で賃貸借契約を成立させた場合、Aが依頼者の一方であるE又はFから受領できる報酬の限度額は、21万円である。

4 Aが貸主Gと借主Hから賃貸借の媒介の依頼を受けて、G所有の居住用建物について1か月の借賃10万円で賃貸借契約を成立させた場合、媒介契約に報酬の支払時期についての特約がないときは、報酬は後払いであり、Aは、賃貸借契約締結後、Hが建物に入居した後に限り報酬の支払を請求できる。

— 15 —

【問　28】　宅地建物取引業者が建物の貸借の媒介を行う場合の宅地建物取引業法第35条に規定する重要事項の説明に関する次の記述のうち、同条の規定に違反するものはいくつあるか。なお、説明の相手方は宅地建物取引業者ではないものとする。

ア　当該建物がマンションである場合、建物の区分所有等に関する法律第2条第3項に規定する専有部分の用途について、管理規約で「住宅としての使用に限定し、事務所や店舗としての使用は認めない」旨の定めがあったが、借主がそれを既に知っていたことから、借主に対し、当該規約の定めの説明をしなかった。

イ　敷金の授受の定めがあったが、敷金の額及び授受の目的についての説明をしなかった。

ウ　当該建物が既存の建物である場合、半年前に建物状況調査が実施されていたが、建物の売買や交換契約ではなく、貸借の契約であることから、借主に対して、建物状況調査が実施されていることのみを説明し、結果の概要についての説明をしなかった。

1　一つ
2　二つ
3　三つ
4　なし

－ 16 －

【問　29】　宅地建物取引士Aが、甲県知事の宅地建物取引士資格登録（以下この問において「登録」という。）及び宅地建物取引士証の交付を受けている場合に関する次の記述のうち、宅地建物取引業法の規定によれば、誤っているものはいくつあるか。

ア　Aが禁錮以上の刑に処せられたことにより甲県知事から登録の消除処分を受けた場合、Aは、その処分の日から5年を経過するまで、登録を受けることができない。

イ　A（年齢18歳）が、甲県知事免許を受けた宅地建物取引業者Bの唯一の成年者である専任の宅地建物取引士である場合、Bが事務所を乙県に移転し乙県知事の宅地建物取引業の免許を受けたときは、Aが乙県内のBの事務所の成年者である専任の宅地建物取引士となるには、Aは乙県知事に登録の移転を申請しなければならない。

ウ　Aは、その住所を変更した場合、遅滞なく、甲県知事に変更の登録を申請するとともに、あわせて宅地建物取引士証の書換え交付の申請をしなければならない。

1　一つ
2　二つ
3　三つ
4　なし

【問　30】　宅地建物取引業者が媒介により宅地又は建物の売買又は貸借の契約を成立させた場合における宅地建物取引業法（以下この問において「法」という。）第37条の規定により交付すべき書面（以下この問において「37条書面」という。）に関する次の記述のうち、誤っているものはいくつあるか。なお、この問において、37条書面への記載については、法第37条第4項又は同法第5項の規定に基づき電磁的方法により提供する場合を含むものとする。

ア　宅地建物取引業者Aが、媒介により宅地の貸借の契約を成立させた場合、Aは、当該宅地の引渡しの時期の定めがない場合においては、宅地の引渡しの時期について定めがない旨を37条書面に記載しなければならない。

イ　宅地建物取引業者Bが、媒介により店舗の貸借の契約を成立させた場合、Bは、37条書面に、借賃の額並びにその支払の時期及び方法は記載しなければならないが、保証金（未払いの賃料などの債務の担保にする目的で、賃借人が賃貸人に預けておく金銭）についての定めがあっても、当該保証金の額や授受の目的等については記載する必要はない。

ウ　宅地建物取引業者Cが、媒介により既存建物の売買の契約を成立させた場合、建物の構造耐力上主要な部分等の状況について、売主及び買主双方が確認した事項を37条書面に記載しなければならない。

エ　宅地建物取引業者Dが、媒介により居住用マンションについて、2年間の期間の定めのある賃貸借契約を成立させた場合、当該賃貸借契約に借主からの中途解約を認める条項があるときは、Dは、当該中途解約を認める条項について、37条書面に記載しなければならない。

1　一つ

2　二つ

3　三つ

4　四つ

－ 18 －

【問 31】 宅地建物取引業を専業としている宅地建物取引業者A社が行う業務に関する次の記述のうち、宅地建物取引業法の規定に違反しないものはどれか。

1 A社は、事務所ごとに設置する従業者名簿に、従業者の主たる職務内容は記載したが、宅地建物取引士であるか否かの別は記載しなかった。

2 A社は、正社員である従業員については、従業者証明書を携帯させて宅地建物取引業の業務に従事させたが、役員及び一時的に宅地建物取引業の業務に従事するアルバイトについては、従業者証明書を携帯させることなく、宅地建物取引業の業務に従事させた。

3 A社は、その業務に関する帳簿を事務所ごとに設置したが、取引の関係者から請求があったにもかかわらず、当該帳簿を閲覧させなかった。

4 A社は、宅地の売買契約の締結を勧誘するに際し、その相手方等に対して、契約の目的物である宅地の将来の環境について、過失により、誤解させるべき断定的判断を提供した。

【問 32】 宅地建物取引業者Aが、BからB所有の建物の売却又は貸借に係る媒介を依頼され、媒介契約を締結した場合における次の記述のうち、宅地建物取引業法（以下この問において「法」という。）の規定によれば正しいものはどれか。なお、この問において一般媒介契約とは、専任媒介契約ではない媒介契約をいい、法第34条の2第1項の規定に基づく書面（以下この問において「書面」という。）の交付については、同条第11項に基づく電磁的方法による提供は考慮しないものとする。

1 Aは、Bと建物の売却について媒介契約を締結した場合、Bが宅地建物取引業者であるときは、Aは、Bに対して書面の交付をすることを省略することができる。

2 Aは、Bと建物の貸借について媒介契約を締結した場合、Aは、Bに対して媒介契約の内容について記載した書面の作成及び交付を省略することができない。

3 Aは、Bと建物の売却について一般媒介契約を締結した場合、当該建物の売買の媒介を担当する宅地建物取引士は、書面に記名をしなければならない。

4 Aは、Bと建物の売却について一般媒介契約を締結した場合、Aは、建物の購入の申込みがあったときは、遅滞なく、その旨をBに報告しなければならない。

— 20 —

【問　33】　宅地建物取引業者Aの宅地建物取引業法（以下この問において「法」という。）第37条の規定により交付すべき書面に関する次の記述のうち、誤っているものはどれか。なお、法第37条第4項の規定による電磁的方法による提供は、考慮しなくてよい。

1　Aが媒介により建物の売買契約を締結させた場合、Aは、建物の引渡しの時期又は移転登記の申請時期のいずれかを37条書面に記載しなければならない。

2　Aが自ら売主として宅地建物取引業者でない買主との間で建物を売却する契約を締結した場合、損害賠償額の予定又は違約金に関する定めがあるときは、Aは、その内容を37条書面に記載しなければならない。

3　買主が金融機関から住宅ローンの承認を得られなかったときは、売買契約を解除することができる旨の特約をした場合、Aが自ら当該住宅ローンのあっせんをする定めがなくても、Aは、その特約の内容を37条書面に記載しなければならない。

4　Aが建築工事完了前の建物の売買を媒介し、当該売買契約を締結させた場合、37条書面に記載すべき当該建物を特定するために必要な表示については、Aは、法第35条に基づいて行った重要事項の説明において使用した図書があるときは、その図書の交付により行わなければならない。

【問 34】 宅地建物取引士Aが、甲県知事の宅地建物取引士資格登録（以下この問において「登録」という。）及び宅地建物取引士証の交付を受けている場合に関する次の記述のうち、宅地建物取引業法の規定によれば、誤っているものはいくつあるか。

ア　Aが事務禁止処分を受け、その禁止の期間中にAの申請によりその登録が消除された場合、当該登録消除の日から5年を経過するまでは、Aは登録を受けることができない。

イ　Aは、取引の関係者に対し、信義を旨とし、誠実にその業務を行わなければならない。

ウ　Aは、その本籍を変更した場合、遅滞なく、甲県知事に変更の登録を申請するとともに、あわせて宅地建物取引士証の書換え交付の申請をしなければならない。

1　一つ
2　二つ
3　三つ
4　なし

— 22 —

【問　35】　宅地建物取引業者Aが宅地建物取引業者ではない者に対して行う宅地建物取引業法第35条に規定する重要事項の説明に関する次の記述のうち、誤っているものはいくつあるか。

ア　重要事項の説明を担当する宅地建物取引士は、取引の相手方から請求がなくても、宅地建物取引士証を相手方に提示しなければならず、この提示を怠ると50万円以下の罰金の刑に処せられることがある。

イ　Aは、建物について自ら貸主となる場合、Aが自ら売主となる場合とは異なり、重要事項の説明を行う必要はない。

ウ　Aは、地域における歴史的風致の維持及び向上に関する法律第12条第1項により指定された歴史的風致形成建造物である建物の売買の代理を行う場合、その増築をするときは市町村長への届出が必要である旨について、重要事項の説明をしなければならない。

1　一つ
2　二つ
3　三つ
4　なし

－ 23 －

【問 36】 宅地建物取引業者Aが、売主Bと買主C（B及びCは宅地建物取引業者ではないものとする。）との間の建物の売買について媒介を行う場合の、宅地建物取引業法第35条の規定に基づく重要事項を記載した書面及び同法第37条の規定に基づく書面（以下この問において、それぞれ「35条書面」及び「37条書面」といい、同法第35条第8項、第37条第4項の規定による電磁的方法による提供をする場合の当該電磁的方法を含むものとする。）に関する次の記述のうち、宅地建物取引業法の規定によれば、誤っているものはどれか。

1 Aは、35条書面には、建物が種類又は品質に関して契約の内容に適合しない場合におけるその不適合を担保すべき責任について定めをする予定があっても、その内容を記載する必要がないが、37条書面には、当該責任について定めがあるときは、その内容について記載しなければならない。

2 Bが支払った本年度中の当該建物の固定資産税20万円について、日割り計算で精算し、CがBに13万2,300円を支払う旨を定める場合、Aは、35条書面にも37条書面にも、その定めを記載しなければならない。

3 Aは、契約の解除に関する事項について、35条書面には、必ず記載しなければならないが、37条書面には、その定めがある場合に限り、記載しなければならない。

4 Aは、35条書面については、契約が成立するまでにCに交付して、宅地建物取引士をして説明させなければならず、37条書面については、契約締結後遅滞なくB及びCに交付し、宅地建物取引士をして説明させなければならない。

－ 24 －

【問 37】 宅地建物取引業者Ａが行う宅地建物取引業法第35条に規定する重要事項の説明に関する次の記述のうち、誤っているものはどれか。なお、説明の相手方は宅地建物取引業者ではないものとする。

1 売買契約の対象となる建物につき、建築確認は受けているがまだ建築工事が完了していない場合において、Ａは、建物の形状や構造については、建築工事が完了した後に説明することにして、契約成立までに説明することを省略することはできない。

2 売買契約の対象となる宅地が、宅地造成及び特定盛土等規制法の規定により指定された造成宅地防災区域内にある場合、Ａは、その旨を買主に説明しなければならないが、宅地の貸借契約の媒介においては、借主にその説明をする必要はない。

3 売買契約の対象となる宅地が、地すべり等防止法第3条第1項の規定に基づく地すべり防止区域内にある場合、Ａは、地下水を誘致し、又は停滞させる行為で地下水を増加させるもの等一定の行為を行おうとするときは、都道府県知事の許可を受けなければならない旨を説明しなければならない。

4 売買契約の対象となる宅地が、建築基準法に基づき、地方公共団体が条例で指定した災害危険区域内にある場合、Ａは、条例で定められている制限に関する事項の概要を説明しなければならない。

【問 38】 宅地建物取引業者Ａ（甲県知事免許）が行う広告に関する次の記述のうち、宅地建物取引業法の規定によれば、正しいものはどれか。

1 Ａは、新築分譲マンションを建築工事の完了前に販売しようとする場合、建築基準法第６条第１項の確認を受ける前は、当該マンションの売買契約の締結をすることはできないが、同確認を申請中である旨を広告中に表示すれば、当該販売の広告を行うことができる。

2 Ａは、宅地の売買に関する広告をインターネットで行った場合、当該宅地の売買契約が成立したにもかかわらず継続して広告の掲載を続けても、広告の掲載開始時点で当該宅地の売買契約が成立していなければ、宅地建物取引業法第32条に規定する誇大広告等の禁止に違反することはない。

3 Ａは、甲県知事から宅地建物取引業法第65条第２項の規定によりその業務の全部の停止を命ぜられた場合、Ａは、当該業務停止処分の期間経過後に契約を締結する予定の宅地については、当該業務停止処分の期間中でも、その販売の広告を行うことができる。

4 Ａは、宅地の売主の依頼を受けて、売買の媒介に関する広告を行う場合、広告に媒介である旨の表示はしなければならないが、売主の名称を表示する必要はない。

― 26 ―

【問 39】 宅地建物取引業者Aが自ら売主として締結した建物の売買契約について、買主が宅地建物取引業法（以下この問において「法」という。）第37条の2の規定に基づく契約の解除（以下この問において「解除」という。）をする場合に関する次の記述のうち、誤っているものはどれか。

1 Aが分譲しようとする建物のうちの一つに設置したモデルルーム（法第50条第2項に規定する届出を要するものとする。）内で宅地建物取引業者でないBが買受けの申込み及び売買契約の締結をした場合、Aが当該モデルルームについて法第50条第2項に規定する届出をしていないときでも、Bは契約を解除できない。

2 宅地建物取引業者ではないCが喫茶店で買受けの申込み及び売買契約の締結を行い、その際にAが売買契約の解除ができる旨及びその方法について口頭でのみ説明を行った場合、Cが建物の引渡しを受け、かつ、代金の一部を支払ったときは、Cは契約を解除できない。

3 宅地建物取引業者であるDの申出により、Dの自宅近くの喫茶店でDが買受けの申込み及び売買契約の締結をした場合、Aから契約の解除ができる旨及びその方法の告知を受けていないときでも、Dは契約を解除できない。

4 喫茶店で買受けの申込み及び売買契約の締結を行った宅地建物取引業者ではないEが解除しようとするときは、解除の意思表示を書面で行う必要があり、その効力は書面を発した時に生ずる。

— 27 —

【問　40】　宅地建物取引業保証協会（以下この問において「保証協会」という。）又は
その社員に関する次の記述のうち、正しいものはどれか。

1　保証協会に加入した宅地建物取引業者は、その加入した日から2週間以内に弁済業
　　務保証金分担金を保証協会に納付しなければならない。
2　保証協会は、弁済業務保証金分担金の納付を受けたときは、その日から2週間以内
　　に、その納付を受けた額に相当する額の弁済業務保証金を供託しなければならない。
3　保証協会に加入した宅地建物取引業者は、直ちに、その旨を免許を受けた国土交通
　　大臣又は都道府県知事に報告しなければならない。
4　保証協会は、弁済業務保証金の還付があったときは、国土交通大臣から通知書の送
　　付を受けた日から2週間以内に還付額に相当する額の弁済業務保証金を供託しなけれ
　　ばならない。

【問　41】　宅地建物取引業者が建物の貸借の媒介を行う場合に関する次の記述のうち、
宅地建物取引業法第35条の規定により重要事項としての説明が義務付けられているもの
はいくつあるか。なお、説明の相手方は宅地建物取引業者ではないものとする。

ア　当該建物が新住宅市街地開発事業により造成された宅地上にあり、新住宅市街地開
　　発法第32条第1項に基づく建物の使用及び収益を目的とする権利の設定又は移転につ
　　いて都道府県知事の承認を要する旨の制限があるときの、その概要
イ　当該建物が都市計画法上の防火地域内にあり、建築基準法第62条に基づく建築物の
　　屋根の構造に係る制限があるときの、その概要
ウ　敷金の授受の定めがある場合の、敷金の保管方法

1　一つ
2　二つ
3　三つ
4　なし

－ 28 －

【問　42】　営業保証金を供託している宅地建物取引業者Ａと宅地建物取引業保証協会（以下この問において「保証協会」という。）の社員である宅地建物取引業者Ｂに関する次の記述のうち、宅地建物取引業法の規定によれば、正しいものはどれか。

1　ＡとＢがそれぞれ主たる事務所の他に４か所の従たる事務所を有している場合、宅地建物取引業に関する取引により生じた債権を有する者が営業保証金又は弁済業務保証金から弁済を受ける権利を有する上限額は、Ａについては3,000万円、Ｂについては180万円となる。

2　ＡとＢがそれぞれ1,000万円の還付を生じさせた場合、Ａは、免許を受けた国土交通大臣又は都道府県知事から通知書の送付を受けた日から２週間以内に1,000万円を主たる事務所の最寄りの供託所に供託しなければならず、Ｂは保証協会から通知を受けた日から２週間以内に60万円を保証協会に納付しなければならない。

3　ＡとＢがそれぞれ新たに１か所の従たる事務所を設置する場合、Ａは当該事務所に係る営業保証金を主たる事務所の最寄りの供託所に供託して免許を受けた国土交通大臣又は都道府県知事に届け出た後でなければ、新設した事務所で事業を開始することはできず、Ｂは事務所を新設した日から２週間以内に新設した事務所に係る額の弁済業務保証金分担金を保証協会に納付しなければならない。

4　ＡとＢがそれぞれ１か所の従たる事務所を増設する場合、Ａは主たる事務所の最寄りの供託所に額面500万円の国債証券をもって営業保証金を供託することができ、Ｂは保証協会に額面30万円の国債証券をもって弁済業務保証金分担金を納付することができる。

— 29 —

【問 43】 宅地建物取引業者Aが、BからB所有の建物の売却に係る媒介を依頼され、専任媒介契約又は専属専任媒介契約を締結した場合における次の記述のうち、宅地建物取引業法（以下この問において「法」という。）の規定によれば、正しいものはどれか。なお、この問において、法第34条の2第1項の規定に基づく書面の交付については、同条第11項に基づく電磁的方法による提供を含むものとする。

1 Aは、Bと建物の売却について専任媒介契約を締結し、当該建物につき、所在、売買すべき価額その他国土交通省令で定める事項を指定流通機構に登録した。その後、当該建物の売買契約が成立したときは、Aは、遅滞なく、当該建物の所在、取引価格及び売買契約の成立した年月日を指定流通機構に通知しなければならない。

2 Aは、Bと建物の売却について専属専任媒介契約を締結し、所定の事項を指定流通機構に登録した場合、Aは、登録を証する書面の引渡しに代えて、政令で定めるところによりBの承諾を得て、当該書面において証されるべき事項を電磁的方法であって国土交通省令で定めるものにより提供することができる。

3 Aは、Bと建物の売却について、専任媒介契約を締結した場合、Aは、建物を売買すべき価格について意見を述べるときは、その根拠を法第34条の2第1項の規定に基づきBに交付すべき書面に記載しなければならない。

4 Aは、Bと建物の売却について、専属専任媒介契約を締結した場合、Aは、当該建物の所在等や売買すべき価額のほかに、建物に存する登記された権利の種類及び内容を指定流通機構に登録しなければならない。

－ 30 －

【問 44】 宅地建物取引業者Ａが自ら売主となって宅地建物取引業者ではないＢとマンション（工事完了済）の売買契約（価格5,000万円）を締結した場合に関する次の記述のうち、宅地建物取引業法の規定に違反するものはいくつあるか。

ア　Ａは、Ｂから売買契約締結時に手付金500万円を受領し、その後２週間後に中間金1,000万円を受領することにした。Ａは、中間金を受領する際に、中間金1,000万円についてのみ、法定の保全措置を講じた。

イ　Ａは、Ｂから手付金1,000万円を受領することにしたが、Ａの供託している営業保証金2,000万円の範囲内だったので、法定の保全措置を講じなかった。

ウ　Ａは、Ｂから手付金600万円を受領するに当たって、銀行と保証委託契約を締結し、その契約を証する書面をＢに交付したが、その後Ｂへの所有権移転登記を行ったので、当該保証委託契約を解約した。

エ　Ａは、Ｂから手付金1,200万円を受領するに当たって、銀行と保証委託契約を締結し、その契約を証する書面をＢに交付したが、その後当該マンションを7,000万円で購入を希望する宅地建物取引業者が現れたので、2,400万円をＢに支払って、Ｂとの売買契約を解除した。

1　一つ
2　二つ
3　三つ
4　四つ

【問　45】　特定住宅瑕疵担保責任の履行の確保等に関する法律に基づく住宅販売瑕疵担保保証金（以下この問において「保証金」という。）に関する次の記述のうち、正しいものはどれか。

1　自ら売主として宅地建物取引業者でない買主に新築住宅の引渡しをした宅地建物取引業者は、事業年度の末日ごとに、保証金の供託の状況について、その免許を受けた国土交通大臣又は都道府県知事に届け出なければならない。

2　宅地建物取引業者は、保証金を供託する場合は、法務大臣及び国土交通大臣の定める供託所に供託しなければならない。

3　宅地建物取引業者は保証金の供託をしていれば、その届出をしていなくても、特定住宅瑕疵担保責任の履行の確保等に関する法律に基づき、自ら売主となる新築住宅の売買契約の締結が禁止されることはない。

4　保証金を供託している宅地建物取引業者は、還付があったことについて国土交通大臣から通知書の送付を受けた日又は基準額に不足することとなったことを知った日から2週間以内に、その不足額を供託しなければならない。

【問　46】　独立行政法人住宅金融支援機構（以下この問において「機構」という。）に関する次の記述のうち、誤っているものはどれか。

1　機構は、災害により住宅が滅失した場合、それに代わるべき建築物の建設に必要な資金の貸付けを業務として行っており、災害により住宅が損傷したにとどまる場合、当該住宅の補修に必要な資金の貸付けも、業務として行っている。

2　機構は、高齢者の家庭に適した良好な居住性能及び居住環境を有する住宅とすることを主たる目的とする住宅の改良（高齢者が自ら居住する住宅について行うものに限る。）に必要な資金の貸付けを、業務として行っている。

3　機構は、民間金融機関が貸し付けた長期・固定金利の住宅ローンについて、その住宅ローンを担保として発行された債券等の元利払いを保証する証券化支援事業（保証型）を行っている。

4　機構は、マンションの共用部分の改良に必要な資金の貸付けを、業務として行っているが、合理的土地利用建築物の建設若しくは合理的土地利用建築物で人の居住の用その他その本来の用途に供したことのないものの購入に必要な資金の貸付けは、業務として行っていない。

－ 32 －

【問　47】　宅地建物取引業者が行う広告等に関する次の記述のうち、不当景品類及び不当表示防止法（不動産の表示に関する公正競争規約及び不動産業における景品類の提供の制限に関する公正競争規約を含む。）の規定によれば、正しいものはどれか。

1　懸賞によらないで提供する景品類の最高額は、不動産業においては、取引価額の10分の1又は50万円のいずれか低い金額の範囲内と定められている。

2　宅地の造成材料又は建物の建築材料については、これを強調して表示するときであっても、その材料名を表示すれば、材料が使用されている部位まで明示する必要はない。

3　新聞広告で表示した物件に重大な瑕疵があるため、そのままでは当該物件が取引することができないものであることが明らかな場合（当該物件に瑕疵があること及びその内容が明瞭に記載されている場合を除く。）は、不当表示に該当する。

4　建築基準法第40条の規定に基づく地方公共団体の条例により附加された敷地の形態に対する制限に適合しない土地については、「条例による制限あり」と表示すれば、建築又は再建築ができない旨を明示する必要はない。

【問　48】　次の記述のうち、正しいものはどれか。

1　令和6年地価公示（令和6年3月公表）によれば、令和5年1月以降の1年間の地価は、地方圏平均では、住宅地について、3年連続の上昇となった。

2　令和6年版国土交通白書（令和6年6月公表）によれば、令和4年度の宅地建物取引業者に対する監督処分件数は、約500件であり、免許取消処分の件数が一番多い。

3　建築着工統計（令和6年1月公表）によれば、令和5年の貸家の新設住宅着工戸数は約22.4万戸となっており、2年連続の減少となった。

4　指定流通機構の活用状況について（令和5年4月公益財団法人不動産流通推進センター公表）によれば、2022年度末現在の総登録件数は約82万件であり、3年連続して売り物件が賃貸物件の件数を上回った。

― 33 ―

【問　49】　土地に関する次の記述のうち、最も不適当なものはどれか。

1　氾濫平野は、洪水時に川の水があふれてできた平坦な土地であり、主に農地として利用されてきたが、人口の増加に伴って宅地や工場が拡大し、市街地となっているところも少なくない。

2　谷底平野は、河川により運ばれた土砂が堆積し、山地の間を埋めた比較的幅の広い平坦な土地であり、主に公園やグラウンドなどに利用されてきたが、宅地としての利用も可能である。

3　旧河道でそれを埋める堆積物の上部が厚い粘土質からなるときは、軟弱地盤である可能性が高い。

4　三角州は、山地から河川により運ばれてきた砂礫等が谷の出口などに堆積し、平坦地になった地盤であり、一般に宅地として適している。

【問　50】　建築物に関する次の記述のうち、誤っているものはどれか。

1　鉄筋コンクリート造において一般的に用いられるラーメン式の構造とは、柱と梁をピン接合して組み合わせた直方体で構成する構造をいう。

2　木造建築物において、構造耐力上主要な部分である柱、筋かい及び土台のうち、地面から1メートル以内の部分には、有効な防腐措置を講ずるとともに、必要に応じて、しろありその他の虫による害を防ぐための措置を講じなければならない

3　組積造において、各階の壁の厚さは、その上にある壁の厚さより薄くしてはならない。

4　鉄筋コンクリート造における耐力壁の厚さは、12cm以上としなければならず、鉄筋に対するコンクリートのかぶり厚さは、耐力壁にあっては3cm以上としなければならない。

― 34 ―

過去問厳選　解答用紙

解　答　欄

得点　／50

問題番号	解　答　番　号
問 1	① ② ③ ④
問 2	① ② ③ ④
問 3	① ② ③ ④
問 4	① ② ③ ④
問 5	① ② ③ ④
問 6	① ② ③ ④
問 7	① ② ③ ④
問 8	① ② ③ ④
問 9	① ② ③ ④
問 10	① ② ③ ④
問 11	① ② ③ ④
問 12	① ② ③ ④
問 13	① ② ③ ④
問 14	① ② ③ ④
問 15	① ② ③ ④
問 16	① ② ③ ④
問 17	① ② ③ ④
問 18	① ② ③ ④
問 19	① ② ③ ④
問 20	① ② ③ ④
問 21	① ② ③ ④
問 22	① ② ③ ④
問 23	① ② ③ ④
問 24	① ② ③ ④
問 25	① ② ③ ④

問題番号	解　答　番　号
問 26	① ② ③ ④
問 27	① ② ③ ④
問 28	① ② ③ ④
問 29	① ② ③ ④
問 30	① ② ③ ④
問 31	① ② ③ ④
問 32	① ② ③ ④
問 33	① ② ③ ④
問 34	① ② ③ ④
問 35	① ② ③ ④
問 36	① ② ③ ④
問 37	① ② ③ ④
問 38	① ② ③ ④
問 39	① ② ③ ④
問 40	① ② ③ ④
問 41	① ② ③ ④
問 42	① ② ③ ④
問 43	① ② ③ ④
問 44	① ② ③ ④
問 45	① ② ③ ④
問 46	① ② ③ ④
問 47	① ② ③ ④
問 48	① ② ③ ④
問 49	① ② ③ ④
問 50	① ② ③ ④

第□回　解答用紙

解答欄

得点 ／50

問題番号	解　　答　　番　　号				問題番号	解　　答　　番　　号			
問　1	①	②	③	④	問　26	①	②	③	④
問　2	①	②	③	④	問　27	①	②	③	④
問　3	①	②	③	④	問　28	①	②	③	④
問　4	①	②	③	④	問　29	①	②	③	④
問　5	①	②	③	④	問　30	①	②	③	④
問　6	①	②	③	④	問　31	①	②	③	④
問　7	①	②	③	④	問　32	①	②	③	④
問　8	①	②	③	④	問　33	①	②	③	④
問　9	①	②	③	④	問　34	①	②	③	④
問　10	①	②	③	④	問　35	①	②	③	④
問　11	①	②	③	④	問　36	①	②	③	④
問　12	①	②	③	④	問　37	①	②	③	④
問　13	①	②	③	④	問　38	①	②	③	④
問　14	①	②	③	④	問　39	①	②	③	④
問　15	①	②	③	④	問　40	①	②	③	④
問　16	①	②	③	④	問　41	①	②	③	④
問　17	①	②	③	④	問　42	①	②	③	④
問　18	①	②	③	④	問　43	①	②	③	④
問　19	①	②	③	④	問　44	①	②	③	④
問　20	①	②	③	④	問　45	①	②	③	④
問　21	①	②	③	④	問　46	①	②	③	④
問　22	①	②	③	④	問　47	①	②	③	④
問　23	①	②	③	④	問　48	①	②	③	④
問　24	①	②	③	④	問　49	①	②	③	④
問　25	①	②	③	④	問　50	①	②	③	④

第□回　解答用紙

解答欄

得点 ／50

問題番号	解　答　番　号
問　1	① ② ③ ④
問　2	① ② ③ ④
問　3	① ② ③ ④
問　4	① ② ③ ④
問　5	① ② ③ ④
問　6	① ② ③ ④
問　7	① ② ③ ④
問　8	① ② ③ ④
問　9	① ② ③ ④
問　10	① ② ③ ④
問　11	① ② ③ ④
問　12	① ② ③ ④
問　13	① ② ③ ④
問　14	① ② ③ ④
問　15	① ② ③ ④
問　16	① ② ③ ④
問　17	① ② ③ ④
問　18	① ② ③ ④
問　19	① ② ③ ④
問　20	① ② ③ ④
問　21	① ② ③ ④
問　22	① ② ③ ④
問　23	① ② ③ ④
問　24	① ② ③ ④
問　25	① ② ③ ④

問題番号	解　答　番　号
問　26	① ② ③ ④
問　27	① ② ③ ④
問　28	① ② ③ ④
問　29	① ② ③ ④
問　30	① ② ③ ④
問　31	① ② ③ ④
問　32	① ② ③ ④
問　33	① ② ③ ④
問　34	① ② ③ ④
問　35	① ② ③ ④
問　36	① ② ③ ④
問　37	① ② ③ ④
問　38	① ② ③ ④
問　39	① ② ③ ④
問　40	① ② ③ ④
問　41	① ② ③ ④
問　42	① ② ③ ④
問　43	① ② ③ ④
問　44	① ② ③ ④
問　45	① ② ③ ④
問　46	① ② ③ ④
問　47	① ② ③ ④
問　48	① ② ③ ④
問　49	① ② ③ ④
問　50	① ② ③ ④

第□回　解答用紙

解　答　欄

得点　／50

問題番号	解　答　番　号				問題番号	解　答　番　号			
問　1	①	②	③	④	問　26	①	②	③	④
問　2	①	②	③	④	問　27	①	②	③	④
問　3	①	②	③	④	問　28	①	②	③	④
問　4	①	②	③	④	問　29	①	②	③	④
問　5	①	②	③	④	問　30	①	②	③	④
問　6	①	②	③	④	問　31	①	②	③	④
問　7	①	②	③	④	問　32	①	②	③	④
問　8	①	②	③	④	問　33	①	②	③	④
問　9	①	②	③	④	問　34	①	②	③	④
問　10	①	②	③	④	問　35	①	②	③	④
問　11	①	②	③	④	問　36	①	②	③	④
問　12	①	②	③	④	問　37	①	②	③	④
問　13	①	②	③	④	問　38	①	②	③	④
問　14	①	②	③	④	問　39	①	②	③	④
問　15	①	②	③	④	問　40	①	②	③	④
問　16	①	②	③	④	問　41	①	②	③	④
問　17	①	②	③	④	問　42	①	②	③	④
問　18	①	②	③	④	問　43	①	②	③	④
問　19	①	②	③	④	問　44	①	②	③	④
問　20	①	②	③	④	問　45	①	②	③	④
問　21	①	②	③	④	問　46	①	②	③	④
問　22	①	②	③	④	問　47	①	②	③	④
問　23	①	②	③	④	問　48	①	②	③	④
問　24	①	②	③	④	問　49	①	②	③	④
問　25	①	②	③	④	問　50	①	②	③	④

第□回　解答用紙

解　答　欄

得点 ／50

問題番号	解　答　番　号				問題番号	解　答　番　号			
問 1	①	②	③	④	問 26	①	②	③	④
問 2	①	②	③	④	問 27	①	②	③	④
問 3	①	②	③	④	問 28	①	②	③	④
問 4	①	②	③	④	問 29	①	②	③	④
問 5	①	②	③	④	問 30	①	②	③	④
問 6	①	②	③	④	問 31	①	②	③	④
問 7	①	②	③	④	問 32	①	②	③	④
問 8	①	②	③	④	問 33	①	②	③	④
問 9	①	②	③	④	問 34	①	②	③	④
問 10	①	②	③	④	問 35	①	②	③	④
問 11	①	②	③	④	問 36	①	②	③	④
問 12	①	②	③	④	問 37	①	②	③	④
問 13	①	②	③	④	問 38	①	②	③	④
問 14	①	②	③	④	問 39	①	②	③	④
問 15	①	②	③	④	問 40	①	②	③	④
問 16	①	②	③	④	問 41	①	②	③	④
問 17	①	②	③	④	問 42	①	②	③	④
問 18	①	②	③	④	問 43	①	②	③	④
問 19	①	②	③	④	問 44	①	②	③	④
問 20	①	②	③	④	問 45	①	②	③	④
問 21	①	②	③	④	問 46	①	②	③	④
問 22	①	②	③	④	問 47	①	②	③	④
問 23	①	②	③	④	問 48	①	②	③	④
問 24	①	②	③	④	問 49	①	②	③	④
問 25	①	②	③	④	問 50	①	②	③	④

過去問厳選
予想模試
解答・解説

解答一覧&
実力診断

〈過去問厳選〉解答一覧＆実力診断シート

【難易度】A…得点すべし！　B…合否の分かれ目　C…難問

科目	問題	論点	正解	難易度	check	科目	問題	論点	正解	難易度	check
民法等	1	意思表示	4	A		宅建業法	26	重要事項の説明	2	A	
	2	制限行為能力者	4	A			27	免許基準	2	A	
	3	契約の解除	2	B			28	宅建士複合	3	B	
	4	売主の担保責任	1	A			29	事務所複合	4	A	
	5	無権代理等	3	A			30	広告複合	1	A	
	6	消滅時効	3	B			31	保証協会	3	A	
	7	連帯債務	3	A			32	宅建業の意味	3	A	
	8	不法行為	1	A			33	複合問題	3	A	
	9	対抗問題	4	A			34	営業保証金	2	A	
	10	抵当権	4	A			35	宅建士複合	4	A	
	11	借地権	4	A			36	重要事項の説明	2	A	
	12	借家権	4	A			37	35条書面・37条書面	1	A	
	13	区分所有法	4	A			38	媒介契約	2	A	
	14	不動産登記法	1	B			39	クーリング・オフ	2	A	
法令上の制限	15	都市計画(地域地区等)	4	A			40	業務上の規制	3	A	
	16	開発許可の要否・建築行為等の制限	4	A			41	37条書面	4	A	
	17	建築確認等・単体規定	3	A			42	8種規制複合	3	A	
	18	建蔽率・その他集団規定・建築協定	3	A			43	業務上の規制	2	A	
	19	盛土規制法	4	A			44	報酬等	1	B	
	20	土地区画整理法	4	A			45	住宅瑕疵担保履行法	4	A	
	21	農地法	1	A		その他関連知識※	46	住宅金融支援機構	1	A	
	22	国土法(事後届出)	1	A			47	景表法(公正競争規約)	4	A	
その他関連知識	23	譲渡所得	2	A			48	統計	2	A	
	24	不動産取得税	1	A			49	土地	4	A	
	25	不動産鑑定評価基準	4	A			50	建築の構造	4	A	

※問46～50の5問は登録講習修了者の免除問題となります。

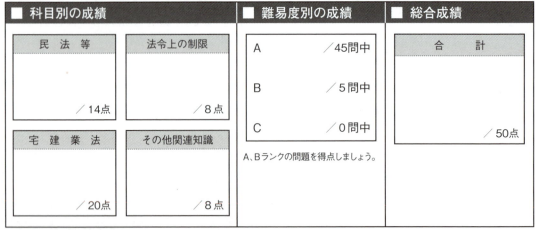

● 『過去問厳選予想模試』は「出題予想論点」＆「ぜひ得点したいAランク中心」の過去問で構成しています。繰り返し学習し、本試験2週間前には9割正答を目指しましょう。

| 問1 | 正解4 | 意思表示（H23-問1改題） | 難易度A |

1 ×　動機に錯誤がある場合の意思表示の取消しは、その事情が法律行為の基礎とされていることが表示されていたときに限りすることができる（民法95条2項）。本肢のBは、甲土地は将来地価が高騰すると「勝手に思い込んで」売買契約を締結していることから、表示がないものと解され、取り消すことはできない。また、重過失があるものとも解されることから、原則として、取り消すことはできない（95条3項）。

2 ×　第三者による詐欺の場合、表意者は、相手方が善意無過失のときは取り消すことができないが、相手方が知り、又は知ることができたときは取り消すことができる（96条2項）。

3 ×　取消しをした者と取消し後に登場した第三者との関係については、二重譲渡があったのと同様に考えて、対抗問題とするのが判例である。したがって、第三者Dが所有権移転登記を備えている本肢の場合、AはDから甲土地を取り戻すことができない（177条）。

4 ○　強迫による意思表示は、取り消すことができる（96条1項）。そして、強迫による意思表示の取消しは、善意無過失の第三者にも対抗することができる（96条3項反対解釈）。

| 問2 | 正解4 | 制限行為能力者（H28-問2） | 難易度A |

1 ×　一種又は数種の営業を許された未成年者は、その営業に関しては、成年者と同一の行為能力を有する（営業の許可、民法6条1項）。そこで、「古着の仕入販売に関する営業」を許された本肢の未成年者は、「古着の仕入販売に関する営業」に関しては成年者と同一の行為能力を有するといえる。しかし、その営業に関係のない「自己が居住するために建物を第三者から購入」することについては、成年者と同一の行為能力を有しない。したがって、未成年者が建物購入について法定代理人の同意を得ていない本肢の場合、その法定代理人は、当該売買契約を取り消すことができる（5条1項・2項、120条1項）。

2 ×　被保佐人が、不動産その他重要な財産を得たり、手離したりすることを目的とする行為や贈与の申込みを拒絶する等の重要な財産上の行為をするには、その保佐人の同意を得なければならない（13条1項）。

3 ×　成年後見人は、成年被後見人に代わって、その居住の用に供する建物又はその敷地について、売却、賃貸、賃貸借の解除又は抵当権の設定等をするには、家庭裁

判所の許可を得なければならない（859条の3）。このことは、**後見監督人がいる場合（後見監督人の同意がある場合）でも同様である**（851条、864条参照）。

4 ○ 制限行為能力者が行為能力者であることを信じさせるため**詐術**（**同意権者の同意を得たと偽る**ことも**含まれる**、判例）を用いたときは、その行為を**取り消すことができない**（21条）。したがって、詐術を用いて相手方に補助人の同意を得たと信じさせていた本肢の場合、被補助人は、当該行為を取り消すことができない。

問3	正解2	契約の解除 (H22-問9)	難易度B

1 ○ 判決文は、一定の要件があれば、甲契約上の債務の不履行を理由に、その債権者が法定解除権（民法541条）の行使として甲契約と併せて乙契約をも解除することができるとする。その要件として、①**それらの契約の目的とするところが相互に密接に関連付けられていて**、②社会通念上、甲契約又は乙契約のいずれかが履行されるだけでは契約を締結した目的が全体としては達成されないと認められる場合をあげている。したがって、本肢の場合、①**の要件**を欠き、甲契約上の債務の不履行を理由に甲契約と併せて乙契約を解除できない。

2 × 肢1で述べたように、甲契約と併せて乙契約をも解除することができる要件として、判決文は、肢1で述べた①と②をあげているだけであり、**乙契約書への表示は要求されていない。**

3 ○ 判決文は、一定の要件があれば、甲契約上の債務の不履行を理由に、その債権者が法定解除権（541条）の行使として甲契約と併せて乙契約をも解除することができるとするのであって、**甲契約上の債務に不履行があり甲契約が解除できることが前提**となっている。したがって、そもそも甲契約を解除することができないような付随的義務の不履行があるだけでは、乙契約も解除することはできない。

4 ○ 判決文によれば、同一当事者間で甲契約（スポーツクラブ会員権契約）と同時に乙契約（リゾートマンションの区分所有権の売買契約）が締結された場合で、①**と②の要件**が満たされているならば、甲契約上の債務の不履行を理由に、甲契約と併せて乙契約をも**法定解除することができる**（541条）。

| 問4 | 正解1 | 売主の担保責任（R元-問3改題） | 難易度A | |

1 ○ 本問の特約は、「建物引渡しから3か月を超える期間については、Aは担保責任を負わない」ということになるが、売主は、**担保責任を負わない旨の特約をしたときであっても**、**知りながら告げなかった事実等については、その責任を免れることができない**（民法572条）。また、担保責任の追及は、売主が引渡しの時に契約内容との不適合を知り、又は、重大な過失によって知らなかったときを除き、買主が不適合を知った時から1年以内に売主に通知してしなければならない（566条）。したがって、売主Aが当該不適合を知っていた本問においては、Bが当該不適合を知った時から1年以内にその旨をAに通知しなくても、Bは、Aに対して担保責任を追及することができる。

2 × 売買の目的物に品質に関する不適合があって、要件を満たす場合に、買主は、**契約を解除**することができる（564条、541条、542条）。そして、その買主は、**契約目的の達成不能を理由に、催告なしに直ちに契約を解除することができる**（542条1項5号）。したがって、建物の構造耐力上主要な部分の不適合であったとしても、契約の目的を達成できるか否かにかかわらず、直ちに売買契約を解除できるわけではない。

3 × 買主は、**契約の解除**ができるか否かにかかわらず、要件を満たせば**損害賠償請求**をすることができる（564条、415条）。したがって、Bが損害賠償請求をすることができるのは、売買契約を解除することができない場合に限られるとする本肢は誤っている。

4 × 売買の担保責任は、買主が**売主の責任を追及**するというものである。したがって、担保責任の追及は、Bが売主であるAに対してするのであって（562条～564条）、媒介業者のCに対しては、Bは、担保責任を追及することはできない。

| 問5 | 正解3 | 無権代理等（H20-問3） | 難易度A | |

1 × 代理人が契約の**相手方**となることは、本人の利益が害されるおそれがあるので、原則として許されず、これに反して行った場合は**無権代理行為**となる（**自己契約の禁止**、民法108条1項本文）。しかし、本人の許諾を得ている場合や、単なる債務の履行であれば、自己契約も許される（108条1項ただし書）。したがって、Aが甲土地の売却を代理する権限をBから書面で与えられている場合でも、A自らが買主となって売買契約を締結したときは、Aは、甲土地の所有権を当然に取得するわけではない。

2 × **双方代理**は、原則として許されず、これに反して行った場合は**無権代理行為**とみ

なされるが、本人の許諾を得ている場合や、単なる債務の履行であれば許される（108条1項）。したがって、Aが甲土地の売却を代理する権限をBから書面で与えられている場合でも、AがCの代理人となってBC間の売買契約を締結したときは、Cは甲土地の所有権を当然に取得するわけではない。

3 ○ 無権代理人が本人を単独で相続し、本人と代理人の資格が同一人に帰した場合には、本人自ら法律行為をしたのと同様な法律上の地位が生じるため、本人を相続した無権代理人は、本人としての地位に基づいて、無権代理行為による契約の効力を否定することはできない（判例）。したがって、Dは甲土地の所有権を当然に取得する。なお、生前に本人が無権代理行為の追認を拒絶していた場合には、その後に無権代理人が本人を相続したとしても、無権代理行為が有効になるものではない（判例）。

4 × 本人が無権代理人を相続した場合、本人としての地位と無権代理人の地位が併存することになるが、相続人たる本人が、被相続人の無権代理行為の追認を拒絶しても何ら信義に反しない（判例）。したがって、Eは甲土地の所有権を当然に取得するとの本肢の記載は誤りである。なお、要件が満たされれば、Eは、無権代理人の地位を相続したBに対して、無権代理人の責任を追及することはできる（117条、判例）。

| 問6 | 正解3 | 消滅時効（H21-問3改題） | 難易度B |

1 ○ 裁判上の請求や支払督促（裁判所を通じてする請求の一種）等がなされ、確定判決又は確定判決と同一の効力を有するものによって権利が確定したときは、時効は、裁判上の請求や支払督促等の事由が終了した時から新たにその進行を始める（民法147条2項）。つまり、更新される。

2 ○ 時効の利益は、あらかじめ放棄することができない（146条）。時効完成前の放棄を認めてしまえば、時効制度が認められている趣旨に反するし、債権者によって濫用されるおそれがあるからである。以上のことから、賃貸借契約締結時になされた、賃料債権につき消滅時効の利益はあらかじめ放棄する旨の約定は、無効とされる。

3 × 内容証明郵便による支払の請求は、裁判外の請求、つまり、催告に該当する。そして、催告があったときは、その時から6か月を経過するまでの間は、時効は、完成しないとされる（150条1項）。すなわち、催告により時効の完成は猶予されるが、催告は、更新事由ではない。したがって、内容証明郵便により支払を請求しても、その請求により消滅時効は更新されるとはいえず、本肢は誤っている。

| 4 | ○ | 消滅時効完成後に、債務者が債務の承認をした場合、債務者は、時効完成の事実を知らなかったときでも、信義則上、消滅時効を援用することは許されない（145条、判例）。このような場合は、通常、債権者においても、「債務者は、もはや時効の援用をしないつもりである」と考えるからである。|

| 問7 | 正解3 | 連帯債務（H13-問4改題） | 難易度A | |

| 1 | × | 連帯債務においては、債権者は、その連帯債務者の1人に対し、又は、同時にもしくは順次に全員に対して、債務の全部又は一部の履行を請求することができる（民法436条）。したがって、Cは、Aに対して2,000万円を請求しても、同時に、Bに対しても請求することができる。|

| 2 | × | 連帯債務を負っているAは、債権者に対する関係では2,000万円全額について債務を負っている（436条）。したがって、Aは、Cから2,000万円を請求されたときは、2,000万円全額を支払わなければならない。|

| 3 | ○ | 連帯債務者の1人が弁済をし、その他自己の財産をもって共同の免責を得たときは、その連帯債務者は、その免責を得た額が自己の負担部分を超えるかどうかにかかわらず、他の連帯債務者に対し、その免責を得るために支出した財産の額（その財産の額が共同の免責を得た額を超える場合にあっては、その免責を得た額）のうち各自の負担部分に応じた額の求償権を有する（442条1項）。その額には、免責があった日以後の法定利息及び避けることができなかった費用、その他の損害賠償も含まれる（442条2項）。|

| 4 | × | Aとともに連帯債務を負っているBは、Aが債権者Cに対して反対債権を有している場合において、Aが相殺しない間は、Aの負担部分の限度において、Cに対して債務の履行を拒むことができる（439条2項）。|

```
          債権者
           C
          ↙ ↘
         A    B
      連帯債務者 連帯債務者
```

| 問8 | 正解1 | 不法行為（H25-問9） | 難易度A | |

| 1 | ○ | Aは、使用者責任としてCに対して損害賠償責任を負うのが原則である（民法715条1項本文）。他方、共同不法行為者のBとDは、Cに対して各自連帯してその全額の損害賠償責任を負う（719条1項前段、判例）。また、使用者Aは、指揮監督する

被用者と一体をなすものとして、被用者Bと同じ責任を負うべきであることから（判例）、同様に全額の賠償責任を負う。そして、本肢のように、**使用者A**が、損害の全額を賠償したときは、Dに対し、求償権を行使することができ、第三者Dの負担部分は、共同不法行為者である**被用者Bと第三者D**との過失の割合にしたがって定められるべきであるとするのが判例である。

使用者　A

被用者　B　　共同不法行為　D

C

| 2 | × | 使用者Aは、被用者Bに対して、信義則上相当な限度で**求償権**を行使することができる（715条3項、判例）。 |

| 3 | × | CはBとDの過失による**共同不法行為**によって、損害を被っており、共同不法行為者のBとDは、Cに対して各自**連帯**してその全額の損害賠償責任を負う（719条1項前段、判例）。したがって、Cは、Dに対しても損害賠償を請求することができる。 |

| 4 | × | Bには過失があることから、Bは、Dに対しては一般の**不法行為**として、損害賠償責任を負う（709条）。他方、Aは、使用者責任としてDに対して損害賠償責任を負うのが原則である（715条1項本文）。 |

| **問9** | **正解4** | **対抗問題**（H24-問6） | **難易度A** 得点ナベ! |

| 1 | × | **時効完成前の第三者**と時効取得者との関係は対抗問題ではなく、時効取得者は、第三者に対して、**登記なくして所有権の取得を主張**することができる（民法177条、判例）。なぜなら、この第三者と時効取得者の関係は、当事者同士の関係と考えることができるからである。 |

| 2 | × | **借地権**は、その登記がなくても、土地の上に借地権者が**登記されている建物**を所有するときは、**第三者に対抗**することができる（借地借家法10条1項）。そして、賃借人が賃借権の対抗要件を備えている場合、その不動産が譲渡されたときは、賃貸人の地位は、一定の合意がある場合を除き、新所有者に移転する（民法605条の2第1項・第2項）。ただし、賃貸人の地位がその譲受人（新所有者）に移転した場合であっても、新所有者は、その所有権の移転について**登記**を備えなければ、**賃貸人である地位を賃借人に主張することができない**（605条の2第3項）。 |

| 3 | × | 不動産の物権変動は、その**登記**をしなければ、第三者に対抗することができない（177条）。つまり、**登記**で優劣を決める。したがって、Fが所有権移転登記を備え |

8

た以上、Gは、Fに対して自らが所有者であることを主張することはできない。

4 ○ 甲土地の所有者AからHが甲土地を買い受け、その所有権移転登記がまだなされない間に、Iが甲土地をAから二重に買い受け、更にIから転得者Jがこれを買い受けて所有権移転登記を完了した場合、たとえIが背信的悪意者に当たるとしても、Hに対する関係でJ自身が背信的悪意者と評価されるのでない限り、登記を備えたJは、甲土地の所有権取得をもってHに対抗することができる（177条、判例）。したがって、本肢の場合、Hは、善意のJに対して、自らが甲土地の所有者であることを主張することができない。

| 問10 | 正解4 | 抵当権 (H22-問5) | 難易度A |

1 ○ 同一の不動産について数個の抵当権が設定されたときは、その抵当権の順位は、登記の前後による（民法373条）。したがって、Cを抵当権者とする抵当権が第1順位となる。

2 ○ 抵当権は、その目的物の売却、賃貸、滅失又は損傷によって抵当権設定者が受けるべき金銭その他の物に対して、行使することができる（372条、304条1項）。そして、火災保険金請求権も物上代位の対象となるとするのが判例である。

3 ○ 抵当権者（及び抵当権者の地位を引き継ぐ競落人）と抵当目的物の賃借人との関係は、対抗問題である（177条）。しかし、抵当権者に対抗することができない賃貸借により抵当権の目的である建物の使用又は収益をする者であって、競売手続の開始前から使用又は収益をする者等（抵当建物使用者）は、原則として、その建物の競売における買受人の買受けの時から6か月を経過するまでは、その建物を買受人に引き渡さなくてもよいとされている（395条1項）。

4 × 抵当権の設定は、抵当権者となる者と抵当権設定者となる者の抵当権設定契約によってなされる（約定担保物権）。したがって、抵当権者となる者が合意するなら、抵当目的物の担保価値が被担保債権の回収に不十分であっても抵当権の設定は可能である。よって、Aは、Bに対して500万円以上の返済をした後でなくとも、当該土地及び建物にEのために2番抵当権を設定することができる。

| 問11 | 正解4 | 借地権 (H24-問11) | 難易度A |

1 ○ 借地権は、その登記（本問の場合は、賃借権の登記。民法605条）がなくても、土地の上に借地権者が登記されている建物を所有するときは、これをもって第三者に対抗することができる（借地借家法10条1項）。そして、この建物の登記は、表示に関する登記で足りる（判例）。

9

2 ○ 借地上にある登記された建物が滅失した場合でも、借地権者が、その建物を特定するために必要な事項、その滅失があった日及び建物を新たに築造する旨を土地の上の見やすい場所に掲示するときは、借地権は、滅失の日から2年間、第三者に対抗することができる（10条2項）。

3 ○ 転貸借は、賃借人が賃借物を更に賃貸するものであるから、土地賃借人の有する賃借権が第三者に対する対抗要件を備えており、かつ、転貸借が適法に成立していれば、土地転借人は、自己の転借権について対抗要件を備えているか否かにかかわらず、賃借人（転貸人）がその賃借権を対抗できる第三者に対し、賃借人の賃借権を援用して、自己の転借権を主張することができる（判例）。

4 × 臨時設備の設置その他一時使用のために設定されたものであることが明らかな借地権には、更新拒絶の場合の建物買取請求権の規定は、適用されない（25条、13条）。

| 問12 | 正解4 | 借家権（H29-問12改題） | 難易度A |

1 × 期間の定めのある建物賃貸借契約において、賃貸人の更新拒絶が認められるためには、期間満了の1年前から6か月前までの間に更新拒絶の通知をしなければならず、かつ、通知には正当事由が必要である（借地借家法26条1項本文、28条）。したがって、更新拒絶の通知に正当事由があるか否か不明である本肢においては、ＡＢ間の賃貸借契約が当然に終了し、更新されないとはいえない。

2 × 期間の定めのある建物賃貸借契約は、当事者の、更新拒絶によって終了するのであり、賃貸人からの更新拒絶には正当事由が必要とされている（26条1項本文、28条）。つまり、期間の定めのある建物賃貸借は、特約がない限り、解約申入れによっては終了せず、更新拒絶によって終了する。また、期間の定めのない建物賃貸借契約においては、賃貸人が正当事由ある解約申入れをしたときは、建物賃貸借は、賃借人保護の観点から、6か月を経過した時点で終了するとされている（27条1項、28条）。そして、これらの規定に反する特約で建物の賃借人に不利なものは、無効となる（30条）。以上のことから、期間の定めのある建物賃貸借契約において、「Ａが甲建物の賃貸借契約の解約の申入れをした場合には申入れ日から3月で賃貸借契約が終了する旨を定めた特約」は、あらかじめＢの同意があっても、賃借人に不利なものとして、無効となる。

3 × 建物の賃貸借が期間満了又は解約の申入れによって終了する場合、賃貸人は、転借人にその旨の通知をしなければ、その終了を転借人に対抗することができない（34条1項）。したがって、本肢の場合、ＡがＣに通知をしていなければ、Ａは、Ｃに対して期間満了による終了を対抗することができない。

10

| 4 | ○ | **定期建物賃貸借契約**を締結しようとするときは、**賃貸人**は、あらかじめ、賃借人に対し、期間満了で終了する等の旨を記載した**書面を交付**（又は電磁的方法により提供）**して説明しなければならない**（38条3項・4項）。そして、賃貸人がこの**説明をしなかったとき**は、**契約の更新がない旨の定め**は、**無効**となる（38条5項）。|

| 問13 | 正解4 | 区分所有法（H22-問13） | 難易度A | |

1	×	専有部分が数人の**共有**に属するときは、共有者は、議決権を行使すべき者1人を定めなければならない（区分所有法40条）。したがって、2人まで定めることができるとする本肢は誤りである。
2	×	規約及び集会の決議は、区分所有者の**特定承継人**に対しても、その**効力を生ずる**（46条1項）。したがって、特定承継人に対してはその効力を生じないとする本肢は誤りである。
3	×	敷地利用権が数人で有する所有権その他の権利である場合には、区分所有者は、規約で別段の定めがあるときを除き、その有する**専有部分**とその専有部分に係る**敷地利用権**とを**分離して処分することができない**（22条1項）。したがって、本肢は誤りである。
4	○	区分所有者は、規約に別段の定めがない限り、**集会の決議**によって、**管理者を選任**し、又は、解任することができる（25条1項）。そして、集会の議事は、この法律又は規約に別段の定めがない限り、区分所有者及び議決権の**各過半数**で決する（39条1項）。したがって、本肢は正しく、本問の正解肢である。

| 問14 | 正解1 | 不動産登記法（H28-問14） | 難易度B | |

| 1 | × | **新築した建物又は区分建物以外の表題登記がない建物の所有権を取得した者**は、その所有権の取得の日から1か月以内に、**表題登記**を申請しなければならない（不動産登記法47条1項）。したがって、所有権の保存の登記を申請しなければならないとする本肢は誤っており、本問の正解肢である。なお、所有権保存登記は、権利に関する登記であって、当事者に申請の義務はない。|
| 2 | ○ | 不動産登記法においては、**登記することができる権利**の種類が定められている（3条）。すなわち、①所有権、②地上権、③永小作権、④地役権、⑤先取特権、⑥質権、⑦**抵当権**、⑧**賃借権**、⑨配偶者居住権、⑩採石権である。したがって、登記することができる権利には、抵当権及び賃借権が含まれる（3条7号・8号）。|
| 3 | ○ | 建物が**滅失**したときは、**表題部所有者又は所有権の登記名義人**は、その滅失の日

から1か月以内に、当該建物の**滅失の登記を申請**しなければならない（57条）。

4 ○ 所有権保存の登記を申請することのできる者は、次のとおりである（74条）。
　① 表題部所有者
　② 表題部所有者の相続人その他の一般承継人
　③ 所有権を有することが確定判決によって確認された者
　④ 収用によって所有権を取得した者
　⑤ **区分建物**の表題部所有者から所有権を取得した者
　　本肢の場合は、⑤に該当する（74条2項）。

| 問15 | 正解4 | 都市計画（地域地区等）（H30-問16） | 難易度A | |

1 ○ 田園住居地域内の農地（耕作の目的に供される土地）の区域内において、①**土地の形質の変更**、②**建築物の建築**、③**工作物の建設**、④**土石その他の政令で定める物件の堆積**を行おうとする者は、**市町村長の許可**を受けなければならない（都市計画法52条1項本文）。ただし、次の行為については、市町村長の許可は不要である（同1項ただし書）。
　① 通常の管理行為、軽易な行為等
　② 非常災害のため必要な応急措置として行う行為
　③ 都市計画事業の施行として行う行為又はこれに準ずる行為等

2 ○ 風致地区内における建築物の建築については、一定の基準に従い、**地方公共団体の条例**で、都市の風致を維持するため必要な規制をすることができる（58条1項）。

3 ○ **市街化区域**では、少なくとも用途地域を**定める**ものとし、**市街化調整区域**では、原則として用途地域を**定めない**（13条1項7号後段）。

4 × **都市計画区域**については、無秩序な市街化を防止し、計画的な市街化を図るため必要があるときは、都市計画に、**市街化区域と市街化調整区域との区分**（区域区分）を定めることが**できる**との規定はあるが（7条1項本文）、「準都市計画区域」について、都市計画に、区域区分を定めなければならないとの規定はない（8条2項参照）。

| 問16 | 正解4 | 開発許可の要否・建築行為等の制限（H30-問17） | 難易度A | |

1 ○ **非常災害**のため必要な応急措置として行う開発行為は、その**区域にかかわらず**、知事の開発許可が**不要**である（都市計画法29条1項10号）。したがって、市街化調整区域内において行われるものであっても、知事の許可は不要である。

2 ○ 開発許可を受けた開発区域内のうち、用途地域等の**定められていない**土地の区域

では、開発行為に関する**工事完了公告後**は、**知事の許可**を受けなければ、当該開発許可に係る**予定建築物以外の建築物を新築できない**（42条1項）。

3 ○ 都市計画区域及び準都市計画区域**外**では、**1ha**（10,000㎡）**未満**の開発行為は**開発許可が不要**である（29条2項、施行令22条の2）。本肢は、規模が8,000㎡であるから、開発許可は不要である。

4 × **準都市計画区域**内では、**農業を営む者の居住の用**に供する建築物の建築等の目的で行う開発行為は、規模にかかわらず、**開発許可が不要である**（29条1項2号）。

問17	正解3	建築確認等・単体規定（H30-問18改題）	難易度A

1 × 建築物の高さ**31m以下**の部分にある**3階**以上の階（一定の階で、その直上階又は直下階から進入することができるものを除く）には、原則として、**非常用の進入口**を設けなければならない（建築基準法施行令126条の6本文）。高さ31m以下の部分にある「全ての階」に、非常用の進入口を設置するのではない。

2 × **防火地域**では、増・改築、移転の面積が10㎡以内でも、**建築確認は不要とはいえない**ので（建築基準法6条1項・2項、4条7項）、完了検査が不要とはいえない（7条1項参照）。改正点である。

3 ○ 屋上広場又は2階以上の階にあるバルコニーその他これに類するものの周囲には、安全上必要な高さが**1.1m以上**の手すり壁、さく又は金網を設けなければならない（施行令126条1項）。

4 × 建築基準法の改正により、**現に存する建築物**等が改正後の建築基準法の規定に適合しなくなった場合でも、当該建築物等に対して、当該規定は**適用されない**（建築基準法3条2項）。したがって、当該建築物の所有者又は管理者は、当該建築物を改正後の建築基準法の規定に適合させる必要はない。

問18	正解3	建蔽率・その他集団規定・建築協定（H24-問19改題）	難易度A

1 × 街区の角にある敷地又はこれに準ずる敷地で「特定行政庁が指定」するものの内にある建築物の建蔽率については、都市計画において定められた建蔽率の数値に**10分の1**を加えた数値が限度となる（建築基準法53条3項2号）。したがって、「特定行政庁の指定がなくとも」とする本肢は、誤りである。

2 × （第一種・二種）**低層住居専用地域**又は**田園住居地域**内においては、建築物の高さは、原則として「**10m**」又は**12m**のうち当該地域に関する都市計画において

13

定められた建築物の高さの限度を超えてはならない（55条1項）。本肢のように、「12m又は15mのうち」ではない。

3 ○ すべての用途地域内では、建築物の敷地面積の最低限度に関する制限を都市計画で定めることができる。この場合、200㎡を超えない範囲で定めなければならない（53条の2第2項）。

4 × 建築協定区域内の土地の所有者等は、特定行政庁から認可を受けた建築協定を「変更」しようとする場合、土地所有者等の「全員」の合意をもってその旨を定め、特定行政庁の認可を受けなければならない（74条、70条3項）。これに対し、「廃止」しようとする場合、土地所有者等の「過半数」の合意をもってその旨を定め、特定行政庁の認可を受けなければならない（76条1項）。

| 問19 | 正解4 | 盛土規制法（H30-問20改題） | 難易度A |

1 ○ 宅地造成等工事規制区域内の土地の所有者・管理者・占有者は、宅地造成等に伴う災害が生じないよう、その土地を常時安全な状態に維持するように努めなければならない（宅地造成及特定盛土等規制法22条1項）。過去に宅地造成等に関する工事が行われ現在は工事主とは異なる者がその工事が行われた宅地を所有している場合も、その「所有者」に努力義務がある。

2 ○ 知事は、宅地造成等工事規制区域内で行われる宅地造成等に関する工事の許可に、工事の施行に伴う災害を防止するため必要な条件を付すことができる（12条3項）。

3 ○ 宅地を宅地以外の土地にする土地の形質の変更は、宅地造成に該当しない（2条2号）。

4 × 宅地造成等工事規制区域内で、宅地造成等をするために、①高さ1m超の崖を生ずる盛土、②高さ2m超（本肢では1m）の崖を生ずる切土、③盛土と切土を同時にする場合において、当該盛土及び切土をした土地の部分に高さ2m超の崖を生ずることとなるときにおける当該盛土及び切土（上記①②に該当する盛土又は切土を除く）、④上記①③に該当しない盛土であって、高さ2m超のもの、⑤切土又は盛土をする土地の面積が500㎡超（本肢では400㎡）のいずれかの土地の形質の変更を行う場合は、知事の許可が必要となる（12条1項本文、2条2号・3号、施行令3条）。したがって、本肢はいずれにも該当せず、知事の許可は必要ない。改正点である。

14

| 問20 | 正解4 | 土地区画整理法（H29-問21） | 難易度A | 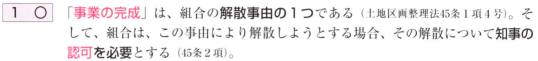 |

1 ○ 「**事業の完成**」は、組合の解散事由の１つである（土地区画整理法45条１項４号）。そして、組合は、この事由により解散しようとする場合、その解散について知事の**認可**を必要とする（45条２項）。

2 ○ 施行地区内の宅地について組合員の有する**所有権の全部又は一部を承継した者が**ある場合、その組合員がその所有権の全部又は一部について組合に対して有する権利義務は、その承継した者に**移転**する（26条１項）。

3 ○ **組合の設立者**は、事業計画の決定に先立って組合を設立する場合、**7人**以上共同して、**定款及び事業基本方針**を定め、知事の**認可**を受けることができる（14条２項）。

4 × 組合が施行する施行地区内の**宅地の所有権者又は借地権者**は、**すべて組合の組合員となる**（25条１項）。借地権のみを有する者も、その組合の組合員となる。

| 問21 | 正解1 | 農地法（H30-問22） | 難易度A | |

1 ○ 農地を**宅地とする目的**（転用）で権利を取得（権利移動）する場合、その農地が**市街化区域内**にあるときは、あらかじめ**農業委員会**に届け出れば、5条許可は不要となる（農地法５条１項）。

2 × 「遺産分割」により農地を取得する場合、３条許可を受ける**必要はない**（３条１項12号）。

3 × 農事組合法人・一定の株式会社等で、一定の要件のすべてを満たしている法人を「**農地所有適格法人**」という（２条３項）。この２条３項の**要件を満たしていない株式会社**等でも、構造改革特別区域法24条１項の要件を満たせば農地の「所有」が認められるし、他方、**耕作目的で農地を借り入れることもできる**（３条２項２号・３項、施行令２条２項５号、構造改革特別区域法24条１項）。

4 × 登記簿上の地目（本肢では雑種地）が何であろうと、**現況が耕作している土地**であれば、その土地は農地法上の**農地**になる（２条１項）。

| 問22 | 正解1 | 国土法（事後届出）（H27-問21） | 難易度A | |

1 ○ 事後届出制の場合、**都市計画区域外**の届出対象面積は**10,000㎡以上**（本肢では12,000㎡）だが（国土利用計画法23条２項１号ハ）、「**相続**」は**土地売買等の契約ではない**（14条１項）。したがって、Aの死亡により土地を相続したBは、事後届出を行う必要

はない。

2 ✕ 　事後届出制の場合、**市街化**区域の届出対象面積は**2,000㎡以上**（本肢では3,000㎡）だが（23条2項1号イ）、届出を行うのは「**権利取得者**」である（23条1項）。つまり、Bが購入した場合、Bは事後届出を行わなければならないが、Aは事後届出を行う必要がない。したがって、「A及びB」ではない。

3 ✕ 　事後届出制の場合、**市街化調整**区域の届出対象面積は**5,000㎡以上**（本肢では6,000㎡）だが（23条2項1号ロ）、**農地法3条1項**の許可を受けた農地を購入した場合、**事後届出を行う必要はない**（同3号、施行令17条1号、6条7号）。

4 ✕ 　甲土地については**売買**で所有権を取得したので、「**土地売買等の契約**」だが、乙土地については「**対価の授受を伴わず**」賃借権の設定を受けたので、「**土地売買等の契約**」**でない**（14条1項、施行令5条）。したがって、市街化区域内でAが取得及び設定を受けた取引のうち、「土地売買等の契約」に該当する面積は、甲土地の1,500㎡であり、**市街化区域の届出対象面積の2,000㎡**以上を下回るため、事後届出を行う必要はない（23条2項1号イ）。

問23	正解2	譲渡所得 （H24-問23改題）	難易度A

1 ✕ 　居住用財産の譲渡所得の**3,000万円特別控除**は、居住用財産の**所有期間に関わらず適用される**（租税特別措置法35条1項）。

2 ◯ 　居住用財産を譲渡した場合の軽減税率の特例は、譲渡した年の1月1日における**所有期間が10年を超えている**ことが適用要件となっている（31条の3第1項）。そして、収用交換等の場合の譲渡所得等の5,000万円特別控除の適用を受ける場合であっても、特別控除後の譲渡益について、**居住用財産を譲渡した場合の軽減税率の特例を重複適用**することができる（31条の3第1項）。

3 ✕ 　**居住用財産を譲渡した場合の軽減税率の特例**の適用を受けることができる「**居住用財産**」には、譲渡時に自己の居住の用に供していた財産だけではなく、**居住しなくなった日以後3年を経過する日の属する年の12月31日までに譲渡した財産も含まれる**（31条の3第2項2号）。

4 ✕ 　居住用財産の譲渡所得の**3,000万円特別控除**は、譲渡した相手が譲渡人の**配偶者及び直系血族**（本肢「孫」は直系血族に該当する）、**生計を一にしている親族等特別の関係がある者**である場合には**適用されない**（35条1項、施行令23条2項、20条の3第1項）。つまり、配偶者・直系血族の場合は、「生計を一にしている」という限定はない。

16

| 問24 | 正解1 | 不動産取得税（H24-問24改題） | 難易度A | |

1 ○ 不動産取得税の免税点（課税標準となるべき額が当該金額未満である場合には課税することができない）は、土地の取得にあっては10万円、家屋の取得のうち建築に係るものにあっては1戸につき23万円、その他のものにあっては1戸につき12万円である（地方税法73条の15の2第1項）。

2 × 新築住宅に係る不動産取得税の課税標準の特例が適用されるための床面積要件は50㎡以上240㎡以下、控除額は1,200万円である（73条の14第1項、施行令37条の16第1号）。固定資産税の税額減額の面積要件（50㎡以上280㎡以下）との違いに注意する必要がある。なお、認定長期優良住宅であれば、控除額は1,300万円となる（附則11条8項）。

3 × 宅地の取得にかかる不動産取得税の課税標準は、当該取得が令和9年3月31日までに行われた場合、当該宅地の価格の2分の1の額とされる（附則11条の5第1項）。

4 × 令和8年3月31日までに家屋が新築された場合、当該家屋について最初の使用又は譲渡が行われた日において家屋の取得がなされたものとみなし、当該家屋の所有者又は譲受人を取得者とみなして、これに対して不動産取得税を課するのが原則であるが、宅建業者等が売り渡す新築住宅については、家屋が新築された日から1年（本則：6か月）を経過して、なお、当該家屋について最初の使用又は譲渡が行われない場合においては、当該家屋が新築された日から1年（本則：6か月）を経過した日において家屋の取得がなされたものとみなし、当該家屋の所有者を取得者とみなして、これに対して不動産取得税を課する（73条の2第2項、附則10条の3第1項）。

| 問25 | 正解4 | 不動産鑑定評価基準（H24-問25） | 難易度A | |

1 ○ 不動産の価格を形成する要因（以下「価格形成要因」という）とは、不動産の効用及び相対的稀少性並びに不動産に対する有効需要の三者に影響を与える要因をいう。不動産の価格は、多数の要因の相互作用の結果として形成されるものであるが、要因それ自体も常に変動する傾向を持っている。したがって、不動産の鑑定評価を行うに当たっては、価格形成要因を市場参加者の観点から明確に把握し、かつ、その推移及び動向並びに諸要因間の相互関係を十分に分析して、前記三者に及ぼすその影響を判定することが必要である（不動産鑑定評価基準総論3前文）。

2 ○ 鑑定評価の各手法の適用に当たって必要とされる事例には、原価法の適用に当たって必要な建設事例、取引事例比較法の適用に当たって必要な取引事例及び収益還元法の適用に当たって必要な収益事例（以下「取引事例等」という）がある。取

引事例等は、鑑定評価の各手法に即応し、**適切にして合理的な計画**に基づき、豊富に秩序正しく収集し、選択すべきであり、投機的取引であると認められる事例等適正さを欠くものであってはならない（7－1－1－2）。

3 ○ 取引事例は、原則として**近隣地域又は同一需給圏内の類似地域に存する不動産に係るもののうちから選択するものとし**、必要やむを得ない場合には**近隣地域の周辺の地域に存する不動産に係るもののうちから**、対象不動産の最有効使用が標準的使用と異なる場合等には、同一需給圏内の代替競争不動産に係るもののうちから選択するものとするほか、次の要件の全部を備えなければならない（7－1－3－2）。

① 取引事情が正常なものと認められるもの**であること**又は**正常なものに補正することができるもの**であること。
② **時点修正をすることが可能**なものであること。
③ **地域要因の比較及び個別的要因の比較が可能**なものであること。

4 × 原価法における減価修正の方法としては、**耐用年数に基づく方法**と、**観察減価法**の二つの方法があり、これらを**併用する**ものとする（7－1－2－3）。

問26	正解2	重要事項の説明(H27-問32改題)	難易度A

1 × 宅建業者は、受領しようとする**預り金**について保全措置を講ずる場合、**預り金の額**が**50万円未満**のときは、その措置の概要を**重要事項として説明する必要はない**（宅建業法35条1項11号、規則16条の3第1号）。すなわち、説明が不要となるのは、売買代金額の100分の10以下ではないので、本肢は誤り。

2 ○ 宅建業者は、**宅地の貸借の媒介**を行う場合、当該宅地について借地借家法22条に規定する**定期借地権**を設定しようとするときは、その旨を**重要事項として説明しなければならない**（宅建業法35条1項14号、規則16条の4の3第9号）。

3 × 宅建業者は、建物の貸借の媒介を行う場合、消費生活用製品安全法に関する特定保守製品の保守点検に関する事項について、**重要事項として説明する必要はない**（宅建業法35条1項2号、令3条3項、35条1項14号、規則16条の4の3、以上参照）。なお、消費生活用製品安全法とは、消費生活用製品（屋内式の瞬間湯沸かし器等）の事故を防止するための法律である。

4 × 宅建業者は、**建物の貸借の媒介**を行う場合、契約の期間及び契約の更新について、重要事項として説明する必要がある（宅建業法35条1項14号、規則16条の4の3第8号）。なお、**契約の更新**については、**37条書面**（電磁的方法を含む）の記載事項ではない（宅建業法37条2項・5項）。

18

| 問27 | 正解2 | 免許基準（R元-問43） | 難易度A | |

1 × 法人が宅建業の免許を受けようとする場合は、①申請をした法人、②役員、③政令で定める使用人、の3者が免許基準に抵触していないかをチェックする（宅建業法5条1項12号）。本肢の場合は、**役員**が抵触していないかが問題となる。この点、**非常勤役員も「役員」**であり、その役員が、**懲役1年の刑に処せられている**場合、当該役員について、**懲役刑の執行が終わった日等から5年**が経過していなければ、当該役員は、**免許欠格者となる**（5条1項5号）。よって、免許欠格者を役員としている法人は、免許を受けることはできない（5条1項12号）。

2 ○ 本肢では、**政令で定める使用人**が抵触していないかが問題となる（5条1項12号、令2条の2）。この点、懲役刑の言渡しを受けても、執行猶予が付されており、**執行猶予期間が満了**しているのであれば、満了の翌日に刑の言渡しは効力を失うので（刑法27条、民法138条、141条）、本肢の政令で定める使用人は、**免許欠格者ではない**。よって、本肢の法人は、免許を受けることができる。

3 × 法人が免許を受けようとする場合、**専任の宅建士**については、**審査の対象とはならない**（宅建業法5条1項12号）。もっとも、免許基準にいう「役員」は、名称を問わず、法人に対して取締役等と同等以上の支配力を有すると認められる者をいうので（5条1項2号かっこ書）、仮に当該専任の宅建士が役員等に該当するとしても、罰金刑に処せられた場合に免許基準に抵触するためには、**宅建業法違反や傷害罪等の一定の犯罪**に該当する必要があるところ（5条1項6号）、**器物損壊罪**（刑法261条）はこの「一定の犯罪」には該当しない。よって、仮に専任の宅建士が役員に該当しても、免許基準には抵触せず、当該法人は免許を受けることができる。

4 × 本肢では、**役員**が抵触していないかが問題となる（宅建業法5条1項12号）。この点、**代表取締役**は、「役員」には該当するが、当該役員は**拘留の刑**に処せられているに過ぎず、拘留は、免許基準に抵触する罰金刑以上の刑ではないので（刑法10条1項、9条）、役員は、**免許欠格者ではない**（宅建業法5条1項5号・6号）。よって、当該法人は免許を受けることができる。

| 問28 | 正解3 | 宅建士複合（R元-問44） | 難易度B | |

1 × 法人である宅建業者が、**業務停止処分に違反**したことを理由に**免許取消処分**を受けると、当該法人である宅建業者の免許取消処分の聴聞の公示日前60日以内に「**役員**」であった者は、当該宅建業者の免許取消しの日から5年間、登録欠格者となる（宅建業法18条1項3号かっこ書）。しかし、「**政令で定める使用人**」は、役員とは異なり、**登録欠格者にはならない**。なぜなら、政令で定める使用人は、支店長

等の事務所の代表者に過ぎず（令2条の2）、**法人全体を統括していないからである。**

2 × **宅建士**が勤務先の**宅建業者を変更**した場合、宅建士は**登録を受けている知事**に、遅滞なく、勤務先の宅建業者の商号又は名称及び免許証番号についての**変更の登録を申請**しなければならない（宅建業法20条、18条2項、規則14条の2の2第1項5号）。本肢では、宅建士の資格登録をしている知事は、「甲県知事」であるから、宅建士は甲県知事に変更の登録を申請しなければならないので、これを「乙県知事」とする本肢は誤り。

3 ○ 宅建士の**資格登録を受けている者**は、たとえ宅建士証の交付を受けた宅建士でなくとも、「**住所**」に変更があった場合は、遅滞なく、登録を受けている知事に、住所についての**変更の登録を申請**しなければならない（宅建業法20条、18条2項）。

4 × 宅建士の資格試験に合格した後、受験地の知事の**登録**を受けようとする者が**2年以上**の**実務経験を有しない**場合は、**登録実務講習**を受講し、国土交通大臣から2年以上の実務経験を有する者と同等以上の能力を有する者と認めてもらう必要がある（18条1項、規則13条の15、13条の16第1号）。宅建士の資格試験に合格した日から1年以内に**宅建士証の交付**を受けようとする者が、**法定講習**（宅建業法22条の2第2項）の受講が免除されていることと混同しないようにしよう。登録実務講習は、登録段階の講習で国土交通大臣の登録を受けた者の講習であり（規則13条の16第1号）、法定講習は、宅建士証の交付段階の講習で知事指定講習であること（宅建業法22条の2第2項）を確認しておこう。

問29	正解4	事務所複合（H22-問29改題）	難易度A

1 × 宅建業者は、事務所等及び事務所等以外の国土交通省令で定めるその業務を行う場所ごとに、**標識**を掲げなければならない（宅建業法50条1項）が、**免許証**を掲げる**義務はない。**

2 × 事務所ごとに**従業者名簿**を備える義務を怠った場合、監督処分として、業務停止処分に該当（65条2項2号、48条3項）し、50万円以下の**罰金**に処せられることがある（83条1項3号の2）。

3 × 宅建業者は、**事務所ごと**に、その業務に関する**帳簿**を備え、宅建業に関し取引のあったつど、その年月日、その取引に係る宅地又は建物の所在及び面積等の事項を**記載**しなければならない（49条）。したがって、各事務所の業務に関する帳簿を主たる事務所に備える義務はない。

4 ○ 宅建業者は、**事務所ごとに**置かなければならない**専任の宅建士の数に不足が生じた**場合は、**2週間以内**に新たに専任の宅建士を設置するなど**必要な措置を執らな**

ければならない（31条の3第1項・3項）。

| 問30 | 正解1 | 広告複合（H23-問36） | 難易度A |

1 ○ 宅建業者は、宅地の造成や建物に関する工事が完了するまでの間は、その**工事に必要な法令に基づく許可等の処分**があった後でなければ、その宅地建物の売買その他の業務に関する**広告**をすることはできない（宅建業法33条）。

2 × 宅建業者が宅地の売買について広告をするときは、**広告に取引態様の別を明示**しなければならない（34条1項）。数回に分けて販売する場合は、初回以外の広告についても、取引態様の別を広告に明示する必要がある。

3 × 宅建業者は、**依頼者の依頼**によって行う**広告の料金**に相当する額は、**報酬とは別に受領**できる（報酬告示9①）。しかし、依頼者からの依頼に基づかない広告に要した費用は、報酬とは別に受領することはできない。

4 × 免許取消処分後もなお宅建業者とみなされるのは、免許取消処分前に**締結していた契約に基づく取引を結了する目的の範囲内**の場合である（76条）。免許取消処分前に建物の売買の広告をしていても、**契約が未了**であれば、建物の売買契約を締結する目的の範囲内について**宅建業者とみなされることはない**。

| 問31 | 正解3 | 保証協会（H24-問43改題） | 難易度A |

1 ○ 保証協会は、弁済業務保証金分担金の納付を受けたときは、その日から1週間以内に、その**納付を受けた額に相当する額**の弁済業務保証金を供託しなければならない（宅建業法64条の7第1項）。

2 ○ 保証協会は、弁済業務保証金の還付があった場合においては、国土交通大臣から通知書の送付を受けた日から2週間以内に、その権利の実行により**還付された弁済業務保証金の額に相当する額**の弁済業務保証金を供託しなければならない（64条の8第3項、弁済業務保証金規則1条、4条）。

3 × 保証協会の社員と宅建業に関する取引により生じた債権を有する者（宅建業者を除く）は、その取引により生じた債権に関し、当該社員が社員でないとしたならばその者が供託すべき**営業保証金の額に相当する額の範囲内**において、当該保証協会が供託した弁済業務保証金について、弁済を受ける権利を有する（宅建業法64条の8第1項）。

4 ○ 保証協会の社員との宅建業に関する取引により生じた債権を有する者は、弁済を

受ける権利を実行しようとする場合、**弁済を受けることができる額**について、当該保証協会の認証を受けなければならない（64条の8第2項）。

| 問32 | 正解3 | 宅建業の意味（H30-問41） | 難易度A |

以下、免許を要する業務が含まれるものを○、含まれないものを×とする。

1 × A社が行っている戸建住宅の**建築行為**も、建築した戸建住宅を**自ら貸借**する行為も、宅建業の「**取引**」には**該当しない**（宅建業法2条2号）。よって、本肢には、免許を要する業務は含まれない。

2 × B社が所有するビルにテナントの出店を募集し、**出店事業者を決める行為**は、建物を**自ら貸借**する行為であり、宅建業の「**取引**」には**該当しない**（2条2号）。よって、本肢に免許を要する業務は含まれない。

3 ○ 賃貸マンションの管理業者であるC社が、管理を委託されている物件について、**貸主**を**代理**して**賃貸借契約**の締結をする行為は、建物の貸借の代理行為として、宅建業に該当する（2条2号）。よって、C社の行為には、宅建業の免許を要する業務が含まれる。

4 × D社が建物の**建築を請け負う行為**は、宅建業の「**取引**」には**該当しない**（2条2号）。よって、本肢に免許を要する業務は含まれない。

| 問33 | 正解3 | 複合問題（H28-問29） | 難易度A |

以下、宅建業法の規定に違反しないものを○、違反するものを×とする。

ア × 宅建業者が一団の宅地建物の分譲を案内所を設置して行う場合、その案内所で契約の締結や契約の申込みの受付を行わないときでも、**標識**の**掲示義務**がある（宅建業法50条1項、規則19条1項3号）。なお、問題文には「マンションを分譲するに際して」とのみ記述し、「一団の（10戸以上の）マンション」であることの記載を欠く点は、出題に問題がある。

イ × 宅建業者が手付について貸付けその他信用の供与をすることにより契約の締結を誘引する行為は、誘引行為により**売買契約が成立しなくても**、**手付貸与等による契約締結の誘引行為**として、宅建業法の規定に違反する（宅建業法47条3号）。

ウ ○ 宅建業者は、**事務所ごとに業務に関する帳簿**を備えなければならないが、帳簿を**閲覧に供する義務**はない（49条参照）。従業者名簿を閲覧に供する義務（48条4項）

と混同しないこと。

エ ✕ 宅建業者は、自ら売主となる宅地建物の割賦販売の契約について、賦払金の支払いの義務が履行されない場合、**30日以上**の相当の期間を定めてその支払いを**書面で催告**し、その**期間内に義務が履行されない**ときでなければ、賦払金の支払いの遅延を理由として、**契約を解除**し、又は支払時期の到来していない賦払金の支払いを請求することができない（42条1項）。

　以上から、違反するものは「ア、イ、エ」であり、正解は肢3である。なお、肢1の「ア、イ」も違反するものの組合せといえるが、本試験では肢3を正解肢としている。

問34	正解2	営業保証金（H23-問30）	難易度A

1 ✕ 宅建業者が新たに支店を設置し、その支店で事業を開始するには、**本店の最寄りの供託所**に政令で定める額の**営業保証金を供託**し、その旨を免許権者に**届け出た後**でなければならない（宅建業法26条、25条1項・4項・5項）。

2 ○ 免許権者は、宅建業者が免許を受けた日から**3か月以内**に営業保証金を供託した旨の届出をしないときは、その**届出をすべき旨の催告**をしなければならず、その催告が到達した日から**1か月以内**に届出をしないときは、その**免許を取り消す**ことができる（25条6項・7項）。

3 ✕ **支店の廃止**により営業保証金の額が政令で定める額を超えたときは、超過額を取り戻すことができる。この**営業保証金の取戻し**にも、宅建業の廃業の場合の営業保証金の取戻しと同様に、**公告**が必要である（30条1項・2項）。

4 ✕ 営業保証金の取戻しには、原則として、還付請求権者に対する公告が必要であるが、例外として、**営業保証金を取り戻すことができる事由が発生した時から10年を経過**したときは、**公告は不要**となる（30条1項・2項）。本肢のA社は、廃業により免許が失効しても取引を結了する目的の範囲内ではなお宅建業者とみなされるので（76条）、**取引を結了した日から10年経過**することが必要である。

問35	正解4	宅建士複合（H30-問42）	難易度A

1 ✕ 宅建士が死亡した場合、その相続人は、死亡した事実を「**知った日から**」30日以内に、その旨を宅建士の登録をしている都道府県知事に届け出なければならない（宅建業法21条）。

2 ✕ そもそも**宅建士**は、登録を受けている知事の都道府県の区域内に限定されず、**ど**

この都道府県に所在する宅建業者の事務所であっても業務に従事できる。ただし、宅建士は、業務従事地が変更する場合、登録を受けている知事を経由し、変更先の知事（乙県知事）に登録の移転を申請できるが、かかる申請をするかどうかは任意であり、義務ではない（19条の2本文）。

3 **×** 宅建士は、事務禁止処分を受けたときは、宅建士証をその交付を受けた都道府県知事に、速やかに提出しなければならず（22条の2第7項）、登録消除処分を受けたときは、宅建士証をその交付を受けた都道府県知事に、速やかに返納しなければならない（22条の2第6項）。

4 **○** 宅建士は、専任の宅建士であるか否かにかかわらず、取引の関係者から請求があったときは、宅建士証を提示しなければならない（22条の4）。

| 問36 | 正解2 | 重要事項の説明（H24-問30改題） | 難易度A |

1 **×** 売買や交換契約と異なり、建物の貸借（の媒介）では、「当該建物が住宅の品質確保の促進等に関する法律5条1項に規定する住宅性能評価を受けた新築住宅であるときは、その旨」の重要事項の説明は不要である（宅建業法35条1項14号、規則16条の4の3柱書・6号参照）。

2 **○** 「飲用水、電気及びガスの供給並びに排水のための施設の整備の状況（これらの施設が整備されていない場合においては、その整備の見通し及びその整備についての特別の負担に関する事項）」について、重要事項の説明をしなければならない（宅建業法35条1項柱書・4号）。

3 **×** 「当該建物について、石綿の使用の有無の調査の結果が記録されているときは、その内容」について、重要事項の説明をしなければならない（35条1項14号、規則16条の4の3柱書・4号）。「その内容」としては、調査の実施機関、調査の範囲、調査年月日、石綿の使用の有無及び石綿の使用の箇所を説明する（国交省「考え方」）。

4 **×** 「当該建物（昭和56年6月1日以降に新築の工事に着手したものを除く）が、建築物の耐震改修の促進に関する法律に規定する一定の耐震診断を受けたものであるときは、その内容」について重要事項の説明をしなければならない（宅建業法35条1項14号、規則16条の4の3柱書・5号）。しかし、本件説明義務については、耐震診断の実施自体を宅建業者に義務付けるものではない（国交省「考え方」）。

| 問37 | 正解1 | 35条書面・37条書面（H23-問34改題） | 難易度A | |

| 1 | × | 宅建業者は、建物の貸借の媒介をするにあたり、その建物に関する登記された権利の種類及び内容並びに登記名義人等を35条書面に記載（又は、電磁的方法により提供）しなければならない（宅建業法35条1項1号・8号）。これは、貸主から告げられたか否かにかかわらない。しかし、**37条書面の記載事項**（同条5項に定める電磁的方法による提供対象）には**該当しない**。 |

| 2 | ○ | 宅建業者は、宅建士をして37条書面に記名させなければならないが（37条3項）、37条書面の作成を宅建士にさせる必要はないので、その作成を宅建士ではない従業者に行わせることができる。 |

| 3 | ○ | 天災その他不可抗力による損害の負担（危険負担）に関する定めがあるときは、取引の種類にかかわらず37条書面に記載（又は、電磁的方法により提供）しなければならない（37条2項1号・1項10号・4項・5項）。 |

| 4 | ○ | 宅建業者は、宅地建物の売買・交換等の契約が成立したときは、遅滞なく、**宅建士の記名**のある37条書面を交付（又は、電磁的方法により提供）しなければならない（37条1項・3項・4項）。この点、**35条書面に記名する宅建士**と、37条書面に記名する宅建士とは、同一人物である必要はない（35条1項～3項・5項参照）。 |

| 問38 | 正解2 | 媒介契約（H24-問29改題） | 難易度A | |

| 1 | ○ | 宅建業者は宅地建物の売買・交換の専任媒介契約を締結したときは、契約の相手方を探索するため、物件情報等を指定流通機構に登録しなければならず（宅建業法34条の2第5項）、登録をした宅建業者は、**登録に係る物件の契約が成立したときは**、**遅滞なく、その旨を指定流通機構に通知しなければならない**（34条の2第7項）。指定流通機構への通知事項は、以下の3つである（規則15条の13）。
① 登録番号
② 取引価格
③ 売買・交換契約の成立した年月日 |

| 2 | × | 宅建業者は、宅地建物の**売買**の専属専任媒介契約を締結した場合、依頼者に対し1週間に1回以上、業務処理状況を報告しなければならない（宅建業法34条の2第9項）。報告の方法については、宅建業法上は規制がなく、**電子メールで行うことも認められる**。なお、国土交通省の「標準媒介契約約款」では、業務処理状況の報告は、文書か電子メールのいずれかを選択して記載することになっている。 |

| 3 | ○ | 宅建業者は、**売買の媒介契約を締結したときは**、遅滞なく、**一定事項を記載した** |

書面を作成して記名押印し、依頼者に交付し、又は政令で定めるところにより、依頼者の承諾を得て、当該書面に記載すべき事項を電磁的方法により提供しなければならない（34条の2第1項・11項）。よって、一般媒介契約でも、また依頼者が宅建業者であったとしても（78条2項参照）、34条の2の規定に基づく書面（媒介契約書面）を依頼者に交付（又は、電磁的方法により提供）しなければならない。

4 ○ 宅建業者は、売買の媒介契約を締結した場合、一般媒介契約でも、依頼者に価額又は評価額について意見を述べるときは、その根拠を明らかにしなければならない（34条の2第2項・1項2号）。

問39　正解2　クーリング・オフ（H24-問37）　難易度A

1 ×　Bは建物の引渡しを受け、かつ、その代金の全部を支払っており、BがA社からクーリング・オフについて何も告げられていなくても、Bはクーリング・オフによる契約の解除はできない（宅建業法37条の2第1項2号）。なお、モデルルームは、原則としてクーリング・オフが適用されない「（土地に定着する）案内所」と解されるので（国交省「考え方」、規則16条の5第1号ロ）、問題文でモデルルームでの買受けの申込みについて、クーリング・オフの適用の有無を問うことについて、その妥当性に疑問は感じる。

2 ○　クーリング・オフが適用される喫茶店でなされた売買契約でも、Aからクーリング・オフができる旨及び方法について書面で告げられた場合は、その告げられた日から起算して8日を経過すると、クーリング・オフができなくなる（宅建業法37条の2第1項柱書・1号、規則16条の6）。Aがクーリング・オフについて書面で告げたのは契約締結から3日後であり、「書面で告げられた日から起算して8日」を契約締結日から起算すれば11日後となるので、10日目であれば、クーリング・オフにより契約を解除できる。

3 ×　Bは、ホテルのロビーにおいて買受けの申込みをしているので、宅建業法のクーリング・オフの規定によれば、後日、締結された売買契約は、解除できる（宅建業法37条の2第1項、規則16条の5）。そして宅建業法のクーリング・オフの規定に反する特約で、申込者等に不利なものは、無効となる（宅建業法37条の2第4項）。よって、BがA社との間でなしたクーリング・オフによる解除をしない旨の特約は無効であり、Bがクーリング・オフによる当該契約の解除を申し入れた場合、A社はBからの解除を拒めない。

4 ×　Bは、A社の事務所において買受けの申込みをしている。この場合、後日、レストランで売買契約が締結されても、クーリング・オフは適用されない（37条の2第1項柱書かっこ書）。

26

| 問40 | 正解3 | 業務上の規制 (H24-問41) | 難易度A |

以下、宅建業法の規定に違反しないものを○、違反するものを×とする。

ア × 宅建業者等（従業員も含む）は、宅建業にかかる契約の締結の**勧誘に先立って**、相手方等に対し、**宅建業者の商号又は名称及び当該勧誘を行う者の氏名**並びに当該契約の締結について勧誘をする目的である旨を告げずに、**勧誘を行ってはならない**（宅建業法47条の2第3項、規則16条の11第1号ハ）。

イ × 宅建業者等（従業員も含む）は、宅建業に係る契約の締結の勧誘をするに際し、相手方等に対し、当該契約の目的物である宅地建物の**将来の環境**について**誤解させるべき断定的判断を提供**してはならない（宅建業法47条の2第3項、規則16条の11第1号イ）。**故意に誤解させるつもりはなくても、宅建業法の規定に違反する。**

ウ ○ 宅建業者の従業員が、**売買代金を引き下げ、契約の締結を勧誘しても、このような行為を禁止する宅建業法上の規定は存在しない**。かかる行為に類似する禁止規定として、「手付貸与等による契約締結の誘引の禁止」はあるが（宅建業法47条3号）、本肢のように「売買代金を引き下げ、契約の締結を誘引」しても、「**手付けについての貸付その他信用の供与**」には該当しない。

エ × 宅建業者等（従業員も含む）は、宅建業に係る契約の締結の**勧誘**をするに際し、相手方等に対し、**迷惑を覚えさせるような時間に訪問することは禁止**される（47条の2第3項、規則16条の11第1号ホ）。「**迷惑を覚えさせるような時間**」については、**相手方等の職業や生活習慣等に応じ、個別に判断される**ので（国交省「考え方」）、勧誘の相手方から「午後3時に訪問されるのは迷惑である」と事前に聞いていたにも拘わらず、午後3時に相手方を訪問して勧誘を行うことは、宅建業法の規定に違反する。

以上から、違反するものは「ア、イ、エ」の三つであり、正解は肢3である。

| 問41 | 正解4 | 37条書面 (H24-問31改題) | 難易度A |

以下、違反しないものを○、違反するものを×とする。

1 ○ 宅建業者は、宅地又は建物の売買又は交換に関し、自ら当事者として契約を締結したときはその**相手方**に、遅滞なく、**37条書面**（電磁的方法を含む。以下同じ）**を交付**（電磁的方法による**提供**を含む。以下同じ）しなければならない（宅建業法37条1項本文・4項）。よって、自ら売主として宅地の売買契約を締結したA社は、

買主に対して37条書面を交付しなければならない。**買主に37条書面を交付していれば、さらに買主の代理人である宅建業者B社に37条書面を交付したとしても、法の規定に違反しない**。

2 ○ **手付金等の保全措置の内容**は、**37条書面の記載事項ではない**（37条1項各号参照）。

3 ○ 建物の売買契約を成立させた場合、37条書面には「当該建物の所在、種類、構造その他当該建物を特定するために必要な表示」を記載しなければならない（37条1項2号）。そして、**工事完了前の建物**についての「**建物を特定するために必要な表示**」は、**重要事項の説明の時に使用した図書を交付**（**電磁的方法による提供**を含む）することにより行う（国交省「考え方」）。

4 × **物件の引渡時期**は、**37条書面に必ず記載しなければならない事項**である（37条2項1号・1項4号）。

| 問42 | 正解3 | 8種規制複合（H27-問34改題） | 難易度A | |

1 × 宅建業者が自ら売主となって宅建業者でない買主と宅地建物の売買契約を締結する場合（以下、「8種規制の適用場面」と略する）、宅建業者は物件の所有者とその物件を**取得する契約**（**停止条件付売買契約を除く**）を締結した場合を除き、他人物の売買契約は締結できない（宅建業法33条の2第1号）。

2 × 8種規制の適用場面において、契約不適合責任について、民法の規定よりも買主に不利な特約は、原則として無効になる（例外として、買主が売主に**契約不適合を通知すべき期間**については、特約で、「**引渡しの日から2年以上**」とする特約を定めることができる）。本肢の特約は、通知すべき期間を「引渡しの日から1年以内」としているが、これは宅建業法が許容する以上に買主に不利な特約なので、無効となる。すると、**特約は存在しないことになり、民法の規定が適用され**、通知すべき期間は、**契約不適合を知った時から1年以内**となる（40条、民法566条）。

3 ○ 8種規制の適用場面において、喫茶店で建物の買受けの申込みをし、翌日、売買契約を締結した場合は、クーリング・オフが適用される（宅建業法37条の2第1項）。もっとも、買主Bが建物の**引渡しを受け、かつ、代金全額を支払った**場合、クーリング・オフは認められないが、Bは、建物の引渡しは受けたものの、**代金全額は支払っておらず**、Bからクーリング・オフによる契約の解除が書面によって通知された場合、Aは、契約の解除を拒むことができない（37条の2第1項2号・2項）。

4 × 売主である宅建業者は、買主に対して、クーリング・オフに伴う損害賠償又は違約金の支払を請求することができない（37条の2第1項）。そして、クーリング・オフについて、**宅建業法の規定よりも買主に不利となる特約は無効**である（37条の2

28

第4項)。

| 問43 | 正解2 | 業務上の規制（H25-問41改題） | 難易度A | |

1 × 宅建業者は、事務所ごとに業務に関する帳簿を備えなければならない（宅建業法49条）。その帳簿は、紙への記載以外に、法定記載事項をパソコンのハードディスクに記録し、必要に応じ当該事務所においてパソコンやプリンターを用いて明確に紙面に印刷することが可能な環境を整えれば、パソコンのハードディスクへの記録を帳簿への記載に代えることができる（規則18条2項）。

2 ○ 宅建業者は、主たる事務所に免許証の掲示義務はないが、主たる事務所も含め国土交通省令で定める場所ごとに標識を掲示する義務はある（宅建業法50条1項、規則19条1項）。

3 × 宅建業者は、事務所ごとに帳簿を備え、「取引のあったつど」、一定事項を記載しなければならない（宅建業法49条）。

4 × 宅建業者は、従業者に、従業者証明書を携帯させなければ、その者を業務に従事させてはならない（48条1項）。宅建士証は、従業者証明書の代わりにはならない。

| 問44 | 正解1 | 報酬等（H24-問35改題） | 難易度B | |

ア ○ 消費税を含む売買代金は320万円（うち、土地代金100万円）であり、土地は消費税非課税、建物は課税なので、320万円−100万円＝220万円が中古別荘（建物）の税込み価格である。税込み220万円の税抜き価格（本体価格）は200万円だから、本件土地付中古別荘の本体価格は300万円である。速算法では、300万円×4％＋2万円＝14万円（これをαとする）となる。売買の媒介依頼を受けた宅建業者が、依頼者の一方から受領できる報酬限度額はα（課税事業者ならαに消費税10％を加えた額、免税事業者ならαに4％を加えた額、以下同じ）となり、売買の代理依頼を受けた宅建業者が依頼者から受領できる報酬限度額は2αとなる（報酬告示2・3）。さらに、1つの取引に複数業者が媒介や代理で関わった場合の複数業者の報酬合計額は2α以内でなければならない（国交省「考え方」）。本問では、代理依頼を受けた課税事業者A社はBから30万8,000円まで受領でき、媒介依頼を受けた課税事業者C社はDから15万4,000円まで受領できるが、A社とC社の受領する報酬額は合計30万8,000円まででなければならない。すると、代理の依頼を受けたA社がBから30万8,000円を受領すると、C社はDから報酬を受領できない。

イ ○ 媒介依頼を受けた課税事業者C社がDから受領できる報酬限度額は15万4,000

円である。C社がDから15万4,000円を受領すると、**A社とC社の受領できる報酬額合計**は30万8,000円だから、そこから15万4,000円を引くと、課税事業者A社はBから少なくとも残り15万4,000円を上限に受領できる。

| ウ | × | A社がBから10万円の報酬を受けた場合でも、C社は**売買**の**媒介**依頼を受けたDからは15万4,000円までしか報酬を受領できない。 |

| エ | × | 広告料金は、**依頼者の依頼によって行う広告料金相当額**を除き、報酬とは別に受領できない（報酬告示9①、国交省「考え方」）。よって、「アとイ」が正しく、正しいものの組合せは肢1となる。 |

　以上から、正しいものは「ア、イ」であり、正解は肢1である。

| 問45 | 正解4 | 住宅瑕疵担保履行法（H27-問45改題） | 難易度A | |

| 1 | × | 宅建業者が自ら売主として**宅建業者である買主**に新築住宅を販売する場合、履行確保法に基づく住宅販売瑕疵担保保証金の供託又は住宅販売瑕疵担保責任保険契約の締結（以下、「**資力確保措置**」と略する）を**講じる義務は負わない**（履行法2条7項2号ロ）。 |

| 2 | × | 宅建業者が自ら売主として新築住宅を販売する場合、住宅販売瑕疵担保保証金の供託をするときは、宅建業者でない買主とその住宅の**売買契約を締結するまでに**、住宅販売瑕疵担保保証金の供託をしている供託所の所在地その他住宅販売瑕疵担保保証金に関し国土交通省令で定める事項について、これらの事項を記載した書面を交付（又は買主の承諾を得て、書面に記載すべき事項を**電磁的方法により提供**）して**説明**しなければならない（15条、10条2項）。 |

| 3 | × | 自ら売主として新築住宅を宅建業者でない買主に引き渡した宅建業者は、資力確保措置を講じていない場合や、**基準日に係る資力確保措置の状況**について、基準日から3週間以内に届出をしない場合、**基準日の翌日**から起算して**50日**を経過した日以後は、原則として、新たに**自ら売主となる新築住宅の売買契約が禁止される**（13条）。 |

| 4 | ○ | 住宅販売瑕疵担保責任保険契約を締結している**宅建業者**は、当該保険に係る新築住宅に、構造耐力上主要な部分及び雨水の浸入を防止する部分に瑕疵がある場合に、**特定住宅販売瑕疵担保責任の履行によって生じた損害について保険金を請求**できる（2条7項2号イ、住宅品質確保法95条1項、94条1項）。 |

| 問46 | 正解1 | 住宅金融支援機構（R元-問46） | 難易度A | | 厳過去選問解答・解説 |

| 1 | × | 証券化支援事業（買取型）の代表的なものは、最長「**35年**」の全期間固定金利となる「**フラット35**」（民間金融機関と住宅金融支援機構が提携して実現した長期固定金利の住宅ローン）である。フラット35は、申込本人またはその親族が居住する新築住宅の建設資金・購入資金、**中古住宅の購入資金**等に利用できるものである。したがって、**中古住宅を購入するための貸付債権**を買取りの「**対象としている**」（独立行政法人住宅金融支援機構法13条1項1号、業務方法書3条1号参照）。 |

| 2 | ○ | 機構は、証券化支援事業（買取型）において、バリアフリー性、省エネルギー性、耐震性又は耐久性・可変性に優れた住宅を取得する場合に、**貸付金の利率を一定期間引き下げる制度**（いわゆる「**フラット35S**」）を実施している。 |

| 3 | ○ | 機構は、マンション管理組合や区分所有者に対する**マンション共用部分の改良に必要な資金の貸付け**を業務として行っている（独立行政法人住宅金融支援機構法13条1項7号後段）。 |

| 4 | ○ | 機構は、**災害復興建築物**（災害により、住宅又は主として住宅部分からなる建築物が**滅失**した場合におけるこれらの建築物又は建築物の部分に**代わるべき建築物又は建築物の部分**）の建設又は購入に必要な資金の貸付けを業務として行っている（13条1項5号前段、2条2項）。 |

| 問47 | 正解4 | 景表法（公正競争規約）（H28-問47） | 難易度A | |

| 1 | × | 事業者は、継続して物件に関する広告その他の表示をする場合において、当該広告その他の表示の**内容に変更があったとき**は、**速やかに修正し、又はその表示を取りやめなければならない**（不動産の表示に関する公正競争規約24条1項）。したがって、本肢のような事情があったとしても、広告を掲載し続けることは、**不当表示**に問われる可能性がある。 |

| 2 | × | 都市計画法上の**市街化調整区域に所在する土地**（都市計画法上の開発許可を受けているもの等を除く）については、「**市街化調整区域。宅地の造成及び建物の建築はできません。**」と（新聞折込チラシ等及びパンフレット等の場合には16ポイント以上の大きさの文字で）明示しなければならない（表示規約施行規則7条6号）。したがって、「宅地の造成や建物の建築ができない旨まで表示する必要はない」とする本肢は、誤りである。 |

| 3 | × | **学校**、病院、**官公署**、公園その他の公共・公益施設は、一定の場合を除き、次に掲げるところにより表示しなければならない（9条29号）。 |

① 現に利用できるものを表示すること。

② 物件からの道路距離又は徒歩所要時間を明示すること。

③ その施設の名称を表示すること。ただし、公立学校及び官公署の場合は、パンフレットを除き、省略することができる。

4 ○ 新設予定の鉄道、都市モノレールの駅若しくは路面電車の停留場（「駅等」という）又はバスの停留所は、当該路線の運行主体が公表したものに限り、その新設予定時期を明示して表示することができる（9条6号）。

問48	正解2	統 計（R元-問48改題）	難易度A

1 × 令和4年度における不動産業の経常利益は5兆9,392億円となっており、3年ぶり（対前年度比2.0%）の「減益（減少）」となった。なお、「全産業の経常利益は前年度に比べ13.5%増加」との記述は正しい（令和4年度法人企業統計年報・財務省）。

2 ○ 令和6年地価公示（令和6年3月公表）における令和5年1月以降の1年間の地価は、以下のとおりで、全国平均では、全用途平均・住宅地・商業地のいずれも3年連続で上昇（上昇率拡大）した。

地価⇒いずれも3年連続の上昇（地方圏の住宅地以外は上昇率拡大）（単位：%）

	全用途平均	住宅地	商業地
全 国	2.3	2.0	3.1
三大都市圏	3.5	2.8	5.2
地方圏	1.3	1.2	1.5

3 × 令和5年3月末（令和4年度末）時点の宅地建物取引業者数は12万9,604業者（「約13万」業者）となっており（令和6年版国土交通白書）、9年連続の増加となった。

4 × 令和5年の新設住宅着工戸数は、819,623戸（前年比4.6%減）で、3年ぶりの減少となった。このうち、「貸家」の着工戸数は「約34.4万戸」となっており、「3年ぶりの減少」となった。なお、令和5年の新設住宅着工の利用関係別戸数は、以下のとおり（建築着工統計令和6年1月公表）。

① 持　　家→224,352戸（前年比11.4%減、2年連続の減少）

② 貸　　家→343,894戸（前年比0.3%減、3年ぶりの減少）

③ 分譲住宅→246,299戸（前年比3.6%減、3年ぶりの減少）

・マンションは107,879戸（同0.3%減、昨年の増加から再びの減少）

・一戸建住宅は137,286戸（同6.0%減、3年ぶりの減少）

問49	正解4	土　地 (H29-問49)	難易度A

1 ○ 扇状地は、山地から河川により運ばれてきた砂礫等が堆積して形成された地盤である。扇状地は、谷の出口などに扇状に広がった平坦な微高地であり、一般に宅地として適している。

2 ○ 三角州は、波の静かな内湾に面した河川の河口付近に見られる軟弱な地盤である。特に、地震時の液状化現象の発生に注意が必要である。

3 ○ 台地は、一般に水はけがよく地盤が安定しており、低地に比べ、自然災害に対して安全度は高い。高いところは原則安全、低いところは原則危険、と考えるとよい。

4 × 埋立地は、一般に海面に対して数メートルの比高を持ち、干拓地に比べ、水害に対する「安全度は高い」。一般に海面よりも低く地盤が軟弱である干拓地の方が、埋立地に比べ、水害に対して危険である。

問50	正解4	建築の構造 (H25-問50)	難易度A

1 ○ 耐震構造は、建物の柱、はり、耐震壁（柱・はりと一体になった壁）などで剛性（地震に抵抗する度合い）を高め、地震に対して十分耐えられるようにした構造である。

2 ○ 免震構造は、建物の下部構造と上部構造との間に積層ゴムなどを設置し、地震力に対して建物がゆっくりと水平移動し、建物に伝わる揺れを減らす構造である。

3 ○ 制震構造は、制震ダンパー（地震のエネルギーを吸収する部材）などを設置し、揺れを制御する構造である。

4 × 既存不適格建築物といえども安全に関わる耐震補強は必要であり、制震構造や免震構造を用いることは可能であるし、むしろ用いるべきである。したがって、「適していない」というのは最も不適当な記述である。

予想模試
解答・解説

第 **1** 回

解答一覧&
実力診断

〈第1回〉
解答一覧＆実力診断シート

【難易度】A…得点すべし！　B…合否の分かれ目　C…難問

科目	問題	論点	正解	難易度	check	科目	問題	論点	正解	難易度	check
民法等	1	対抗問題・意思表示	1	A		宅建業法	26	免許の要否	4	A	
	2	不法行為	2	A			27	広告等	3	A	
	3	債務不履行・解除	4	A			28	宅建士複合	1	A	
	4	賃貸借	3	A			29	業務上の規制	3	A	
	5	抵当権	1	A			30	報酬計算	3	A	
	6	請負	1	A			31	35条書面・37条書面	4	A	
	7	相続	3	A			32	重要事項の説明	4	A	
	8	制限行為能力者	1	A			33	手付金等の保全措置等	2	A	
	9	売主の担保責任等	3	A			34	宅建士証複合	2	A	
	10	取得時効	3	A			35	営業保証金	4	A	
	11	借地権	3	A			36	保証協会等	1	A	
	12	借家権	4	A			37	37条書面	3	A	
	13	区分所有法	4	A			38	媒介契約	3	A	
	14	不動産登記法	2	A			39	取引態様の明示	1	A	
法令上の制限	15	都市計画・指定	2	A			40	クーリング・オフ	2	A	
	16	開発許可等	1	A			41	重要事項の説明	2	A	
	17	建築基準法(総合)	3	A			42	8種規制複合	1	A	
	18	建築基準法(集団規定等)	4	A			43	免許複合	2	A	
	19	盛土規制法	3	A			44	重要事項の説明	1	A	
	20	土地区画整理法	1	A			45	住宅瑕疵担保履行法	4	A	
	21	農地法	4	A		その他関連知識※	46	住宅金融支援機構	3	A	
	22	国土法(事後届出)	2	A			47	景表法(公正競争規約)	3	A	
その他関連知識	23	登録免許税	3	A			48	統計	1	A	
	24	不動産取得税	2	A			49	土地	3	A	
	25	地価公示法	4	A			50	建築物	4	A	

※問46〜50の5問は登録講習修了者の免除問題となります。

■ 科目別の成績

民法等	法令上の制限
／14（9）点	／8（6）点

宅建業法	その他関連知識
／20（17）点	／8（6）点

注：（　）内の数字は、合格レベルの点数です。
　　弱点科目をカバーしましょう。

■ 難易度別の成績

A ／50問中

B ／0問中

C ／0問中

A、Bランクの問題を得点しましょう。

■ 総合成績

合　計
／50（38）点

問1	正解1	対抗問題・意思表示	難易度A	得点 ナベ！

1　○　Bの前者であるAの前者Cは、Bにとって、登記がなければ対抗することができない「**第三者**」に**あたらない**（民法177条、判例）。したがって、Bは、所有権移転登記を備えていなくても、Cに対して甲土地の所有権を主張することができる。

2　×　詐欺による意思表示は、取り消すことができる（96条1項）。そして、**詐欺による意思表示の取消し**は、**善意無過失の第三者**には**対抗することができない**（96条3項）。したがって、DがBの詐欺の事実を知っていたとき等は、Aは、Dに対して甲土地の所有権を主張することができる。

3　×　強迫による意思表示は、取り消すことができる（96条1項）。そして、強迫による意思表示の**取消し**は、**善意無過失の第三者**にも**対抗することができる**（96条3項反対解釈）。したがって、Aは、善意無過失であるEに対して、甲土地の所有権を主張することができる。

4　×　本肢のように、通謀も虚偽の意思表示もないが、真の所有者（本肢ではF）が、債権者の追及を逃れるために**売買契約の実態はないのに登記だけ他人名義**（本肢ではA名義）に移したような落ち度のある場合、判例は、**虚偽表示の規定**（94条2項）を**類推適用**し、真の所有者は**善意の第三者**（本肢ではB）に**対抗できない**としている。他人名義という外観を作り出した真の所有者にその責めを負わせ、善意の第三者を保護すべきだからである。したがって、登記を信頼してAと売買契約を締結した善意の第三者Bは、Fに対して、甲土地の所有権を主張することができる。

> **Point**
>
> 本試験においては、「対抗問題」と「意思表示」の分野で学習する知識が、1問の中で複合的に問われることが少なくない。本問で十分に準備しておこう。

問2	正解2	不法行為	難易度A	得点 ナベ！

1　×　使用者の損害賠償債務と、被用者自身の損害賠償債務は、**不真正連帯債務**である（民法715条1項、709条、民法改正前の判例）。民法改正によって判例変更がなされたわけではないから、被害者は、使用者・被用者のいずれに対しても、**損害賠償を請求**することが**できる**。

2　○　使用者は、原則として、被用者がその事業の執行について第三者に加えた損害を賠償する責任を負う（715条1項）。そして、使用者は、損害を賠償したときは、**信義則上相当な限度**で、被用者に対して**求償**することができる（715条3項、判例）。

37

| 3 | × |

人の生命又は身体を害する不法行為による損害賠償請求権は、被害者又はその法定代理人が損害及び加害者を知った時から５年間行使しないとき、又は、不法行為の時から20年間行使しないときは、時効によって消滅する（724条、724条の２）。しかし、**被用者の損害賠償義務と使用者の損害賠償義務とは別個の債務**であるし（判例）、また、被用者に対する損害賠償請求権と使用者に対する損害賠償請求権の消滅時効の起算点が異なる場合が考えられる。したがって、ＣのＡに対する損害賠償請求権が消滅時効にかかったときは、ＢのＣに対する損害賠償義務も消滅するというわけではない。

| 4 | × |

他人の身体・自由・名誉を侵害した場合又は他人の財産権を侵害した場合のいずれであるかを問わず、不法行為責任を負う者は、**財産以外の損害**に対しても、その賠償をしなければならない（710条）。そして、被害者が**即死**の場合でも、**被害者自身に死亡による慰謝料請求権が発生**し、その請求権は、単なる金銭債権だから、相続によって**相続人へ承継される**（判例）。したがって、Ｃの相続人がＣの慰謝料請求権を相続することはないとする本肢は誤っている。

Point

不法行為は頻出分野であり、特に、損害賠償請求権の消滅時効については、よく出題されている。注意しておこう。

| 問3 | 正解４ | 債務不履行・解除 | 難易度Ａ |

| 1 | × |

債務の**全部の履行が不能**となった場合、それが債権者の責めに帰すべき事由によるものであるときを除き、債権者は、**直ちに契約の解除**をすることができる（民法542条１項１号、543条）。したがって、甲建物がＢの失火により全焼してしまった場合、Ａは、直ちに売買契約を解除することができる。

| 2 | × |

債務の不履行に対する損害賠償の請求は、債務不履行によって**通常生ずべき損害**（債務不履行と相当因果関係にある損害）の賠償をさせることをその目的とするとされている（416条１項、判例）。そして、**相当性の判断**にあたっては、通常の事情のほか、特別の事情も考慮されるが、**通常の事情**に関しては、**予見の有無は問題とされない**（判例）。また、**特別の事情**に関しては、**債務者**が、債務不履行の時に、**予見すべきであった**と考えられる事情が考慮される（416条２項、判例）。したがって、債務の不履行によって通常生ずべき損害のうち、債務不履行時に、Ａ及びＢが予見すべきであったものに限り、賠償請求することができるとする本肢は誤っている。

| 3 | × |

解約手付が交付された場合、相手方が契約の履行に着手する前であれば、買主はその手付を放棄して、**売主はその倍額を現実に提供**して、契約を**解除**することが

38

できる（557条1項）。したがって、Bは、Aに対して、単に口頭で600万円を償還することを告げて、受領を催告すれば足りるというわけではない。

4 ○ 契約の解除による原状回復をもって、第三者の権利を害することはできない（545条1項ただし書）。そして、第三者とは、解除前に権利を取得した者である（判例）。ただし、第三者として保護されるためには、善意悪意を問わないが、登記等の対抗要件が必要である（判例）。したがって、解除前に抵当権設定契約を締結した抵当権者Cも第三者であり、抵当権設定登記をしているCは、第三者として保護される。よって、Bは、抵当権の消滅をCに主張できない。

> **Point**
> 債務不履行による解除は、債権者を契約の拘束力から解放するための制度であり、債務者の責任を追及するための手段ではない。

問4	正解3	賃貸借	難易度A

1 × 賃貸借契約は、諾成契約である（民法601条）。したがって、AB間の賃貸借契約は、AB間の合意があれば、書面により契約を締結していなくても効力を生じる。

2 × 土地の賃借人Bが、借地上の建物（本肢では、甲建物）を第三者Aに賃貸しても、Bが建物所有のために自ら土地を使用しているのであり、借家人AがBから独立して土地を使用するわけではないから、土地の転貸には該当しない（判例）。したがって、本肢の場合、Cとの関係において、借地の無断転貸借とはならないことから、Cは、BC間の賃貸借契約を解除することはできない。

3 ○ 賃貸借契約は、目的物の全部が滅失して使用・収益できなくなった場合、終了する（616条の2）。したがって、本肢の場合、AB間の賃貸借契約は終了する。

4 × 賃貸人の地位が賃貸物の譲受人（新所有者）に移転した場合でも、新所有者は、その所有権の移転について登記を備えなければ、賃貸人である地位を賃借人に主張することができない（605条の2第3項）。

> **Point**
> 民法の賃貸借の知識は、それ自体重要であるだけではなく、借地借家法の理解の基礎となるものである。

39

| 問5 | 正解1 | 抵当権 | 難易度A | |

1 ○ 抵当権（質権・先取特権も同様）は、その目的物の売却、賃貸、**滅失**又は損傷によって債務者が受けるべき金銭その他の物に対して、**行使**することができる（**物上代位性**、民法304条、350条、372条）。そして、**火災保険金請求権**も**物上代位の対象**となるとするのが判例である。

2 × 抵当権（質権も同様）は、抵当権者と抵当権設定者との間の**契約により成立する約定担保物権**である。なお、法律上当然に成立する法定担保物権は、留置権・先取特権である。

3 × **抵当権者**は、債務者又は第三者が**占有を移転しないで**債務の担保に供した**不動産**について、他の債権者に先立って自己の債権の弁済を受ける**権利を有する**（369条1項）。**地上権**及び**永小作権**も、**抵当権の目的とすることができるが**（369条2項）、動産を民法上の抵当権の目的とすることはできない。なお、質権（342条、352条、356条）・留置権（295条）・先取特権（303条、311条、325条）のいずれも、動産についても、不動産についても成立する。

4 × 肢3の解説のとおり、**抵当目的物の占有は、抵当権設定者**（債務者又は第三者）**の手元にとどまるもの**であり、**抵当権者には、抵当目的物の占有は移転しない**。なお、留置権者・質権者は、善良な管理者の注意をもって、担保目的物を占有しなければならない（298条1項、350条）。

> **Point**
> 抵当権の性質に関する総合問題である。他の担保物権（質権・留置権・先取特権）との相違も注意してほしい。

| 問6 | 正解1 | 請　負 | 難易度A | |

1 ○ 請負契約において、仕事が完成しない間に、**注文者の責めに帰すべき事由**によりその**完成が不能**となった場合には、**注文者**は、**請負代金の履行を拒むことができない**。この場合、**請負人**は、自己の債務を免れたことによる**利益**を注文者に**償還する義務**を負う（民法536条2項）。

2 × 請負人が、**種類・品質に関して契約の内容に適合しない**仕事の目的物を注文者に引き渡した等の場合、**注文者**は、原則として、請負人に対して、目的物の**修補**、代替物の引渡しによる**履行の追完を請求することができる**（559条、562条）。したがって、AはBに対して当該建物の修補を請求することはできないとする本肢は誤っ

40

ている。

3 ✕　請負人が**仕事を完成しない間**は、注文者は、いつでも損害を賠償して契約の解除をすることができる（641条）。注文者が必要としなくなった仕事をいつまでも請負人に続けさせることは、無意味だからである。したがって、Bが建物を完成させる前であっても、Aは本件契約を解除できないとする本肢は誤っている。

4 ✕　請負人が、**種類・品質に関して契約の内容に適合しない**仕事の目的物を注文者に引き渡した等の場合、**注文者**は、原則として、**請負契約を解除することができる**（559条、564条、541条、542条）。

> **Point**
>
> 令和2年に民法の大きな改正がなされた後、「請負」は令和5年まで出題されなかった。令和6年も、「請負人の担保責任」については要注意である。肢4にあるように、仕事完成後においても「建物その他の土地の工作物」に関する解除権が認められるようになったことは、必ず覚えておかなければならない。

問7	正解3	相　続	難易度A

1 ✕　子、直系尊属又は兄弟姉妹が**数人あるとき**は、**各自の相続分**は、**相等しいものとする**（民法900条4号本文）。**嫡出子**（法律上の婚姻関係にある男女間に生まれた子）と**非嫡出子**（法律上の婚姻関係にない男女間に生まれた子）の**相続分は等しい**。

2 ✕　相続の承認又は放棄は、原則として、自己のために相続の開始があったことを**知ったときから3か月以内**に行わなければならない（熟慮期間、915条1項本文）。そして、相続人がこの期間内に限定承認又は相続の放棄をしなかった場合には、相続人は、**単純承認をしたものとみなされる**（921条2号）。したがって、本肢のように、Cが自己のために相続の開始があったことを知らない場合には、熟慮期間が起算されないため、Cは、単純承認をしたものとはみなされない。

3 〇　共同相続人の1人（本肢ではB）が、不動産について単独で相続した旨の登記をし、これを第三者（本肢ではD）に譲渡して所有権移転登記をした場合、他の相続人（本肢ではC）は、**第三者に対して、自己の相続分を登記なくして対抗することができる**（899条の2第1項、判例）。他の相続人の相続分に関する限り、譲渡人も、譲り受けた第三者も無権利者だからである。

4 ✕　**兄弟姉妹以外の相続人**は、直系尊属のみが相続人となる場合を除き、**遺留分**（総体的遺留分）として、被相続人の財産の2分の1の額を受ける（1042条1項）。そして、遺留分を侵害された**遺留分権利者**は、遺留分を侵害する遺贈又は贈与を受けた者

（受遺者又は受贈者）に対して、**遺留分侵害額に相当する金銭の支払いを請求**することができる（遺留分侵害額請求権、1046条1項）。したがって、Aの子であるBは、遺留分権利者であるから、遺留分を侵害する遺贈を受けたCに対して、遺留分侵害額に相当する金銭の支払いを請求することができる。

> **Point**
>
> 本試験では、相続分・遺留分の具体的金額を計算させる問題も出題される。基本的知識を確認しておこう。

問8	正解1	制限行為能力者	難易度A

1 ○ 　成年被後見人が行った法律行為は、成年後見人の同意の有無にかかわらず、取り消すことができるのが原則である（民法9条本文）。たとえ、**贈与を受ける**ような、単に権利を得る行為であっても、**取り消すことのできる行為**となる。また、成年被後見人が行った、取り消すことのできる行為については、**成年後見人も取り消すことができる**（120条1項）。したがって、成年後見人は、当該法律行為を取り消すことができる。

2 × 　未成年者がその**法定代理人の同意を得ずに**なした法律行為は、原則として、**取り消すことができる**（5条1項・2項）。したがって、本肢の場合、法定代理人は、当該法律行為を取り消すことができる（120条1項）。

3 × 　制限行為能力者が行為能力者であることを信じさせるため詐術を用いたときは、その行為を**取り消すことができない**（21条）。したがって、被補助人が詐術を用いて相手方に行為能力者であると信じさせていた本肢の場合、補助人は、当該法律行為を取り消すことができない。

4 × 　保佐人の同意を得なければならない行為で、その同意（又はこれに代わる許可）を得ないでしたものは、取り消すことができる（13条4項）。しかし、日用品の購入その他日常生活に関する行為は、保佐人の同意を必要としない（13条1項ただし書、9条ただし書）。したがって、被保佐人が保佐人の同意を得ずに日用品を購入した場合でも、保佐人は、当該法律行為を取り消すことはできない。

> **Point**
>
> 本試験でも、この程度の基本的な問題が出題されたときは、是非とも正解したい。なお、令和4年の民法改正により、成人年齢が18歳に引き下げられたことに注意（4条）。

| 問9 | 正解3 | 売主の担保責任等 | 難易度A |

1 × 売買契約は双務契約であり（民法555条）、特約のない限り、**当事者双方の義務**は、**同時履行の関係にある**（533条）。したがって、本肢の買主Aは、売主Bから甲建物の引渡しを受ける前に、Bに対して代金を支払う必要はない。

2 × **売主の担保責任**とは、売買の目的物等に欠陥がある場合に**売主が負う責任**のことであり、買主がその**売主の責任を追及**するというものである。したがって、本肢の場合、Aは、売主であるBに対しては、一定の担保責任を追及することができるが（562条～564条）、売買の媒介を行っているCに対しては、担保責任を追及することはできない。

3 ○ 引き渡された売買の目的物が、種類・品質に関して**契約の内容に適合しない**ものであるときは、売主は、**一定の担保責任を負う**（562条～564条）。これは、契約目的を達成することができない場合に**限定されていない**。

4 × 引き渡された目的物が、種類・品質に関して**契約の内容に適合しない**ものであるときは、買主は、売主に対し、**目的物の修補**、代替物の引渡し等による**履行の追完を請求**することができる。ただし、売主は、**買主に不相当な負担を課するものでないときは**、**買主が請求した方法と異なる方法による履行の追完をすることができる**（562条1項）。したがって、Bは、Aが請求した方法と異なる方法による履行の追完をすることができる場合がある。

Point

図を描き、売買契約当事者のそれぞれの立場にたってみて知識を理解・整理することが重要である。

| 問10 | 正解3 | 取得時効 | 難易度A |

1 × **20年間**、**所有の意思をもって、平穏に、かつ、公然**と他人の物を**占有**した者は、その**所有権を取得する**（民法162条1項）。したがって、Aの**占有開始の状態が悪意**又は有過失であっても、所有の意思をもって平穏かつ公然に甲土地を**20年間**占有し続ければ、Aは、甲土地の所有権を時効取得することができる。

2 × **占有権**は、**代理人によっても取得**することができる（代理占有、181条）。本肢のAは、甲土地を17年間Cに賃貸しているが、所有の意思をもって自分の代わりにCに占有させていたのであるから、占有を喪失したことにはならない。したがって、Aは、甲土地の所有権を時効取得することができる。

43

3 ○ 時効取得が認められるためには、**所有の意思**が**必要**である（162条）。しかし、本肢のAの占有は、**賃借権に基づく**ものであって、所有の意思は認められない。したがって、Aは、20年間甲土地を占有しても、甲土地の所有権を時効取得することはできない。

4 × 占有は、**前主**（自分より前に占有していた人）の**占有期間及び占有開始の状態**を**承継**することができる（187条）。そして、この規定は、**相続の場合にも適用される**（判例）。したがって、Aの父が甲土地を12年間占有し、その後Aが8年間占有をしたときは、たとえAの父が悪意であったとしても、Aは、甲土地の所有権を時効取得することができる。

> **Point**
> 肢4について、前主からは「占有期間」だけではなく、「占有開始の状態」（善意無過失・善意有過失・悪意等）も承継することに注意。

問11	正解3	借地権	難易度A

1 ○ 借地権を設定する場合の存続期間は、事業用定期借地権を除き（借地借家法23条2項）、**30年以上**でなければならない（3条）。そして、この規定について借地権者に**不利**な特約は、**無効**となる（9条）。したがって、存続期間が10年と定められている場合でも、20年と定められている場合でも、その約定は無効となり、いずれの場合も、借地権は、契約の時から30年存続する。なお、居住用建物所有目的の事業用定期借地権は認められない（23条1項・2項）。

2 ○ 建物の種類・構造・規模・用途を**制限**するような借地条件がある場合において、法令による土地利用の規制の変更、付近の土地の利用状況の変化その他の**事情の変更**により、その借地条件の変更が相当であるにもかかわらず、借地条件の変更につき当事者間に協議が調わないときは、**裁判所**は、**当事者の申立て**により、その**借地条件を変更**することができる（17条1項）。

3 × 存続期間を「**50年以上**」として借地権を設定する場合においては、契約の**更新**（更新の請求及び土地の使用の継続によるものを含む）**及び建物の築造による存続期間の延長がなく**、並びに借地借家法13条の規定による**建物買取請求をしないこと**とする旨の特約を定めることができる。この特約は、「公正証書による等**書面**（又は**電磁的記録**）」によってしなければならないが、必ずしも公正証書による必要はない（**定期借地権**、22条）。

4 ○ **事業用定期借地権**を設定するには、**専ら事業の用**に供する建物（**居住の用**に供するものを**除く**）の所有を目的とすることが必要である（23条1項・2項）。したがっ

44

て、事業用定期借地権は、個人が住宅を建てる場合も、住宅賃貸の事業者が賃貸マンションを建てる場合も、設定することはできない。

> **Point**
> 貸主側にも配慮した特殊な借地権として、肢3・肢4のほか、「建物譲渡特約付借地権（24条）」もおさえておこう。

問12　正解4　借家権　難易度A　得点ナベ！

1 ×　建物の賃貸人の同意を得て建物に付加した畳、建具その他の造作がある場合には、建物の賃借人は、建物の賃貸借が**期間の満了**又は**解約の申入れ**によって**終了する**ときに、賃貸人に対し、その**造作を時価で買い取るよう請求**することができる（造作買取請求権、借地借家法33条1項）。したがって、**賃借人の債務不履行**を理由として賃貸借契約が解除された場合、賃借人は、賃貸人に対して、**造作の買取りを請求することはできない**。賃借人の債務不履行が原因で賃貸借契約が解除されたのであれば、賃借人の保護を図る必要はないのである。

2 ×　**期間の定めのある**建物賃貸借契約において、当事者が期間満了の**1年前から6か月前までの間**に相手方に対して**更新をしない旨の通知**又は条件を変更しなければ更新しない旨の通知をしなかったときは、従前の契約と同一の条件で契約が**更新されたものとみなされる**。ただし、その**期間**は、**定めがないもの**となる（26条1項）。したがって、更新後の期間も2年となるとする本肢は誤り。

3 ×　**期間の定めがある**建物の賃貸借をする場合においては、公正証書による等**書面又は電磁的記録**によって契約をするときに限り、契約の**更新がないこととする旨**を定めることができる（**定期建物賃貸借**、38条1項前段・2項）。そして、定期建物賃貸借をしようとするときは、賃貸人は、あらかじめ、賃借人に対し、建物の賃貸借は契約の更新がなく、期間の満了により当該建物の賃貸借は終了することについて、その旨を記載した**書面を交付**して、又は、その書面の交付に代えて、その書面に記載すべき事項を**電磁的方法によって提供して説明**しなければならない（38条3項・4項）。したがって、本肢の場合、書面あるいは電磁的記録によって契約を締結すれば足りるというわけではない。なお、「書面の交付」に代わる「電磁的方法による提供」には、**建物賃借人の承諾が必要**である。

4 ○　定期建物賃貸借において、その期間が**1年以上**であるときは、賃貸人は、原則として、**期間満了の1年前から6か月前まで**の間（通知期間）に、賃借人に対し、期間の満了により建物の賃貸借が終了する旨の**通知**をしなければ、その**終了**を賃借人に対抗することができない（38条6項本文）。したがって、Aは、Bに対して、

45

その通知期間内に、期間満了により本件契約が終了する旨の通知をしなければ、期間2年での終了をBに対抗することができない。

> **Point**
>
> 貸主側にも配慮した特殊な借家権として、肢3のほか、「取壊し予定の建物の賃貸借（39条）」もおさえておこう。

問13	正解4	区分所有法	難易度A

1 ○ 議事録の保管場所は、建物内の見やすい場所に掲示しなければならない（区分所有法42条5項、33条3項）。また、規約の保管場所についても同様である（33条3項）。

2 ○ 管理者の資格については、特に制限がない（25条参照）。したがって、管理者は、自然人であるか、管理会社等の法人であるか、また、区分所有者であるか否かを問わない。

3 ○ 規約及び集会の決議は、区分所有者はもちろんのこと、区分所有者の包括承継人や、区分所有者の特定承継人に対しても、その効力を生ずる（46条1項）。

4 × 規約を保管する者は、利害関係人の請求があったときは、正当な理由がある場合を除いて、規約の閲覧（規約が電磁的記録で作成されているときは、当該電磁的記録に記録された情報の内容を紙面に印刷する等の一定の方法により表示したものの、当該規約の保管場所における閲覧）を拒んではならない（33条2項）。なお、「正当な理由」には、無用の重複請求など、閲覧請求権の濫用と認められる請求等があげられる。したがって、正当な理由がある場合でも、規約の閲覧を拒んではならないとする本肢は誤りであり、本問の正解肢である。

> **Point**
>
> 肢4については、引っかからないことが肝要。正確な知識の習得を心がけること。

問14	正解2	不動産登記法	難易度A

1 ○ 民法の規定によれば、代理人の代理権は、本人の死亡により消滅してしまう（民法111条1項1号）。しかし、それでは登記申請がさらに煩雑になってしまうし、また、不動産の申請手続きについては、代理人の権限を存続させても濫用される可能性は少ない。そこで、不動産登記法では、委任による登記申請の代理人の権限は、本人が死亡しても消滅しないとされている（不動産登記法17条1号）。したがって、登記の申請をする者の委任による代理人の権限は、本人の死亡によっては、消滅

しない。

2 × 　**誰でも**、登記官に対し、手数料を納付して、**登記事項証明書の交付を請求**することができる（119条1項）。登記事項証明書の交付の請求をするときは、請求人の氏名又は名称などの請求情報の提供が必要であるが（不動産登記規則193条1項）、**利害関係**については、その請求情報の項目に**含まれていない**。したがって、登記事項証明書の交付の請求は、利害関係を有することを明らかにすることなく、することができる。

3 ○ 　遺贈（**相続人に対する遺贈に限る**）による所有権の移転の登記は、登記権利者が**単独**で申請することが**できる**（不動産登記法63条3項）。したがって、遺贈により不動産を取得した相続人がいる場合、その遺贈による所有権の移転の登記は、登記権利者である相続人が単独で申請することができる。令和5年の改正点。

4 ○ 　所有権の登記が**ない**土地と所有権の登記が**ある**土地との**合筆の登記**は、することができない（41条5号）。一筆の土地の一部についてのみ、権利に関する登記がなされることになるからである。

> **Point**
> 不動産登記法の出題の中心は、登記手続の原則と例外であり、特に肢3の共同申請・単独申請の区別は頻出事項である。しっかり確認しておこう。

| 問15 | 正解2 | 都市計画・指定 | 難易度A |

1 × 　無秩序な市街化を防止し、計画的な市街化を進めるため、都市計画区域を**市街化区域と市街化調整区域に区分できる**（都市計画法7条1項本文）。ただし、**三大都市圏の一定の区域等**では、「**必ず**」区域区分を**定める**（同ただし書1号）。

2 ○ 　**都市施設**は、「**都市計画区域内**」はもちろん、特に必要があるときは、**都市計画区域**「**外**」においても**定める**ことができる（11条1項後段）。

3 × 　**特例容積率適用地区**は、「第一種・第二種**中高層**住居専用地域、第一種・第二種**住居**地域、準**住居**地域、**近隣商業**地域、**商業**地域、**準工業**地域又は**工業**地域」内の適正な配置及び規模の公共施設を備えた土地の区域において、容積率の限度からみて未利用となっている容積の活用を促進して土地の高度利用を図るため定める地区である（9条16項）。「第一種・二種低層住居専用地域、田園住居地域又は工業専用地域」内では、定めることが「できない」。

4 × 　都市計画区域の**指定**は、行政区域に「**とらわれずに指定できる**」ので、都道府県

が都市計画区域を指定する場合で、一体の都市として総合的に整備し、開発し、及び保全する必要がある区域であれば、当該市町村の区域外にわたり、都市計画区域を指定できる（5条1項）。

Point

正解肢2は近年しばらく出題されていない論点であるので、要注意！肢3の出題頻度は高くはないが、確認しておこう。

問16	正解1	開発許可等	難易度A

1 ○ 都市計画区域及び準都市計画区域「以外」の区域では、開発区域の面積が1ha（10,000㎡）「以上」の開発行為を行おうとする場合、原則として、開発許可が必要となる（都市計画法29条2項本文、施行令22条の2）。コンクリート等のプラントは1ha未満でも第一種特定工作物に該当するが（都市計画法4条11項）、本肢の場合、都市計画区域及び準都市計画区域「以外」の区域であるから、1ha未満（本肢では9,500㎡）であれば開発許可不要のケースに該当し、許可は不要となる。

2 × 市街化区域では、法34条の基準を満たす必要はないので、開発審査会の議を経る「必要はない」（34条14号参照）。

3 × 市街化区域内での開発行為は、「法33条の許可基準に適合（いずれか一つではない）」し、かつ、その申請手続きが法令の手続きに違反していなければ、知事（指定都市等ではその長。以下同じ）は開発許可をしなければならない（33条1項）。

4 × 開発許可や開発許可を受けた区域内外における「処分」又は不作為等についての審査請求は、「開発審査会」に対して行う（50条1項前段、29条）。なお、「不作為」についての審査請求は、開発審査会に代えて、当該不作為に係る「知事」に対してもできる（50条1項後段）。しかし、「処分」についての審査請求は、知事に対してはできない。

Point

正解肢1に関して、開発行為の定義と開発許可不要の要件との考え方について、ひっかからないよう注意して解答しよう。肢4に関して、出題頻度は高くないが、確認しておこう。

| 問17 | 正解3 | 建築基準法（総合） | 難易度A | 得点ナビ！ |

1 ○ 建築基準法は、建築物の敷地、構造、設備及び用途に関する**最低**の基準を定めて、国民の生命、健康及び財産の保護を図り、もって公共の福祉の増進に資することを目的とする（建築基準法1条）。

2 ○ 「**2項道路**」のみなし境界線と、道路との間の部分の敷地は、**道路とみなされる**ので、私有地であっても、**敷地面積には算入されない**（42条2項、施行令2条1項1号）。

3 × **地方公共団体**は、特殊建築物等について、その敷地が接しなければならない「**道路**」の幅員、その敷地が道路に接する部分の長さ等、その敷地又は特殊建築物等と道路との関係について、**条例で必要な制限を「付加できる」**が（建築基準法43条3項）、「**緩和できない**」。

4 ○ 「**法28条の2に規定**」とは、「石綿その他の物質の飛散又は発散に対する衛生上の措置」である。そして、この規定の「著しく衛生上有害なものとして政令で定められている物質」は、「**石綿」のみ**である（28条の2第1号、施行令20条の4）。

Point

肢1について、出題頻度は高くないが建築基準法の目的（最低基準）であるので、確認しておこう。肢3はひっかけ論点であるので、確認しておこう！

| 問18 | 正解4 | 建築基準法（集団規定等） | 難易度A | 得点ナビ！ |

1 ○ 建築物が、**2以上の斜線制限**（道路斜線制限・隣地斜線制限・北側斜線制限）の異なる地域にまたがるときは、建築物の各部分で**それぞれの地域の斜線制限が適用**される（建築基準法56条5項）。

2 ○ 本肢のように建築物の**敷地が容積率や建蔽率の限度の異なる地域の内外**にわたる場合、建築物が一方の地域内のみに建築される場合であっても、**容積率**や建蔽率は、それぞれの用途地域に属している**敷地の面積で按分**する（52条7項、53条2項）。

3 ○ 建蔽率の限度が**10分の8**とされている地域内で、かつ、**防火**地域内にある**耐火建築物**等を建築する場合、10分の2を加えた数値（10分の「10」）、つまり、建蔽率制限は適用**されない**（53条6項1号）。

4 × 本肢の大規模建築物に関する工事の完了**検査の申請**は、原則として、**工事完了日**から「**4日**」以内に建築主事に到達するように、しなければならない（7条1項・2項本文、6条1項、4条7項）。改正点である。

第1回 解答・解説

> **Point**
> 正解肢1・肢2は、「異なる地域にまたがる場合」の論点である。また、正解肢4は、しばらく出題されていない論点であるので、これらの周辺を整理しておこう。

| 問19 | 正解3 | 盛土規制法 | 難易度A |

1 ○ 知事（指定都市等ではその長、以下この問において同じ）は、基礎調査のために**他人の占有する土地に立ち入って測量又は調査を行う必要があるとき**は、その必要の限度において、他人の占有する土地に、自ら**立ち入り**、又はその命じた者若しくは委任した者に**立ち入らせる**ことができる（宅地造成及び特定盛土等規制法5条1項）。そして、土地の**占有者**は、知事又はその命じた者若しくは委任した者が、基礎調査のために他人の占有する土地に立ち入って測量又は調査を行う場合、**正当な理由**がない限り、立入りを**拒み**、又は**妨げ**てはならない（同5項）。

2 ○ 知事は、宅地造成等工事規制区域内の土地について、宅地造成等に伴う災害の防止のため必要があると認める場合、その土地の所有者・管理者・占有者、工事主又は**工事施行者**に対し、擁壁等の設置又は改造その他宅地造成等に伴う災害の防止のため必要な措置をとることを勧告「**できる**」（22条2項）。

3 × 宅地とは、農地、採草放牧地及び森林（以下「農地等」という）並びに道路、公園、河川その他政令で定める公共の用に供する施設の用に供されている土地（以下「公共施設用地」という）**以外の土地をいう**（2条1号）。**宅地以外の土地を宅地にするために行う盛土その他の土地の形質の変更**で、政令で定めるものは、「**宅地造成**」**に該当する**ので、宅地造成等工事規制区域内では、原則として、**知事の許可が必要**であるが（12条1項本文、2条2号）、本肢のように、公共施設用地を宅地等に転用した場合は、一定の場合を除き（当該規制区域内で宅地造成等に関する工事を行わない場合等）、転用後「**14日**」以内に、**知事に届出が必要**である（21条4項）。改正点である。

4 ○ **知事**は、**造成宅地防災区域内**の造成宅地について、宅地造成又は特定盛土等に伴う災害で、相当数の居住者等に危害を生ずるものの防止のため必要があると認める場合は、その造成宅地の**所有者**・管理者・占有者に対し、擁壁等の設置又は改造その他、災害防止のため**必要な措置を勧告できる**（46条2項、45条1項）。

> **Point**
> 肢1は「測量又は調査のための土地への立入り」、正解肢2・肢4は「災害防止のための必要な措置の勧告」、肢3は「工事等の届出」についての論点である。確認しておこう。

| 問20 | 正解1 | 土地区画整理法 | 難易度A |

1 ✕　組合を設立しようとする者は、「**7人**」以上共同して、定款及び事業計画を定め、その組合の設立について**知事**（指定都市等ではその長）**の認可**を受けなければならない（土地区画整理法14条1項前段）。

2 ◯　仮換地の指定により、使用収益は仮換地について行われるが、**処分権は従前の宅地にある**ので、所有権の移転や**担保権の設定**は、**従前の宅地**について行われる（99条1項）。仮換地について、**抵当権を設定**することは**できない**。

3 ◯　施行者（本肢では組合）が**仮換地を指定**する場合、従前の宅地について「地上権・永小作権・賃借権その他の宅地を使用又は収益できる権利を有する者」があるときは、その仮換地について仮にそれらの権利の目的となるべき宅地又はその部分を指定**しなければならない**（98条1項）。

4 ◯　**施行者**は、換地処分を行う前において、①土地の区画形質の変更・公共施設の新設・変更に係る工事のため、②換地計画に基づき換地処分を行うため、必要がある場合、換地計画において換地を**定めない**こととされる宅地の所有者等に対し、期日を定めて、宅地の**使用収益を停止させる**ことができる（100条1項前段）。

> **Point**
> 肢2・肢3の論点は、しばらく出題されていないので、要注意！

| 問21 | 正解4 | 農地法 | 難易度A |

1 ✕　耕作目的で農地を取得する場合は、**3条許可**が必要となり、許可権者は農業委員会である（農地法3条1項）。取得者の住所のある市町村の区域「**内外にかかわらず**」、**農業委員会**の許可が必要である。

2 ✕　売買予約契約については、**予約**の時点では許可が「**不要**」であり、現実に転用目的で権利が移転される場合（予約完結権を**行使**するとき）に必要となる（5条1項）。国土利用計画法の届出等との違いに注意すること。

3 ✕　農地を**一時的に貸し付ける**場合でも、**転用目的の権利移動**である（5条1項）。したがって、本肢のように、「**砂利採取法による認可を受けて砂利採取**」のために農地を一時的に貸し付ける場合には、5条1項許可が**必要**である。

4 ◯　市街化区域**外**にある農地を、農地以外にする**転用**は、**4条1項許可**が**必要**である（4条1項）。

> **Point**
>
> 農地法の許可が必要な内容・許可権者を、3条～5条に分類して整理しておこう。いずれも頻出論点なので、確認のこと。

問22	正解2	国土法（事後届出）	難易度A

1 ✕ 規制区域（許可制）内の土地の権利者は、許可の申請をして**不許可処分**を受けた場合は、知事に対し、当該土地に関する権利の**買取請求ができる**（国土利用計画法19条1項）。しかし、**届出制**（本肢では事後届出制）には、土地に関する権利の**買取請求制度はない**。もし勧告に基づき利用目的が変更された場合、知事は、必要があれば、あっせんその他の措置を講ずるよう努めなければならない（27条）。

2 ○ 「**時効**」で取得した場合は、「**土地売買等の契約**」に**該当しない**（14条1項参照）。したがって、Bが都市計画区域外にある10,000㎡の土地を時効取得しても、Bは、**事後届出が不要となる**（23条1項）。

3 ✕ 権利取得者となった者Cが、**事後届出を行わなかった**場合、「**知事から届出を行うよう勧告を受ける**」という規定は**ない**。なお、届出がなされた場合に、「土地の利用目的」に関する変更勧告がなされることはある（24条1項）。

4 ✕ 「**信託契約**」で取得した場合は、対価性を欠くため、「**土地売買等の契約**」に該当しない（14条1項参照）。しかし、**信託契約**で取得した信託財産である土地を売却した場合は、通常の売買であるから、その権利取得者Dは、事後**届出が不要となる**とはいえない（23条1項）。

> **Point**
>
> 肢1でいう「買取請求」は、実際には使われていない「許可制」における権利である。「届出制」にはないので、要注意！肢3・4は、いずれも"ひっかけ"論点である。

問23	正解3	登録免許税	難易度A

1 ○ この軽減措置の適用対象となる住宅用家屋の**要件**は、**床面積が50㎡以上**であること、**個人が自己の居住用**の住宅として使用すること等である（租税特別措置法73条、施行令42条。以下同じ）。

2 ○ この軽減措置は、新築又は取得後**1年以内**に登記することが適用要件となっている。

3 **×** この軽減措置は、**売買**又は「**競落**」により取得した住宅用家屋について受ける所有権移転登記には**適用される**が、「**贈与**」により取得した住宅用家屋について受ける所有権移転登記には**適用されない**。

4 **○** 過去にこの軽減措置の適用を受けた場合でも、適用要件を満たせば**再度**適用を受けることができる。

> **Point**
>
> 本問以外にも、国税の中では出題可能性が高い登録免許税の知識を、ひととおり確認しておいてほしい。

問24	正解2	不動産取得税	難易度A

1 **○** 家屋が新築された場合においては、当該家屋について**最初の使用又は譲渡が行われた日**において**家屋の取得がなされたものとみなし**、当該家屋の所有者又は譲受人を取得者とみなして、これに対して不動産取得税を課するのが**原則**であるが、宅建業者等が売り渡す新築住宅については、家屋が新築された日から「**1年（本則：6か月）**」を経過して、なお、当該家屋について最初の使用又は譲渡が行われない場合においては、当該家屋が新築された日から「**1年（本則：6か月）**」を経過した日において**家屋の取得がなされたものとみなし**、当該家屋の所有者を取得者とみなして、これに対して不動産取得税を課する（地方税法73条の2第2項、附則10条の3第1項）。

2 **×** 不動産取得税における**不動産**とは、**土地**および**家屋**を総称する。したがって、土地と同時に取引される場合であっても、立木は課税対象とはならない（地方税法73条1号参照）。

3 **○** 「**中古住宅**」を取得した場合の**課税標準の特例**は、「**個人**」が「**自己の居住用**」として取得する場合に適用される（73条の14第3項）。なお、「**新築住宅**」に係る不動産取得税の課税標準の特例は、「**個人**」「**法人**」を問わず、また「**自己の居住用**」に**限定せずに**適用されうる（同第1項）。

4 **○** 宅地の取得にかかる不動産取得税の**課税標準**は、当該取得が令和9年3月31日までに行われた場合、当該宅地の価格の**2分の1**の額とされる（附則11条の5第1項）。

> **Point**
>
> 地方税の中では出題可能性が高い不動産取得税の知識を、ひととおり確認しておいてほしい。

| 問25 | 正解4 | 地価公示法 | 難易度A |

1 × 正常な価格とは、土地について、自由な取引が行われるとした場合におけるその取引（農地、採草放牧地又は森林の取引（農地、採草放牧地及び森林以外のものとするための取引を除く）を除く）において通常成立すると認められる価格（当該土地に建物その他の定着物がある場合又は当該土地に関して地上権その他当該土地の使用若しくは収益を制限する権利が存する場合には、これらの定着物又は権利が存しないものとして通常成立すると認められる価格）をいう（地価公示法2条2項）。つまり、「取引」には、住宅地とするための農地の取引も含まれる。

2 × 不動産鑑定士は、土地鑑定委員会の求めに応じて標準地の鑑定評価を行うにあたっては、国土交通省令で定めるところにより、①近傍類地の取引価格から算定される推定の価格、②近傍類地の地代等から算定される推定の価格及び③同等の効用を有する土地の造成に要する推定の費用の額を「勘案」してこれを行わなければならない（4条）。つまり、①②③は並列して「勘案」すべき価格であり、単純に「平均して求め」るわけではないので、本肢は誤りである。

3 × 土地鑑定委員会の委員等は、標準地の選定等のため他人の占有する土地に立ち入ることができるが、「立ち入ろうとする日の3日前まで」にその旨を土地の占有者に「通知しなければならない」（22条1項・2項）。なお、建築物が所在し、又はかき、さく等で囲まれた他人の占有する土地に立ち入ろうとするときは、その立ち入ろうとする者は、立入りの際、あらかじめ、その旨を土地の占有者に告げなければならず、日出前又は日没後においては、土地の占有者の承諾があった場合を除き、当該土地に立ち入ってはならない（同3項・4項）。

4 ○ 土地鑑定委員会は、都市計画法4条2項に規定する都市計画区域その他の土地取引が相当程度見込まれるものとして国土交通省令で定める区域（国土利用計画法12条1項の規定により指定された規制区域を除く。以下「公示区域」という）内の標準地について、毎年1回、国土交通省令で定めるところにより、2人以上の不動産鑑定士の鑑定評価を求め、その結果を審査し、必要な調整を行って、一定の基準日における当該標準地の単位面積当たりの正常な価格を判定し、これを公示するものとする（2条1項）。

> **Point**
> 令和6年は地価公示法の出題可能性が高いが、不動産鑑定評価基準の基本問題が出題されても解答できるように準備しておいてほしい。

| 問26 | 正解4 | 免許の要否 | 難易度A |

| ア | × | A社が、自ら売主として宅地を**不特定多数の者**に**反復継続**して**売却**する場合、その行為は**宅建業**に該当し、A社は免許を受ける必要がある（宅建業法3条1項、2条2号）。 |

| イ | × | 宅建業者である**個人**Bが、自らを代表取締役とする**株式会社**を設立し、法人として宅建業を営む場合、設立されたC社は新たに**免許を受ける必要がある**（3条1項、2条2号）。個人Bが受けた**免許**が、法人であるC社に**承継されることはない**。 |

| ウ | × | 宅建業者Eに**販売代理を依頼**したとしても、Dは**自ら売主**として**宅地**を販売することに変わりはなく、その行為は**宅建業**に該当するので、Dは免許を受ける必要がある（3条1項、2条2号）。 |

以上から、正しいものは「なし」であり、正解は肢4である。

Point

肢ウについて、たとえ宅建業者を代理人として宅地を売却しても、代理の効果は本人に帰属するのであり、代理を依頼した本人は売買契約の当事者の「売主」に該当するので、本人は宅建業の免許を受ける必要があることに注意しよう。

| 問27 | 正解3 | 広告等 | 難易度A |

| 1 | × | 宅建業者が建物の分譲（売買）を行う場合、**未完成物件**については、契約の締結も**広告**も、建築確認を受けた後でなければ**してはならない**（宅建業法33条）。 |

| 2 | × | 宅建業者が**未完成物件**を宅建業者ではない売主の代理人として販売（売買）する場合、建築確認を受ける前は、**契約**（**予約を含む**）を締結することは**できない**（36条）。なお、「建築確認申請中」として、販売の広告をすることもできない（33条）。 |

| 3 | ○ | **誇大広告**については、実際にその誇大広告によって、人が著しく優良又は有利であると**誤認する必要はなく**、通常、人を**誤認させるような表示**であれば**禁止**の対象となる（32条）。 |

| 4 | × | 宅建業者が、**実在しない**物件の広告をしたり、実在しても**取引する意思のない**物件の広告をすることは、いわゆる**おとり広告**として、誇大広告の禁止規定に違反するので、そのような広告をすることはできない（32条、国交省「考え方」）。 |

Point

誇大広告の禁止は、誇大な広告をすることの禁止であり、実際に取引の相手方が誤認しない場合や契約締結に至らない場合でも禁止規定に該当することに注意しよう。

| 問28 | 正解1 | 宅建士複合 | 難易度A | |

ア ○ **登録の移転**は、転居のみを理由としては、**申請できない**（宅建業法19条の2本文、18条1項）。すなわち、登録の移転の申請には、登録している知事の管轄する都道府県以外に所在する宅建業者の事務所に勤務しているか、勤務しようとすることが必要である。

イ × 宅建士資格登録を受けている者の**住所**は、資格登録簿の登載事項に該当するので、甲県から乙県に**住所**を移転した場合、「**遅滞なく**」**変更の登録**を申請しなければならない（20条、18条2項）。

ウ × 宅建士が**破産手続開始の決定**を受けたときは、**本人が30日以内に登録を受けている知事に届出**を行わなければならない（21条2号、18条1項2号）。届出を行うのは「破産管財人」ではない。宅建業者が破産手続開始の決定を受けた場合の届出義務者が破産管財人である（11条1項3号）。

以上から、正しいものは「ア」の一つであり、正解は肢1である。

> **Point**
> 「宅建士」が破産手続き開始決定を受けた場合の届出義務者は破産管財人ではなく、宅建士「本人」である。「宅建業者」が破産手続き開始決定を受けた場合の届出義務者が「破産管財人」であることと混同しないようにしよう。

| 問29 | 正解3 | 業務上の規制 | 難易度A | |

以下、宅建業法の規定に違反しないものを○、違反するものを×とする。

1 × 宅建業者は、事務所ごとに設置する**従業者名簿**に従業者の氏名、生年月日及び主たる職務内容等のほか、**宅建士であるか否かの別も記載しなければならない**（宅建業法48条3項、規則17条の2第1項3号）。

2 × 宅建業者は、その取引の相手方等に対し、**不当に高額の報酬を要求する行為**をしてはならない（宅建業法47条2号）。たとえ実際に受領した報酬額が国土交通大臣が定める額（報酬の限度額）を超えていなかったとしても、不当に高額の報酬を**要求する行為をするだけで違反**である。

3 ○ 宅建業者は、その相手方が**手付放棄**をして**契約の解除**を行うに際し、**正当な理由なく、解除を拒み又は妨げる行為をしてはならない**（宅建業法47条の2第3項、規則16

条の11第3号)。この点、正当な理由があれば、手付放棄による契約の解除を拒むことができるが、この正当な理由としては、本肢のように、**宅建業者がすでに履行に着手している場合**が該当する(宅建業法39条2項ただし書)。

4 × 宅建業者やその従業者等は、**勧誘に先立ち**、宅建業者の商号又は名称及び勧誘を行う者の氏名並びに勧誘目的であることを**告げずに**勧誘を行うことは**禁止される**(宅建業法47条の2第3項、規則16条の11第1号ハ)。

Point
勧誘に先立ち、①宅建業者の商号又は名称、②勧誘を行う者の氏名、③勧誘目的である旨、を告げなければならない旨の規定が置かれたのは、近時の投資用マンションの消費者トラブル対策の一環である。宅建試験にも頻出なので、しっかり把握しよう。

| 問30 | 正解3 | 報酬計算 | 難易度A | |

建物は消費税の課税物件であり、本問では、建物の代金に200万円の消費税相当額が含まれているので、**報酬計算においては、消費税分を除いた本体価格**(2,200万円−200万円=2,000万円)で報酬の限度額を計算する。

宅建業者Aが、甲及び乙から建物の**売買の媒介**を依頼されて契約を成立させた場合に、**媒介の依頼者の一方**である甲から受領できる報酬の限度額は、Aは消費税の**課税事業者**であるから、以下の計算式により、**消費税相当額10%を含んだ**72万6,000円となる(宅建業法46条2項・1項、報酬告示1・2・9)。

{(2,200万円−200万円)×3%+6万円}×1.1=72万6,000円

Point
消費税については、①宅地や建物の代金や賃料等の「物件に掛かる消費税」と、②宅建業者の媒介や代理による「役務の提供の対価に掛かる消費税」をしっかりと区別しよう。そして、課税事業者が媒介や代理を行って契約を成約させた場合の報酬限度額を求める際は、「物件に掛かる消費税」の額を抜いた税抜きの本体価額を求め、これに速算法を当てはめて算出した金額に「役務の提供の対価に掛かる消費税」を加えた額を計算する。

| 問31 | 正解4 | 35条書面・37条書面 | 難易度A | |

1 ○ 重要事項の説明は、購入者等がその物件について十分に理解し、よく考えて契約を結ぶことができるように、その売買、交換又は貸借の**契約が成立するまで**の間に、書面を交付(又は電磁的方法により提供。以下同じ)して説明をしなければ

ならない。したがって、**契約締結後遅滞なく交付すべきとされている37条書面**と同時に交付することはできない（宅建業法35条1項）。

2 ○ 35条書面及び37条書面の**交付場所**については、**特に規定されていないので**、喫茶店で交付しても構わない（35条1項参照、37条1項参照）。

3 ○ 宅建業者は、**35条書面**に、**宅建士**をして**記名**をさせなければならない。これは売買の媒介をした場合の**買主が宅建業者でも変わりはない**（35条1項・5項、78条2項参照）。

4 × **重要事項の説明**は、必ず**宅建士**をして行わせなければならないが、**専任の宅建士である必要はない**（35条1項）。

Point

「35条書面を交付して説明（重要事項の説明）をする趣旨」は、売買や貸借等の契約により物件を取得しようとする人に対して、契約を締結するか否かの判断材料を提供することにある。他方、「37条書面の交付の趣旨」は、どのような契約を締結したかについて証拠を残すことで、契約締結後のトラブルに備えることにある。かかる趣旨から、重要事項の説明や37条書面の交付の論点を理解して覚えるようにしよう。

問32	正解4	重要事項の説明	難易度A	得点すべし！

以下、説明しなければならない事項を○、そうでない事項を×とする。

1 × マンションの**敷地に関する権利の種類**及び**内容**は、マンションの売買・交換を行う場合には重要事項として説明する義務があるが、**貸借**においては、重要事項として**説明する必要はない**（宅建業法35条1項6号、規則16条の2第1号）。

2 × 本肢にいう**専用使用権**についての規約の定めがあるときのその**内容**は、マンションの売買・交換を行う場合には重要事項として説明する必要があるが、**貸借**においては、重要事項として**説明する必要はない**（宅建業法35条1項6号、規則16条の2第4号）。

3 × マンションの建物の**計画的な維持修繕のための費用の積立て**を行う旨の**規約の定めがある**ときのその**内容**は、マンションの売買・交換を行う場合には重要事項として説明する必要があるが、**貸借**においては、重要事項として**説明する必要はない**（宅建業法35条1項6号、規則16条の2第6号）。

4 ○ 建物の貸借においては、台所、浴室及び便所等の当該建物の**設備に関する整備状況**について、重要事項として**説明しなければならない**。たとえば、住宅ではなく

倉庫の貸借のケースであったとしても（倉庫は、居住用建物と異なり、台所や浴室等がないのが当たり前であろう）、台所や浴室等は「なし」として説明しなければならない（宅建業法35条1項14号、規則16条の4の3第7号）。

> **Point**
>
> 区分所有建物（マンション）についての重要事項の説明に関する問題では、「売買・交換」の説明について訊いているのか、「貸借」の説明について訊いているのかをしっかり区別して取り組むことが必要であり、これをミスると致命的である。

問33	正解2	手付金等の保全措置等	難易度A

1 ○ 宅建業者が自ら売主となって宅建業者でない者に宅地建物を販売する場合（**8種規制の適用場面**）においては、工事完了後の物件（**完成物件**）について、売主である宅建業者が買主から受領しようとする手付金等の額が**代金額の10%を超える**か又は**1,000万円を超える**ときは、保全措置を講じなければならない。本肢では、Aは1,000万円（代金額の20％）の手付金をBから受領しようとするのであるから、Aは**手付金等の保全措置を講じなければならず**、もしAが保全措置を講じないときは、Bは手付金の支払いを拒絶できる（宅建業法41条の2第1項・5項）。

2 × **8種規制の適用場面**において、手付金等の保全措置は、**手付金等の全額**について**保全措置が必要**である。そして、**完成物件**に対する手付金等の保全措置の方法は、①銀行等の金融機関が宅建業者の手付金等の返還債務について**連帯保証**をする保証委託契約、②保険事業者による保証保険契約、③手付金等を指定保管機関に預けておく手付金等寄託契約の3つの方法があるが、Aの**友人による連帯保証**では、①の保全措置を講じたことにならず、手付金1,000万円のうちの500万円について**保全措置を講じていない**ことになる（41条の2第1項、41条1項1号）。

3 ○ 8種規制の**手付金等の保全措置**における「**手付金等**」とは、手付金、中間金などの名称を問わず、**契約締結日以後、「引渡し前まで」**に授受される金銭で、**代金に充当される**ものをいう。したがって、「引渡し以後」に授受される中間金と残代金は「手付金等」に該当せず、Aは、保全措置を講ずることなく残代金を受領できる（41条の2第1項、41条1項本文）。

4 ○ **8種規制の適用場面**において、手付金の額は代金額の20％（10分の2）までに制限されるので、手付金等の保全措置を講じても、手付金として代金額（5,000万円）の20％（1,000万円）を超える額は受領できない（39条1項）。

> **Point**
>
> 保全措置の対象となる「手付金等」は、手付額の制限でいう「手付」とは対象が異なる。手付金等とは、①契約締結後、引渡し前までに授受される金銭で、かつ、②代金に充当されるものをいう。よって、①及び②に該当すれば、手付金も中間金等もすべて「手付金等」に含まれることになる。

問34	正解2	宅建士証複合	難易度A

1 × 宅建士証の有効期間が満了し効力を失った場合は、速やかに、宅建士証をその交付を受けた都道府県知事に**返納**しなければならないが、宅建士の**登録が消除されることはない**（宅建業法22条の2第6項・3項、68条の2参照）。

2 ○ 宅建士が**氏名**又は**住所**を変更した場合、宅建士証の書換え交付を申請しなければならないが、**従事している宅建業者の商号**又は**名称**等は、宅建士証の記載事項ではないので（規則14条の11第1項）、これに変更が生じても宅建士証の**書換え交付**を**申請する必要はない**（14条の13第1項参照）。

3 × 宅建業の廃止をしたのであるから、この場合、返納すべきは、**免許証**である（4条の4第2項）。宅建業を廃止したとしても宅建士としての資格には影響はなく、**宅建士証の返納は不要**である（宅建業法22条の2第6項参照）。

4 × 宅建士証の有効期間の**更新**を受けようとする場合には、**登録をしている知事が指定**する交付申請前6か月以内に行われる講習（**法定講習**）を受講しなければならない（22条の3第2項、22条の2第2項本文）。法定講習は、国土交通大臣の指定する講習ではない。

> **Point**
>
> 「宅建業者」とは、いわゆる不動産屋さんであり、「宅建士」とは、不動産屋に勤務する不動産の法律問題の専門家である。これは街中の「くすり屋さん」と「薬剤師」の関係に類似する。免許を受けて宅建業者になるためには、免許基準に抵触しなければよいのであり、宅建試験に合格する必要はない。

問35	正解4	営業保証金	難易度A

ア ○ 免許をした日から**3か月以内**に営業保証金を供託した旨の届出がない場合、免許権者は、免許をした宅建業者（A）に対して、その届出をするよう**催告をしなければならない**（宅建業法25条6項）。

イ ◯ 免許権者（甲県知事）は、その免許をした宅建業者が3か月以内に営業保証金を供託した旨の届出をしないときには、その者に届出をなすべき旨を催告しなければならず（義務的な催告）、その催告の到達した日から**1か月以内**に営業保証金を供託した旨の**届出をしない者**に対しては、その**免許を**取り消すことができる（25条7項・6項）。

ウ ◯ 宅建業者は、本店（主たる事務所）を移転したために、その最寄りの供託所が変更した場合において、**金銭のみ**をもって営業保証金を供託しているときは、遅滞なく、営業保証金を供託している供託所に対し、移転後の主たる事務所の最寄りの供託所への営業保証金の**保管替えを請求**しなければならず、**その他のときは、**遅滞なく営業保証金を移転後の主たる事務所の最寄りの供託所に、**新たに供託し**なければならない（29条1項）。**金銭と有価証券**で供託している場合は「その他のとき」に該当し、金銭で供託している部分についての保管替え請求は認められない。

以上から、誤っているものは「なし」であり、正解は肢4である。

> **Point**
>
> 保証金制度（営業保証金制度、弁済業務保証金制度）では、いつまでにしなければならないかの期間について、2週間と規定されていることが多い。よって、受験テクニック的には、2週間以外の期間（肢アの3月や、肢イの1月もこれに該当する）は、しっかりと覚えなければならない。

問36	正解 1	保証協会等	難易度A

1 ◯ **保証協会**は、新たに宅建業者が**社員として加入したときは、直ちに**その旨を社員となった宅建業者の**免許権者に報告**しなければならない（宅建業法64条の4第2項）。

2 × 保証協会に加入している宅建業者と宅建業に関して取引した者が、その取引により生じた債権の還付を受けるときは、その額について「**保証協会**」の**認証**を受けなければならない（64条の8第2項・1項）。

3 × **120万円の分担金**を納付して保証協会の社員となった者は、主たる事務所1か所、従たる事務所2か所を設置して宅建業を営んでいることになる（60万円＋30万円×2＝120万円）。この場合、保証協会の社員としての地位を失ったときは、その地位を失った日から「**1週間以内**」に**営業保証金2,000万円**（1,000万円＋500万円×2＝2,000万円）を供託しなければならない（64条の15、64条の9第1項、25条2項、令2条の4、7条）。本肢は、供託すべき営業保証金を「1,000万円」としている点が誤り。

4 ✕	保証協会が、その業務として行う**手付金等の保管事業**は、国土交通大臣の承認を受けて**行うことができる業務**であり（**任意的業務**）、行うことが義務付けられている業務（必要的業務）ではないので、本肢は誤りである（宅建業法64条の3第2項2号、64条の17の2第1項）。なお、保証協会は、国土交通大臣の指定を受けた**一般社団法人**であることは、正しい（64条の2第1項1号）。

Point

保証協会は、新たに宅建業者が社員（構成員）として加入したときは、「直ちに」その旨を免許権者に報告しなければならない。「加入する前に、あらかじめ」「加入後、遅滞なく」「加入後、2週間以内に」などの誤った表現で出題されることが多い論点である。前述したように、2週間以外のもの（「直ちに」もこれに該当する）は、しっかりと覚えなければならない。

問37	正解3	37条書面	難易度A

以下、37条書面の記載事項を○、記載事項でないものを✕とする。

ア ✕	区分所有建物及び敷地の**管理**が法人に委託されているときの当該法人の商号又は名称、その**主たる事務所の所在地**は、**37条書面**（電磁的方法による提供を含む。以下、本問において同じ）の**記載事項ではない**（宅建業法37条1項参照）。これは、35条書面（電磁的方法による提供を含む。以下、本問において同じ）の記載事項である（35条1項6号、規則16条の2第8号）。

イ ✕	**私道に関する負担**の定めがあるときのその内容は、**37条書面の記載事項ではない**（37条1項参照）。これは、35条書面の記載事項である（35条1項3号）。

ウ ○	建物が種類又は品質に関して契約の内容に適合しない場合におけるその不適合を担保すべき責任の履行に関して保証保険契約の締結の措置（**資力確保措置**）を定めたときは、その内容については、**37条書面の記載事項である**（37条1項11号）。なお、かかる資力確保措置を講ずるかどうか、及び講ずる場合におけるその措置の概要は、35条書面の記載事項でもある（35条1項13号、規則16条の4の2）。

以上から、37条書面の記載事項でないものは「ア、イ」の二つであり、正解は肢3である。

Point

37条書面の記載事項は、35条書面の記載事項と混同しがちである。35条書面の記載事項は膨大な量なので、最初に37条書面の記載事項を必要的記載事項と任意的記載事項に分けてしっかりと覚えてしまうのが、受験テクニックとしては得策であろう。

| 問38 | 正解3 | 媒介契約 | 難易度A |

ア ✕ 専属専任媒介契約を締結した場合、依頼を受けた宅建業者は、依頼者に対し、1週間に1回以上、業務処理状況を**報告**しなければならない（宅建業法34条の2第9項・10項）。そして、業務処理状況については、特約により電子メールにて報告すると定めても構わない。国土交通大臣の定める標準媒介契約約款（規則15条の9第4号）でも、電子メールによる報告を許容している。

イ ◯ 専任媒介契約（専属専任媒介契約を除く）を締結した宅建業者は、**媒介契約締結の日から7日**（休業日を除く）**以内**に所定の事項を**指定流通機構**に**登録**しなければならない（34条の2第5項、規則15条の10、15条の11）。

ウ ◯ 媒介契約により**売買すべき物件の価額**について**依頼者に意見を述べる**とき、宅建業者は必ずその**根拠**を明らかにしなければならない。もっとも、この根拠の明示は、口頭でもよく、また**媒介契約書面**（電磁的方法を含む）**に記載する必要もない**（宅建業法34条の2第2項）。

以上から、正しいものは「イ、ウ」であり、正解は肢3である。

Point

媒介契約は、その種類について、「一般媒介契約（明示型と非明示型）」「専任媒介契約」「専属専任媒介契約」があることを前提に、それぞれの媒介契約について、①有効期間、②報告義務、③指定流通機構への登録義務の3つの観点から共通点及び相違点を把握しておこう。

| 問39 | 正解1 | 取引態様の明示 | 難易度A |

1 ◯ 宅建業者は、自己所有の物件を提供する場合であっても、注文を受けた際に、**自ら売主である旨**の**取引態様の別**を**明示**しなければならない（宅建業法34条2項）。

2 ✕ **注文者**が**宅建業者**であっても、**取引態様の別**を**明示する必要がある**（34条2項、78条2項参照）。

3 ✕ 宅建業者は、宅地又は建物の売買、交換又は貸借に関する**注文を受けたとき**は、遅滞なく、その注文をした者に対し取引態様の別を明示しなければならないが、その場合の**明示の方法**については、特に定めはなく、**書面**（電磁的方法を含む）**でも口頭でもよい**（34条2項参照）。

4 ✕ 宅建業者は、**広告**をするとき、及び、**注文**を受けたときの二段階で、取引態様の

63

別を**明示**しなければならない。したがって、広告の際に取引態様の別の明示をしていたとしても、注文を受けたときに遅滞なく取引態様の別を明示しなければならない（34条）。

Point

取引態様の別の明示は、①広告をするときと、②注文を受けたとき、の２段階で要求される。例えば、宅建業者が売主となって建物を販売する場合において、広告段階で取引態様の別を明示し、取引態様の別を知っている顧客が買受けの申込みをした場合でも、遅滞なく、取引態様の別を明示しなければならない。この場合、「自ら売買」も宅建業の「取引」であるから、「売主」である旨を明示することになる。

問40	正解2	クーリング・オフ	難易度A

1　×　宅建業者が自ら売主となって宅建業者でない者に宅地建物を販売する場合（**8種規制の適用場面**）において、売主である宅建業者から媒介の依頼を受けた他の宅建業者の事務所は、クーリング・オフが適用されない場所であり、買主は売買契約を解除できない（宅建業法37条の２第１項柱書前段、規則16条の５第１号ハ）。

2　○　買主が宅地建物の引渡しを受け、かつ、その代金の全部を支払っているときは、クーリング・オフによる売買契約の解除はできない（宅建業法37条の２第１項２号）。

3　×　クーリング・オフによる買受けの申込みの撤回又は売買契約の解除の意思表示は、書面で行わなければならない（37条の２第１項柱書前段）。

4　×　買主がクーリング・オフにより売買契約を解除した場合でも、宅建業者は、その解除に伴う損害賠償又は違約金の支払いは請求できない（37条の２第１項柱書後段）。

Point

たとえクーリング・オフ制度が適用される「事務所等以外」の場所（テント張りの案内所など）で買受けの申込みがなされ、売買契約を締結した場合において、売主である宅建業者がクーリング・オフできる旨及びその方法を書面で告げなかったときでも、買主が、①物件の引渡しを受け「かつ」②代金全部の支払いをした後は、売買契約についてクーリング・オフをすることはできない。①②は「かつ」で繋がり（①と②の両方を満たすこと）、「又は」（①と②のいずれか一方でよいこと）ではないことに注意。

64

| 問41 | 正解2 | 重要事項の説明 | 難易度A | 得点ナビ!! |

1 ○ 重要事項の説明が要求される趣旨は、売買・交換又は貸借の**取引をすべきか否か**の**判断材料を提供**することにあり、その判断材料がもっとも必要とされるのは、これから**物件を手にしようとする者**である。よって、重要事項の説明は、建物の**売買**においては、建物の**買主**に**対して**説明をしなければならず、売主に対しては説明する必要はない（宅建業法35条1項柱書参照）。

2 × 宅建業者は、**建物の売買・交換や貸借の代理等を行う場合、当該建物について石綿の使用の有無の調査の結果が記録されているとき**は、その**内容**を説明しなければならない。これは、石綿の使用の有無の**調査の実施を宅建業者に義務付けるもの**ではないので、記録がない場合に自ら調査を行って説明する必要はない（宅建業法35条1項14号、規則16条の4の3第4号、国交省「考え方」）。

3 ○ 宅地建物の種類又は品質に関するいわゆる**契約不適合責任**の履行に関し、**保証保険契約の締結その他の措置で国土交通省令・内閣府令で定めるものを講ずるかどうか**、及びその措置を講ずる場合におけるその**措置の概要**は、重要事項の説明対象である。したがって、保証保険契約の締結等の措置を講じないのであれば、**講じない旨を買主に説明**しなければならない（宅建業法35条1項13号、規則16条の4の2第1号）。

4 ○ 宅建業者は、**建物の売買や貸借の媒介を行う**に当たり、当該「建物が昭和56年6月1日以降に新築の工事に着手したものを除き」、建築物の耐震改修の促進に関する法律に基づき、指定確認検査機関等による耐震診断を受けたものであるときは、その内容を重要事項として説明しなければならない。したがって、**昭和56年6月1日以降**に**新築の工事に着手した建物**については、耐震診断を受けていても、その**内容の説明は不要**であるから、「建物の新築の工事に着手した時期が平成2年10月1日であるとき」は、その内容を買主に説明する必要はない（宅建業法35条1項14号、規則16条の4の3第5号、国交省「考え方」）。

Point

建物について、石綿使用の有無の調査結果の記録が保存されているときは、その内容として、調査の実施機関、調査の範囲、調査の年月日、石綿使用の有無、石綿使用の箇所を説明する。いずれかが判明しない場合は、売主等に補足情報の告知を求め、それでもなお判明しなければ、その旨を説明すれば足りる。宅建業者が自ら調査を行う義務はない。また、調査結果の記録が保存されているときは、その「内容」を説明するのであって、調査結果の記録が保存されていることのみ（保存されている旨だけ）を説明するのでは足りない。

第1回 解答・解説

| 問42 | 正解1 | 8種規制複合 | 難易度A | |

1 ○ 8種規制の適用場面において、割賦販売契約の場合に賦払金の支払義務が履行されないときは、宅建業者は、買主に対して**30日以上**の相当期間を定めてその支払いを**書面**で催告した後でなければ、当該契約を解除したり、残代金を一括請求できない（宅建業法42条1項）。

2 × 8種規制の適用場面においては、**損害賠償の予定額と違約金の額を合算した額**が代金額の20％を超える特約をすることはできない。この規定に反する特約は、代金額の**20％（10分の2）を超える部分**について**無効**となる。したがって、「すべて無効」となるものではない（38条）。

3 × **宅建業者間の取引**は、8種規制の適用場面ではなく、**手付金の額の制限**に関する規定は**適用されず**、本肢において手付金の額を代金額の20％（1,600万円）を超える2,000万円とする特約も、**有効である**（39条1項、78条2項）。

4 × 8種規制の適用場面において、宅地建物が種類又は品質に関して契約の内容に適合しない場合におけるその不適合を担保すべき責任（**契約不適合責任**）を買主が売主に追及する前提として、買主が売主に当該契約不適合を**通知すべき期間**は、**引渡しの日から2年以上**の期間で定めることができる（40条1項）。本肢のように、通知すべき期間を「引渡しの日から1年以内」と定めた場合は、宅建業法に違反し、**特約は無効となる**（40条2項・1項）。この場合、民法の規定に従い、買主が不適合を**知った時から1年以内**に売主に**通知**すれば、契約不適合責任を追及できる（民法566条本文）。この点、「引渡しの日から2年以内に通知する」となるわけではないことに注意すること。

> **Point**
> 8種規制の適用場面において、割賦販売の契約で買主の賦払金の支払義務が履行されない場合、宅建業法は「30日以上」の相当期間を定めて、支払いを「書面」で催告し、その期間内に義務が履行されないときでなければ、契約の解除や残りの賦払金の一括支払いの請求を認めない。通常の金銭債務の不履行（民法における履行遅滞）であれば、数日の相当期間で足りるであろうし、催告は書面で行うことに限定されないところ、宅建業法は、手続きを厳格にして、宅建業者ではない買主を保護している。

| 問43 | 正解2 | 免許複合 | 難易度A | |

1 × 免許の有効期間は**5年**であり、有効期間満了後も引き続き宅建業を営もうとする者は、免許の有効期間満了の日の**90日前から30日前までの間**に免許の**更新申請**

をしなければならない。本肢は、免許の有効期間を３年としている点が誤り（宅建業法３条２項・３項、規則３条）。

2　〇　役員が氏名を変更した場合には、宅建業者は変更の届出をしなければならないが、役員の住所は宅建業者名簿の登載事項ではないので、役員が住所を変更した場合には、届け出る必要はない（宅建業法９条、８条２項３号）。

3　✕　法人である宅建業者が合併により消滅した場合、消滅した法人を代表する役員であった者は、その旨を消滅した法人の免許権者に届け出る義務がある（11条１項２号）。したがって、Ｄ社（消滅した法人）を代表する役員であった者は、Ｄ社の免許権者である甲県知事に届け出なければならない。

4　✕　支店（従たる事務所）で宅建業を営む場合の本店（主たる事務所）は、そこで宅建業を営んでいなくとも、常に宅建業法上「事務所」として扱われる（令１条の２第１号、国交省「考え方」）。したがって、Ｅ社は、甲県及び乙県に「事務所」を設置して宅建業を営むことになるので、国土交通大臣の免許を受けなければならない（宅建業法３条１項）。

> **Point**
>
> 宅建業者名簿の登録事項（かつ、変更の届出対象事項）には、「役員」「政令で定める使用人」「事務所ごとの専任の宅建士」の３者の「氏名」は含まれるが、それぞれの「住所」及び「本籍」は、含まれていない。宅建業者名簿は一般に公開されるので、個人情報である住所や本籍は、対象とはなっていないのである。

問44	正解 1	重要事項の説明	難易度A

以下、宅建業法35条の規定に違反しないものを〇、違反するものを✕とする。

1　✕　売買等の取引の対象となる宅地又は建物が「津波防災地域づくりに関する法律により指定された津波災害警戒区域内にあるときは、その旨」を重要事項として説明しなければならない。買主がそのことを承知していたとしても、説明は省略できない（宅建業法35条１項14号、規則16条の４の３第３号）。

2　〇　売買における代金額は、重要事項の説明対象ではない。したがって、説明をしなくても宅建業35条の規定に違反しない（宅建業法35条１項７号参照）。

3　〇　所有権の移転登記の申請時期は、重要事項の説明対象ではない。したがって、説明をしなくても宅建業法35条の規定に違反しない（35条１項参照）。

4 ○ **物件の引渡時期**は、重要事項の説明対象ではない。したがって、説明をしなくても宅建業法35条の規定に違反しない（35条1項参照）。

> **Point**
>
> 「①代金や借賃の額、支払時期、支払方法」「②移転登記申請時期」「③物件の引渡時期」が重要事項の説明対象ではないことは、重要事項の説明対象の学習において、必ず押さえておかなければならない基本である。

問45	正解4	住宅瑕疵担保履行法	難易度A

1 × 宅建業者が自ら売主として新築住宅を宅建業者ではない買主に引き渡した場合、年1回の**基準日**ごとに、当該基準日にかかる**資力確保措置の状況**について、**免許権者（甲県知事）に届け出なければならない**（履行法12条1項）。

2 × 宅建業者が自ら売主として他の**宅建業者**に対して**新築住宅を売却**する場合、**資力確保措置を講ずる義務はない**（2条7項2号ロ）。

3 × **自ら売主**として買主に新築住宅を引き渡す**宅建業者に資力確保措置を講ずる義務**があり、新築住宅の売買の「媒介や代理」をする場合は、資力確保措置を講ずる義務はない（2条7項1号、11条1項）。

4 ○ 自ら売主となる宅建業者が資力確保措置を講ずる義務を負うのは、売却する建物が「**新築住宅**」の場合であり、「**住宅**」とは、**人の居住の用に供する家屋又は家屋の部分**（人の居住の用以外の用に供する家屋の部分との共用に供する部分を含む）をいう。よって、売却する建物が専ら**事務所**の用に供する新築の建物で人の居住の用に供されないときは、新築住宅には該当しないので、資力確保措置を講ずる義務を負わない（履行法2条1項、住宅品質確保法2条1項）。

> **Point**
>
> 住宅瑕疵担保履行法上、資力確保措置が必要となるのは、宅建業者が自ら売主となる「新築住宅」に限られる。よって、もっぱら事務所や店舗の用に供される建物については、資力確保措置を講ずる義務を負わない。

問46	正解3	住宅金融支援機構	難易度A

1 ○ 証券化支援事業（買取型）に係る**貸付金の利率**は、**金融機関によって異なる**。機構が一律に定めるものではないし、各金融機関で同一の利率を適用しなければならないものでもない。なお、**証券化支援事業（買取型）の代表的なものとして、**

68

「フラット35」（民間金融機関と住宅金融支援機構が提携して実現した長期固定金利の住宅ローン）の呼称が一般的である。

2 ○ 機構は、「空家等対策の推進に関する特別措置法21条の規定による情報の提供その他の援助」を行う（独立行政法人住宅金融支援機構法13条2項2号）。

3 × 肢1の解説のとおり、証券化支援事業（買取型）の代表的なものは、最長「35年」の全期間固定金利となる「フラット35」である。フラット35は、申込本人またはその親族が居住する新築住宅の建設資金・購入資金、中古住宅の購入資金等に利用できるものである（返済中に、申込本人またはその親族が実際に居住していることの確認がなされる場合がある）。したがって、第三者に賃貸する目的の物件などの投資用物件の取得資金に利用するなどの目的外利用が判明した場合には、借入金全額を一括で返済しなければならない（住宅金融支援機構ホームページより）。つまり、第三者に賃貸する目的の物件などの投資用物件の取得に必要な資金の貸付けに係る貸付債権については、譲受けの対象としていない。

4 ○ 証券化支援事業（買取型）において、機構による譲受けの対象となる住宅の購入に必要な資金の貸付けに係る金融機関の貸付債権には、当該住宅の購入に「付随する」改良（リフォーム）に必要な資金も含まれる（独立行政法人住宅金融支援機構法13条1項1号、施行令5条1項2号、業務方法書3条1号）。なお、住宅の購入に「付随しない」改良（リフォーム）に必要な資金は含まれないことに注意。

> **Point**
> 「証券化支援事業（買取型）」とは、いわゆる「フラット35」のことである。住宅金融支援機構のホームページも閲覧してほしい。肢2は令和6年の改正点である。

| 問47 | 正解3 | 景表法（公正競争規約） | 難易度A |

1 × 「一棟リノベーションマンション」とは、共同住宅等の一棟の建物全体（内装、外装を含む）を改装又は改修し、マンションとして住戸ごとに取引するものであって、当該工事完了前のもの、若しくは当該工事完了後1年未満のもので、かつ、当該工事完了後居住の用に供されていないものをいう（不動産の表示に関する公正競争規約施行規則3条11号）。本肢は「一棟売りマンション・アパート」の定義であるから、誤り（3条17号参照）。

2 × 電車・バス等の交通機関の所要時間は、「朝の通勤ラッシュ時の所要時間」を明示しなければならない（「平常時の所要時間」は、その旨を明示して併記することができる）（9条4号ウ）。

3 ○ 「新築」とは、①建築工事完了後１年未満であって、②居住の用に供されたことがないものをいう（不動産の表示に関する公正競争規約18条１項１号）。本肢は「建築工事完了後１年経過」しており①の要件を満たさないため、「新築」と表示することはできない。

4 × 過去の販売価格を比較対照価格とする**二重価格表示**は、次に掲げる要件の全てに適合し、かつ、実際に、当該期間、当該価格で販売していたことを資料により客観的に明らかにすることができる場合を除き、規約20条において禁止する不当な二重価格表示に該当するものとする（施行規則12条２号）。

① 過去の販売価格の公表日及び値下げした日を明示すること。

② 比較対照価格に用いる過去の販売価格は、「値下げの直前の価格」であって、「値下げ前２か月以上」にわたり実際に販売のために公表していた価格であること。

③ 値下げの日から６か月以内に表示するものであること。

Point

不動産の表示に関する公正競争規約・同施行規則は、令和４年９月１日以降大きく変わっている。古い教材で学習している方は、注意してほしい。

問48	正解1	統　計	難易度A

1 ○ 令和６年**地価公示**（令和６年３月公表）における令和５年１月以降の１年間の地価は、以下のとおりで、**三大都市圏**（東京圏・大阪圏・名古屋圏）平均では、全用途平均・住宅地のいずれも**３年連続で上昇**（上昇率拡大）した。

地価⇒いずれも３年連続の上昇（地方圏の住宅地以外は上昇率拡大）（単位：％）

	全用途平均	住宅地	商業地
全　国	2.3	2.0	3.1
三大都市圏	3.5	2.8	5.2
地方圏	1.3	1.2	1.5

2 × 令和４年度末現在の**宅地建物取引業者数**は**12万9,604業者**となっており（令和6年版国土交通白書）、**９年連続の「増加」**となった。

3 × 建築着工統計（令和６年１月公表）によれば、令和５年の**新設住宅着工戸数**は、**819,623戸**（前年比4.6％減）で、３年ぶりの減少となった。利用関係別でみると、**持家**の着工戸数は約22.4万戸となっており、２年連続の「**減少**」となった。なお、令和５年の新設住宅着工の**利用関係別戸数**は、以下のとおり（建築着工統計令和6年

1月公表）。

① 持　　家→224,352戸（前年比11.4％減、**2年連続の減少**）

② 貸　　家→343,894戸（前年比0.3％減、**3年ぶりの減少**）

③ 分譲住宅→246,299戸（前年比3.6％減、**3年ぶりの減少**）
　　・マンションは107,879戸（同0.3％減、**昨年の増加から再びの減少**）
　　・一戸建住宅は137,286戸（同6.0％減、**3年ぶりの減少**）

※　持家＝建築主（個人）が自分で居住する目的で建築するもの。
　　貸家＝建築主が賃貸する目的で建築するもの。
　　分譲住宅＝建て売り又は分譲の目的で建築するもの。

4　×　令和4年度における**不動産業の経常利益**は**5兆9,392億円**となっており、**3年ぶり**（対前年度比2.0％）の「**減益（減少）**」となった。なお、**全産業の経常利益**は前年度に比べ13.5％の「**増益（増加）**」となった（令和4年度法人企業統計調査・財務省）。

> **Point**
>
> 統計分野は、本書巻頭資料で、最新情報を確認してほしい。肢2は、刊行時期との関係で、令和6年版国土交通白書を予測して出題した。

問49	正解3	土　地	難易度A

以下、適当なものを○、（最も）不適当なものを×とする。

1　○　建物の**基礎の支持力**は、**砂礫地盤のほうが発揮されやすい**。したがって、不同沈下（地盤が不均等に沈下すること）を防ぐための手段として、**基礎を砂礫地盤に到達させる**ことが望ましい。

2　○　**不同沈下**とは、部分的に沈下量の異なる沈下のことである（肢1参照）。これは、「切土」部よりも「盛土」部で起こりやすい。

3　×　**等高線の間隔が大きい**ということは、**傾斜のあまり無い土地が広がっている**ということである。したがって、河川の氾濫により河川より離れた場所であっても**浸水する可能性が「高く」**なる。

4　○　**土石流**は、水を含んだ大量の土砂が急勾配の渓流を流下するもので、豪雨や地震によって発生した山崩れや渓流中の異常な洪水流が原因で発生する。したがって、**急勾配の渓流に多量の不安定な砂礫が堆積している所**や、流域内の豪雨に伴う傾斜崩壊の危険性の大きな所で**発生しやすい**。

Point

土地に関する出題は、過去問を中心に、いわゆる一般常識で解ける問題が多い。ひっかけも多いので、問題文をよく読むことが重要である。

問50	正解4	建築物	難易度A

1 × 基礎は、**直接基礎**と**杭基礎**に大別される。**建築物自体の重量が大きく浅い地盤で**は、直接基礎（基礎の底面が直接地盤に接するもの）では建築物が支えられないので、**杭基礎**（杭を強固な地盤まで到達させる「支持杭」又は杭周面と土の摩擦力により支持する「摩擦杭」）が用いられる。

2 × はり、けたその他の**横架材**には、その**中央部附近の下側に耐力上支障のある欠込みをしてはならない**（建築基準法施行令44条）。

3 × 階段の幅が**3mを超える**場合においては、原則として、**中間に手すり**を設けなければならない（25条3項）。

4 ○ **鉄筋コンクリート造**において、鉄筋に対するコンクリートの**かぶり厚さ**は、原則として、**耐力壁以外の壁又は床にあっては2cm以上、耐力壁、柱又ははりにあっては3cm以上**としなければならない（79条1項）。

Point

建築物に関する出題では、建築基準法の知識が役立つことがある。そういう意味で、「法令上の制限」の建築基準法の単体規定も見ておきたい。

予想模試
解答・解説

第2回

解答一覧＆
実力診断

〈第2回〉
解答一覧&実力診断シート

【難易度】A…得点すべし！　B…合否の分かれ目　C…難問

科目	問題	論点	正解	難易度	check	科目	問題	論点	正解	難易度	check
民法等	1	代理	1	A		宅建業法	26	重要事項の説明	4	A	
	2	売主の担保責任	2	A			27	免許基準等	1	A	
	3	消滅時効	3	A			28	宅建士複合	3	A	
	4	抵当権	1	A			29	事務所複合	4	A	
	5	意思表示	1	A			30	広告複合	3	A	
	6	民法総合	4	A			31	保証協会	1	A	
	7	債権譲渡	2	B			32	免許の要否	4	A	
	8	不法行為	4	A			33	監督処分	1	A	
	9	相続	3	A			34	営業保証金	1	A	
	10	賃貸借	3	B			35	宅建業者・宅建士複合	3	B	
	11	借地権	3	B			36	重要事項の説明	1	A	
	12	借家権	4	A			37	35条書面・37条書面	2	A	
	13	区分所有法	4	A			38	媒介契約	4	A	
	14	不動産登記法	3	B			39	クーリング・オフ	2	A	
法令上の制限	15	都市計画・建築制限等	1	A			40	案内所の規制	4	A	
	16	開発許可手続き等	2	A			41	37条書面	3	A	
	17	建築基準法（総合）	2	A			42	8種規制等	2	B	
	18	建築基準法（総合）	1	B			43	業務上の規制	3	A	
	19	盛土規制法	3	B			44	報酬等の規制	1	B	
	20	土地区画整理法	4	A			45	住宅瑕疵担保履行法	3	A	
	21	農地法	3	A		その他関連知識※	46	住宅金融支援機構	2	A	
	22	国土法（事後届出）	4	A			47	景表法（公正競争規約）	2	A	
その他関連知識	23	印紙税	1	A			48	統計	3	A	
	24	固定資産税	3	A			49	土地	1	A	
	25	地価公示法	1	A			50	建築物の構造と材料	1	A	

※問46〜50の5問は登録講習修了者の免除問題となります。

■ 科目別の成績

民法等	法令上の制限
／14（9）点	／8（6）点

宅建業法	その他関連知識
／20（17）点	／8（6）点

注：（　）内の数字は、合格レベルの点数です。
　　弱点科目をカバーしましょう。

■ 難易度別の成績

A	／41問中
B	／9問中
C	／0問中

A、Bランクの問題を得点しましょう。

■ 総合成績

合　計
／50（38）点

| 問1 | 正解1 | 代　理 | 難易度A |

1 ○　**代理人**が後見開始の審判を受けたときは、代理人の**代理権は消滅**する（民法111条1項2号）。

2 ×　**自己契約**や双方代理は、本人に不利益を与えるおそれがあるので、原則として、無権代理行為とみなされるが、**本人があらかじめ許諾**した行為、又は、単なる債務の履行については、例外的に**本人に効果が帰属**する（108条1項）。したがって、当該売買契約の効果は、本人である売主の意向にかかわらず、両当事者に有効に帰属するとする本肢は誤っている。

3 ×　代理人が本人のためにすることを示さないでした意思表示は、自己のためにしたものとみなされるが、**相手方が、代理人が本人のためにすることを知り**、又は、**知ることができた**ときは、**本人に対して直接にその効力を生ずる**（100条）。したがって、「常に」代理人に帰属するとの本肢は誤り。

4 ×　代理人が詐欺・強迫を受けた等の代理行為の瑕疵の有無は、**原則として、代理人を基準に決める**（101条1項）。

Point
肢1について、「本人」が後見開始の審判を受けた場合は、代理権の消滅事由ではないことに注意。

| 問2 | 正解2 | 売主の担保責任 | 難易度A |

1 ×　引き渡された目的物が種類、品質又は数量に関して契約の内容に適合しないものであるとき（以下「**契約不適合の場合**」という）は、買主は、売主に対し、その不適合が、買主の責めに帰すべき事由による場合を除き、①目的物の修補、②代替物の引渡し、③不足分の引渡しによる**履行の追完を請求することができる**。ただし、**売主は、買主に不相当な負担を課するものでないときは、買主が請求した方法と異なる方法による履行の追完をすることができる**（民法562条1項）。

2 ○　**契約不適合の場合**、買主が相当の期間を定めて**履行の追完の催告**をし、その期間内に履行の追完がないときは、買主は、その不適合が、買主の責めに帰すべき事由による場合を除き、その不適合の程度に応じて**代金の減額を請求することができる**（563条1項）。なお、履行の追完が不能である等の例外を除き、履行の追完の催告をすることなく、直ちに代金の減額を請求することはできない（同2項）。

3 ×　売主が種類又は品質に関して契約の内容に適合しない目的物を買主に引き渡した

場合、買主がその不適合を知った時から1年以内にその旨を売主に通知しないときは、買主は、その不適合を理由として、履行の追完の請求、代金の減額の請求、損害賠償の請求及び契約の解除をすることができない。また、売主が引渡しの時にその不適合を知り、又は重大な過失によって知らなかったとき（設問文章参照）は、この期間制限を受けない（566条）。

4 × 契約不適合が買主の責めに帰すべき事由によるものであるときは、買主は、契約不適合を理由として、履行の追完の請求、代金の減額の請求をすることはできない（562条2項、563条3項）。

Point

売主の担保責任（契約不適合責任）については、何が問われても答えられるように、整理しておいてほしい。

| 問3 | 正解3 | 消滅時効 | 難易度A |

1 ○ 所有権は消滅時効にかからない（民法166条2項参照）。なお、占有者による取得時効が成立する結果、当初の所有者が所有権を失うことはあるが、これは1つの物には2つの所有権が存在しえないことの反射であり、消滅時効によって消滅するわけではない。

2 ○ 時効の利益は、あらかじめ放棄することができない（民法146条）。時効完成前の放棄を認めてしまえば、時効制度が認められている趣旨に反するし、債権者によって濫用されるおそれがあるからである。

3 × 催告（裁判外での請求）があったときは、その時から6か月を経過するまでの間は、時効は、完成しない（150条1項）。したがって、Aが裁判外で支払いを請求した場合、Aの債権の消滅時効は、その時から新たに進行を始める（更新する）とする本肢は誤っている。

4 ○ 消滅時効完成後に、債務者が債務の承認をした場合、債務者は、時効完成の事実を知らなかったときでも、信義則上、消滅時効を援用することは許されない（判例）。このような場合は、通常、債権者においても、「債務者は、もはや時効の援用をしないつもりである」と考えるからである。

Point

肢3について、催告によって時効の完成が猶予されている間にされた再度の催告は、時効の完成猶予の効力を有しない（何度も催告を繰り返しても意味がない）ことに注意（150条2項）。

| 問4 | 正解1 | 抵当権 | 難易度A |

1 × ①抵当権設定当時、土地上に建物があって、②それらが同一の所有者に属しており、③土地又は建物あるいは双方に設定された抵当権の実行によって**土地と建物の所有者が別々になった**場合、土地上の建物のために、**法定地上権が成立**する（民法388条、判例）。したがって、土地の競落人Ｃは、建物の競落人Ｄに対して、甲土地の明渡しを請求することはできない。

2 ○ 抵当権者は、その**抵当権を他の債権の担保**とすることができる（376条1項）。いわゆる「**転抵当**」のことである。

3 ○ 抵当権設定登記「**後**」の賃貸借は、その期間の長短を問わず、たとえ**対抗要件を備えていても、抵当権者や競売による買受人に対抗できないのが原則**である（605条、177条、借地借家法31条）。ただし、①登記された賃貸借であり、②賃貸借の登記前に登記をした**すべての抵当権者が同意**をし、かつ、③その同意の登記があるときは、その同意をした抵当権者や競売による買受人に対抗することができる（民法387条1項）。

4 ○ 抵当権設定登記「**前**」の賃貸借は、その期間の長短を問わず、**対抗要件を備えていれば、抵当権者や競売による買受人に対抗することができる**（605条、177条、借地借家法31条）。

Point
肢3・肢4について、抵当権設定「前」の賃貸借と、抵当権設定「後」の賃貸借を対比して整理してほしい。

| 問5 | 正解1 | 意思表示 | 難易度A |

1 ○ **心裡留保**による意思表示は、原則として有効だが（民法93条1項本文）、例外的に**相手方が表意者の真意について悪意又は有過失であるときは無効**となる（民法93条1項ただし書）。この無効は、**善意の第三者に対抗することができない**（93条2項）。したがって、Ａは、善意のＣに対して甲土地の所有権を主張することができない。

2 × **詐欺**による意思表示の**取消し後**（96条1項）**の第三者**との関係は**対抗問題**であり、取り消した者は、**登記なしに、第三者に対抗することはできない**（177条、判例）。したがって、Ａは、所有権移転登記を備えたＤに対して、甲土地の所有権を主張することができない。

3 × 相手方と通じてした**虚偽**の意思表示は、**無効**であるが（94条1項）、この無効は、

善意の第三者に対抗することができない（94条2項）。この「第三者」として保護されるのに、**登記は不要である**（判例）。したがって、Aは、善意のEに対して甲土地の所有権を主張することができない。

4 × **強迫**による意思表示は、**取り消すことができる**（96条1項）。そして、強迫による意思表示の取消しは、**善意無過失の第三者にも対抗することができる**（96条3項反対解釈）。したがって、Aは、善意無過失のFに対して、甲土地の所有権を主張することができる。

> **Point**
>
> 正解肢である肢1の知識については、過去に問われたことはないが、令和2年の民法改正により第三者保護規定が明文化されたものであり、出題が十分予想される。

問6	正解4	民法総合	難易度A

1 ○ **解約手付**が交付された場合、**相手方**が契約の**履行に着手する前**であれば、買主はその**手付を放棄**して、売主はその倍額を現実に提供して、**契約を解除**することができる（民法557条1項）。したがって、Bは、すでに代金の一部を支払っていても、Aが契約の履行に着手していなければ、手付を放棄して売買契約を解除することができる。

2 ○ **当事者双方の責めに帰することができない事由**によって債務を**履行することができなくなったとき**は、債権者（本肢ではB）は、反対給付の**履行を拒むことができる**（536条1項）。したがって、Bは、Aに対して、代金の支払いを拒むことができる。なお、売買契約に関しては、売主が買主に特定した目的物を引き渡した場合、危険は買主に移転し、その引渡し以後は、買主は、代金の支払いを拒むことができない（567条1項）。

3 ○ 債務者がその債務の本旨に従った履行をしないとき又は**債務の履行が不能であるとき**は、債権者は、これによって生じた損害の賠償を請求することができる。ただし、その債務不履行が、契約その他の債務の発生原因及び取引上の社会通念に照らして**債務者の責めに帰することができない事由**によるものであるときは、**損害賠償を請求することはできない**（415条1項）。本肢では、甲建物が地震によって滅失しており、債務者Aに帰責事由はないため、Bは、Aに対して損害賠償を請求することはできない。

4 × **解除による双方の原状回復義務**は、**同時履行の関係**にある（546条、533条）。したがって、Bは、自らの債務不履行を理由に解除されていても、Bの原状回復義務とAの受領済み代金返還義務に関して同時履行の抗弁権を主張することができる。

> **Point**
>
> 本問は、民法の総合的な問題ではあるが、いずれの肢も、基本的な知識があれば正しく判断できるであろう。十分に正解に達することができる。

問7	正解2	債権譲渡	難易度B

1 ○ 債権に譲渡禁止特約が付されている場合、この特約に反する譲渡は、原則として有効であるが、譲渡制限の意思表示がされたことを知り、又は重大な過失によって知らなかった譲受人その他の第三者に対しては、債務者は、その債務の履行を拒むことができ、かつ、譲渡人に対する弁済その他の債務を消滅させる事由をもってその第三者に対抗することができる（民法466条2項・3項）。したがって、重大な過失があるCに対しては、Bは債務の履行を拒むことができ、かつ、既にAに弁済したことを主張することができる。

2 × 債権の譲渡は、その意思表示の時に債権が現に発生していることを要しない（466条の6第1項）。そして、債権が譲渡された場合において、その意思表示の時に債権が現に発生していないときは、譲受人は、発生した債権を当然に取得する（同2項）。したがって、AC間の債権譲渡は債権譲渡契約時から「有効」である。

3 ○ 債権譲渡の債務者への対抗要件は、次のいずれかである（467条1項）。
① 譲渡人（A）から債務者（B）への通知
② 債務者（B）の承諾
そして、確定日付ある証書による通知は、第三者に対する対抗要件であり（467条2項）、債務者への対抗要件としての通知は、口頭によるものでもかまわない。なお、①の通知は、譲渡人がする必要がある（判例）。したがって、Aの通知が確定日付によるものでなくても、CはBに対して自らに弁済するように主張することができる。

4 ○ 債権が二重に譲渡され、双方の譲受人について確定日付のある証書による通知がなされているときは、その通知が債務者に到達した日時の早い方の債権譲渡が優先する（467条2項、判例・到達時説）。通知の到達により、債務者が債権譲渡による債権の帰属に変更が生じた事実を認識できるからである。したがって、CとDの優劣は、確定日付の先後ではなく、確定日付のある通知がBに到達した日時の先後で決まる。

> **Point**
>
> 肢3について、債権譲渡の「債務者」に対する対抗要件と、「第三者」に対する対抗要件を区別すること。

第2回 解答・解説

| 問8 | 正解4 | 不法行為 | 難易度A | |

1 × 他人の身体・自由・名誉を侵害した場合又は他人の財産権を侵害した場合のいずれであるかを問わず、不法行為責任を負う者は、**財産以外の損害に対しても、その賠償をしなければならない**（民法710条）。そして、被害者が即死の場合でも、**被害者自身に死亡による慰謝料請求権が発生**し、その請求権は、単なる金銭債権だから、相続によって**相続人へ承継される**（判例）。したがって、DがCの慰謝料請求権を相続することはないとする本肢は誤っている。

2 × 受働債権が人の生命又は身体の侵害による損害賠償請求権である場合は、原則として、相殺することができない（509条2号）。被害者保護のため、加害者は、被害者に対して現実に損害賠償債務を履行する必要があるからである。そうだとすると、**不法行為によって発生した債権を、自働債権として相殺**することはできることになる（判例）。したがって、被害者Cは、不法行為に基づく損害賠償請求権をもって貸金債務を相殺することができる。

3 × 使用者が使用者責任（715条1項本文）による損害を賠償した場合、**使用者**は、その不法行為をした被用者に対して、損害の公平な分担という見地から、**信義則上相当な限度**で、**求償権を行使することができる**（715条3項、判例）。したがって、負担した損害額の全額を求償することができるとする本肢は誤っている。

4 ○ **被用者**が使用者の事業の執行について**第三者に損害を加え**、その**損害を賠償した**場合には、**被用者**は、使用者の事業の性格、規模、施設の状況、被用者の業務の内容、労働条件、勤務態度、加害行為の態様、加害行為の予防又は損失の分散についての使用者の配慮の程度その他諸般の事情に照らし、**損害の公平な分担という見地から相当と認められる額**について、**使用者**に対して**求償することができる**（715条3項参照、判例）。したがって、Bは、Aに対して、損害の公平な分担という見地から相当と認められる額について求償することができる。

> **Point**
> 肢1では、不法行為に関するやや難しい知識が問われている。しかし本試験では、このようなレベルの問題も少なくない。肢4は、令和2年12月に出題された逆求償の判例である。

| 問9 | 正解3 | 相　続 | 難易度A | |

1 × **配偶者**は、**常に相続人となる**（民法890条前段）。そして、配偶者と直系尊属が相続人の場合、その法定相続分は、配偶者が3分の2、**直系尊属が3分の1**となる（900

条2号）。

2 × 被相続人の**子**は相続人となるが、この「**子**」には**養子も含まれる**（887条1項、809条）。このことは、養親（本肢では、A）の婚姻の前後を問わない。したがって、Eには法定相続分はないとする本肢は誤っている。なお、本肢の場合、Bの法定相続分は2分の1、D及びEの法定相続分はそれぞれ4分の1となる。

3 ○ 被相続人の子は相続人となるが、被相続人の子が、**相続の開始以前に死亡**したときは、その**死亡した者の子**（本肢では、H）が、これを**代襲**して相続人となる（887条1項・2項本文）。しかし、**被相続人の子の配偶者**（本肢では、G）は、**相続人とはならない**。したがって、本肢の法定相続人は、BとHのみとなる。そして、配偶者と子が相続人の場合、その法定相続分は、配偶者が2分の1、**子が2分の1**であり（900条1号）、Hの相続分は、子であるFが受けるべきであった相続分と同じであることから（901条1項本文）、2分の1となる。

4 × 被相続人の配偶者は、常に相続人となるが（890条前段）、**内縁の妻**は、配偶者ではなく、**相続人とはならない**。したがって、Iは相続人とはならない。そして、**兄弟姉妹**が数人いるときは、各自の相続分は、**等しいもの**となる（900条4号本文）。したがって、Jの法定相続分は2分の1となる。

Point

まずは図を描いて、誰が相続人となるかを確定すること。そのうえで相続分の計算ができるようにしよう。

問10	正解3	賃貸借	難易度B

1 × **賃貸人**は、賃貸物の使用及び収益に必要な**修繕をする義務**を負う。ただし、**賃借人の責めに帰すべき事由**によってその修繕が必要となったときは、その**修繕義務を負わない**（民法606条1項）。

2 × 賃借人は、目的物を受け取った後にこれに生じた**損傷**（通常損耗・経年変化を除く）がある場合、賃貸借が終了したときは、原則として、その損傷を**原状に復する義務**を負う（621条）。したがって、Aは、通常損耗がある場合、これを原状に復する義務を負わない。

3 ○ 賃借人が適法に賃借物を転貸した場合、賃貸人と賃借人が賃貸借契約を**合意解除**しても、賃貸人は、その解除の効果を転借人に対抗することはできない。ただし、その解除の当時、賃貸人が賃借人の**債務不履行による解除権を有していた**ときは、その解除の効果を転借人に対抗することができる（613条3項）。したがって、本肢

第2回 解答・解説

81

のBは、ＡＢ間の賃貸借契約の合意解除の効果をＣに対抗することができる。

4　✕　**賃借権**が適法に旧賃借人から新賃借人に**移転**した場合でも、**敷金に関する権利義務関係**は、原則として、**新賃借人に承継されない**（622条の２第１項２号）。旧賃借人の交付した敷金が、新賃借人のために用いられるのは不当だからである。したがって、敷金に関する権利義務は、ＡからＤに承継されない。

> **Point**
>
> 賃貸借に関する基本的な問題であり、すべて令和２年の改正点から出題されている。正解したい問題である。

問11	正解3	借地権	難易度B

1　✕　借地権の存続期間は、当事者が**期間を定めなかった**場合でも、**30年**となる（借地借家法３条本文）。ところで、解約申入れは、「期間の定めのない賃貸借（民法617条）」を将来に向かって終了させる意思表示であるが、借地借家法上の借地権は、期間の定めがない場合にも、30年の存続期間が保障されているため（借地借家法３条、９条）、民法上の「期間の定めのない賃貸借」として、当事者（借地権設定者）による解約申入れが認められる余地はない。したがって、借地権設定者は、解約申入れをして、借地権者に対して建物を収去して土地を明け渡すよう請求することはできない。

2　✕　建物の種類・構造・**規模**・用途を制限するような**借地条件**がある場合において、法令による土地利用の規制の変更、付近の土地の利用状況の変化その他の事情の変更により、現に借地権を設定するにおいてはその借地条件と異なる建物の所有を目的とすることが相当であるにもかかわらず、借地条件の変更につき当事者間に協議が調わないときは、**裁判所**は、「**当事者（借地権設定者・借地権者）**」の**申立て**により、その**借地条件を変更**することができる（借地借家法17条１項）。したがって、「借地権者」の申立てがある場合に限りその借地条件を変更できるとする本肢は誤っている。

3　◯　第三者が**賃借権の目的である土地の上の建物を競売**又は公売により**取得**した場合、その第三者が賃借権を取得しても借地権設定者に不利となるおそれがないにもかかわらず、借地権設定者がその賃借権の譲渡を承諾しないときは、**裁判所**は、その**第三者の申立て**により、**借地権設定者の承諾に代わる許可**を与えることができる（20条１項前段）。競売等により借地上の建物を取得する場合には、その取得前に借地権設定者の承諾を得ることは事実上難しいため、競売等により借地上の建物を取得した第三者が、この申立てをすることができる。

| 4 | × |

借地権に登記がない場合でも、借地上の建物に自己名義の登記があれば、借地権を第三者に対抗できるが、一筆の土地である**借地上に2棟の建物が存する場合、一方の建物の登記があれば**、他方の建物について登記がなくとも、借地権者は、第三者に対して、**土地全体**について**借地権を対抗することができる**（10条1項、判例）。

> **Point**
>
> 正解肢である肢3にあるような、借地権の譲渡・転貸に関する知識が問われなくなって久しい。いつ出題されてもおかしくないので、この機会に確認しておこう。

問12	正解4	借家権	難易度A	得点ナベ！

| 1 | × |

期間の定めがある建物の賃貸借をする場合、公正証書による等書面（又は電磁的記録）によって契約をするときに限り、契約の更新がないこととする旨を定めることができる（定期建物賃貸借、借地借家法38条1項前段・2項）。したがって、定期建物賃貸借契約を締結するには、書面（又は電磁的記録）によらなければならないが、必ずしも公正証書である必要はない。

| 2 | × |

定期建物賃貸借契約においては、**期間を定めなければならない**。その期間は、**1年未満のものでもよい**（38条1項、29条1項）。

| 3 | × |

定期建物賃貸借契約における**建物の利用目的**について、**特に制限は設けられていない**（38条1項参照）。したがって、居住用建物を目的として、定期建物賃貸借契約を締結することができる。

| 4 | ○ |

定期建物賃貸借契約を締結しようとする場合、**賃貸人**は、**あらかじめ**、賃借人に対し、当該賃貸借は契約の**更新がなく**、期間の満了により当該賃貸借は終了することについて、その旨を記載した**書面を交付**（又は賃借人の承諾を得て、当該書面に記載すべき事項を**電磁的方法により提供**）して**説明しなければならない**（38条3項・4項）。更新がないことによるトラブルを避けるためである。

> **Point**
>
> 定期建物賃貸借は、令和4年まで13年連続で出題されていたが令和5年は出題されなかった。要注意である。

問13	正解4	区分所有法	難易度A	得点ナベ！

| 1 | × |

集会の議事録が**書面**で作成されているときは、議長及び集会に出席した区分所有者の2人がこれに**署名しなければならない**（区分所有法42条3項）。しかし、**押印は**

不要である。

2　×　**敷地利用権**が数人で有する**所有権**その他の権利である場合には、区分所有者は、規約で別段の定めがあるときを除き、その有する**専有部分**とその専有部分に係る**敷地利用権とを分離して処分することができない**（22条1項）。したがって、規約によらなくとも、集会の決議があれば、その有する専有部分とその専有部分に係る敷地利用権とを分離して処分することができるとする本肢は誤っている。

3　×　区分所有者の承諾を得て**専有部分を占有する者**は、会議の目的たる事項（議題）につき**利害関係**を有する場合には、集会に**出席して意見を述べる**ことができるが（44条1項）、**議決権は有していない**。議決権は、区分所有者に認められる権利だからである。

4　○　専有部分の賃借人などの**占有者は**、建物又はその敷地若しくは附属施設の**使用方法**につき、**区分所有者**が規約又は集会の決議に基づいて負う義務と**同一の義務を負う**（46条2項）。建物などの使用方法に関しては、賃借人などの占有者も、区分所有者と異なるところがないからである。

> **Point**
>
> 本問に関する知識は、すべて過去に出題されている。正解しなければならない基本的な問題である。なお、肢1は、近年の改正点であるから要注意！

問14	正解3	不動産登記法	難易度B

1　○　**賃借権の登記**については、登記の目的・登記原因及びその日付などのほか、**敷金**があるときは、その旨も**登記事項**となる（不動産登記法81条4号、59条）。賃貸人の敷金返還債務は、賃貸不動産の所有権が移転した場合、未払賃料等を控除した残額について新所有者（新賃貸人）に承継されるため（民法605条の2第4項、622条の2第1項）、敷金の有無やその額等は新所有者にとって重要なことだからである。

2　○　登記官は、申請に係る**不動産の所在地**が当該申請を受けた**登記所の管轄に属しないとき**は、理由を付した決定で、登記の**申請**を却下しなければならない（不動産登記法25条1号）。

3　×　所有権の保存の登記は、次の①〜⑤以外の者は、申請することができない（74条）。
① 表題部所有者
② 表題部所有者の相続人その他の一般承継人
③ 所有権を有することが確定判決によって確認された者
④ 収用によって所有権を取得した者

84

⑤ 「区分建物」の表題部所有者から所有権を取得した者

表題部所有者Aから「土地」を買い受けたBは、①〜⑤のいずれにも該当しない。したがって、Bは、Aと共同してであっても、Bを登記名義人とする所有権の保存の登記の申請をすることはできない。なお、本肢の場合は、Aが自己名義で所有権の保存の登記をし、Bと共同してBを登記名義人とする所有権の移転の登記の申請をすることになる。

4 ○ 信託行為（信託契約や遺言等）により、信託財産は、その不動産等を有する委託者から受託者に帰属するため、信託に係る権利の保存・設定・移転・変更の登記の申請と、信託の登記（信託財産であることを示す登記）の申請をする必要がある。そして、これらの登記は同一の信託行為に基づいているから、信託の登記の申請は、当該信託に係る権利の保存、設定、移転又は変更の登記の申請と同時にしなければならない（98条1項）。

> **Point**
> 肢1や肢4については、基本的知識からの出題とはいえないが、過去の本試験において問われている。また、正解肢3は、令和5年にも出題された重要知識である。

問15　正解1　都市計画・建築制限等　難易度A

1 × 工業専用地域は、「工業」の利便を増進するため定める地域である（都市計画法9条13項）。「主として工業」の利便を増進するため定める地域は、「工業」地域である（同12項）。

2 ○ 都市計画施設の区域又は市街地開発事業の施行区域内において、建築物の建築をしようとする者は、一定の場合を除き、知事（市の区域内では市長。以下同じ）の許可を受けなければならない（53条1項）。

3 ○ 予定区域内で次の行為を行おうとする場合、原則として知事の許可が必要となる（52条の2第1項）。
① 建築物の建築
② 工作物の建設
③ 土地の形質の変更

したがって、建築物の建築以外の行為として、②③の場合も、許可が必要である。

4 ○ 市町村が定める都市計画は、議会の議決を経て定められた当該市町村の建設に関する基本構想に即し、かつ、都道府県が定めた都市計画に適合したものでなければならない（15条3項）。

> **Point**
>
> 正解肢1は、用途地域に関する知識を問う論点である。また、肢2・3は、都市計画制限に関する論点である。いずれも整理しよう。

問16	正解2	開発許可手続き等	難易度A

1 × 申請書には、開発区域において予定される建築物又は特定工作物の**用途の記載が必要である**が、その**構造、設備及び予定建築価額の記載**は**必要でない**（都市計画法30条1項2号参照）。

2 ○ **開発行為**とは、主として**建築物の建築又は特定工作物の建設**の用に供する目的で行う土地の区画形質の変更をいう（4条12項）。つまり、**水田のみにする目的で行う土地の区画形質の変更**は、その規模に関わらず、開発行為に該当しない。したがって、**開発許可は不要**である（29条1項）。

3 × 開発許可を受けた開発区域内の土地においては、開発行為に関する**工事完了の公告があるまで**の間であれば、例外として「**工事用の仮設建築物**」を建築**できる**（37条1号）。この際、「**知事の承認**」は**不要**である。

4 × 都市計画法**33条**に規定する開発許可の基準のうち、「**排水施設の構造及び能力についての基準**」は、「**主として自己の居住の用に供する住宅の建築の用に供する目的で行う開発行為**」か「**それらの開発行為以外**」かの区別なく、「**適用される**」（33条1項3号）。

> **Point**
>
> 正解肢1は、開発許可申請書の記載事項に関する論点である。また、肢4は、開発許可基準の論点である。いずれの選択肢も<u>重要論点</u>であるので確認しておこう。

問17	正解2	建築基準法(総合)	難易度A

1 ○ 公園・広場・**道路**・川等の内にある建築物で特定行政庁が安全上、防火上及び衛生上支障がないと認めて建築審査会の同意を得て許可したものについては、建蔽率の制限は**適用されない**（建築基準法53条6項3号・9項、44条2項）。

2 × 都市計画区域内における**新築**にあたっては、建築主は、「**規模にかかわらず**」建築確認を受ける必要がある（6条1項4号、4条7項）。改正点である。

3 ○ **特殊**建築物（用途に供する床面積合計が200㎡超）及び大規模建築物は、原則と

86

して検査済証の交付後でなければ使用開始はできないが、次のいずれかの場合は**検査済証の交付前**でも、仮に、当該建築物又は建築物の部分を**使用し又は使用させる**ことが**できる**（7条の6第1項）。
① 特定行政庁が、安全上・防火上・避難上支障がないと認めたとき
② 建築主事が、安全上・防火上・避難上支障がないものとして国土交通大臣が定める基準に適合していることを認めたとき
③ 工事の完了検査の申請を建築主事が受理した日から**7日**を経過したとき

本肢の「350㎡」のコンビニエンスストアーは、この特殊建築物に該当するので（6条1項1号）、上記③に当てはまる本肢の場合、例外的に、検査済証の交付前でも、仮に使用し又は使用させることができる。

4 ○ 特定行政庁又は「**建築監視員**」は、工事中の建築物について法の規定に違反することが明らかな建築物について、**緊急**の必要がある一定の場合、建築主・工事請負人・現場管理者等に対して、**工事の施工停止命令**を行うことが**できる**（9条10項、9条の2）。

> **Point**
> いずれの選択肢も、近年しばらく出題されていない論点であるので、確認しておこう。肢1の論点には注意のこと！

1 ○ **特定街区内**の建築物については、**容積率**（52条）、**建蔽率**（53条）、**高さ**（55条～57条）の制限等の規定は、**適用されない**（建築基準法60条3項）。

2 × 「隣地境界線からの水平距離が一定の位置において確保される採光・通風等」と、同程度以上の採光・通風等が当該位置において確保される一定の建築物（一定基準に適合した建築物）には、隣地斜線制限は「**適用されない**」（56条7項2号・1項2号）。

3 × 延べ面積が「**3,000㎡を超える**」（本肢は2,900㎡）建築物は、一定の**主要構造部**（床・屋根・階段を除く）の全部又は一部に木材・プラスチック等の**可燃材料**を用いている場合、一定の技術的基準に適合するもので、国土交通大臣が定めた構造方法を用いるもの又は国土交通大臣の認定を受けたものとしなければならない（21条2項）。

4 × **建築協定を締結**する場合は、原則として、区域内の所有者及び借地権者**全員**の合意が必要である（70条3項本文）。この場合、その区域内の土地に借地権者がいないときは、所有者の全員の合意が必要であるが、**借地権の目的**となっているときは、当該借地権の目的となっている土地の所有者の合意が得られなくても、「当該借

地権の目的となっている土地の所有権以外の土地の所有者等の全員の合意があればよい」（同ただし書）。

> **Point**
>
> 正解肢1の「特定街区内の建築物」は、さまざまな制限規定が緩和されていることを確認しよう。また、肢3（大規模建築物の主要構造部等）については、数字を確認しよう。

問19	正解3	盛土規制法	難易度B

1 × 宅地造成とは、宅地以外の土地を宅地にするために行う盛土その他の土地の形質の変更で政令で定めるものをいう（宅地造成及び特定盛土等規制法2条2号、施行令3条）。したがって、「宅地を宅地以外の土地」にする土地の形質の変更は、宅地造成に該当しないので、その規模（本肢では崖の高さが5m超）にかかわらず、知事の許可は不要である。改正点である。

2 × 知事は、宅地造成等工事規制区域内の土地の所有者、管理者又は「占有者」に対して、当該土地又は当該土地において行われている工事の状況について報告を求めることが「できる」（宅地造成及び特定盛土等規制法25条）。改正点である。

3 ○ 宅地造成等工事規制区域内において、「切土又は盛土をする土地の面積が1,500㎡超（本肢では1,800㎡）の土地の排水施設を設置する場合、その土地における排水施設は、政令で定める資格を有する者の設計によらなければならない（13条2項、施行令21条2号）。

4 × 国又は都道府県、指定都市若しくは中核市が宅地造成等工事規制区域内において行う宅地造成等に関する工事については、「これらの者と知事との協議が成立する」ことをもって宅地造成等に関する工事の許可（12条1項の許可）があったものとみなされる（15条1項）。改正点である。

> **Point**
>
> 肢1は「宅地造成の定義」、肢2は「報告の徴取」、正解肢3は「資格者の設計によらなければならない措置」、肢4は「国又は都道府県の特例」に関する論点である。確認しておこう！

問20	正解4	土地区画整理法	難易度A

1 × 保留地を定める際に、保留地の価額について、本肢のような制限が適用されるのは「公的」施行者のみであり、個人施行者・「組合」・区画整理会社には、この規

88

定は適用されない（土地区画整理法96条2項）。

2 × 組合の設立認可の申請が、知事に対してあった場合、当該知事は、原則として、施行地区となるべき区域を管轄する市町村長に、その事業計画を「2週間」公衆の縦覧に供させなければならない（20条1項本文）。

3 × 施行者は、施行地区内の宅地について換地処分を行うため、換地計画を定めなければならず、施行者が個人施行者、組合、区画整理会社、市町村又は機構等であるときは、その換地計画について知事の認可を受けなければならない（86条1項）。そして、個人施行者、組合又は区画整理会社が認可の申請をしようとするときは、「換地計画に係る区域を管轄する市町村長を経由」して行わなければならない（同2項）。

4 ○ 換地処分は、施行者（本問では「組合」）が関係権利者に、換地計画において定められた関係事項を 通知して行う（103条1項・3項）。

> **Point**
> 肢1は、出題可能性は高くないが、民間施行には関係ない箇所であることを、念のため確認しておこう。肢2～正解肢4は、近年出題されていないので注意しよう。

| 問21 | 正解3 | 農地法 | 難易度A |

1 × 土地区画整理法に基づく土地区画整理事業により、道路・公園等公共施設を建設する目的で、農地を転用しようとする場合、4条許可は「不要」である（農地法4条1項8号、施行規則29条5号）。

2 × 登記簿上の地目（本肢では雑種地）に関係なく、現に耕作の用に供されている土地は「農地」であり（農地法2条1項）、農地転用を目的とする権利移動であれば、知事（指定市町村の区域内では指定市町村の長）の5条許可が「必要」である（5条1項）。本肢のように、「一定の期間（本肢では3ヵ月間）資材置場として無償で借り受けをする」場合でも、その規模にかかわらず5条許可は必要となる。また、本肢は「市街化区域内」ではないので、「農業委員会へ届出」という特例（5条1項6号）も適用されない。

3 ○ 農地を転用する場合、原則として、4条許可が必要である（4条1項）。「休閑地」は農地となるので、許可を受けないと転用できない。

4 × 土地収用法その他の法律によって農地等が収用され、又は使用される場合には、3条許可は「不要」である（3条1項11号）。

Point

いずれも重要ポイントである。肢1は4条特有の許可不要のケースである。また、肢2・正解肢3は「農地の定義」にかかわる論点である。整理しておこう。

問22	正解4	国土法(事後届出)	難易度A

1 ○ 知事は、権利取得者に対し、勧告をした場合、必要があると認めるときは、その勧告に基づいて講じた措置について報告をさせることができる（国土利用計画法25条）。

2 ○ 土地の売買契約を締結した場合の届出について、虚偽の届出をした者は、「6ヵ月以下の懲役又は100万円以下の罰金」に処せられる（47条3号）。

3 ○ 事前届出（注視区域・監視区域）が必要な場合は、併せて事後届出をする必要はない（23条2項2号）。

4 × 権利取得者となった者が行った事後届出に対して、知事から土地の利用目的に関する変更勧告がなされた場合、当該権利取得者がその勧告に従わなかったときでも、知事は、当該届出に係る土地の売買の契約を「取消しにはできない」（47条、48条、49条1号参照）。

Point

肢2について、近年出題されていない。これら数字は正確に覚えておこう。また、正解肢4について、届出制で取消しになるということはない。

問23	正解1	印紙税	難易度A

1 ○ 課税文書が複数ある場合、それぞれの文書につき印紙税を納付する義務がある。したがって、媒介業者が保存する契約書であっても、課税対象となる（印紙税法基本通達20条）。

2 × 一つの契約書に不動産の売買契約と不動産の請負契約が併記されている場合は、原則として売買契約に係る文書となるが、契約金額の記載があり、請負代金の方が高いときは、請負契約に係る文書となる（別表第1通則3ロ）。本肢においては、原則どおり売買契約に係る文書として、記載金額は4,000万円となる。

3 × 「抵当権の設定に関する契約書」には印紙税は課されない（2条、別表第1参照）。

4 × 契約書に消費税及び地方消費税額が記載されている場合、その金額（消費税額等）

は記載金額には含めないこととされている（個別通達：消費税法の改正等に伴う印紙税の取扱いについて）。

> **Point**
> 令和4年・令和5年と連続で印紙税が出題された。令和6年の印紙税の出題可能性は高くはないが、念のためおさえておこう。

問24	正解3	固定資産税	難易度A	得点ナベし!

1 ○ 固定資産税の**標準税率**は、100分の1.4（**1.4%**）である（地方税法350条1項）。**市町村の条例**によって、この標準税率を**超える**税率で課税することも**可能**である（350条2項参照）。なお、「制限税率」であれば、その税率を超えることができないことと区別すること。

2 ○ 一定の要件を満たした**新築住宅**に対して課される固定資産税については、新たに課されることとなった年度から**5年度間**（中高層耐火建築物等）又は**3年度間**（左記以外）に限り、床面積**120㎡**までの部分の**税額**が**2分の1**に減額される（附則15条の6、施行令附則12条4項）。

3 × 固定資産税の**納税義務者**は、原則として、賦課期日（1月1日）に所有者として登記又は登録されている者である（地方税法343条1項・2項、359条）。したがって、年の途中に売買があった場合、**賦課期日の所有者**(売主)に納税義務が課せられる。

4 ○ 固定資産税の納税者は、その納付すべき当該年度の固定資産税に係る固定資産について「固定資産課税台帳に登録された価格（一定のものを除く）」について**不服がある場合**においては、一定の期間内に、文書をもって、**固定資産評価審査委員会に審査の申出をすることができる**（432条1項本文）。

> **Point**
> 地方税については、令和6年は不動産取得税よりも固定資産税のほうが出題可能性が高い。

問25	正解1	地価公示法	難易度A	得点ナベし!

1 ○ **土地の取引を行う者**は、取引の対象土地に類似する利用価値を有すると認められる標準地について公示された価格を「**指標**」として取引を行うよう、「**努めなければならない**」（地価公示法1条の2）。**努力義務**であることに注意。

91

| 2 | × | 土地鑑定委員会は、一定事項を公示したときは、すみやかに、「**関係市町村**（特別区等を含む。以下同じ）**の長**」に対して、公示した事項のうち当該市町村が属する都道府県に存する標準地に係る部分を記載した書面及び標準地の所在を表示する**図面を送付**しなければならない（7条1項）。都道府県知事に送付するのではないので注意。 |

| 3 | × | 肢2の解説のとおり公示事項記載書面等の送付を受けた「**市町村の長**」は、これらの図書を、当該市町村の事務所において、**3年間一般の閲覧**に供しなければならない（7条2項、施行令1条2項）。 |

| 4 | × | **土地収用法**の規定により、公示区域内の土地について、当該土地に対する**事業の認定の告示の時**における**相当な価格**を算定するときは、公示価格を「**規準**」として算定した当該土地の価格を考慮しなければならない（地価公示法10条）。収用する土地に対する補償金の額を算定する場合は公示価格を「**規準**」とする旨の規定である。 |

> **Point**
> 例年問25は、不動産鑑定評価基準と地価公示法のいずれかが出題される。令和5年に不動産鑑定評価基準が出題されたため、令和6年は地価公示法の出題可能性が高い。

| 問26 | 正解4 | 重要事項の説明 | 難易度A | |

以下、違反しないものを○、違反するものを×とする。

| 1 | × | 重要事項の説明は、**説明の相手方が物件に関して熟知している等の個別的事情**によって説明すべき項目や方法を変えたり、**説明を省略することはできない**。したがって、重要事項の説明は、**宅建士**が担当しなければならない（宅建業法35条1項柱書）。 |

| 2 | × | 重要事項の説明は、**契約が成立するまでの間**に、宅建士が重要事項を記載した**35条書面を交付**し、又は買主の承諾を得て、当該書面に記載すべき事項を**電磁的方法**により**提供**して、説明しなければならない（35条1項柱書・8項）。 |

| 3 | × | 宅建士は、**重要事項の説明**をするときは、説明の相手方に対し、**宅建士証を提示**しなければならない（35条4項）。従業者証明書を宅建士証の代わりに提示することはできない。 |

| 4 | ○ | 宅建業者は、宅建士をして重要事項の説明をさせなければならないが、**説明する宅建士は専任である必要はない**（35条1項柱書参照）。 |

Point

専任の宅建士は、事務所では業務に従事する者5人に1人以上の割合で、契約行為等を予定する案内所等では少なくとも1人は、宅建業者が「常勤」の宅建士を設置しなければならないという規制である。よって、専任（常勤）の宅建士と、一般（アルバイト等）の宅建士で、宅建士が行うことができる法定事務に、違いはない。

問27	正解1	免許基準等	難易度A

1 ○ 取締役（役員）が懲役刑に処せられた場合、その**役員は免許欠格者**となる。すると、**免許欠格者を役員とする法人A社も免許欠格者**となり、A社の**免許は取り消される**（宅建業法66条1項3号、5条1項5号）。たとえ**執行猶予**が付いた懲役刑であっても刑に処せられたことに変わりはなく（刑法27条）、**免許欠格者**である。この点、**執行猶予期間が満了**すれば、刑の言渡しは効力を失い、満了日の翌日から免許欠格者でなくなることと混同しないこと。

2 × **一定の罪**により、**罰金刑**に処せられた者は、その刑の執行を終わり、又は刑の執行を受けることがなくなった日から5年を経過しなければ、免許を受けることができない。

＜一定の罪＞

① 宅建業法違反

② 傷害罪、現場助勢罪、暴行罪、凶器準備集合及び結集罪、脅迫罪、背任罪

③ 暴力行為等処罰に関する法律の罪

④ 暴力団員による不当な行為の防止等に関する法律の罪

肢1で記述したように、免許欠格者を役員とする宅建業者である法人は、その免許が取り消されるが、本肢の**公職選挙法違反**は、上記の「**一定の罪**」には**該当しない**（宅建業法5条1項6号参照）。したがって、**顧問**（相談役、顧問その他いかなる名称を有するものであるかを問わず、法人に対して**取締役等と同等以上の支配力**を有する者と認められる者は「**役員**」に該当）は**免許欠格者**ではなく、B社の免許が取り消されることはない（宅建業法66条1項3号、5条1項6号参照）。

3 × 法人でその**役員**又は政令で定める使用人が**免許欠格者**である場合は、当該法人は**免許を受けることができない**（宅建業法5条1項12号）。この点、**道路交通法違反**で**罰金刑**に処せられたことは、肢2の「**一定の罪**」には**該当しない**ので（5条1項6号参照）、C社の代表取締役（役員）は免許欠格者ではなく、C社は、免許を受けることができる。

4 × 「**業務停止処分**」の聴聞の期日及び場所が公示された日から当該処分をするか否

かを決定する日までの間に、相当の理由なく廃業の届出をしたとしても、Dは**免許欠格者に該当しない**。免許欠格者に該当するのは、**一定事由**（①不正手段による免許取得、②業務停止処分対象事由で情状が特に重い、③業務停止処分に違反）に該当したことを理由とする「免許取消処分」の聴聞のケースであり、「業務停止処分」の聴聞は該当しない（5条1項3号）。

Point

執行猶予付きの禁錮刑や懲役刑の判決の言渡しを受け、確定した場合でも、刑に処せられたことに変わりはなく、免許欠格者となる（執行猶予がついていれば、直ちに収監されないだけ）。そして、執行猶予期間を満了すれば、刑の言渡しは効力を失うので、その満了の日の翌日からは免許欠格者ではなくなる。例えば、窃盗罪で3年の懲役刑に処せられた場合、3年間の刑務所に収監されている期間と、出所してから5年間の計8年間は免許欠格者となるが（刑の執行が終わった日から5年間）、3年の懲役刑に執行猶予5年が付いていた場合、5年の執行猶予期間が満了した翌日から免許欠格者ではなくなるので、5年間のみ免許欠格者となる。

問28	正解3	宅建士複合	難易度A

1　×　未成年者であっても、宅建業に関する**営業の許可**（民法6条1項）を受けたときは、宅建業に係る営業に関し成年者と同一の行為能力を有する未成年者として、宅建士の資格登録を受けることができる（宅建業法18条1項1号参照）。もっとも、営業の許可を受けても**未成年者**であることに変わりはないので、原則として宅建業者が事務所等に設置しなければならない**成年者である専任の宅建士**となることはできない（31条の3第1項）。ただし、**例外**として、かかる**未成年者**が**宅建業者**（法人の場合は、その役員）となるときは、その未成年者が**自ら主として業務に従事する事務所等**については、その者はその事務所等に置かれる**成年者である専任の宅建士とみなされる**（31条の3第2項）。よって、Aが免許を受けて宅建業者となる場合は、Aは、その設置する事務所の専任の宅建士とみなされる。

2　×　登録を受けている者が**死亡**した場合、相続人はそのことを**知った日**から**30日**以内に死亡した者が登録を受けていた都道府県知事に**届け出なければならない**（21条1号）。届出をすべき30日の期間は、「死亡した日」から起算するのではないことに注意。

3　○　宅建士は、**取引の関係者**から**請求**があったときは、**宅建士証を提示しなければならない**（22条の4）。また、**重要事項の説明**をするときは、請求がなくても、説明の相手方に対し、**宅建士証を提示しなければならない**（35条4項）。しかし、**37条書面を交付するとき**に、請求がなくても宅建士証を提示しなければならないとい

う規定はない。したがって、37条書面を交付するときは、請求があったときに宅建士証を提示すればよいので、請求されなかった場合は、宅建士証を提示することなく37条書面を交付できる。なお、そもそも37条書面の交付は、宅建士の法定事務ではないので宅建士でなくとも交付はできる。

4 × **不正手段**により宅建士の**資格登録**を受けた者に対し、その登録をした都道府県知事は、その者の**登録を消除しなければならない**（68条の2第1項2号）。しかし、**合格の決定を取り消すことはできない**（17条1項参照）。

Point

宅建士の宅建士証の提示義務については、原則として、取引の関係者から請求があったときに提示すればよいが、重要事項の説明をするときだけは、宅建士は、請求がなくても、自ら宅建士証を提示しなければならない（積極的提示義務）。なお、罰則として10万円以下の過料に処せられることがあるのは、後者の重要事項の説明をするときの提示義務違反の場合だけであることも覚えておこう。

問29	正解4	事務所複合	難易度A

1 ○ 免許権者は、その免許をした宅建業者（法人の場合は、役員）の所在や**事務所の所在地**を確知できない場合、公告をし、その**公告の日から30日**を経過しても宅建業者からの申出がないときには、その**免許を取り消すことができる**（宅建業法67条1項）。

2 ○ 宅建業者は、**事務所ごと**に**帳簿**を備えなければならないが、取引の関係者に閲覧させる義務はない（49条）。従業者名簿について、取引の関係者から請求があった場合に閲覧させる義務があることと混同しないこと（48条4項）。

3 ○ **自ら売主である宅建業者の事務所**で買受けの申込みを行った場合、たとえ契約の締結を事務所等以外で行ったとしても、宅建業者ではない買主は、**クーリング・オフ**により売買契約を解除できない。買受けの申込みと売買契約の締結が異なる場所でなされた場合は、**買受けの申込みが行われた場所**を基準に解除の可否を決定する（37条の2第1項柱書前段）。本肢では買受けの申込みを事務所で行っている以上、契約を締結した買主の自宅について買主が申し出たのか否かにかかわらず、解除できない。

4 × 宅建業者が**営業保証金**を供託する場合、**主たる事務所の最寄りの供託所**に、その宅建業者が設置する**すべての事務所分**の営業保証金を**一括して供託**し、免許権者に届け出る必要がある。「事務所ごと」に、その最寄りの供託所に供託するのではない（25条1項）。

95

Point

免許を取得する際は、開業に際し、事務所の数を確定させて免許を申請しているわけであるが、例えば、本店と支店3で宅建業の免許を受けた場合は、本店1,000万円、支店1,500万円（500万円×3）の合計2,500万円を本店最寄りの供託所に供託し、その届出をしてから事業開始が可能となる。とりあえず1,000万円を供託して届け出て、本店で事業を開始し、経営が軌道に乗ってから支店分の1,500万円を追加供託して届け出て、支店での事業を開始することは認められないのである。

問30	正解3	広告複合	難易度A

ア ○ 未完成の宅地建物に関しては、宅地の造成工事又は建物の建築工事に関して必要とされる都市計画法上の開発「許可」や建築基準法上の建築「確認」その他法令に基づく**許可等の処分があった後**でなければ、当該工事に係る宅地建物の売買その他の取引に関する**広告をしてはならない**（宅建業法33条）。しかし、**自ら貸借**は、宅建業の「取引」ではないので（2条2号）、宅建業法の規定は適用されず、本肢の広告をすることができる。

イ ○ 取引の対象となる広告について、その広告中に、①著しく事実に相違する表示や、②**実際のものよりも著しく優良・有利であると人を誤認させるような表示**をすることは、誇大広告等の禁止の対象となる（32条）。この規定は、誇大広告等をする行為を禁止しているので、誇大広告について、実際に誤認した者がいたか否か、**契約の成立に至ったか否かにかかわらず**、罰則が適用されることがある（81条1号）。なお、誇大広告の禁止規定に違反した場合の罰則規定（**6か月以下の懲役、100万円以下の罰金、又はこれらの併科**）についても（81条1号、32条）、本試験で出題されることがあるので、覚えておいた方がよい。

ウ ○ 宅建業者は、取引態様の別について、**広告をするとき及び顧客からの注文を受けたとき**に、明示することが義務付けられている（34条）。したがって、宅建業者は、注文をする者がすでに取引態様の別の明示のある広告を見ていたとしても、または問い合わせがなくても、注文を受けたときは、改めて取引態様の別を明示しなければならない。

エ × 宅建業者が**業務の全部の停止処分**（65条2項・4項）を受けた場合、その業務停止処分期間中は、宅地建物の売買等の取引はもちろん、業務に関する**広告をする**こともできない。

以上から、正しいものは「ア、イ、ウ」の三つであり、正解は肢3である。

96

Point

肢アの「自ら貸借」（賃貸借や使用貸借について、貸主や借主になること）が宅建業の「取引」ではないことは、通常は宅建業法の学習の冒頭の「宅建業の意味」で学習するが、宅建試験では、自ら貸借は取引ではないことは、以下のような様々な場面で出題されるので、常に意識しなければならない。

① 免許が不要であること
② 自ら貸借のみを行う事務所は宅建業法上の事務所ではないので、免許換えや変更の届出は不要であること
③ 取引態様の明示義務がないこと
④ 帳簿への記載が不要であること
⑤ 重要事項の説明（35条書面の交付）が不要であること
⑥ 37条書面の交付が不要であること
⑦ 未完成物件の広告開始時期制限や契約締結時期制限がないこと

問31	正解1	保証協会	難易度A

ア ✕ 宅建業者が保証協会の**社員の地位を失った**場合は、その**地位を失った日から1週間以内**に**営業保証金**を本店の最寄りの供託所に供託しなければならない（宅建業法64条の15）。

イ ◯ 宅建業者が**保証協会から還付充当金を納付すべき旨の通知を受けた**場合は、その**通知を受けた日から2週間以内**に、当該**還付充当金を保証協会に納付**しなければならない（64条の10第2項）。

ウ ◯ 宅建業者が保証協会に**加入した後、新たに従たる事務所を設置**した場合は、当該事務所の分の弁済業務保証金**分担金**をその**事務所を設置した日から2週間以内**に**保証協会に納付**しなければならない（64条の9第2項）。

以上から、誤っているものは「ア」の一つであり、正解は肢1である。

Point

弁済業務保証金制度で「1週間」という期間が登場するのは、①保証協会が社員である宅建業者から弁済業務保証金分担金の納付を受けてから1週間以内に法務大臣及び国土交通大臣の定める供託所に弁済業務保証金として供託しなければならないこと、②宅建業者が保証協会の社員の地位を失った場合は、1週間以内に営業保証金を供託しなければならないこと、の2か所であるから、しっかりと覚えておこう。

| 問32 | 正解4 | 免許の要否 | 難易度A | |

1 × Aが**宅地の売買のあっせん（媒介）**を**不特定多数の人**を対象に**反復継続**して行う行為は、**宅建業**に該当し、Aは免許を必要とする（宅建業法2条2号、3条1項）。Aが建設業の許可を受けていることや、建築請負契約に付帯する行為であることは、免許を必要としない理由にはならない。

2 × **用途地域内**にある駐車場用地は、宅建業法上の「**宅地**」であり、Bがこれを20区画に分割し、**不特定多数の人**を対象に**反復継続**して売却する行為は、**宅建業に該当する**ので、Bは免許を必要とする（2条1号・2号、3条1項）。

3 × DがCから賃借したマンションを**転貸**する行為も賃貸借契約の賃貸人となる行為であり、**自ら貸借**は宅建業の「**取引**」ではないので、CはもちろんDも免許は不要である（2条2号）。

4 ○ Eは、宅地をFに**一括して売却**しており、反復継続性がないので、「業」に該当せず、Eは免許を必要としない（2条2号、3条1項）。

> **Point**
> 宅地又は建物を「業」として取引する場合は、原則として免許を要する。この「業」については、宅地又は建物を「不特定かつ多数の人」を相手に、「反復又は継続」して取引することとされる。「業」に該当するか否かは、実際は様々な事情を総合考慮して決定されるが、宅建試験では、問題文に「一括して売買（又は交換）」と記載されていたら業に該当せず、「一括して売買（又は交換）の代理又は媒介を依頼」とあったら「業」に該当すると当てはめるケースが多い。「一括して何をしているのか」に注意して問題文を読もう。

| 問33 | 正解1 | 監督処分 | 難易度A | |

1 × 宅建業の免許を受けたにもかかわらず、**引き続き1年以上事業を休止**した場合、宅建業者にやむを得ない理由があるか否かにかかわらず、免許権者（甲県知事）は、Aの**免許を取り消さなければならない**（宅建業法66条1項6号）。

2 ○ 宅建業者（法人）の役員又は政令で定める使用人のうちに、業務停止処分をしようとするとき以前5年以内に「**宅建業に関し**」不正又は著しく不当な行為をした者があるに至ったとき、免許権者は、**業務停止処分をすることができる**が、役員が「宅建業の業務と無関係」に所得税法に違反して罰金刑に処せられても、**業務停止処分をすることはできない**（65条2項7号参照）。

| 3 | ○ | 甲県知事がその免許をした宅建業者に対して業務停止処分や**免許取消処分**をしたときは、その旨を甲県の公報又はウェブサイトへの掲載その他の適切な方法により**公告**しなければならない（70条1項、規則29条）。 |

| 4 | ○ | **免許取消処分**は、**免許をした甲県知事のみ**が行うことができる（宅建業法66条1項柱書）。免許権者ではない乙県知事は、甲県知事の免許を受けた宅建業者Aの免許を取り消すことはできない（66条1項柱書）。 |

> **Point**
> 宅建業者に対する監督処分である「免許取消処分」は、「免許権者」（免許をした国土交通大臣又は都道府県知事）のみ可能であり（国土交通大臣免許を受けた者に対し、地方整備局長等が免許取消処分をすることは可能であるが、試験に出題されたことはない）、宅建士（又は資格登録を受けたが宅建士証の交付を受けていない者）に対する「登録消除処分」は、「登録をした都道府県知事」のみが可能であることは、監督処分における基本知識である。

| 問34 | 正解 1 | 営業保証金 | 難易度 A | |

| ア | ○ | 宅建業者は、契約行為を予定する**案内所**について、業務開始の**10日前**までに法定事項を**届け出なければならない**が（宅建業法50条2項、規則19条3項、宅建業法31条の3第1項、規則15条の5の2第2号）、案内所は宅建業法上の**事務所**には**該当しない**ので、**営業保証金**を追加して**供託**する必要はない（宅建業法25条1項・2項参照）。 |

| イ | × | 支店で宅建業に関する取引をした者（宅建業者を除く）であっても、その取引により生じた債権に関し還付を受けられる限度額は、Aの供託している**営業保証金の全額**に相当する1,500万円である（27条1項、25条2項、令2条の4）。 |

| ウ | × | 宅建業者が**保証協会の社員**であれば、宅建業に関して債権を有する者（宅建業者を除く）は、弁済を受けることができる額について、「**保証協会**」の認証（国土交通大臣の認証ではない）を受けることにより、弁済業務保証金から還付を受けることができる（宅建業法64条の8第2項）。しかし、**営業保証金を供託している宅建業者**である場合には、当該債権者は、還付を受けるにあたって、**認証**を受けることなく、債権額等を証明する書類を直接供託所に提出して、宅建業者が供託した営業保証金から還付を受けることができる（27条2項、供託規則22条、24条1項1号）。 |

以上から、正しいものは「ア」の一つであり、正解は肢1である。

Point

案内所等については、①契約行為等を予定する案内所と、②契約行為等を予定しない案内所等の２つに分けること。そして、①については、３つの規制（ⅰ１名の専任の宅建士の設置義務、ⅱ免許権者と案内所の所在地を管轄する都道府県知事への届出義務、ⅲ標識の掲示義務）があることを覚えよう。②については、１つの規制のみ（標識の掲示義務）あることを覚えよう。

問35	正解３	宅建業者・宅建士複合	難易度Ｂ

1 ✕　宅建業者Ａは、その免許を受けた甲県知事の管轄区域内（甲県内）で**事務所の所在地を変更**したときは、宅建業者名簿の**変更の届出**をしなければならない（宅建業法９条、８条２項５号）。これに対し、宅建士Ｂは、**変更の登録申請**は**不要**である（20条、18条２項、規則14条の２の２参照）。

2 ✕　事務所ごとに設置している**専任の宅建士**の**本籍**に変更が生じた場合でも、専任の宅建士の本籍は宅建業者名簿登載事項ではなく、宅建業者Ａは、**変更の届出**は**不要**である（宅建業法９条、８条２項参照）。これに対し、宅建士Ｂは、自らの「本籍」に変更が生じているので、資格登録簿の**変更の登録を申請**しなければならない（20条、18条２項、規則14条の２の２第１項１号）。

3 ◯　宅建業者Ａが**宅建業を廃業**（廃止）した場合、Ａは、**廃業の届出**（宅建業の廃止の届出）をしなければならない（宅建業法11条１項５号）。また、Ｂは、Ａが廃業したことにより、資格登録簿に登載している**従事している宅建業者の商号又は名称及び免許証番号**に変更が生ずることとなるので（宅建業者に従事していないことになる）、**変更の登録を申請**しなければならない（20条、18条２項、規則14条の２の２第１項５号）。

4 ✕　**商号を変更**した場合、Ａは宅建業者名簿の**変更の届出**をしなければならない（宅建業法９条、８号２項２号）。また、**勤務先の宅建業者の商号**は、資格登録簿登載事項であり、Ｂは、資格登録簿の**変更の登録の申請**をしなければならない（20条、18条２項、規則14条の２の２第１項５号）。

Point

ある事実が発生した場合、宅建業者は何が必要か、宅建士は何が必要かを関連付けて覚えよう。宅建業者が免許換えをしたときは、宅建業者の免許は新規免許となるので、免許換えをした宅建業者に勤務する宅建士は、宅建業者の免許証番号についての変更の登録申請が必要になること（変更の登録申請の対象事項には、勤務する宅建業者の「免許証番号」がある）に気が付かない受験生は多い。

| 問36 | 正解 1 | 重要事項の説明 | 難易度 A | |

以下、違反しないものを○、違反するものを×とする。

ア × 工事完了前の建物では、その完了時における**形状**、**構造**、その他当該建物の主要構造部、内装及び外装の構造又は仕上げ並びに設備の設置及び構造を重要事項説明書（35条書面）を用いて説明しなければならない（宅建業法35条1項5号、規則16条）。

イ ○ 手付金等の保全措置の概要は、当該宅建業者が**講じる予定のある保全措置**について、保証委託契約か保証保険契約によるのかの別、保全措置を行う機関の種類、名称等を説明することとされている（宅建業法35条1項10号、国交省「考え方」）。本肢では、**保証委託契約によって保全措置を講じる**ので、**保証委託契約の概要について説明**すればよく、保全措置として用いない保証保険契約について説明する必要はない。

ウ × 「ペット飼育禁止」の制限は、**専有部分の用途その他の利用の制限**に関する規約であり、その規約の定めがあるときは、その**内容を説明**する必要がある（35条1項6号、規則16条の2第3号）。

以上から、違反しないものは「イ」の一つであり、正解は肢1である。

> **Point**
> 8種規制としての手付金等の保全措置の方法として、①銀行等による保証、②保険事業者による保証保険、③寄託契約（完成物件のみ）がある。重要事項の説明としては、①②③のうち、講ずる予定のある保全措置のみ説明すればよい。

| 問37 | 正解 2 | 35条書面・37条書面 | 難易度 A | |

以下、違反しないものを○、違反するものを×とする。

1 × **重要事項の説明**を行うことは宅建業者の**法律上の義務**であり、買主の承諾を得たとしても、重要事項の説明は**省略できない**（宅建業法35条1項）。

2 ○ **35条書面**及び**37条書面**（以下、この問において電磁的方法を含む）には、それぞれ**宅建士の記名**（電磁的方法によるときは、宅建士を明示すること）が**必要**となるが、35条書面に記名をする宅建士と、37条書面に記名をする宅建士（電磁的方法によるときは、宅建士の明示）は、**同一の宅建士である必要はない**。よって、37条書面への記名を35条書面に記名した宅建士Cではなく、宅建士Dが行ったと

しても、宅建業法の規定には違反しない（35条5項・8項、37条3項・4項、規則16条の4の8第2項4号、16条の4の12第2項4号）。

3　×　宅建士は、**重要事項の説明**をするときは、**宅建士証の提示**をしなければならない（宅建業法35条4項）。重要事項の説明を受ける買主が、説明担当者が宅建士であることを知っていても、説明をする宅建士は、宅建士証の提示を**省略できない**。

4　×　重要事項の説明は、**取引の都度**行わなければならず、1年前に別の物件について重要事項の説明を行っていたとしても、今回の同様の取引について、**35条書面を交付して重要事項の説明を行うことは省略できない**（35条1項）。なお、宅建業者が自らが委託者となっている宅地建物の信託受益権の売主となる場合において、当該信託受益権の売買契約の締結前1年以内に売買の相手方に対し当該契約と同一内容の契約について書面を交付して説明している場合に重要事項の説明を行うことを省略できる旨の規定（35条3項ただし書、規則16条の4の4第1項2号）と混同しないようにしよう。

Point

35条書面に記名する宅建士と重要事項の説明を担当する宅建士は同一人でなければならないと解されているが、35条書面に記名する宅建士と37条書面に記名する宅建士は、同一人である必要はない。35条書面交付の趣旨（重要事項説明の趣旨）と37条書面の交付の趣旨は異なるからである。ちなみに、35条書面交付の趣旨は、契約を締結するか否かの判断材料を提供することにあるのに対し、37条書面の交付の趣旨は、契約締結後のトラブルに備えて取り決めた事項を明確にすることにある。

問38	正解4	媒介契約	難易度A

ア　×　専任媒介契約（専属専任媒介契約を含む）の有効期間は、3か月を超えることができず、これより長い期間を定めたときは、その期間は3か月となる（宅建業法34条の2第3項）。しかし、**一般媒介契約**は、宅建業法上、**媒介契約の有効期間についてはこれを制限する規定がない**ため、**当事者間で任意に定めることができ**、一般媒介契約の有効期間を6か月とする旨の特約を締結すれば、その有効期間は6か月となる。

イ　×　専属専任媒介契約を締結した場合は、契約締結の日から**5日以内**（休業日を除く）に指定流通機構に登録しなければならない（34条の2第5項、規則15条の10）。

ウ　×　宅建業者が既存の建物の売買・交換の媒介・代理の依頼を受けたときは、**媒介（代理）契約書面**（又は宅建業法34条の2第11項の規定により電磁的方法により提供する場合における当該**電磁的方法**）に、**建物状況調査を実施する者のあっせんに関する事項を記載**しなければならない（宅建業法34条の2第1項4号、34条の3）。媒介

契約書面（又は電磁的方法）へのかかる記載は、**一般媒介契約においても必要で**あるし、「あっせんに関する事項」については、建物状況調査を実施する者のあっせんの有無（**宅建業者があっせんするか否か**）を記載しなければならない（国交省「考え方」）。

以上から、誤っているものは「ア、イ、ウ」であり、正解は肢4である。

Point

	専任媒介契約	専属専任媒介契約
業務の処理状況の報告	2週間（14日間）に1回以上	1週間（7日間）に1回以上
指定流通機構への登録	7日以内	5日以内

※　専任媒介契約と専属専任媒介契約について、「業務の処理状況の報告義務」は、後者は1週間（7日）に1回以上、「指定流通機構への登録」について、前者は7日以内である。同じ「7日」がそれぞれ異なる場面で登場することから、混乱する受験生がいるので注意すること。

問39	正解2	クーリング・オフ	難易度A

1　×　クーリング・オフによる契約の解除が行われた場合には、宅建業者Aは、契約の**解除に伴う損害賠償**又は違約金の支払いは**請求できない**（宅建業法37条の2第1項柱書後段）。

2　○　Bが宅地の**引渡し**を受け、**かつ**、その**代金の全部を支払った**ときは、クーリング・オフによる契約の解除をすることはできない（37条の2第1項2号）。

3　×　**クーリング・オフ**について**書面で告げられた**日から8日間を経過した場合には、買主はクーリング・オフによる解除はできなくなる（37条の2第1項1号、規則16条の6柱書）。しかし、その告知が**電磁的方法による提供**によるときは、**書面で告げたことにはならない**ので、8日間の起算が始まらず、Bは2週間経過後であっても、原則として、契約を解除できる。また、**引渡しを受け**、**かつ**、**代金の全部を支払った**後はクーリング・オフできなくなるが（宅建業法37条の2第1項2号）、代金の一部を支払ったに過ぎないのであれば、Bのクーリング・オフによる解除は認められる。

4　×　買主Bのクーリング・オフによる契約の**解除等の意思表示**は、**書面**で行わなければならない（37条の2第1項柱書前段）。

Point

昨年の宅建試験でも出題されたが、自ら売主である宅建業者がクーリング・オフについて告げる場合は、「書面」で行う必要があり、買主の承諾があっても、「電磁的方法で告げること」は認められていないことに注意しよう。なお、同様に、買主がクーリング・オフをする場合も書面で行う必要がある。

| 問40 | 正解4 | 案内所の規制 | 難易度A | 得点ナベ！ |

1 ○ 宅建業者は、事務所ごとに、国土交通省令で定める事項を記載した帳簿を備えなければならないが、案内所には、そこで契約行為等を行う場合であっても、帳簿を備える義務はない（宅建業法49条）。

2 ○ 免許換えの申請は、事務所の新設・移転・廃止により免許権者が変わることになる場合に必要である（7条1項、4条1項）。案内所を設置しようとする場合は、免許権者が変わらないので、免許換えの申請をする必要はない。

3 ○ 宅建業者が契約行為等を行う案内所を設置する場合は、業務開始の10日前までに一定事項を免許権者と所在地を管轄する知事の両方に届け出る必要がある（50条2項、31条の3第1項、規則15条の5の2第2号・3号、19条3項）。しかし、単に見学者の案内等を行うだけで契約行為等を行わない案内所を設置する場合は、かかる届出義務はない（宅建業法50条2項、31条の3第1項、規則15条の5の2柱書参照）。

4 × 宅建業者は、契約行為等を行わない案内所を設置する場合でも、案内所に標識を掲示しなければならない（50条1項、規則19条1項3号）。

Point

場所	専任の宅建士	報酬額の掲示	従業者名簿	帳簿	案内所等の届出	標識
事務所	業務従事者5人に1人以上	○	○	○	×	○
契約行為等を予定する案内所	1人以上	×	×	×	○	○
・契約行為等を行わない案内所 ・物件所在地	×	×	×	×	×	○

| 問41 | 正解3 | 37条書面 | 難易度A |

以下、記載が必要なものを○、記載が不要なものを×とする。

1　○　建物の**引渡しの時期**は、売買契約でも**貸借の契約**でも、その**定めの有無にかかわ**らず、37条書面（電磁的方法により提供された電子書面を含む。以下同じ）に記載しなければならない**事項**である（宅建業法37条1項4号・2項1号、4項・5項）。

2　○　建物の**売買契約**においては、**代金**の額、その**支払時期**と**支払方法**は、その**定めの有無にかかわらず**、37条書面に記載しなければならない**事項**である（37条1項3号、4項）。

3　×　建物の**貸借の契約**においては、**契約の更新**については、その定めの有無にかかわらず、37条書面に**記載が不要**な事項である（37条2項・1項参照）。

4　○　建物の**売買契約**においては、当該建物が種類又は品質に関して契約の内容に適合しない場合におけるその不適合を担保すべき責任についての定め（**契約不適合責任に関する特約**）があるときのその**内容**、又は当該責任の履行に関して講ずべき保証保険契約の締結その他の措置（**契約不適合責任についての資力確保措置**）について定めがあるときのその内容については、37条書面に**記載しなければならない事項**である（37条1項11号、4項）。

> **Point**
> 肢3の宅地建物の貸借の契約において、契約の更新に関する事項は、37条書面の記載事項でないことについて、記載事項であると勘違いしている受験生が多いので気を付けよう。

第2回　解答・解説

| 問42 | 正解2 | 8種規制等 | 難易度B |

ア　×　ＡＣ間の売買契約は、**宅建業者間の取引**であり、**8種規制**は適用されないので、たとえＡＢ間の契約が停止条件付きの契約であり、その条件の成就前であっても、Ａは宅建業者Ｃと売買契約を締結できる（宅建業法33条の2、78条2項）。

イ　○　宅建業者が**既存建物**（中古住宅）の**売買・交換の媒介**（代理）契約を締結したときは、媒介（代理）契約書面に**建物状況調査**を実施する者の**あっせん**に関する事項を記載し、依頼者に交付しなければならない。これは媒介の種類（一般媒介・専任媒介・専属専任媒介）を問わず、また依頼者が宅建業者であるか否かは問わない（34条の2第1項4号）。

105

| ウ 〇 | ＡＣ間の売買契約は、**宅建業者間の取引**であり、**８種規制は適用されない**ので、建物の種類又は品質に関する契約不適合責任に関し、民法の規定よりも宅建業者である買主に不利な特約をしても、その特約は有効である（40条、78条２項）。 |

| エ × | 宅建業者であるＣが宅建業者でないＥに自ら売主として建物を売却する場合、原則として、法定の**保全措置を講じた後でなければ手付金等は受領できない**（41条の２第１項、41条１項）。この場合、**保全措置**を講じるのは**自ら売主である宅建業者Ｃ**であり、媒介業者Ｄではない（41条の２第１項）。よって、媒介業者である「Ｄは手付金等を受領する前に保全措置を講じなければならない」としている本肢は誤りである。 |

以上から、正しいものは「イ、ウ」の二つであり、正解は肢２である。

Point

８種規制は、宅建業者間の売買契約（売主も買主も宅建業者である場合）には適用されない。本問のような事例問題では、以下の２点のチェックは欠かせない。
① ８種規制か否か
② ８種規制であるとして、宅建業者間の取引ではないのか

| 問43 | 正解３ | 業務上の規制 | 難易度Ａ |

| 1 〇 | 宅建業者は、その事務所ごとに業務に関する**帳簿**を備え、各事業年度の末日をもって閉鎖し、原則として、閉鎖後**５年間**（例外として、宅建業者が自ら売主となる新築住宅に係るものにあっては、10年間）**保存**しなければならない（宅建業法49条、規則18条３項）。 |

| 2 〇 | **従業者名簿**には、従業者の氏名、従業者証明書の番号その他国土交通省令で定める事項（**生年月日、主たる職務内容等**）を記載しなければならないが、**従業者の住所**は記載する**必要はない**（宅建業法48条３項、規則17条の２第１項参照）。 |

| 3 × | 宅建業者は、事務所ごとに**従業者名簿**を備え、最終の記載をした日から**10年間**保存しなければならない（宅建業法48条３項、規則17条の２第４項）。 |

| 4 〇 | 宅建業者は、その**業務に従事する者に従業者証明書を携帯**させなければその者を業務に従事させてはならず（宅建業法48条１項）、従業者証明書を携帯すべき者は、代表者、非常勤の役員、単に一時的に業務の補助をする者（いわゆるアルバイト）も含まれる（国交省「考え方」）。 |

Point

従業者名簿の保存期間が最終の記載をした日から10年間であることは、従業者の「じゅう」で10（じゅう）年間と覚える。なお、比較して覚えるべき帳簿の保存期間が事業年度の末日をもって閉鎖し、閉鎖後５年間であること（例外として、宅建業者が自ら売主となる新築住宅は10年）は、免許の有効期間の５年間と連動しているので、５年間となっている（免許更新の際の審査の資料になる）。

問44	正解１	報酬等の規制	難易度B

1 ○ 低廉な空家等の報酬の特例（消費税等相当額を含まない価額が400万円以下の物件で、通常の売買・交換の媒介・代理と比較して現地調査等の費用を要するものに関する報酬の特例）は、空家でない建物や宅地も含むので、本肢の代金が350万円の宅地にも適用される。そして、特例を適用するときは、例えば売買の媒介の場合であれば、以下の点に留意を要する。

① 依頼者である空家等の売主から受領するものに限定される。

② 特例について依頼者（売主）に説明し合意することを要する。

③ 受領できる報酬額の上限は、通常の報酬額の上限に、通常の媒介と比較して多く要する現地調査等に要する費用を加えた額であり、かつ、売買の媒介の依頼者である売主から受領する額は、18万円（消費税等相当額を含めれば、19万8,000円）以内である（宅建業法46条、報酬告示7）。

すると、本肢では、代金が350万円の宅地であるから、売主Bから受領する報酬の上限額は、350万円×４％＋２万円＝16万円で、これに通常の媒介と比較して２万円多く要する現地調査等の費用を加えると、16万円＋２万円＝18万円となる。他方、買主Cから受領する報酬の上限額には、特例の適用はなく、350万円×４％＋２万円＝16万円である。よって、本肢は正しい。

2 × 宅地の代金には消費税が課税されないので、代金2,200万円から消費税分を抜いて計算する必要はない。よって、宅地の売買の媒介の依頼を受けたAは、2,200万円×３％＋６万円＝72万円を上限に、媒介の依頼者の一方であるBから報酬を受領できる（46条、報酬告示2）。

3 × 媒介・代理をするに当たり、依頼者の依頼により現地調査を行った場合で、その費用の負担について事前に承諾を得たときは、報酬とは別に、また仮に売買契約が不成立に終わっても、依頼者から受領できる（46条、報酬告示9①、国交省「考え方」）。

4 × 定期建物賃貸借の再契約の媒介に関して宅建業者が受領する報酬についても、宅建業法の規定が適用され、新規の定期建物賃貸借契約と同様に報酬計算をするこ

107

とになる（国交省「考え方」）。

> **Point**
>
> 依頼者の特別の依頼により行う「遠隔地における現地調査」や「空家の特別な調査等」に要する実費費用等、依頼者の特別の依頼により支出を要する特別の費用に相当する額の金銭で、その負担について事前に依頼者の承諾があるものは、「報酬とは別に受領」できる。これに対し、「空家等に関する報酬の特例」も、その手続きとして、あらかじめ報酬の額について、依頼者に説明して両者間で合意する必要はあるが、こちらは現地調査等をすること自体の依頼を受ける必要はなく、合意した金額について、「報酬として受領」できる。

問45	正解 3	住宅瑕疵担保履行法	難易度A

1　×　自ら売主として新築住宅を宅建業者ではない買主に引き渡した宅建業者は、「**年1回**」の**基準日**ごとに、基準日から3週間以内に、当該基準日に係る**資力確保措置の状況**について、**免許権者に届け出なければならない**（履行法3条1項、12条1項、履行法施行規則16条1項）。基準日については、近年、年2回（毎年3月31日及び9月30日）から、年1回（毎年3月31日）へと改正されており、それに伴い住宅販売瑕疵担保保証金の供託及び住宅販売瑕疵担保責任保険契約の締結の状況についての届出（**資力確保措置の状況の届出**）も**年1回**となったので注意。

2　×　宅建業者が**住宅販売瑕疵担保保証金**を供託している場合、**新築住宅の売買契約を締結するまでに**、買主に対し、**供託所の所在地**その他住宅販売瑕疵担保保証金に関し国土交通省令で定める事項について、それらの事項を記載した**書面**を交付して説明しなければならないが（履行法15条1項、履行法施行規則21条）、かかる書面の交付に代えて、「**買主の承諾**」を得て、当該書面に記載すべき事項を**電磁的方法**により**提供できる**（履行法15条2項、10条2項）。かかる電磁的方法による提供は、**買主の承諾**を得た場合にのみ、認められるので、AはBの承諾を得ない場合は、電磁的方法による提供はできない。

3　○　宅建業者が**住宅販売瑕疵担保保証金の供託**をしている場合、**供託している額が基準日**において、**販売新築住宅の合計戸数**（住宅の床面積が55㎡以下であるときは、新築住宅の合計戸数の算定に当たって、**2戸をもって1戸と数える**。11条3項、履行法施行令6条）を基礎として算定する基準額を超えることとなったときは、**免許権者**（本問では甲県知事）の**承認**を受けて、その**超過額を取り戻すことができる**（履行法16条、9条1項・2項）。

4　×　**住宅販売瑕疵担保責任保険契約**を締結した宅建業者は、当該新築住宅を引き渡し

108

た時から10年間、当該保険に係る新築住宅に、「構造耐力上主要な部分」又は「雨水の浸入を防止する部分」の瑕疵（構造耐力又は雨水の浸入に影響のないものを除く）がある場合に、かかる瑕疵に基づく特定住宅瑕疵担保責任の履行によって生じた損害について**保険金の支払いを受けることができる**（2条7項4号・2号イ、品確法95条1項、94条1項）。しかし、**配電設備**の瑕疵によって生じた損害について、**保険金の支払いを受けることはできない。**

Point

住宅瑕疵担保履行法の近年の改正は、以下の通りである。改正点は試験に出題されやすいので、意識して覚えるようにしよう。

① 基準日が年2回（毎年3月31日及び9月30日）から年1回（毎年3月31日）となり、それに伴い住宅販売瑕疵担保保証金の供託及び住宅販売瑕疵担保責任保険契約の締結の状況についての届出（資力確保措置の状況の届出）も年1回となった。

② 宅建業者が住宅販売瑕疵担保保証金を供託している場合、新築住宅の売買契約を締結するまでに、買主に対し、供託所の所在地その他住宅販売瑕疵担保保証金に関し国土交通省令で定める事項について、それらの事項を記載した書面を交付して説明しなければならないが（15条1項、履行法施行規則21条）、かかる書面の交付に代えて、買主の承諾を得て、当該書面に記載すべき事項を電磁的方法（電子情報処理組織を使用する方法その他の情報通信の技術を利用する方法であって国土交通省令で定めるものをいう）により提供することができることになった。

③ 宅建業者が住宅瑕疵担保保証金を供託する場合、基準日から3週間を経過するまでに供託所に供託していなければならないことになった（改正前は、基準日までに供託していなければならなかった）。

第2回 解答・解説

| 問46 | 正解2 | 住宅金融支援機構 | 難易度A | 得点すべし! |

1 ○ 住宅金融支援機構は、住宅の建設、購入、改良若しくは移転をしようとする者又は住宅の建設等に関する事業を行う者に対し、**必要な資金の調達**又は良質な住宅の設計若しくは建設等に関する**情報の提供、相談その他の援助**を業務として行う（独立行政法人住宅金融支援機構法13条1項4号）。

2 × 住宅金融支援機構は、証券化支援事業（買取型）において、**銀行、保険会社**、農業協同組合、信用金庫、信用組合などが貸し付けた**住宅ローンの債権を買い取ることができる**（13条1項1号、独立行政法人住宅金融支援機構に関する省令40条、20条）。

3 ○ 住宅金融支援機構は、民間金融機関が貸し付けた住宅ローンについて、**住宅融資保険法による保険**を行うことにより、民間金融機関による住宅資金の供給を支援している（独立行政法人住宅金融支援機構法13条1項3号）。

109

4 ○ 住宅金融支援機構は、事業主又は事業主団体から独立行政法人勤労者退職金共済機構の行う転貸貸付に係る住宅資金の貸付けを受けることができない勤労者に対し、**財形住宅貸付業務**を行う（13条2項6号、勤労者財産形成促進法10条1項）。

> **Point**
> 肢4以外は過去問からの出題であるから、間違えてはならない問題である。

問47	正解2	景表法(公正競争規約)	難易度A

1 ○ **物件の名称**として**地名等**を用いる場合において、当該物件が所在する市区町村内の町若しくは字の名称又は地理上の名称を用いる場合を除いては、当該物件が公園、庭園、旧跡その他の施設又は海（海岸）、湖沼若しくは河川の岸若しくは堤防から**直線距離で300m以内**に所在している場合は、**これらの名称を用いることができる**（不動産の表示に関する公正競争規約19条1項3号）。海（海岸）、湖沼、河川の岸、堤防の名称も使用できることとなったのは、令和4年の改正点である。

2 × 団地（一団の宅地又は建物をいう）と**駅その他の施設**との間の**道路距離又は所要時間**は、取引する区画のうちそれぞれの施設ごとに、①その施設から**最も近い**区画（マンション及びアパートにあっては、その施設から**最も近い**建物の出入口）を起点として算出した数値とともに、②その施設から**最も遠い**区画（マンション及びアパートにあっては、その施設から**最も遠い**建物の出入口）を起点として算出した数値も表示しなければならない（施行規則9条8号）。消費者利益を考慮し、令和4年の改正により上記②**の記載も義務づけられた。**

3 ○ **新設予定の、鉄道、都市モノレールの駅若しくは路面電車の停留場（「駅等」という）又はバスの停留所**は、当該路線の**運行主体が公表**したものに限り、その**新設予定時期を明示**して表示することができる（9条6号）。

4 ○ 建物を**増築、改築、改装又は改修**したことを表示する場合は、その**内容及び時期を明示**しなければならない（9条21号）。

> **Point**
> 不動産の表示に関する公正競争規約・同施行規則は、令和4年に大きな改正があったので注意が必要である。

| 問48 | 正解3 | 統 計 | 難易度A |

1 × 令和4年度における不動産業の売上高は46兆2,682億円となっており、全産業の売上高の「約3%」を占めている（令和4年度法人企業統計調査・財務省）。

2 × 令和5年のマンションの新設住宅着工戸数は、前年比0.3%「減」と、昨年の増加から再びの「減少」となった（令和6年1月公表・国土交通省）。なお、令和5年の新設住宅着工の利用関係別戸数は、以下のとおり（建築着工統計令和6年1月公表）。
① 持　　家→224,352戸（前年比11.4%減、2年連続の減少）
② 貸　　家→343,894戸（前年比0.3%減、3年ぶりの減少）
③ 分譲住宅→246,299戸（前年比3.6%減、3年ぶりの減少）
　・マンションは107,879戸（同0.3%減、昨年の増加から再びの減少）
　・一戸建住宅は137,286戸（同6.0%減、3年ぶりの減少）

3 ○ 令和6年地価公示（令和6年3月公表）における令和5年1月以降の1年間の地価は、以下のとおりで、全国平均では、全用途平均・住宅地・商業地のいずれも3年連続で上昇（上昇率拡大）した。
地価⇒いずれも3年連続の上昇（地方圏の住宅地以外は上昇率拡大）（単位：%）

	全用途平均	住宅地	商業地
全　国	2.3	2.0	3.1
三大都市圏	3.5	2.8	5.2
地方圏	1.3	1.2	1.5

4 × 令和2年における我が国の国土面積は、約3,780万haである。そして、住宅地・工業用地等の宅地は「約197万ha」となっている。なお、森林（約2,503万ha）及び農地（約437万ha）で全国土面積の約8割を占めている（令和5年版土地白書）。

Point
統計は過去頻出のものを、本試験直前にもう一度チェックすること。

| 問49 | 正解1 | 土 地 | 難易度A |

適当なものを○、適当でないものを×とする。

1 × 「台地」は、一般に水はけがよく地盤が安定しており、「低地」に比べ、自然災害に対して安全度は高い。高いところは原則安全、低いところは原則危険、と考えるとよい。本肢は「台地」と「低地」が逆になった記述である。

| 2 | ○ | 著しく傾斜している谷に盛土して宅地を造成する場合、原地盤に繁茂している樹木を残したまま盛土を行ってはならない。原地盤に繁茂している樹木を残すと、それが腐食するばかりでなく、原地盤面と盛土部分の接着を妨げることになるからである。 |

| 3 | ○ | 切土をする場合において、切土をした後の地盤に滑りやすい土質の層があるときは、その地盤に滑りが生じないように、地滑り抑止ぐい又はグラウンドアンカーその他の土留（「地滑り抑止ぐい等」という）の設置、土の置換えその他の措置を講じなければならない（盛土規制法施行令7条2項3号）。 |

| 4 | ○ | 等高線が、山頂から凸型に外へ出ているのが尾根であり、凹型にへこんでいるのが谷である。 |

Point

土地・建物の知識問題対策も過去問が有用である。肢1のような、一般常識で正解できる選択肢を見逃さないようにしてほしい。なお、肢3について、令和5年5月、宅地造成等規制法（施行令・施行規則含む）が盛土規制法（施行令・施行規則含む）に抜本的に改正・施行されたことに注意してほしい。

| 問50 | 正解1 | 建築物の構造と材料 | 難易度A | |

適当なものを○、最も不適当なものを×とする。

| 1 | × | 木造建築物の間仕切壁は、上下階とも「同じ位置」につくった方が、一般的に耐震力は高まる。 |

| 2 | ○ | コンクリートは、打上りが均質で密実になり、かつ、必要な強度が得られるようにその調合を定めなければならない（建築基準法施行令74条3項）。 |

| 3 | ○ | 雪下ろしを行うということは、積雪荷重が小さくなるということである。したがって、その地方における垂直積雪量が1mを超える場合においても、積雪荷重は、雪下ろしの実況に応じて垂直積雪量を1mまで減らして計算することができる（86条6項）。 |

| 4 | ○ | 鉄筋コンクリート構造は、耐火、耐久性が大きく、コンクリートを型枠に流し込んで造ることから、骨組形態を自由にすることができる。 |

Point

肢2・4以外にも、コンクリートに関連する知識を整理しておくこと。

予想模試
解答・解説

第3回

解答一覧＆
実力診断

〈第3回〉
解答一覧＆実力診断シート

【難易度】A…得点すべし！　B…合否の分かれ目　C…難問

科目	問題	論点	正解	難易度	check	科目	問題	論点	正解	難易度	check
民法等	1	制限行為能力者等	4	B		宅建業法	26	37条書面	1	A	
	2	債務不履行	2	B			27	免許複合	4	B	
	3	委任	3	A			28	業務上の規制	1	B	
	4	代理	2	A			29	免許基準等	2	A	
	5	連帯債務	2	A			30	営業保証金	2	A	
	6	対抗問題	3	A			31	広告複合	4	A	
	7	相続	3	A			32	政令使用人	1	B	
	8	民法総合	3	B			33	重要事項の説明	2	A	
	9	相殺	4	A			34	報酬額の制限	2	A	
	10	時効	1	B			35	クーリング・オフ	3	A	
	11	借地権	4	A			36	宅建業者・宅建士複合	1	A	
	12	借家権	3	B			37	住所複合	3	B	
	13	区分所有法	1	A			38	免許の要否等	4	A	
	14	不動産登記法	4	B			39	手付金等の保全措置	3	A	
法令上の制限	15	都市計画の内容等	3	A			40	媒介契約	4	B	
	16	開発許可の申請等	2	A			41	監督処分等	1	A	
	17	建築基準法(総合)	4	B			42	重要事項の説明	4	A	
	18	建築基準法(総合)	3	A			43	37条書面	3	A	
	19	盛土規制法	2	A			44	弁済業務保証金	2	B	
	20	土地区画整理法	4	B			45	住宅瑕疵担保履行法	4	A	
	21	農地法	1	B		その他関連知識※	46	住宅金融支援機構	2	A	
	22	国土法(事後届出)	1	A			47	景表法(公正競争規約)	3	A	
その他関連知識	23	登録免許税	4	A			48	統計	1	A	
	24	固定資産税	4	A			49	土地	4	A	
	25	不動産鑑定評価基準	4	B			50	建築物の構造と材料	1	B	

※問46〜50の5問は登録講習修了者の免除問題となります。

■ 科目別の成績

民 法 等	法令上の制限
／14 (9) 点	／8 (6) 点

宅 建 業 法	その他関連知識
／20 (16) 点	／8 (6) 点

注：( ) 内の数字は、合格レベルの点数です。
　　弱点科目をカバーしましょう。

■ 難易度別の成績

A	／29問中
B	／21問中
C	／0問中

A、Bランクの問題を得点しましょう。

■ 総合成績

合 計
／50 (37) 点

| 問1 | 正解4 | 制限行為能力者等 | 難易度B |

1 × 被保佐人が保佐人の同意を得ないで不動産の売買契約を締結した場合、その行為は、**取り消すことができる**（民法13条1項3号・4項）。取り消されることによって契約は初めから無効にはなるが（121条）、**取り消されるまでは有効**である。したがって、当該売買契約は無効であるとする本肢は誤っている。

2 × **年齢18歳**をもって、**成年**となる（4条）。したがって、18歳に達した者は成年者であるので、建物の賃貸借契約を**単独で締結することができる**。よって、父母のどちらか一方の同意が必要であるとする本肢は誤っている。

3 × 精神上の障害により事理を弁識する能力が不十分である者については、家庭裁判所は、本人、**配偶者**、4親等内の親族等の請求により、補助開始の審判をすることができる（15条1項本文）。そして、本人以外の者の請求により補助開始の審判をするには、**本人の同意がなければならない**（15条2項）。

4 ○ 成年後見人が、成年被後見人に代わって、その**居住している建物**又はその敷地について、**売却**、賃貸、賃貸借の解除又は抵当権の設定等をするには、**家庭裁判所の許可**を得なければならない（859条の3）。居住している建物の売却等により生活環境が変わると、成年被後見人は、大きな影響を受けるからである。

> **Point**
> 肢1に引っかかってしまわなかっただろうか。過去の本試験でも、このような出題がなされている。「取消し」と「無効」は異なることを、ここでしっかり確認しておこう。また、肢2は、令和4年の改正点からの出題である。

| 問2 | 正解2 | 債務不履行 | 難易度B |

1 × **金銭債務の不履行**について、債務者は、**不可抗力**によることを証明しても、**責任を負わなければならない**（民法419条3項・1項）。したがって、債権者は、金銭債務の不履行が不可抗力である場合であっても、債務者に対して遅延損害金を請求することができる。

2 ○ 契約に基づく債務の履行がその**契約の成立の時に不能**（原始的不能）であった場合でも、**契約は無効にならず**、債務不履行による損害賠償の規定（415条）に従って、その履行の不能によって生じた**損害の賠償を請求**することができる（412条の2第2項）。したがって、その不能が債務者の責めに帰することができない事由によるものであるときを除き、債権者は、履行不能によって生じた損害について、

債務不履行による損害の賠償を請求することができる。

3　✕　**金銭債務の不履行**について、その損害賠償の額は、原則として、**債務者が遅滞の責任を負った最初の時点における法定利率（年3％）**によって定める（419条1項、404条2項）。したがって、債権者は、債務者に対して、特段の定めがない限り、年4％の割合による遅延損害金を請求できるわけではない。

4　✕　**債務者**がその債務について**遅滞の責任**を負っている間に、**当事者双方の責めに帰することができない事由**によってその債務の履行が**不能**となったときは、その履行の不能は、**債務者の責めに帰すべき事由によるものとみなされる**（413条の2第1項）。この規定により、債権者には履行不能を理由とする損害賠償請求権が認められる（415条2項1号）。したがって、本肢の場合、債権者は、債務者に対して損害賠償を請求することができる。

> **Point**
>
> 肢1・肢3の金銭債務の特則に注意してほしい。また肢2～肢4は、令和2年の重要な改正点である。

問3	正解3	委　任	難易度B

1　○　委任契約は、**各当事者がいつでもその解除をすることができる**（民法651条1項）。そして、相手方の**不利な時期**に委任契約の**解除**をしたときは、やむを得ない事由があったときを除き、相手方の**損害を賠償**しなければならない（651条2項1号）。この**委任者・受任者双方の解除権**について、本問判決文では**直接述べている記述はない**が、上記民法の規定によれば、本肢は誤っているとはいえない。

2　○　本問判決文は、「単に委任者の利益のみならず**受任者の利益のためにも**委任がなされた場合であっても、委任契約が当事者間の信頼関係を基礎とする契約であることに徴すれば、受任者が著しく不誠実な行動に出る等**やむをえない事由があるときは、委任者において委任契約を解除することができる**…」としている。したがって、「単に委任者の利益のみならず受任者の利益のためにも委任がなされた場合、やむをえない事由があるときは、委任者は、委任の解除をすることができる」とする本肢は誤っているとはいえない。

3　✕　本肢においては、「単に委任者の利益のみならず**受任者の利益のためにも**委任がなされた場合、**やむをえない事由がないとき**は、委任者は、いつでも委任の解除をすることができ、…」としている。しかし、**本問判決文**は、「かかる**やむをえない事由がない場合**であっても、**委任者が委任契約の解除権自体を放棄したものとは解されない事情があるとき**は、（中略）、**委任者**は、民法651条に則り委任契

約を**解除することができ、…**」としている。したがって、いつでも委任の解除を することができるとする**本肢**は、本問判決文に反しており、**誤っている**。

4 ○ 本問判決文は、「単に委任者の利益のみならず**受任者の利益のためにも**委任がな された場合…、（中略）、かかる**やむをえない事由がない場合**であっても、**委任者 が委任契約の解除権自体を放棄したものとは解されない事情があるとき**は、（中 略）、**委任者**は、民法651条に則り委任契約を**解除することができ、…**」としてい る。したがって、「単に委任者の利益のみならず受任者の利益のためにも委任が なされた場合、やむをえない事由がなくても、委任者が委任を解除する権利自体 を放棄したものとは解されない事情があるときは、委任者は、委任の解除をする ことができる」とする**本肢は誤っているとはいえない**。

> **Point**
>
> 近時の出題パターンの１つである判決文型の出題である。判決文の主旨をしっかり読み 取ることがこのタイプの問題に対する解法の鉄則であり、正答を導くための前提である。

問4	正解2	代 理	難易度A

1 × **本人の詐欺によって意思表示をした相手方**は、その意思表示を**取り消すことがで きる**（民法96条１項）。このことは、**代理人の知不知に関係ない**。契約の効果が帰属 する本人自身の詐欺であって、第三者の詐欺ではないからである。

2 ○ 制限行為能力者が**任意代理人**としてした行為は、行為能力の制限によっては**取り 消すことができない**（102条本文）。つまり、**任意代理人は、行為能力者であること を要しない**。したがって、AがBに代理権を与える前にBが保佐開始の審判を受 け、制限行為能力者となっていた場合でも、Aは、Bが被保佐人であることを理 由に当該契約を取り消すことができない。

3 × 代理人が後見開始の審判を受けたときは、代理権は消滅するが（111条１項２号）、 **本人が後見開始の審判**を受けたときは、**代理権は消滅しない**。したがって、Aが Bに代理権を与えた後に本人Aが後見開始の審判を受け、その後に当該契約が締 結された本肢の場合、Bの代理権は消滅しておらず、Bによって締結された当該 契約の効果はAに帰属する。

4 × **任意代理人**は、**本人の許諾**を得たとき、又は、**やむを得ない事由があるとき**のい ずれかの場合、**復代理人を選任**することができる（104条）。したがって、Bは、 やむを得ない事由があるときは、Aの許諾を得なくとも、復代理人を選任するこ とができる。

117

Point

肢1はやや難しいが、他の肢の関連知識は、過去の本試験において問われている。正解したい問題である。

問5	正解2	連帯債務	難易度A

1 ✕　連帯債務においては、債権者は、その連帯債務者の1人に対し、又は**同時にもし
くは順次に全ての連帯債務者に対して**、債務の全部又は一部の**履行を請求するこ
とができる**（民法436条）。したがって、Cは、Aに対して1,000万円を請求しても、
同時に、Bに対しても1,000万円を請求することができる。

2 ◯　連帯債務者の1人が債権者に対して債権を有する場合において、その連帯債務者
が**相殺**を援用したときは、債権は、**全ての連帯債務者の利益のために消滅する**（絶
対的効力、439条1項）。したがって、AとBがCに対して1,000万円の連帯債務を
負っている本問の場合において、Bが、Cに対する債務と、Cに対して有する1,000
万円の債権を対当額で相殺する旨の意思表示をCにしたときは、AのCに対する
連帯債務も全部消滅する。

3 ✕　**連帯債務者の1人が弁済**をし、その他自己の財産をもって共同の免責を得たとき
は、その連帯債務者は、その免責を得た額が**自己の負担部分を超えるかどうかに
かかわらず**、他の連帯債務者に対し、その免責を得るために支出した財産の額（そ
の財産の額が共同の免責を得た額を超える場合にあっては、その免責を得た額）
のうち各自の負担部分に応じた額の**求償権を有する**（442条1項）。したがって、A
がCに対して、負担部分である500万円の範囲内の金額である200万円を弁済した
場合でも、Aは、Bに対してBの負担部分に応じた額の100万円を求償すること
ができる。

4 ✕　連帯債務者の1人について生じた事由は、絶対的効力事由に該当する場合（438条、
439条1項、440条）を除き、原則として、他の連帯債務者に対してその効力を生じ
ない（**相対的効力の原則**、441条本文）。そして、債務の**免除**は、**絶対的効力事由
に該当しない**。したがって、CがBに対して1,000万円全額を免除した場合でも、
AのCに対する連帯債務に効力を生じない。

Point

頻出分野とはいえない連帯債務ではあるが、このレベルの問題は確実に得点できるよう
に、十分準備をしておかなければならない。特に、令和2年の民法改正により、「請求」
や「免除」は絶対的効力事由ではなくなったことに注意。

118

| 問6 | 正解3 | 対抗問題 | 難易度B |

1 × 不動産に関する**物権の得喪及び変更**は、その**登記**をしなければ、第三者に対抗することができない（民法177条）。つまり、**登記**で優劣を決める。したがって、ＢＣ間の売買契約書の日付とＢＡ間の売買契約書の日付が同じである場合、登記がなくても、契約締結の時刻が早い方が所有権を主張することができるとする本肢は誤っている。

2 × 強迫による意思表示の**取消し後**の第三者との関係は**対抗問題**であり、取り消した者は、**登記**なくして、第三者に対抗することはできない（177条、判例）。したがって、ＢＡ間の売買契約締結の時期にかかわらず、Ｃは登記がなくてもＡに対して所有権を主張することができるとの本肢は誤っている。

3 ○ 時効完成**後**の第三者（本問Ａ）と時効取得者（本問Ｃ）との関係は**対抗問題**であり、時効取得者は、第三者に対して、**登記**なくして所有権の取得を主張することができない（177条、判例）。したがって、本肢は正しく、本問の正解肢である。

4 × 債権者の追及を逃れるために、売買契約の実態はないのに、Ｃが甲土地の**登記**だけＢに移し、Ｂがそれに乗じてＡとの間で甲土地の売買契約を締結した本肢の場合、ＣＢ間に、通謀も虚偽の意思表示もないが、虚偽の外観作出につき権利者に帰責性があり、**第三者が善意であるときは、虚偽表示の規定**（94条2項）**を類推適用**して、第三者を保護するのが判例である。善意の第三者は保護されるべきであり、また、ＣはＢ名義という外観を作り出した張本人であって、その責めを負うのもやむを得ないからである。したがって、Ａは所有権を主張することができる場合もあることから、本肢は誤っている。

> **Point**
> 肢２・肢３について、「～後の第三者」は、対抗問題として、登記の有無によって決することを覚えておこう。あとは、問題文をよく読み「～前の第三者」と「～後の第三者」の区別を間違えないことが重要である。

| 問7 | 正解3 | 相　続 | 難易度A |

1 ○ 遺言は、**2人以上の者**が同一の証書ですることができない（民法975条）。共同して遺言すると、他の遺言者の意思に影響され、遺言が適正になされないおそれがあるからである。したがって、Ａ及びＢは、夫婦であっても、同一の証書で遺言をすることはできない。

2 ○ 公正証書や秘密証書によって有効に遺言をするには、**証人2人以上の立会いが必要**となるが（969条1号、970条1項3号）、**自筆証書**によって遺言をする場合は、**証人の立会いは不要**である（968条参照）。

3 × 相続人が数人いる場合、**限定承認**は、**共同相続人の全員が共同して**行わなければならない（923条）。したがって、Bが単純承認をした場合、Cは、限定承認をすることができない。

4 ○ 相続財産として**金銭**（現金）が保管されている場合、各共同相続人は、遺産の分割までの間は、これを保管している他の相続人に対して、**自己の相続分に相当する金銭を支払うよう求めることはできない**（判例）。金銭が当然に分割されてしまうと、遺産分割において金銭を調整に使うことができず、不便だからである。

Point

正解肢である肢3の「限定承認」に関する知識は、過去においてはよく出題されていたが、このところ正面から出題されていない。しっかり準備すべきである。

問8	正解3	民法総合	難易度B

1 × **損害賠償額が予定された場合**は、債権者は、債務不履行の事実を証明すれば、**損害の発生とその額を証明しなくとも予定した賠償額を請求することができる**（民法420条1項、判例）。したがって、Bは、Aに債務不履行があったことを立証すればよく、損害の発生や損害額の立証をする必要はない。

2 × 手付の種類としては、①証約手付（契約成立を証明するための手付）、②違約手付（手付を交付した者が債務を履行しない場合の、違約罰としての手付）、③解約手付（解除権留保の対価としての手付）があるが、交付された手付について契約当事者間に別段の合意がなく、手付の種類が明らかでない場合、その手付は、**解約手付と推定される**（557条1項、判例）。「みなされる」のではない。「みなされる」場合は、「推定される」場合と異なり、反証を許さない。

3 ○ 当事者の一方がその解除権を行使したときは、各当事者は、その相手方を**原状に復させる義務**を負う（545条1項本文）。この場合、金銭以外の物を返還するときは、**その受領の時以後**に生じた**使用利益**（果実）をも**返還しなければならない**（545条3項、判例）。したがって、Bは、3か月分の甲土地の使用料相当額をAに返還しなければならない。

4 × **第三者による詐欺**の場合、表意者は、**相手方が善意無過失のときは取り消すことができない**（96条2項）。相手方保護のためである。したがって、DがCによる詐

欺の事実を知っていても、相手方のＢがＣによる詐欺の事実を過失なく知らなかった以上、Ａは、詐欺を理由にＡＢ間の売買契約を取り消すことができない。

> **Point**
> 売買契約全般にまたがる総合問題である。いずれの知識もしっかり確認しておこう。

問9	正解4	相　殺	難易度A

1　×　2人が互いに同種の目的を有する債務を負担する場合、**双方の債務が弁済期にあるとき**は、各債務者は、その対当額について相殺によってその債務を免れることができる（民法505条1項本文）。そして、**自働債権が弁済期**にあれば、受働債権については弁済期が到来していなくても、受働債権の期限の利益を放棄して、受働債権についても現実に弁済期を到来させることで、**相殺することができる**（判例）。本肢において、ＡがＢに対して有する売買代金債権の支払期日は令和6年12月1日であるから、同年12月1日の時点では、**自働債権の弁済期**が到来している。したがって、**Ａは、同年12月1日に売買代金債権と当該貸金債務とを相殺することができる**。

2　×　**自働債権が受働債権の差押え後に取得**された債権である場合、**相殺することはできない**（511条1項、判例）。本肢においては、令和6年12月15日に受働債権であるＡの売買代金債権が**差し押さえられる前**に、Ｂが自働債権（本肢では、Ａに対する別の債権）を**取得**している。したがって、**Ｂは、同年12月20日に売買代金債務と当該債権とを相殺することができる**。

3　×　肢1で述べたように、**2人が互いに同種の目的を有する債務を負担**する場合、双方の債務が弁済期にあるときは、各債務者は、その対当額について相殺によってその債務を免れることができる（505条1項本文）。そして、**消滅時効が完成した債権**であっても、**完成前に相殺適状になっていれば、それを自働債権として相殺することができる**（508条）。したがって、**Ｂは、同年12月20日に売買代金債務と当該貸金債権（消滅時効が完成した債権であるが、完成前に相殺適状になっている）とを相殺することができる**。

4　○　次の①②に掲げる債務の債務者は、**相殺**をもって債権者（その債務に係る債権を他人から譲り受けたときを除く）に対抗することが**できない**（509条）。
①　悪意による不法行為に基づく損害賠償の債務（同条1号）
②　**人の生命又は身体の侵害による損害賠償の債務**（①を除く）（同条2号）
被害者保護のため、加害者は、被害者に対して現実に弁済する必要があるからである。よって、**Ａは、売買代金債権と不法行為に基づく損害賠償債務を対当額で**

第3回　解答・解説

相殺することができない。なお、被害者であるBが相殺することはできることにも注意（判例）。

> **Point**
>
> 相殺全般にまたがる総合問題である。図を描きイメージして、いずれの知識もしっかり確認しておこう。

問10	正解1	時　効	難易度B

1　○　催告によって時効の完成が猶予されている間にされた**再度の催告**は、**時効の完成猶予の効力を有しない**（民法150条2項）。つまり、催告した後で、再び裁判外の催告をしただけでは、時効の完成は猶予されない。そうでなければ、催告が繰り返された場合には、いつまでも時効が完成しないことになりかねないからである。

2　×　**確定判決又は確定判決と同一の効力を有するものによって確定した権利**については、原則として、**10年より短い時効期間の定めがあるものであっても、その時効期間は、10年**となる（169条1項）。したがって、時効期間はその短い時効期間の定めによるとする本肢は誤っている。

3　×　消滅時効完成後に、債務者が**債務の承認**をした場合、債務者は、時効完成の事実を知らなかったときでも、信義則の観点から、消滅時効を**援用することは許されない**（判例）。したがって、本肢の場合、債務者は、その完成した消滅時効を援用することはできない。

4　×　**債権**は、原則として、①債権者が権利を行使することができることを知った時から5年間、又は、②**権利を行使することができる時から10年間**これを行使しない場合、**時効によって消滅する**（166条1項）。したがって、権利を行使することができる時から1年間行使しないときは時効によって消滅するとする本肢は誤っている。

> **Point**
>
> 改正民法（令和2年施行）を中心とした、時効に関する重要な知識についての出題である。どの知識も、確実に頭に入れておきたい。

問11	正解4	借地権	難易度A

1　×　借地権の存続期間が満了した後、借地権者が土地の使用を継続するときは、「**建物がある場合に限り**」、期間を除いて従前の契約と同一の条件で更新したものと

122

みなされる。ただし、借地権設定者が遅滞なく、正当事由ある異議を述べた場合は、更新されない（借地借家法5条2項・1項、6条）。したがって、「借地上の建物の有無にかかわらず」、借地契約は更新されたものとみなされるとする本肢は誤っている。

2　×　借地契約について、更新を認めず期間満了により契約を終了させ、その終了時には借地権者が借地上の建物を収去すべき旨を有効に定めるためには、一般定期借地権（22条）、もしくは、事業用定期借地権（23条）を設定する必要がある。そして、**一般定期借地権の場合は期間50年以上**、また、**事業用定期借地権の場合は事業用建物（居住の用に供するものを除く）の所有を目的**としていなければ、設定することができない。しかし、本問の土地の賃貸借契約は、居住用建物の所有を目的とする、期間30年の契約であり、それぞれ上記の要件を満たさないことから、一般定期借地権も、事業用定期借地権も設定されているとはいえない。また、**期間満了の際の更新を認めない特約**は、借地借家法の規定に反し借地権者に不利なものであるため、**無効**となる（9条）。したがって、本肢の場合、借地契約を書面によって締結していたとしても、当該契約の更新がなく期間満了により終了し、終了時には借地権者が借地上の建物を収去すべき旨を有効に定めることができるわけではない。

3　×　借地権は、その登記がなくても、土地の上に借地権者が**登記されている建物を所有するときは、第三者に対抗することができる**（10条1項）。ただし、その登記は、**借地権者名義**でなければならない（判例）。したがって、賃借権の登記がなされていない本問の場合、借地権者は、自己の長男名義で保存登記をした建物を借地上に所有していても、第三者に対して借地権を対抗することはできない。

4　○　借地上にある**登記された建物が滅失した場合**でも、借地権者が、その建物を特定するために必要な事項、その滅失があった日及び建物を新たに築造する旨を土地の上の見やすい場所に**掲示**するときは、借地権は、滅失のあった日から**2年間**、建物を新たに築造してその登記をしなくても**第三者に対抗することができる**（10条2項）。したがって、借地権者は、一定の要件を満たしていれば、滅失のあった日から2年間は、第三者に対して借地権を対抗することができる。

Point

本問では、借地権に関する基本的な知識が問われている。是非とも正解したい。

| 問12 | 正解3 | 借家権 | 難易度B | |

1 × 賃貸人は、賃借人の責めに帰すべき事由によって修繕が必要となったときを除き、目的物の使用・収益に必要な修繕を行わなければならない（民法606条1項）。したがって、Bの責めに帰すべき事由によって当該建物の修繕が必要となった本肢の場合、Aは、その修繕義務を負わない。

2 × 建物の賃貸借は、その登記がなくても、建物の引渡しがあったときは、その後、その建物について物権を取得した者に対し、対抗することができる（借地借家法31条）。そして、この規定に反する特約で建物の賃借人又は転借人に不利なものは、無効となる（37条）。したがって、当該特約は有効であるとする本肢は誤っている。

3 ○ 居住の用に供するための定期建物賃貸借（床面積が200㎡未満の建物に係るものに限る）において、転勤、療養、親族の介護その他のやむを得ない事情により、建物の賃借人が建物を自己の生活の本拠として使用することが困難となったときは、賃借人は、建物の賃貸借の解約の申入れをすることができる（38条7項前段）。そして、この賃借人の中途解約権の規定に反する特約で賃借人に不利なものは、無効となる（38条8項）。

4 × 定期建物賃貸借をしようとするときは、賃貸人は、あらかじめ、建物の賃借人に対し、建物の賃貸借は契約の更新がなく、期間の満了により当該建物の賃貸借は終了することについて、その旨を記載した書面を交付（又は電磁的方法により提供）して説明しなければならない（38条3項・4項）。そして、賃貸人がこの説明をしなかったときは、契約の更新がない旨の定めは、無効となる（38条5項）。以上のことは、公正証書によって定期建物賃貸借契約を締結する場合でも同様である。したがって、AがBに対して契約の更新がない旨を「口頭で」説明している本肢の場合、AB間の賃貸借契約は、期間満了により終了するわけではない。

> **Point**
> 定期建物賃貸借は、連続して出題されている頻出事項である。この機会に、定期建物賃貸借の他の論点もしっかりマスターしておこう。

| 問13 | 正解1 | 区分所有法 | 難易度A | |

1 × 管理者は、少なくとも毎年1回集会を招集しなければならない（区分所有法34条2項）。

2 ○ 集会は、区分所有者全員の同意があるときは、招集の手続きを経ないで開くことができる（36条）。このことにより、特に小規模マンションにおいて、迅速な管理

3 ○ **専有部分**が数人の**共有**に属するときは、共有者は、**議決権を行使すべき者1人**を定めなければならない（40条）。集会において、共有者がそれぞれ議決権を行使できるわけではないことに注意。

4 ○ **集会**においては、規約に別段の定めがある場合及び別段の決議をした場合を除いて、**管理者**又は集会を招集した区分所有者の１人が**議長**となる（41条）。管理者がいるとき（25条1項）は、管理者が集会の議長となるのが原則である。

> **Point**
> 集会に関する基本的知識を問う問題である。区分所有法対策は、過去問を中心に、要領よく知識を広げていくとよい。

| 問14 | 正解4 | 不動産登記法 | 難易度B |

1 ○ **分筆又は合筆の登記**は、表題部所有者又は所有権の登記名義人以外の者は、申請することができない（不動産登記法39条1項）。つまり、**申請適格者**は、**表題部所有者又は所有権の登記名義人**に限られている。

2 ○ 表題部所有者又は所有権の登記名義人が**相互に持分を異にする**土地の**合筆の登記**は、することができない（41条4号）。

3 ○ **受益者又は委託者**は、受託者に代わって**信託の登記**を申請することができる（代位による信託の登記の申請、99条）。つまり、信託の登記の申請は、受託者が単独で申請することができるが（98条2項）、受託者が信託の登記を申請しない場合、信託財産の運用等について関心の高い受益者又は委託者は、受託者に代位して申請できる（代位申請権がある）ということである。

4 × **区分建物**においては、**表題部所有者から所有権を取得した者**も、所有権の保存の登記を申請することができる。この場合、その建物が**敷地権付き区分建物**であるときは、当該**敷地権の登記名義人の承諾**を得なければならない（74条2項）。したがって、当該敷地権の登記名義人の承諾を得ることなく当該区分建物に係る所有権の保存の登記を申請することができるとする本肢は誤り。

> **Point**
> やや難しい問題であるが、不動産登記法の出題は、この程度のレベルの問題が少なくない。過去問の検討は、不可欠といえよう。

| 問15 | 正解3 | 都市計画の内容等 | 難易度A | |

1 × 国土交通大臣、知事又は「**市町村長**」は、都市計画法に違反した者又は悪意（違反の事実を知っている）の建築物の**譲受人**に対して、**違反建築物に対する除却等の是正命令が**できる（都市計画法81条1項1号）。

2 × 地区計画の区域（道路、公園その他の一定施設の配置及び規模が定められている再開発等促進区若しくは開発整備促進区又は地区整備計画が定められている区域に限る）内で、土地の区画形質の変更、**建築物の建築**その他一定の行為を行おうとする者は、原則として、当該**行為着手日の30日前**までに、一定事項を「**市町村長**」に届け出なければならない（58条の2第1項）。この届出があった場合、「**市町村長**」は、その届出に係る行為が**地区計画に適合しない**と認めるときは、その**届出をした者**に対し、その届出に係る行為に関し設計の変更その他の必要な措置をとることを勧告できる（同3項）。届出先、及び勧告をするのは、「知事」ではない。

3 ○ 都市施設は、**市街化区域**及び区域区分が定められていない都市計画区域（非線引都市計画区域）については、少なくとも**道路、公園**及び**下水道**を定める。なお、住居系の用途地域（第一種・第二種低層住居専用地域、田園住居地域、第一種・第二種中高層住居専用地域、第一種・第二種・準住居地域）については、義務教育施設をも定める（13条1項11号後段）。

4 × **地区整備計画**においては、地区計画の目的を達成するため、主に次の事項で**必要なものを定める**ものとする（12条の5第7項）。
① **容積率の最高限度又は最「低」限度、建蔽率の最高限度**
② **建築物の敷地面積又は建築面積の最「低」限度**
③ **建築物等の高さの最高限度又は最「低」限度**、等
ただし、**市街化調整区域**内において定められる地区整備計画については、上記①**容積率の最「低」限度**、②**建築物の建築面積の最「低」限度**、③**建築物等の高さの最「低」限度を定めることはできない**（同かっこ書）。なぜなら、最低限度を定めることが、市街化を促進することになるからである。これに対し、市街化調整区域でも、これらの最「高」限度を定めることはできる。

> **Point**
> 肢2・肢4は、しばらく出題されていないので、確認しよう。正解肢3は、近年久しぶりに出題されている論点である。

| 問16 | 正解2 | 開発許可の申請等 | 難易度A |

1 × 公共施設の管理は、原則として、当該公共施設の存する**市町村の管理**に属するが、次の場合には市町村以外が管理する（都市計画法39条）。

① 他の法律に基づく**管理者が別**にあるとき

② 協議で**管理者を別**に定めたとき

2 ○ **土地区画整理事業**の施行として行う開発行為は、施行者が誰であっても（**民間**施行でも、**公的**施行でも）、開発許可は**不要**である（29条1項5号）。

3 × 「用途地域の**定められていない**土地の区域」において、知事等が開発行為について開発許可をする場合に必要があると認めるときは、当該開発区域内の土地について、建蔽率、建築物の高さ、壁面の位置その他建築物の敷地、構造及び設備に関する制限を定めることが**できる**（41条1項）。用途地域が定められる市街化区域や用途地域が任意で定められた場合の非線引都市計画区域では、この制限を定めることは**できない**。

4 × 市街化調整区域内において、生産される「農産物の**貯蔵**に必要な建築物」の建築を目的とする当該市街化調整区域内における土地の区画形質の変更は、**34条**許可基準の一つである（34条4号）。これを満たしていれば、原則として、開発許可を受けることができるということであり、「許可を受ける必要はない」ということではない。

Point

肢1～3は、頻出論点である。肢4については、しばらく出題されていない。「農産物の**生産・集荷**の用に供する建築物」という表現の場合には、開発許可は**不要**となるので（29条1項2号、施行令20条1号）、その違いに**注意**のこと。確認しておこう。

| 問17 | 正解4 | 建築基準法（総合） | 難易度B |

1 ○ 文化財保護法の規定によって、国宝、重要文化財等に「指定」又は仮指定を受けた建築物について、建築基準法の規定は**適用されない**（建築基準法3条1項1号）。

2 ○ 建築物の敷地は、原則として、これに接する**道の境**より高くなければならず、建築物の**地盤面**は、これに接する**周囲の土地**より高くなければならない（19条1項本文）。

3 ○ 建築確認の申請をするときに、事前に周辺住民の同意に関する規定は建築基準法にはないので、同意は不要である。

第3回 解答・解説

4	×

北側斜線制限は、住居専用地域（第一種・第二種低層住居専用地域、**第一種・第二種「中高層」住居専用地域**）、田園住居地域**内**で**適用**される（56条1項3号）。しかし、**第一種・第二種中高層住居専用地域**で、日影規制が適用される区域では、北側斜線制限は「適用されない」（56条1項3号かっこ書）。

> **Point**
> 肢1・正解肢4は、再出題の可能性がある。しばらく出題されていないので覚えておこう。

問18	正解3	建築基準法(総合)	難易度B

1	○

建築物の**全部が耐火建築物等**であれば、その敷地が防火地域の内外にわたっていても、敷地全部が防火地域と**みなされて**、防火地域以外の敷地部分にも**建蔽率の緩和規定が適用される**（建築基準法53条7項）。

2	○

（第一種・第二種）低層住居専用地域、「**田園住居地域**」、工業地域及び工業専用地域で、**高等専門学校**や**病院**等は、原則として**建築できない**（48条、別表第二）。

3	×

私道の変更又は廃止によって接道義務の制限に適合しなくなるような敷地が生ずる場合、**特定行政庁**は、私道の変更又は廃止を**禁止**し、又は**制限**ができる（45条1項）。敷地所有者の同意を得て行う旨の規定はない。

4	○

敷地内には、屋外に設ける避難階段及び屋外への出口から道又は公園、広場その他の空地に通ずる幅員が**1.5m**（階数が**3**以下で延べ面積が**200㎡未満**の建築物の敷地内にあっては、**90cm**）**以上**の通路を設けなければならない（施行令128条）。

> **Point**
> 肢1〜正解肢3は、しばらく出題されていないので覚えておこう。特に肢4については、近年の改正点であり、未出題論点なので、要注意！

問19	正解2	盛土規制法	難易度A

1	×

知事は、擁壁等の設置又は改造その他必要な措置を講ずることにより、**造成宅地防災区域の全部又は一部**について、指定事由がなくなったと認めるときは、当該造成宅地防災区域の「**全部又は一部**」について、**指定を解除する**（宅地造成及び特定盛土等規制法45条2項）。「一部に限られている」わけではない。

2	○

宅地造成等工事規制区域内において行われる宅地造成等に関する工事（宅地造成等に伴う災害の発生のおそれがないと認められるものとして政令で定める工事を

除く）は、一定の技術的基準に従い、擁壁、排水施設その他の政令で定める施設の設置その他宅地造成等に伴う災害を防止するため必要な措置が講ぜられたものでなければならない（13条1項）。改正点である。

3　×　宅地造成等工事規制区域内では、宅地以外の土地を宅地にするために行う盛土その他の土地の形質の変更で、次の「政令で定めるもの」は、「宅地造成」に該当する（2条2号、施行令3条1号）。改正点である。
① 盛土であって、当該盛土をした土地の部分に高さ1m超（本肢では1mちょうど）の崖を生ずるもの
② 切土であって、当該切土をした土地の部分に高さ2m超の崖を生ずるもの
③ 盛土と切土とを同時にする場合、当該盛土及び切土をした土地の部分に高さ2m超の崖を生ずるときにおける当該盛土及び切土（上記①②に該当する盛土又は切土を除く）
④ 上記①又は③に該当しない盛土であって、高さ2m超のもの
⑤ 上記①〜④のいずれにも該当しない盛土又は切土であって、当該盛土又は切土をする土地の面積が500㎡超のもの
したがって、盛土を行う高さ1mちょうどの崖は、宅地造成に該当しない。

4　×　宅地造成等工事規制区域の指定の際、当該規制区域内において行われている宅地造成等に関する工事を行っている工事主は、指定日から21日以内に、知事に「届出」をしなければならない（21条1項）。したがって、「知事の許可」を受ける必要はない。改正点である。

Point

肢1は「造成宅地防災区域」の知識を、正解肢2〜4は「宅地造成等工事規制区域」の知識を問うている。両者を比較して、論点の整理をしよう。

問20	正解4	土地区画整理法	難易度B

1　×　施行「区域」での土地区画整理事業は、「必ず」都市計画事業として施行する（土地区画整理法3条の4第1項）。他方、本肢は施行「地区」なので、民間施行者による施行なら、「都市計画事業として行われなくてもよい」。

2　×　組合が事業計画を定める場合、宅地以外の土地を施行地区に編入するときは、当該「土地管理者」の「承認」を必要とする（17条、7条）。「許可」ではない。

3　×　保留地は、換地処分の公告日の翌日において、施行者が取得する（104条11項）。施行者から当該保留地を購入した者は、その土地の所有者になったのであるから、当該保留地を自由に利用できる。したがって、当該土地上の建築物の新築につい

129

て、施行者の承認は「不要」である。

4 ◯ 組合が換地計画を作成しようとする場合には、**総会の議決**を経なければならない（31条8号）。

Point

肢1は、しばらく出題されていないので覚えておこう。肢2・正解肢4について、出題頻度は高くないが、覚えておこう。肢3について、保留地に建築物を新築する場合の扱いについてはひっかけ論点なので、念のため確認しておこう。

問21	正解1	農地法	難易度B

1 × 市街化区域内にある**農地を農地以外**（本肢では住宅建設）に転用する場合、転用行為に着手する前にあらかじめ「**農業委員会**」に届け出て転用するときは、4条許可は「**不要**」である（農地法4条1項7号）。届出先は**農地の規模にかかわらず**、「農林水産大臣」ではなく「農業委員会」である。

2 ◯ 農地又は採草放牧地の**賃貸借の当事者**は、原則として**知事の許可**を受けなければ、賃貸借の解除をし、解約の申入れをし、「**合意による解約**」をし、又は賃貸借の更新をしない旨の通知**をしてはならない**（18条1項本文）。

3 ◯ 会社の代表者が、その会社の業務に関し、4条1項・5条1項等の違反行為をした場合は、**代表者が罰せられる**（3年以下の懲役又は300万円以下の罰金）のみならず（64条1号）、4条1項・5条1項に係る部分に限り、その**会社も1億円以下の罰金刑**が科せられる（67条1号）。

4 ◯ 民事調停法の農事調停による取得の場合は、市街化区域の内外を問わず、3条許可は「**不要**」である（3条1項10号）。

Point

いずれも**重要ポイント**である。特に正解肢1については、「市街化区域内の特例」にかかわるひっかけ論点である。届出先は、「農業委員会」である。肢2は近年の出題論点であるが、肢3・4はしばらく出題されていない。

問22	正解1	国土法（事後届出）	難易度A

1 ◯ 土地売買等の契約の当事者の「**一方**」又は双方が、国又は「**地方公共団体**（本肢では、甲市）」等であるときは、**届出は不要**である（国土利用計画法23条2項3号）。

130

したがって、甲市所有の都市計画区域外に所在する13,000㎡（都市計画区域外では10,000㎡以上が届出の対象）の土地の売買契約については、Cは、事後届出が不要である。

2　×　「質権の設定」は、権利性を欠くので、**土地売買等の契約に該当しない**（14条1項参照）。したがって、**事後届出は「不要」**である（23条1項）。

3　×　知事（指定都市の長）は、勧告に基づき当該**土地の利用目的が変更**された場合、「必要があると認めるときは」、当該**土地**に関する権利の処分についてのあっせんその他の措置を講ずるよう**努めなければならない**（努力義務）（27条）。

4　×　本肢のように「**計画的な一体性**」のある土地を二期に分割して購入する場合、その**合計**面積（市街化区域では**2,000㎡以上**）で考えて、**買主側**（B）のみで「**一団の土地**」の要件を満たすか否かを判断する。したがって、本肢の場合、合計面積が2,400㎡なので、Bは、**一期・二期それぞれ**の売買契約締結の日から2週間以内に届出が**必要**である（23条1項・2項1号イ）。

> **Point**
>
> 肢4において、一定要件のもとでの取得面積合計が届出対象面積以上であれば、その取得者に届出義務がある。定番の重要論点である。

問23	正解4	登録免許税	難易度A	得点ナベ！

1　×　課税標準となる不動産の価額は、**固定資産課税台帳に登録されている価額**であり、売買契約書に記載された実際の取引価格ではない（登録免許税法10条、附則7条）。

2　×　この軽減措置は、やむを得ない事情がある場合を除き、**取得後「1年以内」**に登記することが適用要件の一つとなっている。「6か月以内」ではない（租税特別措置法73条）。

3　×　この軽減措置は、**専ら当該個人の住宅の用に供される**一棟の家屋（隣接する2棟以上の家屋を共に当該住宅の用に供する場合には、これらのすべての家屋）で床面積の合計が「**50㎡以上**」であることが、適用要件の一つとなっている。「40㎡以上」ではない（73条、施行令42条1項1号、41条1号）。

4　○　過去にこの軽減措置の**適用を受けた場合でも**、適用を制限する旨の規定がないので、適用要件を満たせば**再度適用を受けることができる**。

> **Point**
>
> 国税からは、登録免許税の出題可能性が高い。本問以外にも、ひととおり知識をおさえ
> ておこう。

問24	正解4	固定資産税	難易度A

1 × 市町村は、固定資産の所有者の所在が震災、風水害、火災その他の事由によって不明である場合においては、その「**使用者**」を**所有者**とみなして、これを固定資産課税台帳に登録し、その者に固定資産税を課することができる（地方税法343条4項前段）。

2 × 一定の要件を満たした新築住宅は、**5年度間**（中高層耐火建築物等）または**3年度間**（中高層耐火建築物等以外）、床面積**120㎡**までの部分の**税額**が「**2分の1**」に減額される（附則15条の6）。

3 × 固定資産税は、固定資産に対し、当該**固定資産所在**の「**市町村**」において課する（342条1項）。

4 ○ 本肢は、免税点の知識を問う出題である。免税点とは、その金額未満であれば原則として課税されない金額を意味する。**固定資産税の免税点**は、**土地**にあっては**30万円**、**家屋**にあっては**20万円**である（351条本文）。ただし、財政上その他特別の必要がある場合においては、当該市町村の条例の定めるところによって、その額がそれぞれ30万円、20万円に満たないときであっても、固定資産税を課することができる（同ただし書）。

> **Point**
>
> 地方税は、不動産取得税、固定資産税のどちらも出題可能性があるので、両税の基本知
> 識はおさえておいてほしい。

問25	正解4	不動産鑑定評価基準	難易度B

1 × **原価法**は、価格時点における対象不動産の**再調達原価**を求め、この再調達原価について**減価修正**を行って対象不動産の試算価格を求める手法である（この手法による試算価格を**積算価格**という）。原価法は、対象不動産が建物又は建物及びその敷地である場合において、再調達原価の把握及び減価修正を適切に行うことができるときに有効であり、対象不動産が**土地のみ**である場合においても、**再調達原価**を適切に求めることができるときはこの手法を**適用することができる**（不動

産鑑定評価基準総論７－１－２－１）。

2 **×** 取引事例比較法は、まず多数の取引事例を収集して適切な事例の選択を行い、これらに係る取引価格に必要に応じて事情補正及び時点修正を行い、かつ、地域要因の比較及び個別的要因の比較を行って求められた価格を比較考量し、これによって対象不動産の試算価格を求める手法である（この手法による試算価格を比準価格という）。取引事例比較法は、近隣地域若しくは同一需給圏内の類似地域等において対象不動産と類似の不動産の取引が行われている場合又は同一需給圏内の代替競争不動産の取引が行われている場合に有効である（７－１－３－１）。

3 **×** 収益還元法における収益価格を求める方法には、一期間の純収益を還元利回りによって還元する方法（「直接還元法」）と、連続する複数の期間に発生する純収益及び復帰価格を、その発生時期に応じて現在価値に割り引き、それぞれを合計する方法（「ＤＣＦ法」）がある（７－１－４－２）。本肢は、「直接還元法」と「ＤＣＦ法」の説明が逆である。なお、「純収益」とは、不動産に帰属する適正な収益をいい、収益目的のために用いられている不動産とこれに関与する資本（不動産に化体されているものを除く）、労働及び経営（組織）の諸要素の結合によって生ずる総収益から、資本（不動産に化体されているものを除く）、労働及び経営（組織）の総収益に対する貢献度に応じた分配分を控除した残余の部分をいう（７－１－４－３）。

4 **○** 試算価格又は試算賃料の調整とは、鑑定評価の複数の手法により求められた各試算価格又は試算賃料の再吟味及び各試算価格又は試算賃料が有する説得力に係る判断を行い、鑑定評価における最終判断である鑑定評価額の決定に導く作業をいう。試算価格又は試算賃料の調整に当たっては、対象不動産の価格形成を論理的かつ実証的に説明できるようにすることが重要である。このため、鑑定評価の手順の各段階について、客観的、批判的に再吟味し、その結果を踏まえた各試算価格又は各試算賃料が有する説得力の違いを適切に反映することによりこれを行うものとする（８－８）。

> **Point**
>
> 令和３年10月不動産鑑定評価基準・令和３年12月地価公示法・令和４年地価公示法・令和５年不動産鑑定評価基準が出題されたので、不動産鑑定評価基準よりも地価公示法の方が出題可能性が高い。

第３回　解答・解説

133

| 問26 | 正解1 | 37条書面 | 難易度A | |

以下、違反しないものを○、違反するものを×とする。

1 ○ 手付金等の保全措置を講じた場合のその内容は、37条書面の記載事項には該当しないので、当該事項を37条書面に記載する必要はない（宅建業法37条1項各号参照）。なお、手付金等の保全措置の概要は、35条書面の記載事項である（35条1項10号）。

2 × 宅建業者の媒介により建物（マンション）の貸借の契約が成立したときは、その宅建業者は、契約の各当事者に借賃の額、支払時期、支払方法について記載した37条書面を交付しなければならない（37条2項2号）。したがって、借賃の支払方法を定めていなかったのであれば、支払方法は定めていない旨を記載する必要がある。

3 × 宅地建物の引渡しの時期については、その定めの有無を問わず、必ず37条書面に記載しなければならない（37条1項4号）。Aは、買主の同意を得ても、その記載を省略することはできない。

4 × 建物の貸借の媒介でも、売買と同様に、損害賠償額の予定に関する定めがある場合は、その内容を37条書面に記載しなければならない（37条2項1号・1項8号）。

> **Point**
> 37条書面の記載事項については、「必ず記載すべき事項」（絶対的記載事項）と「特約ある場合は必ず記載すべき事項」（任意的記載事項）をしっかり区別して覚えること。その際、「売買・交換」の記載事項と「貸借」の記載事項を、混同しないこと。

| 問27 | 正解4 | 免許複合 | 難易度B | |

1 × 免許権者は、免許（免許の更新も含む）に条件を付し、又はその条件を変更することができるが、その免許の条件に違反した場合は、任意的な免許取消処分の対象になる（宅建業法66条2項、3条の2第1項）。よって、Aが免許の条件に違反した場合、甲県知事は免許を取り消すことができるのであって、「取り消さなければならない」としている本肢は、誤りである。

2 × 宅建業者の支店は、そこで宅建業を営む場合のみ、宅建業法上の「事務所」に該当する（3条1項、令1条の2第1号、国交省「考え方」）。本肢の乙県内の支店は、「自ら貸借」のために設置されたもので宅建業を営むものではなく、「事務所」には該当しない。よって、宅建業者B社は乙県に事務所を設置するわけではないので、

国土交通大臣への免許換え（宅建業法7条1項3号）を申請する必要はない。

3 × 宅建業者Ｃ社が**合併及び破産手続の開始の決定以外の理由**により**解散**した場合、**清算人**はその解散した宅建業者の免許権者に30日以内に**廃業等の届出**をしなければならない（11条1項4号）。この場合、法人が解散しても清算業務を結了する範囲内においてなおＣ社は法人格を有するので（会社法476条、475条1号、645条、644条1号等）、解散時には免許の効力を失わず、その**免許の効力が失われるのは清算人が廃業等の届出をした時**である（宅建業法11条2項・1項4号）。

4 ○ 宅建業者Ｄが刑法208条（**暴行罪**）で懲役刑に処せられると、たとえ**執行猶予付きの判決**であったとしても、その**免許は必ず取り消される**（66条1項1号、5条1項5号）。刑の執行猶予の言渡しを取り消されることなく執行猶予期間が満了した場合は刑の言渡しが効力を失い（刑法27条）、ゆえに刑の執行が終わってから5年経過しなくても、執行猶予期間満了日の翌日から免許を受けられるようになることと混同しないこと。

> **Point**
> 受験生がミスをしがちな論点を散りばめた問題である。下記のそれぞれの肢で問われている知識について、しっかり学習しておこう。
> 肢1…免許取消しは「必要的」（必ず取り消さなければならない）か、「任意的」（取り消すことができる）かの区別。
> 肢2…支店は、そこで宅建業を行う場合にのみ、事務所に該当することを失念しない。
> 肢3…廃業等の届出義務者は誰か。また、免許の効力が失われる時期はいつか。
> 肢4…懲役刑に執行猶予がついている場合、免許は取り消さなければならないのか、また、執行猶予が付いている場合、いつから免許を受けることができるのか。

| 問28 | 正解1 | 業務上の規制 | 難易度Ｂ |

以下、違反しないものを○、違反するものを×とする。

1 × 宅建業者は、**契約の解除に関する事項**について、契約が成立するまでの間に**重要事項として説明**しなければならない（宅建業法35条1項8号）。重要事項の説明をすべき事項を**過失により説明しなかった**としても、宅建業法の規定に**違反**する。

2 ○ 宅建業者は、宅建業者の相手方等に対して、売買・交換・貸借の契約が成立するまでの間に**供託所等に関する説明**をしなければならないが、この説明の対象者から**宅建業者は除かれる**（35条の2柱書かっこ書）。

3 ○ 宅建業者Ａは、**自ら貸主**として建物の貸借を行っているのであり、これは**宅建業**

法上の「取引」（2条2号）には該当せず、Aには、37条書面の交付義務はない（37条2項本文）。

4 ○ クーリング・オフが可能な期間は、宅建業者からクーリング・オフができる旨及びその方法について**書面で告げられた日から8日間**であるが（37条の2第1項1号）、これを10日に延長する特約は**買主に有利**なものであり、宅建業法の規定に**違反しない**（37条の2第4項）。

> **Point**
>
> クーリング・オフが認められる場合において、宅建業者が買主に対し、クーリング・オフができる旨及びその方法を書面で告げることは、宅建業者の義務ではない。書面で告げなければ、宅地建物の引渡しを受け、かつ、代金全額の支払いがあるまで、クーリング・オフをすることが認められるだけである。よって、宅建業者が書面で告げることをしなくても、宅建業法違反に該当しないので、告げないことを理由に監督処分を受けたり罰則を科せられたりすることはない。

問29	正解2	免許基準等	難易度A

ア × A社が免許を受けるためには、A社のみならず、A社の**役員及び政令で定める使用人**が**免許欠格者**でないことが必要である（宅建業法5条1項12号）。この点、A社の代表取締役（役員）は、公職選挙法違反で罰金刑に処せられているが、**罰金刑**に処せられ、その執行が終わった日から5年間**免許欠格者となる犯罪の種類**は、宅建業法違反や刑法の暴力犯関係及び背任罪等の**一定の犯罪**に限定されており、**公職選挙法違反**は、その一定の犯罪には含まれない（5条1項6号）。したがって、A社の代表取締役（役員）は、免許欠格者ではなく、A社は免許を受けることができる。

イ ○ B社が宅建業の免許を受けた後に、B社の役員又は**政令で定める使用人が免許欠格者**に該当すると、B社の免許は取り消される（66条1項3号）。なお、政令で定める使用人とは、宅建業法に定める**事務所の代表者**のことであり（令2条の2）、宅建業者の各事務所の支店長、所長等がこれに該当するので、本肢の「支店の代表者」は政令で定める使用人である。そして、**罰金刑に処せられると免許欠格者となる犯罪の種類**は、**一定の犯罪**に限定されているが、**背任罪**（刑法247条）はその**一定の犯罪に含まれる**（宅建業法5条1項6号）。したがって、政令で定める使用人が免許欠格者となったB社の免許は取り消される。

ウ × C社が宅建業の免許を受けた後に、C社の**役員又は政令で定める使用人が免許欠格者**に該当すると、C社の免許は取り消される（66条1項3号）。そして、**非常勤の**

136

役員も、ここにいう「役員」に該当する。この点、**罰金刑に処せられると免許欠格者となる犯罪の種類は、一定の犯罪に限定されている**が、**宅建業法違反もその一定の犯罪に含まれる**（5条1項6号）。したがって、役員が免許欠格者となったC社の免許は取り消される。

エ ○ D社が免許を受けるためには、D社のみならず、D社の**役員及び政令で定める使用人**が**免許欠格者でないこと**が必要である（5条1項12号）。そして、ここにいう役員は、取締役はもちろん、D社に対して**取締役等と同等以上の支配力**を有する者も含まれるので、本肢の「顧問」は「役員」に該当する（5条1項2号、国交省「考え方」）。役員が、「暴力団員による不当な行為の防止等に関する法律2条6号に該当する暴力団員」である場合、役員は免許欠格者である（5条1項7号）。したがって、D社は、免許を受けることができない。

以上から、正しいものは「イ、エ」の二つであり、正解は肢2である。

> **Point**
> 肢エに関し、「暴力団員による不当な行為の防止等に関する法律2条6号に該当する暴力団員」に該当すると、犯罪の前科の有無にかかわらず、免許欠格者になることも覚えておこう。

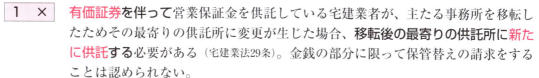

1 × **有価証券**を伴って営業保証金を供託している宅建業者が、主たる事務所を移転したためその最寄りの供託所に変更が生じた場合、**移転後の最寄りの供託所に新たに供託**する必要がある（宅建業法29条）。金銭の部分に限って保管替えの請求をすることは認められない。

2 ○ 宅建業者は、**事務所の一部の廃止**に伴い**営業保証金**の額が政令で定める額を超えることとなったので、その一部の取戻しをしようとするときも、宅建業を廃止することに伴い営業保証金の全部の取戻しをしようとする場合と同じく、還付請求権者に対し、6か月以上の期間を定めて、その期間内に申し出るべき旨の**公告**をする必要がある（30条1項・2項）。

3 × 営業保証金を供託している宅建業者が事業の開始後、**事務所を新たに増設**する場合は、その増設した事務所に係る額の営業保証金を主たる**事務所の最寄りの供託所に供託し、免許権者に届け出た後**でなければ、増設した事務所で**業務を開始してはならない**（26条1項・2項、25条5項・4項）。

4 × 免許権者は、**免許をした日から「3か月以内」**に営業保証金を供託した旨の届出

がなされない場合、その届出をするように**催告しなければならず**、**催告が到達し**た日から「**1か月以内**」に届出がなされない場合、免許権者はその**免許を取り消すことができる**（25条6項・7項）。

Point

宅建業者は、免許を受けてから、営業保証金を主たる事務所の最寄りの供託所に供託し、供託した旨を免許権者に届け出た後に事業開始ができる。かかる規制についての要点は以下の通りである。

① 免許を受けた後に、営業保証金の供託や届出の規制があること（供託等は、免許を受ける前の事前手続きではない）。

② 肢4のような、「3か月」と「1か月」の入れ替えによる誤りの肢の出題に注意すること。

③ 「催告」については、免許権者はしなければならず（義務）、「届出」がない場合の免許取消処分は任意であること。

④ 営業保証金の供託の届出をしないで宅建業を開始すると、罰則として6か月以下の懲役又は100万円以下の罰金ないしはその併科に処せられることがあるが、これは営業保証金及び弁済業務保証金（保証協会制度）で存する宅建試験で出題される可能性のある唯一の罰則である。

問31	正解4	広告複合	難易度A

1 ○ 宅地の分譲広告において、宅地の将来の環境について著しく事実に相違する表示をすること**は誇大広告等の禁止規定**（宅建業法32条）に違反し、監督処分や罰則の適用を受けることがある（65条、81条1号）。誇大広告等の禁止規定（32条）は、広告に接触した者に不測の損害を生じさせる事態を未然に防ぐものであり、その**広告の媒体の種類については限定されない**（国交省「考え方」）。よって、**インターネットを利用する方法**で行った広告の場合でも、誇大広告等の禁止に違反したときは、監督処分を受けることがあり、また罰則の適用を受けることがある。

2 ○ 宅地建物の取引に関する広告の配布活動も「業務」の一環であり、甲県知事からその**業務の全部の停止**を命ぜられた場合には、それが業務停止処分前に印刷した広告であっても、当該**業務停止処分の期間中は配布できない**（65条2項）。

3 ○ 宅建業者は、**代金額等**について、**著しく事実に相違する**か、**実際のものよりも著しく優良又は有利であると誤認させる**ような表示をしてはならない（誇大広告の禁止、32条）。そして、かかる誇大広告の禁止規定に違反しないためには、**代金額**を表示する際は、**消費税額を含んだ額**を明確に表示することが必要である（総額表示、国交省「考え方」）。

4 × 宅建業者は、宅地の造成又は**建物の建築に関する工事の完了前**は、当該工事に関して必要とされる**建築確認**（建築基準法6条1項の確認）その他法令に基づく許可等の処分で政令で定めるものがあった**後でなければ**、**売買契約をすることも**、**広告をすることもできない**（33条、36条）。たとえ建築確認申請中である旨を広告中に表示したとしても、広告をすることはできない。

Point

肢3について、代金額を表示する際は、総額表示が義務付けられているので、例えば消費税込みで代金額が1,100万円の建物の場合は、「1,100万円」「1,100万円（税込）」「1,100万円（税抜価格1,000万円,消費税額等100万円）」「1,100万円（税抜価格1,000万円）」など、消費税込みの代金額の総額を表示する義務がある。なお、総額表示さえすれば、具体的な消費税額がいくらかを明示する義務はない。

問32	正解1	政令使用人	難易度B

1 ○ **法人である宅建業者**が業務停止処分に違反した等の**一定事由**により**免許を取り消された場合**、聴聞の公示日前60日以内に当該法人の**役員**であった者も、宅建業者が免許を取り消された日から**5年間**、**免許欠格者**となる（宅建業法5条1項2号）。しかし、**政令で定める使用人**については、**役員とは異なり**、免許欠格者とする規定は存在しない。

2 × 個人である宅建業者本人、又は法人である宅建業者の**役員**が宅建士であるときは、その者は、**自ら主として業務に従事する事務所等に置かれる成年者である専任の宅建士とみなされる**（31条の3第2項）。しかし、**政令で定める使用人**が宅建士である場合に、その者を自ら主として業務に従事する事務所等に置かれる成年者である**専任の宅建士とみなされる**という規定は存在しない。

3 × 宅建業者が**事務所等に掲げる標識**には、代表者の氏名は記載されるが、**政令で定める使用人の氏名**は**記載されない**（50条1項、規則19条2項、別記様式9号～11号の3）。

4 × 宅建業者は、その**政令で定める使用人**が**氏名**を変更した場合は、30日以内に宅建業者名簿の記載事項の**変更の届出**をその免許を受けた国土交通大臣又は都道府県知事に行わなければならない（宅建業法9条、8条2項3号・4号）。しかし、政令で定める使用人の**住所**は、宅建業者名簿の記載事項ではなく（8条2項、規則5条）、**変更の届出は不要**である。

Point

肢1の事案における「役員」と「政令使用人」の違いは、以下のように理解して覚えるとよい。「役員」（取締役等）は会社の代表者であり、「政令使用人」（支店長等）は事務所の代表者である。会社は「役員」が動かしているので、会社が悪いことをして免許取消処分を受けた場合、会社が5年間免許を受けられないだけでなく、「役員」も同罪（役員も5年間、免許欠格者）。しかし、「政令使用人」は事務所を動かしているが、会社全体を動かしているわけではないので、会社が一定事由によって免許取消処分を受けても、「政令使用人」は免許欠格者とはならない。

問33	正解2	重要事項の説明	難易度A

ア ✕ 　**重要事項の説明**をする際は、宅建士は、相手方から請求がなくても**宅建士証を提示**する義務があり、これに違反した場合、宅建士は10万円以下の過料に処せられることがある（宅建業法35条4項、86条）。しかし、宅建業者が過料に処せられることはない。

イ ○ 　建物の貸借について貸主となるAは、**自ら貸借**を行うのであり、これは宅建業法上の「**取引**」には**該当しない**（2条2号）。よって、Aには宅建業法は適用されず、**重要事項の説明を行う必要はなく**、**35条書面（重要事項説明書）を交付**又は**電磁的方法による提供をする必要もない**（35条1項本文・8項・9項）。借主が宅建業者であるか否かは、関係がない。本肢に限らず、自ら貸借に関するひっかけには注意しよう。

ウ ○ 　取引（売買、交換、代理・媒介しての貸借）の対象となる宅地又は建物が、**津波防災地域づくりに関する法律**の規定により指定された**津波災害警戒区域内にある**ときは、その旨を**重要事項として説明**する**必要がある**（35条1項14号、規則16条の4の3第3号）。

以上から、正しいものは「イ、ウ」の二つであり、正解は肢2である。

Point

宅建業法上、罰則として過料に処せられることがあるのは、宅建試験に出題されるものとしては、宅建士に対する宅建士証関係の以下の違反のみである。
① 重要事項説明の際の提示義務違反
② 提出義務違反
③ 返納義務違反
宅建業者に対して懲役刑や罰金刑を科すことはあっても、過料に処する旨の規定は存在しない。

| 問34 | 正解2 | 報酬額の制限 | 難易度B | |

以下、違反しないものを○、違反するものを×とする。

ア ○ 交換契約の場合においては、**交換物件の高い方の価額**を基準として報酬を算定できる。本肢において、Aは、消費税の課税事業者であり、報酬額には**消費税相当額**（税率10％）が**加算**される。よって、（2,000万円×3％＋6万円）×1.1 ＝ **72万6,000円**を報酬額の限度として、媒介の**依頼者双方から、それぞれこの金額を受領**できる（宅建業法46条1項・2項、報酬告示2）。

イ ○ **居住用建物以外**の賃貸借の媒介については、課税事業者Aは、依頼者から**合計**で**賃借料の1か月分（30万円）に消費税相当額**（税率10％）を加算した**33万円を限度として**報酬を**受領**できる（46条1項・2項、報酬告示4）。

ウ × 消費税の課税事業者Aが単独で、売主と買主の双方から宅地の売買契約の代理、媒介を依頼され当該契約を成立させた場合、双方から受領できる報酬の限度は「**合計**」で、売買代金を基準として計算した額（3,000万円×3％＋6万円）の**2倍**（192万円）に**消費税相当額**（税率10％）を**加算した211万2,000円**である。本肢において、Aは、甲から211万2,000円、乙から105万6,000円の合計316万8,000円を受領しており、宅建業法の規定に違反する（46条1項・2項、報酬告示2・3、国交省「考え方」）。

以上から、違反しないものは「ア、イ」の二つであり、正解は肢2である。

> **Point**
> 1つの取引に複数の宅建業者が関与して契約を成立させた場合、売買であれば、売買の「媒介」の依頼者の一方から基準額（課税事業者の場合は消費税を加えた額、以下同じ）、売買の「代理」の依頼者から基準額の2倍までの報酬を受領できるほか、「複数の宅建業者の受領する報酬額の合計」が基準額の2倍まででなければならないことに注意しよう。

| 問35 | 正解3 | クーリング・オフ | 難易度A | |

1 × 買受けの申込みが行われた場所と売買契約が締結された場所が異なる場合、**クーリング・オフの可否は、買受けの申込みが行われた場所で判断**する（宅建業法37条の2第1項）。この点、宅建業者ではない買主Bは、Bの親類宅で建物の買受けの申込みをしているので、買受けの申込みの翌日にAの事務所で売買契約を締結しても、Bはクーリング・オフによる契約の解除ができる。

| 2 | × | 本肢では、買主Cは宅建業者であり、**宅建業者間の取引**には**8種規制の適用はな**いので、Cはクーリング・オフによる契約の解除はできない（78条2項、37条の2）。 |

| 3 | ○ | 宅建業者が、**書面により「クーリング・オフができる旨及びその方法」を告げる**ことは、宅建業者の**義務ではない**。告げなければ、8日が起算されないだけである（37条の2第1項1号）。よって、Aが告知しなくても宅建業法に違反するわけではないので、**業務停止処分を受けることはない**（65条2項・4項参照）。 |

| 4 | × | クーリング・オフによる契約の解除ができるのは、売主である宅建業者からクーリング・オフができる旨及びその方法について**書面で告げられた日**から起算して**8日以内**である（37条の2第1項1号、規則16条の6第3号）。口頭で告げられても、8日の起算は始まらない。 |

Point

クーリング・オフの可否は、下記の3つのポイントで判断する。
① 場所…事務所等で買受けの申込みがなされているか。
② 時期…クーリング・オフができる旨及びその方法を書面で告げられて8日間経過しているか。
③ 履行…引渡しを受け、かつ、代金全部の支払いをしているか。

| 問36 | 正解1 | 宅建業者・宅建士複合 | 難易度A | 得点すべし！ |

| ア | ○ | 宅建業者は、事務所ごとに置かなければならない**専任の宅建士の数**に不足が生じた場合は、**2週間以内**に新たに専任の宅建士を補充するなど**必要な措置を執らなければならない**（宅建業法31条の3第1項・3項、規則15条の5の3）。本肢において、Aの甲県内の事務所は、Bが退職する前は、業務に従事する者が17名で、うちBを含め専任の宅建士が4名であるから、業務に従事する者5名に1名以上の専任の宅建士の数を充足していたところ、**Bの退職後は、業務に従事する者が16名で、うち専任の宅建士が3名となる**。これは、**業務に従事する者5名に1名以上の専任の宅建士の数を充足していない**（専任の宅建士は4名必要）ので、Aは補充等の必要な措置を執る必要がある。 |

| イ | × | 宅建業者Aが、甲県の事務所をすべて乙県に移転して、引き続き宅建業を営もうとする場合、Aは、**乙県知事に直接、免許換えの申請**をしなければならない（宅建業法7条1項2号、3条1項）。免許換えにより新たな免許を受けたときは、従前の免許は効力を失うが（7条1項）、宅建業を廃業するわけではないので、Aが、従前の免許権者である甲県知事に**廃業の届出**を行う**必要はない**。この場合、新たな免許をした乙県知事から従前の免許権者である甲県知事に対して、遅滞なく、免 |

142

許換えをした旨の**通知**がなされる（規則４条の５）。

ウ ○

宅建業者が**免許換え**をすると、新たな免許の取得により**免許証番号**が変更する（宅建業法７条１項参照）。宅建士Ｂが業務に従事する宅建業者の「**免許証番号**」は、資格登録簿登載事項であり、かつ**変更の登録申請の対象**であるから、Ｂは、宅建士の資格登録をしている**甲県知事**に、遅滞なく**変更の登録の申請**をしなければならない（20条、18条２項、規則14条の２の２第１項５号）。

以上から、誤っているものは「イ」の一つであり、正解は肢１である。

Point

肢イで問われている「免許換え」について学習する際は、「免許換えは、新規免許と同じ扱いをする」という視点をもっておくとよい。

① 免許換えは、新たな免許権者に申請する（現に免許を受けている免許権者を経由して申請するのではない）。

→ 新規免許を受けるときは、事務所の設置場所によって決定される免許権者に申請する。

② 免許換えをすると、免許の有効期間は５年となる（従前の免許の有効期間の残りの期間ではない）。

→ 新規免許の有効期間は、５年。

もっとも、肢イで問われているように、免許換えをしても、新たな免許を受けるだけで、従前の宅建業を廃業するわけではないので、宅建業の廃止の届出（廃業の届出）は、不要。

問37	正解３	住所複合	難易度Ｂ

１ ○

宅建士は、取引の関係者から請求があったときは、**宅建士証を提示**しなければならないが（宅建業法22条の４）、宅建士の個人情報保護の見地より、**宅建士証の住所欄にシール**を貼ったうえで提示することが認められる。もっとも、シールは**容易に剥がすことが可能なもの**とし、宅建士証を汚損しないよう注意しなければならない（国交省「考え方」）。

２ ○

宅建業者は、**事務所ごとに従業者名簿**を備えなければならず、その記載事項として、従業者の氏名や主たる職務内容、宅建士であるか否かの別等が規定されているが、**従業者の住所は従業者名簿の記載事項ではない**（48条３項、規則17条の２第１項参照）。

３ ×

国土交通省及び都道府県には、それぞれ宅建業者名簿が備えられ、一般の閲覧に供される（宅建業法８条１項、10条）。そして、当該**宅建業者名簿**には、役員及び政令

143

で定める使用人の氏名は登載されるが、**役員及び政令で定める使用人の住所**は**登載されない**（8条2項参照）。

4 ○ 宅建士の資格登録は、知事が資格登録簿に一定事項を登載して行うが、その**資格登録簿**には、登録を受ける者の**住所**も登載される（18条2項）。

Point

宅建士証については、住所欄をシールを貼ることで見えないようにして相手方に提示することが認められるほか（国交省「考え方」）、希望により旧姓を併記した宅建士証の交付を受けることができ、当該宅建士証の交付を受けた後は、宅建士の業務において旧姓を使用してもよいこと（国交省「考え方」）も覚えておこう。

問38	正解4	免許の要否等	難易度A

1 ○ 信託業法の免許を受けた**信託会社**には宅建業法の免許に関する規定は適用されず（宅建業法77条1項）、**免許を受ける必要はない**。かかる信託会社が宅建業を営もうとする場合は、**国土交通大臣**に**届出**をする必要があるが、かかる届出を行えば、国土交通大臣の免許を受けた宅建業者とみなされるので、信託会社Aは免許を受ける必要はないのである（77条2項・3項）。

2 ○ 医療法人であっても、造成した「宅地」を、**不特定多数**の人に**反復継続**して分譲（**売却**）する行為は、**宅建業に該当し、免許を受ける必要がある**（2条2号、3条1項）。よって、Bが**医療法人**であることは、**免許不要の理由にはならない**（77条1項、78条1項参照）。

3 ○ 宅建業者を**代理人**にしても、**本人C**が宅建業を営む場合には宅建業法が適用され、**Cは免許を受ける必要がある**。よって、Cが免許を受けずに宅建業の取引を行えば、それは無免許事業に該当する（2条2号、3条1項、12条1項）。

4 × Dは、宅建業の**免許の申請**をしていても、**免許を受けるまでは、「取引」**はもちろんのこと、宅建業を営む旨の表示をし、又は**宅建業を営む目的をもって広告をしてはならない**（12条）。

144

> **Point**
> 「国又は地方公共団体等」は、宅建業法の規定が適用されないので、免許も不要である。これに対して、「一定の信託会社や信託銀行等」は、宅建業法の規定の適用は受けるが、宅建業法の免許に関する規定のみ適用されない。よって、例えば、重要事項の説明をすることや、専任の宅建士の設置義務など、免許に関する規定以外の宅建業法の規定の適用は受けるが、宅建業法上の監督処分である免許取消処分は免許に関する規定であるから、適用されない（指示処分や業務停止処分は、免許に関する規定以外であるから、適用される）。

問39　正解3　手付金等の保全措置　難易度A

1 ○ 宅建業者が自ら売主となって宅建業者ではない買主から手付を受領したときは、その手付は**解約手付**とみなされ、相手方が契約の履行に着手するまでは、買主はその手付を放棄して、宅建業者は手付の倍額を現実に提供して、**契約の解除をする**ことができる（宅建業法39条2項）。

2 ○ 宅建業者が、自ら売主として**完成物件**の売買契約を締結する場合、原則として、一定の保全措置を講じた後でなければ手付金等を受領することができないが、本肢では、受領する手付金の額は500万円であり、**代金（5,000万円）の10%以下**であり、**かつ、1,000万円以下**であるので、Aは500万円の**手付金**を受領する前に**保全措置を講じる必要はない**（41条の2第1項、令3条の5）。また、マンションの**引渡し及び所有権の移転登記**と同時に受領する**中間金は、手付金等の保全措置の対象とはならない**（宅建業法41条の2第1項、41条1項）。したがって、Aは、保全措置を講ずることなく、手付金及び中間金を受領することができる。

3 × 手付金等の保全措置の対象となる「**手付金等**」とは、①**契約締結後、物件引渡し前に授受される金銭**で、かつ、②**代金に充当**されるものをいう（41条1項）。**申込証拠金**は、契約締結前に授受されるものであり、「手付金等」には該当しないが、契約締結後、物件引渡し前に**申込証拠金**を**代金に充当**すると、手付金等の保全措置の対象となる「手付金等」に該当する。そして、本肢では、受領した手付金の額と代金に充当する申込証拠金の額は合計で530万円となり、**代金（5,000万円）の10%を超える**ことになるので、Aは申込証拠金を代金に充当する前に、合計530万円について**保全措置を講じる必要がある**（41条の2第1項、令3条の5）。

4 ○ 宅建業者が保全措置を講ずることが必要な場合に、**保全措置を講じない**ときは、買主は**手付金等を支払わない**ことができる（41条の2第5項）。

Point

8種規制について、手付金の額の制限の「手付金」と、手付金等の保全措置の「手付金等」の違いについて、混同している受験生が多いので注意すること。8種規制における「手付金」は、宅地・建物についての売買契約を締結する際等に、買主が売主に渡す金銭であり、売買代金の一部に充当される。そして、手付金は交付される目的により、解約手付、違約手付、証約手付等に分類されるが、宅建業法は、手付金を解約手付とみなし、民法の解約手付より買主に不利な特約は無効である。そして、手付金の額は代金額の20%までに制限される。これに対して「手付金等」とは、肢3の解説の記述のように、それが手付だろうと内金だろうと名称は問わず（手付金には限定されず）、①契約締結後、物件引渡し前に授受される金銭で、かつ、②代金に充当されるものをいい、売主である宅建業者は手付金等の受領前に法定の保全措置を講じなければならない場合がある。

問40	正解4	媒介契約	難易度B

ア ✕ 宅建業者が売買や交換の媒介契約を締結した場合における**媒介契約書面**（宅建業法34条の2第1項の規定に基づく書面）には、**宅建業者が記名押印**しなければならない（宅建業法34条の2第1項）。すなわち、35条書面や37条書面について、宅建士の押印が廃止され、記名のみに改正されたが（35条7項、37条3項）、媒介契約書面には宅建業者の記名押印が必要であり、押印は廃止されていないので注意しよう。

イ ✕ 専属専任媒介契約を締結した場合、依頼者が売買・交換の媒介を**依頼した宅建業者が探索した相手方以外の者**と売買・交換の契約を締結した場合の**措置**については、媒介契約書面に記載しなければならない（34条の2第1項8号、規則15条の9第2号）。

ウ ✕ 依頼された物件の**取引すべき価額**や評価額について**意見を述べる**ときは、その**根拠を明らかに**しなければならない（宅建業法34条の2第2項）。その明示すべき根拠について、依頼された物件と類似した取引事例の調査をすることもあるが、価額や評価額について意見を述べる際に**根拠を明示する**ことは、媒介の依頼を受けた**宅建業者の義務**であるから、**調査費用**は、依頼者に**請求できない**（国交省「考え方」）。

以上から、正しいものは「なし」であり、正解は肢4である。

Point

「媒介（代理）契約書面」は、宅建業者が書面に記名押印する義務がある（電磁的方法により提供する場合は、宅建業者の記名押印に代わる措置を講ずるものとして国土交通省令で定めるものにより提供）。この点、「35条書面」や「37条書面」では、宅建士の記名が必要であり、押印をする必要はない（電磁的方法により提供する場合は、宅建士に記名に代わる措置を講ずるものとして国土交通省令の定めるものにより提供）。
・媒介（代理）契約書面…宅建業者の記名押印が必要。
・35条書面、37条書面……宅建士の記名は必要。押印は不要。

問41	正解 1	監督処分等	難易度A

1 ○ 宅建業に係る営業に関し成年者と同一の行為能力を有しない未成年者が宅建業者である場合、その法定代理人が免許欠格者になると、免許権者は、未成年者である宅建業者の免許を取り消さなければならない。そして、法定代理人が脅迫罪で罰金刑に処せられると、その法定代理人は免許欠格者になるので、甲県知事は、Aの免許を取り消さなければならない（宅建業法66条1項2号、5条1項6号）。

2 × 国土交通大臣は、国土交通大臣の免許を受けた宅建業者に対して、誇大広告の禁止規定等の消費者の利益保護に関わる規定に違反したことを理由に監督処分（指示処分、業務停止処分、免許取消処分）を行おうとする場合は、あらかじめ内閣総理大臣に協議しなければならない（宅建業法71条の2第1項）。しかし、指導、助言、勧告（71条）を行おうとする場合に、あらかじめ内閣総理大臣と協議をする必要はない。

3 × 免許権者である国土交通大臣又は都道府県知事は、その免許を受けた宅建業者の事務所の所在地を確知できないときは、官報又は当該都道府県の公報でその事実を公告し、公告の日から30日を経過してもその宅建業者から申出がないときは、宅建業者の免許を取り消すことができる（67条1項）。したがって、直ちに免許が取り消されるわけではない。

4 × 宅建業者が業務に関し取引の公正を害する行為をしたことは、指示処分対象事由である（65条1項2号）。そして、国土交通大臣は、指示処分等の監督処分をしたときは、遅滞なく、その旨を、宅建業者の事務所の所在地を管轄する都道府県知事に通知する（規則27条1項）。

> **Point**
>
> 内閣総理大臣との協議が要求されるか否かの判断では、以下が要点となる。
> ① 国土交通大臣が（×都道府県知事が）
> ② 国土交通大臣免許を受けた宅建業者（×知事免許を受けた宅建業者、×宅建士）に対し
> ③ 消費者の利益保護に関わる規定の違反行為を理由として（×違反行為の種類を問わず）
> ④ 監督処分（指示・業務停止・免許取消処分）を行う場合（×指導・助言・勧告を行う場合）

| 問42 | 正解4 | 重要事項の説明 | 難易度A |

1 ○ 売買（媒介・代理しての貸借も含む）の対象となる建物が、**一定の耐震診断を受けた**ものであるときの**その内容についての重要事項の説明**は、その建物が「**昭和56年6月1日以降に新築の工事に着手したもの**」は**除外**される（宅建業法35条1項14号、規則16条の4の3第5号）。

2 ○ 売買・交換の対象となる建物が**既存建物**であるときは、**建物状況調査**（実施後1年以内。なお、鉄筋コンクリート造又は鉄骨鉄筋コンクリート造の共同住宅等は2年以内）が**実施されているか否か**及び実施されている場合は、**建物状況調査の結果の概要を説明しなければならない**（宅建業法35条1項6号の2イ、規則16条の2の2）。ちなみに、既存建物の（媒介・代理しての）**貸借**においても、かかる事項は説明が必要となる。

3 ○ **歴史的風致形成建造物**の増築、改築、移転又は除却をしようとする者は、原則として、行為着手の30日前までに一定事項を**市町村長に届け出る義務**がある（地域における歴史的風致の維持及び向上に関する法律15条1項）。よって、歴史的風致形成建築物の売買等を行おうとする場合、宅建業者は、購入者が不測の損害を被らないように、かかる届出義務について、かかる**建造物の売買等の契約前に重要事項の説明をしなければならない**（宅建業法35条1項2号、令3条1項22号）。なお、建物の貸借の契約においては、かかる事項は、重要事項の説明対象とはされていない（宅建業法35条1項2号、令3条1項22号・3項）。そもそも、建物の借主は、借りた建物の増築等をする権限はないからである（民法616条、594条1項）。

4 × 建物について、**石綿の使用の有無の調査の結果が記録されている**ときは、その**内容**についても、**説明しなければならない**（宅建業法35条1項14号、規則16条の4の3第4号）。その内容としては、調査の実施機関、調査の範囲、調査年月日、石綿の使用の有無及び石綿の使用の箇所を説明する（国交省「考え方」）。

> **Point**
> 肢1の「指定確認検査機関等による耐震診断を受けたものであるときは、その内容」について説明を要する建物は、その新築工事に着手した時期が「昭和56年6月1日以降」である建物は除外される。この昭和56年6月1日は、建築基準法の改正法が施行され、建物の建築について、新耐震基準が適用されることになった日である。昭和56年6月1日以降に新築工事に着手した建物は、そもそも地震に強い。しかし、かかる新耐震基準の導入前に建築された建物（旧耐震基準で建築された建物）は、地震に弱い可能性があるので、かかる建物については耐震診断を受けさせ、必要があれば補強工事を施工することが望ましい。よって、旧耐震基準の下で建築された建物については、売買・交換や貸借の契約を締結する前に「一定の耐震診断を受けたものであるときは、その内容」について重要事項の説明を行い、契約を締結するか否かの判断材料として提供することにした。

| 問43 | 正解3 | 37条書面 | 難易度A |

1 ○ 宅建業者が建物の貸借に関し、当事者を代理して契約を締結したときは、その相手方と依頼者に、**借賃の額・支払時期及び支払方法**を記載した**37条書面**を交付（電磁的方法による提供を含む。以下この問において同じ）しなければならない（宅建業法37条2項2号）。また、37条書面には**当事者の氏名**（法人にあってはその名称）及び**住所**を記載しなければならないが、法人において**契約の任に当たった者**は「当事者」ではないので、その氏名は37条書面に記載する必要はない（37条2項1号・1項1号）。

2 ○ 宅地建物の**貸借**に関し、37条書面には、「**借賃についてのローンのあっせんの定めがあるときのローンが成立しないときの措置**」は記載する必要はない（37条2項1号参照）。**売買や交換の契約**において、「**代金又は交換差金についての金銭の貸借のあっせんに関する定めがある場合においては、当該あっせんに係る金銭の貸借が成立しないときの措置**」が**記載事項**とされていること（37条1項9号）と混同しないこと。

3 × **37条書面**は、**契約内容を記載する書面**なので、本肢の**東日本大震災復興特別区域法に基づく規制**のような**法令上の制限**は、37条書面の記載事項ではない（37条1項・2項参照）。重要事項の説明において、売買・交換の契約を締結する場合に、東日本大震災復興特別区域法64条4項（被災関連市町村が指定した届出対象区域において、土地の区画形質の変更や建築物の新築等を行う者は、被災関連市町村長に一定の届出が義務付けられていること）及び64条5項（同条4項の届出に係る事項のうち一定の事項を変更しようとするときにも、被災関連市町村長に届出

が義務付けられていること）が35条書面の記載事項（重要事項の説明対象）であることと（35条1項2号、令3条1項61号）、混乱しないこと。

4 ○ **37条書面**には、天災その他不可抗力による損害の負担（いわゆる**危険負担**）について定めた場合には、その内容について、**売買・貸借の契約を問わず、記載し**なければならない（37条2項1号・1項10号）。

> **Point**
>
> 35条書面（重要事項説明書）の記載事項である法令制限の概要は、37条書面では記載事項ではない。35条書面の交付の趣旨は、契約を締結するか否かの判断材料を提供することにあるが、37条書面の交付の趣旨は、契約内容を記録してトラブルに備えることにあるからである。法令制限の細かい内容を気にするあまり、そもそも法令制限は37条書面の記載事項ではないことを失念しないようにしよう。

問44	正解2	弁済業務保証金	難易度B

1 × 保証協会は、弁済業務保証金分担金の納付を受けたときは、その日から「**1週間以内**」にその納付を受けた額に相当する額を法務大臣及び国土交通大臣の定める**供託所に弁済業務保証金として供託しなければならない**（宅建業法64条の7第1項・2項）。よって、2週間以内とする本肢は誤りである。

2 ○ Aは、保証協会から還付額に相当する額の還付充当金を保証協会に納付すべき旨の**通知を受けた日から2週間以内**に、還付充当金を**納付しなければならない**（64条の10第2項）。この**期間内に納付しないとき**は、Aは、**免許権者**（甲県知事）から監督処分として、指示処分・業務停止処分を受けることがあり（65条1項・2項2号）、**情状が特に重いときは免許取消処分を受ける**（66条1項9号）。なお、かかる監督処分とは別に、Aは保証協会の社員の地位を失う（64条の10第3項）。

3 × Aと宅建業に関して取引したB（Aが保証協会の社員となる前に宅建業に関し取引した者を含む）が還付請求権を行使しようとするときは、あらかじめ弁済を受けることができる額について、**保証協会の認証**を受けた上で、**供託所**に還付請求をしなければならない（64条の8第1項・2項）。甲県知事の認証ではなく、保証協会に還付請求をするのでもない。

4 × Aと宅建業に関し取引をしたBは、その取引により生じた債権に関し、Aが保証協会の社員でないとしたならばその者が供託すべき**営業保証金の額に相当する額の範囲内**において、保証協会が供託した弁済業務保証金について弁済を受ける権利を有する（64条の8第1項）。**還付請求の時点**におけるAの事務所の数は、主たる事務所と従たる事務所3か所であり、かかる**事務所数**に応じた営業保証金の額は、

1,000万円＋500万円×３＝2,500万円となるから、Bは2,500万円を限度に保証協会が供託した弁済業務保証金から弁済を受ける権利を有する。

Point

保証金（営業保証金・弁済業務保証金）では、期間を覚えなければならない。この点、肢１の「１週間」という期間は、２か所で登場する。

① 保証協会は、弁済業務保証金分担金の納付を受けたときは、その日から「１週間」以内に、その納付を受けた額に相当する額を、法務大臣及び国土交通大臣の定める供託所に弁済業務保証金として供託しなければならない。

② 社員の地位を失った宅建業者が引き続き宅建業を営む場合は、その日から「１週間」以内に営業保証金を供託しなければならない。

問45	正解４	住宅瑕疵担保履行法	難易度A

1 × 宅建業者が、住宅販売瑕疵担保保証金の供託又は住宅販売瑕疵担保責任保険契約の締結という**資力確保措置**を講じなければならないのは、自ら売主として宅建業者でない者に**新築住宅**を販売した場合だけであり、中古住宅を販売した場合は、資力確保措置を講じる必要はない（履行法11条１項、２条１項）。

2 × 宅建業者が、住宅販売瑕疵担保保証金の供託又は住宅販売瑕疵担保責任保険契約の締結という**資力確保措置**を講じなければならないのは、自ら売主として**宅建業者でない者**に新築住宅を**販売した場合**だけであり、宅建業者に新築住宅を販売した場合は、資力確保措置を講じる必要はない（２条７項２号ロ）。

3 × 住宅販売瑕疵担保保証金を供託する宅建業者は、自ら売主となる新築住宅の買主に対し、**新築住宅の**売買契約を締結するまでに、住宅販売瑕疵担保保証金を供託する供託所の所在地その他国土交通省令で定める事項について、これらの事項を記載した**書面を交付し**又は**買主の承諾を得て**、当該書面に記載すべき事項を**電磁的方法により提供して**、**説明しなければならない**（15条、履行法規則21条、履行法10条２項）。

4 ○ 自ら売主として新築住宅を宅建業者でない買主に引き渡した宅建業者は、**基準日ごとに**、当該**基準日に係る資力確保措置の状況**について、**基準日から３週間以内**に、その免許を受けた**免許権者**に**届け出**なければならない（12条１項、履行法規則16条１項）。

Point

住宅瑕疵担保履行法上、資力確保措置が必要となるのは、以下の①～③のすべてを満たす場合である。
① 宅建業者が自ら売主となること。
② 宅建業者でない者を買主とすること。
③ 新築住宅を販売する場合であること。
※ 資力確保措置を講じる義務を負うのは、売主である宅建業者であり、媒介や代理をする宅建業者は資力確保措置を講じる義務を負わない。

問46	正解2	住宅金融支援機構	難易度A

1 ○ 機構は、「住宅」の建設又は購入に必要な資金（当該住宅の建設又は購入に付随する行為で政令で定めるものに必要な資金を含む）の貸付けに係る主務省令で定める金融機関の貸付債権の譲受けを行っている（独立行政法人住宅金融支援機構法13条1項1号）。この「住宅」は新築に限定されていないので、中古住宅購入のための貸付債権も、金融機関からの買取りの対象としている。

2 × 本肢の記述は、「高齢者向け返済特例制度」と呼ばれているもので、機構が直接貸付けをする場合の制度であるから、冒頭の「証券化支援事業（買取型）において」という文言が誤り。なお、「高齢者向け返済特例制度」とは、機構が一定の直接貸付けをする場合（「高齢者が自ら居住する住宅について行う改良（改良後の住宅が加齢に伴って生ずる高齢者の身体の機能の低下の状況に対応した構造及び設備について機構が定める基準に適合する構造及び設備を有するものとすることを主たる目的とするもの又は住宅のエネルギー消費性能の向上を主たる目的とするものに限る）に係る貸付金」等）の償還方法を、割賦償還（分割払い）ではなく、高齢者の死亡時に一括償還する方法によることとするものである（業務方法書24条3項・4項2号等）。

3 ○ 機構は、「住宅のエネルギー消費性能（建築物のエネルギー消費性能の向上等に関する法律2条1項2号に規定するエネルギー消費性能をいう）の向上を主たる目的とする住宅の改良に必要な資金」の貸付けを、業務として行っている（独立行政法人住宅金融支援機構法13条1項10号）。

4 ○ 住宅金融支援機構は、住宅確保要配慮者（高齢者、低額所得者、子育て世帯、障害者、被災者等の住宅の確保に特に配慮を要する者）保護のため、「住宅確保要配慮者に対する賃貸住宅の供給の促進に関する法律」19条の規定による貸付けを行う。これは、住宅セーフティネットとよばれる制度で、登録住宅（住宅確保要

152

配慮者の入居を拒まない等の要件をみたした住宅）の専有部分又は共用部分に対する一定のリフォーム工事を融資対象とするものである。また、同法20条1項の規定による**保険**も行う（独立行政法人住宅金融支援機構法13条2項4号・5号）。

> **Point**
> 肢3・肢4は、近年の法改正点からの出題である。住宅金融支援機構のホームページも閲覧してほしい。

問47	正解3	景表法（公正競争規約）	難易度A

1 × **地目**は、登記簿に記載されているものを表示しなければならないが、現況の地目と異なるときは、現況の地目を併記しなければならない（不動産の表示に関する公正競争規約施行規則9条19号）。

2 × 建物の**保温・断熱性、遮音性、健康・安全性**その他の**居住性能**について、実際のものよりも優良であると誤認されるおそれのある表示をしてはならない（不動産の表示に関する公正競争規約23条1項19号）。したがって、実際に遮音性能が優れている壁材を使用したとしても、完成した住宅としての遮音性能を**裏付ける試験結果やデータがなければ、不当表示に該当するおそれがある。**

3 ○ **住宅ローン**（銀行その他の金融機関が行う物件の購入資金及びこれらの購入に付帯して必要とされる費用に係る金銭の貸借）については、**次に掲げる事項を明示して表示しなければならない**（施行規則9条44号）。
　ア　金融機関の名称若しくは商号又は都市銀行、地方銀行、信用金庫等の種類
　イ　借入金の利率及び利息を徴する方式（固定金利型、固定金利指定型、変動金利型、上限金利付変動金利型等の種別）又は返済例（借入金、返済期間、利率等の返済例に係る前提条件を併記すること。また、ボーナス併用払のときは、1か月当たりの返済額の表示に続けて、ボーナス時に加算される返済額を明示すること）

4 × 住宅の居室等の広さを畳数で表示する場合においては、**畳1枚当たりの広さは1.62㎡**（各室の壁心面積を畳数で除した数値）**以上**の広さがあるという意味で用いなければならない（9条16号）。**中古住宅についても、例外は認められない。**

> **Point**
> 肢3は、令和4年9月1日施行の「不動産の表示に関する公正競争規約・施行規則」の改正点である。

第3回 解答・解説

153

| 問48 | 正解1 | 統 計 | 難易度A | |

1 ○ 令和4年度における**不動産業の経常利益**は**5兆9,392億円**となっており、「**3年ぶり**（対前年度比**2.0％**）**の減益（減少）**」となった。なお、「**全産業経常利益の約6.2％**」との記述も正しい（令和4年度法人企業統計調査・財務省）。

2 × 令和6年**地価公示**（令和6年3月公表）における令和5年1月以降の1年間の地価は、以下のとおりで、全国平均では住宅地・商業地とも「**3年連続の上昇**」となった。
地価⇒いずれも3年連続の上昇（地方圏の住宅地以外は上昇率拡大）（単位：％）

	全用途平均	住宅地	商業地
全 国	2.3	2.0	3.1
三大都市圏	3.5	2.8	5.2
地方圏	1.3	1.2	1.5

3 × 令和5年の**全国の土地取引件数**（売買による土地の所有権移転登記の件数）は、「**約129万件**」となり、「**ほぼ横ばいで推移**」している（令和6年版土地白書）。

4 × 建築着工統計（令和6年1月公表）によれば、令和5年の**新設住宅着工戸数**は、**819,623戸**（前年比**4.6％**減）で、「**3年ぶりの減少**」となった。なお、令和5年の新設住宅着工の**利用関係別戸数**は、以下のとおり（建築着工統計令和6年1月公表）。
① 持　　家→224,352戸（前年比11.4％減、2年連続の減少）
② 貸　　家→343,894戸（前年比0.3％減、3年ぶりの減少）
③ 分譲住宅→246,299戸（前年比3.6％減、3年ぶりの減少）
　・マンションは107,879戸（同0.3％減、昨年の増加から再びの減少）
　・一戸建住宅は137,286戸（同6.0％減、3年ぶりの減少）

> **Point**
> 肢3は、刊行時期との関係で、令和6年版土地白書を予測して出題したので最新情報を確認してほしい。

| 問49 | 正解4 | 土 地 | 難易度A | |

適当なものを○、最も不適当なものを×とする。

1 ○ 台地や丘陵は一般的に安全であるが、台地や丘陵上の**浅い谷**や**縁辺部**（はじの部分）は、豪雨の際、**浸水**や**崖崩れ**による被害を受けることが多いため、注意を要

する。

2 ○ 崩壊跡地は地下水位が「**高い（浅い）**」ために、竹などの好湿性の植物が繁茂することがその特徴となっている。また、微地形的には馬蹄形状の凹地形を示すことが多い。

3 ○ **谷出口に広がる扇状地**は、**鉄砲水**（集中豪雨に伴う急激な水の流れ）のおそれがあり、**土石流災害**に対して注意を要する。

4 × 地形図上、等高線が「**密**」（間隔が狭い）の場合は**急な傾斜地**であり、「**疎**」（間隔が広い）の場合は**緩やかな傾斜地**である。本肢は「疎」と「密」が逆である。

> **Point**
> 宅地に関する基本問題。用語はでてくる都度、おさえるとよい。

問50	正解 1	建築物の構造と材料	難易度B

1 × **鉄骨造**の建築物の**構造耐力上主要な部分**の材料は、炭素鋼若しくは**ステンレス鋼**（「**鋼材**」という）又は**鋳鉄**としなければならない（建築基準法施行令64条1項）。そして「**鋳鉄**」は、圧縮応力又は接触応力以外の応力が存在する部分には、**使用してはならない**（同2項）。

2 ○ 切土又は盛土をした土地の部分に生ずる**がけ面**は、**擁壁**でおおわなければならない。そして、**擁壁**は、鉄筋コンクリート造、無筋コンクリート造又は練積み造としなければならない（盛土規制法施行令8条1項2号）。

3 ○ **木造建築物の外壁**のうち、鉄網モルタル塗その他軸組が**腐りやすい構造である部分の下地**には、**防水紙**その他これに類するものを使用しなければならない（建築基準法施行令49条1項）。

4 ○ **木造建築物の構造耐力上主要な部分**に使用する**木材の品質**は、節、腐れ、繊維の傾斜、丸身等による**耐力上の欠点がないもの**でなければならない（41条）。

> **Point**
> 過去問で、建築物に関連する他の知識も整理しておこう。

予想模試
解答・解説

第4回

解答一覧&
実力診断

〈第4回〉
解答一覧＆実力診断シート

【難易度】 A…得点すべし！　B…合否の分かれ目　C…難問

科目	問題	論　　点	正解	難易度	check	科目	問題	論　　点	正解	難易度	check
民法等	1	損害賠償責任	4	B		宅建業法	26	宅建業におけるIT	2	B	
	2	連帯保証	4	B			27	報酬規制	2	B	
	3	無権代理	3	B			28	重要事項の説明	3	A	
	4	根抵当権	3	B			29	宅建士複合	2	A	
	5	不法行為	4	C			30	37条書面	1	B	
	6	賃貸借	1	A			31	業務上の規制	3	A	
	7	時効	1	A			32	媒介契約	4	A	
	8	相続	3	B			33	37条書面	1	A	
	9	契約の解除	2	B			34	宅建士複合	3	A	
	10	共有	3	A			35	重要事項の説明	1	B	
	11	借地権	3	C			36	35条書面・37条書面等	4	A	
	12	借家権	4	A			37	重要事項の説明	2	A	
	13	区分所有法	1	B			38	広告複合	4	A	
	14	不動産登記法	1	B			39	クーリング・オフ	2	A	
法令上の制限	15	都市計画法（総合）	3	B			40	保証協会	4	B	
	16	開発許可手続等	2	A			41	重要事項の説明	1	B	
	17	単体・集団規定	4	B			42	保証金複合	3	A	
	18	建築確認・集団規定	1	B			43	専任（専属専任）媒介契約	2	B	
	19	盛土規制法	4	B			44	手付金等の保全措置	3	B	
	20	土地区画整理法	1	A			45	住宅瑕疵担保履行法	4	B	
	21	農地法	3	B		その他関連知識※	46	住宅金融支援機構	4	B	
	22	国土法（事後届出）	2	A			47	景表法（公正競争規約）	3	B	
その他関連知識	23	相続時精算課税の特例	3	B			48	統計	1	A	
	24	不動産取得税	2	A			49	土地	4	A	
	25	不動産鑑定評価基準	3	A			50	建築物の構造	1	B	

※問46～50の5問は登録講習修了者の免除問題となります。

■ 科目別の成績

民　法　等	法令上の制限
／14（9）点	／8（5）点

宅　建　業　法	その他関連知識
／20（16）点	／8（6）点

注： （　）内の数字は、合格レベルの点数です。
　　弱点科目をカバーしましょう。

■ 難易度別の成績

A　　　　　／23問中

B　　　　　／25問中

C　　　　　／2問中

A、Bランクの問題を得点しましょう。

■ 総合成績

合　　計
／50（36）点

| 問1 | 正解4 | 損害賠償責任 | 難易度B |  |

1 ○ 「信義則」とは、「権利の行使及び義務の履行は、信義に従い誠実に行わなければならない」との民法上の原則である（民法1条2項）。本問判決文は「契約の一方当事者が、当該契約の締結に先立ち、信義則上の説明義務に違反して…」と、契約締結前にも信義則上の説明義務が発生することを前提とした判断をしている。また、本問判決文につづいて「契約締結の準備段階においても、信義則が当事者間の法律関係を規律し、信義則上の義務が発生するからといって…」と、本肢と同様の判断をしている。よって、本肢は正しい。

2 ○ 故意又は過失によって他人の権利又は法律上保護される利益を侵害した者は、これによって生じた損害を賠償する責任を負う（不法行為責任、709条）。不法行為責任は、契約関係にあるか否かに関わらず発生する責任である。本問判決文も「相手方が当該契約を締結したことにより被った損害につき、不法行為による賠償責任を負うことがある」と判断している。よって、本肢は正しい。

3 ○ 債務者がその債務の本旨に従った履行をしないとき又は債務の履行が不能であるときは、債権者は、これによって生じた損害の賠償を請求することができる（債務不履行責任、415条1項本文）。債務不履行責任は、契約等に基づき債権・債務を有する当事者間で発生する責任である。本問判決文は、契約締結準備段階の信義則上の説明義務違反について判断するものであり、事例が異なるが、民法の規定を根拠にすれば、本肢は正しい。

4 × 本問判決文は、「相手方が当該契約を締結したことにより被った損害につき、不法行為による賠償責任を負うことがあるのは格別、当該契約上の債務の不履行による賠償責任を負うことはない」と判断している。よって、本問判決文によれば、本肢は誤っている。

> **Point**
> 判決文型の問題は、（令和2年度12月を除き）16年連続で出題されている。入手できる限りの過去問で練習しておいてほしい。

| 問2 | 正解4 | 連帯保証 | 難易度B |

1 × 連帯保証人は、催告の抗弁権を有しない（民法454条、452条）。したがって、Cは、催告の抗弁権を主張することはできない。

2 × 主たる債務者について生じた事由は、原則として、保証人（連帯保証人を含む）

についても**効力を及ぼす**（付従性、457条1項）。したがって、AがBに対して裁判上で履行を請求して時効の完成が猶予された場合（147条1項1号）、その効果はCに対しても及ぶ。

3　×　連帯保証人には、連帯債務の絶対的効力及び相対的効力の規定が準用されるところ（458条）、履行の請求には絶対的効力がない（441条本文）。したがって、AがCに対して裁判上で履行を請求して時効の完成が猶予された場合でも（147条1項1号）、その効果はBに対しては及ばない。

4　○　時効が完成しても、当事者が援用しなければ、時効完成の効力は生じない（145条）。そして、時効の援用権者としては、消滅時効の場合、**保証人**（連帯保証人含む）、物上保証人、第三取得者その他権利の消滅について**正当な利益を有する者**も含まれる（145条、判例）。他方、時効の利益は、あらかじめ放棄することができないが（146条）、**時効完成後なら放棄**することができる。そして、時効の利益の放棄の効果は、各当事者の意思を尊重すべきであるから、**放棄した者との関係でのみ生じる**とされている。以上のことから、Cは、Bが時効の利益を放棄しても、Bの債務の消滅時効を援用することができる。

Point

肢2・3にあるように、同じ請求がなされている問題でも、肢2では付従性について、肢3では絶対的効力・相対的効力について問われている。その違いを明確にしておこう。

問3	正解3	無権代理	難易度B

1　○　代理権を有しない者（本問B）がした契約は、本人（本問A）が追認をしない間は、**相手方**（本問C）が**取り消すことができる**が、契約の時において代理権を有しないことを相手方が知っていたとき（悪意）は、この限りでない（民法115条）。したがって、**相手方**は、**善意**であれば、過失があっても、**取り消すことができる**。

2　○　相手方（本問C）は、本人（本問A）に対し、相当の期間を定めて、その期間内に追認をするかどうかを確答すべき旨の**催告**をすることができ、**本人が**その期間内に確答をしないときは、追認を拒絶したものとみなされる（114条）。

3　×　本人（本問A）が無権代理行為の追認を拒絶した場合には、その後に無権代理人（本問B）が本人を相続したとしても、**無権代理行為が有効になるものではない**。無権代理人がした行為は、本人がその追認をしなければ本人に対してその効力を生ぜず（113条1項）、**本人が追認を拒絶すれば無権代理行為の効力が本人に及ばないことが確定し**、追認拒絶の後は本人であっても追認によって無権代理行為を有効とすることができず、当該追認拒絶の後に無権代理人が本人を相続したとして

も、右追認拒絶の効果に何ら影響を及ぼすものではないからである（判例）。したがって、「ＡＣ間の売買契約は当然に有効になる」とする本肢は誤り。

4　○　他人の代理人として契約をした者（本問Ｂ）は、自己の代理権を証明したとき、又は本人（本問Ａ）の追認を得たときを除き、**相手方（本問Ｃ）の選択に従い**、相手方に対して履行又は損害賠償の責任を負う（117条1項）。ただし、**以下の①〜③の場合には、責任を負わない**（同2項）。Ｂは17歳であり、行為能力の制限を受けている未成年者なので（4条、5条）、無権代理人の責任を負わない（117条2項3号）。

① 他人の代理人として契約をした者が代理権を有しないことを**相手方が知っていたとき**（同項1号）。

② 他人の代理人として契約をした者が代理権を有しないことを**相手方が過失によって知らなかったとき**。ただし、他人の代理人として契約をした者が自己に代理権がないことを知っていたときは、この限りでない（同項2号）。

③ 他人の代理人として契約をした者が行為能力の制限を受けていたとき（同項3号）。

> **Point**
>
> 代理・無権代理については、重要分野であるにもかかわらず、令和4年・令和5年と2年連続で出題されていないため要注意である。

問4	正解3	根抵当権	難易度B

1　×　元本確定期日の定めがない場合、根抵当権設定者は、根抵当権の設定の時から**3年を経過**したときは、担保すべき元本の確定を請求することができる（民法398条の19第1項前段・3項）。なお、この場合、元本は、その請求の時から2週間後に確定する（同1項後段）。

2　×　根抵当権の極度額の変更は、**利害関係を有する者の承諾を得なければ、することができない**（398条の5）。極度額の変更は、担保される枠の変更となるので、利害関係人の利益に影響するからである。したがって、根抵当権の極度額の減額は、利害関係を有する者の承諾を得なければ、することができない。

3　○　元本の確定前に根抵当権者から債権を取得した者は、その債権について**根抵当権を行使することはできない**（398条の7第1項前段）。根抵当の場合は法律関係が複雑になることから、普通抵当と異なり、元本の確定前は、根抵当権は個別の債権に随伴しないのである。

4　×　根抵当権においては、普通抵当権のように、利息等については**最後の2年分に制限するという規定は存在せず**（375条参照）、利息等についても極度額を限度として

161

優先弁済を受けることができる（398条の3第1項）。言い換えれば、**極度額を超える利息等**については、たとえ最後の2年分の範囲内のものであっても、**根抵当権によっては担保されない**。したがって、本肢の根抵当権者は、元本5,000万円とそれに対する最後の2年分の利息及び損害金の合計額につき、優先弁済を主張することはできない。

Point

根抵当権はそろそろ出題されてもよい。根抵当権独自の事柄だけでなく、通常の抵当権と根抵当権の違う所にも注意を払っておこう。

問5	正解4	不法行為	難易度C	難問

1 ✕ 土地の工作物の設置又は保存に瑕疵があることによって他人に損害を生じたときは、その工作物の**占有者**は、被害者に対してその**損害を賠償する責任**を負う。ただし、**占有者が損害の発生を防止するのに必要な注意をしたときは、所有者**がその損害を賠償しなければならない（民法717条1項）。したがって、甲建物の**占有者**であるAが、甲建物の保存の瑕疵による**損害の発生の防止に必要な注意をした**ときは（この立証は困難ではあるが）、Aは、Bに対して**不法行為責任を負わない**ことになる。

2 ✕ 肢1で述べたように、土地の工作物の設置又は保存に瑕疵があることによって他人に損害を生じたときは、その工作物の占有者は、被害者に対してその損害を賠償する責任を負うが、**占有者が損害の発生を防止するのに必要な注意をしたときは、所有者**がその損害を賠償する責任を負う（717条1項）。この**所有者**の責任は、**無過失責任**である。したがって、甲建物の**所有者**であるAは、甲建物の保存の瑕疵による**損害の発生の防止に必要な注意をした**としても、Bに対して**不法行為責任を負う**。

3 ✕ 「人の生命又は身体を害する」不法行為による損害賠償請求権は、被害者又はその法定代理人が**損害及び加害者を知った時**から「**5年間**」行使しないとき、又は、**不法行為の時から20年間**行使しないときは、**時効によって消滅する**（724条、724条の2）。

4 ◯ 肢1で述べたように、土地の工作物の設置又は保存に瑕疵があることによって他人に損害を生じたときは、その工作物の占有者は、被害者に対してその損害を賠償する責任を負うが、**占有者が損害の発生を防止するのに必要な注意をしたときは、所有者**がその損害を賠償する責任を負う（717条1項）。つまり、**第一次的には占有者が責任を負う**べきであり、**所有者**の責任は、占有者が責任を負わなかった

ときの**二次的な責任**に過ぎない。

Point

不法行為については、過去問を中心に、まんべんなく整理しておいてほしい。

| 問6 | 正解1 | 賃貸借 | 難易度A |

1 ○ 賃貸借契約の期間中、**賃貸人**（所有者）**が目的物を第三者に譲渡し賃貸人の地位が移転した場合**、**敷金返還債務**は、旧賃貸人に対する**未払賃料等を控除した残額**について、**新賃貸人**（新所有者）**に承継される**（民法605条の2第4項、622条の2第1項、判例）。敷金は、賃貸人にとって重要な担保だからである。Aが、借家権の対抗要件である引渡しを受けている本問では、BからCに、賃貸人の地位が、Aの承諾なくして移転している（借地借家法31条、民法605条の2第1項）。したがって、Aの承諾がなくとも、敷金が存在する限度において、敷金返還債務はBからCに承継される。

2 × 賃借人が賃料支払債務を履行しない場合、**賃借人**は、賃貸人に対し、**敷金をその債務の弁済に充てることを請求することができない**（622条の2第2項後段）。したがって、Aに賃料の未払いがある場合でも、Aは、Bに対して、敷金をその賃料債務の弁済に充てるよう請求することはできない。

3 × 賃借人が適法に賃借物を転貸した場合、**転借人**は、賃貸人と賃借人との間の賃貸借に基づく**賃借人の債務の範囲を限度として**、**賃貸人に対して転貸借に基づく債務を直接履行する義務を負う**（613条1項前段）。したがって、転借人が負担する賃料支払債務の額は、**賃借料と転借料の範囲内**となるから、本肢の場合、Bは、Dに対して、Aに対する賃料（15万円）を限度として、直接これをBに支払うよう請求することができる。

4 × 賃借物の**全部**が**滅失**その他の事由により使用及び収益をすることができなくなった場合には、**賃貸借**は、これによって**終了する**（616条の2）。したがって、本肢の場合、ＡＢ間の賃貸借契約は終了する。

Point

肢1・2で問われている「敷金」については、令和2年施行の民法改正によって新たに条文化されており、予想通り、改正後によく出題されているので、今年もしっかり準備すること。また、肢3に関し、転貸借に関する他の論点も確認しておこう。

第4回 解答・解説

| 問7 | 正解1 | 時　効 | 難易度A | |

1 × 催告（裁判外での請求）があったときは、その時から**6か月**を経過するまでの間は、**時効**は、**完成しない**（民法150条1項）。つまり、**催告がなされたときは、時効の完成が猶予される**のであって、**時効が更新される**（ふりだしに戻る）のではない。したがって、催告によって消滅時効が更新されるとする本肢は誤っている。

2 ○ 取消権は、追認をすることができる時から**5年**間行使しないときは、時効によって消滅する。行為の時から**20年**を経過したときも、同様とする（126条）。

3 ○ 債権は、原則として、①債権者が権利を行使することができることを**知った時**から**5年**間、又は、②権利を行使することができる時から10年間これを行使しない場合、**時効によって消滅**する（166条1項）。したがって、債務不履行に基づく損害賠償請求権は、債権者が権利を行使することができることを知った時から5年間行使しない場合、時効によって消滅する。

4 ○ 消滅時効完成後に、債務者が**債務の承認**（152条1項）をした場合、債務者は、時効完成の事実を知らなかったときでも、信義則の観点から、消滅時効を**援用することは許されない**（判例）。したがって、債務者は、その完成した消滅時効を援用することはできない。

> **Point**
> 時効に関しても、令和2年に大きな改正がなされている。特に、肢1の時効の完成猶予・更新は、重要である。十分に習得しておかなければならない。

| 問8 | 正解3 | 相　続 | 難易度B | |

1 ○ **遺留分侵害額の請求権**は、遺留分権利者が、相続の開始及び遺留分を侵害する贈与又は遺贈があったことを**知った時から1年間**行使しないときは、**時効によって消滅**する。**相続開始の時から10年**を経過したときも、同様とする（民法1048条）。

2 ○ **無権代理人が本人を単独で相続**し、本人と代理人の資格が同一人に帰した場合には、**本人自ら法律行為をしたのと同様な法律上の地位を生じる**ため、本人を相続した無権代理人は、本人としての地位に基づいて、無権代理行為による契約の効力を否定することはできない（113条、判例）。

3 × 被相続人の兄弟姉妹が相続人となるべき場合でも、兄弟姉妹が相続の開始以前に死亡したときは、その者の子（甥、姪）がこれを代襲して相続人となる（889条2項、887条2項）。しかし、**代襲者**（甥、姪）が、**相続の開始以前に死亡し、その代襲相**

続権を失った場合、**代襲者の子**（兄弟姉妹の孫）がこれを**代襲して相続人となる**ということはない（889条2項参照）。つまり、この場合、再代襲は認められない。したがって、その者の子（兄弟姉妹の孫）が相続人となるとする本肢は誤っており、本問の正解肢となる。

4　○　**遺言執行者がある場合**には、相続人は、**相続財産の処分**その他**遺言の執行を妨げるべき行為をすることができない**（1013条1項）。そして、これに**違反してした行為は無効**となるが、その無効を**善意の第三者に対抗することはできない**（同2項）。取引の安全を図っているのである。

> **Point**
>
> 本試験においては、本問のように、相続の問題でありながら、他の分野の知識に関する出題がなされることがある。このような複合的な問題にも慣れておかなければならない。

問9	正解2	契約の解除	難易度B

1　○　当事者の一方がその**解除権を行使**したときは、各当事者は、その**相手方を原状に復させる義務を負う**（民法545条1項本文）。そしてこの場合、金銭を返還するときは、**その受領の時から**利息を付さなければならない（545条2項）。したがって、本肢は正しい。

2　×　解除権の行使について期間の定めがないときは、相手方は、解除権を有する者に対し、相当の期間を定めて、その期間内に**解除をするかどうかを確答すべき旨の催告**をすることができる。この場合、その期間内に**解除の通知を受けないとき**は、**解除権は消滅する**（547条）。したがって、当該売買契約は、解除されたものとみなされるとする本肢は誤っており、本問の正解肢となる。

3　○　履行遅滞の場合、債権者は、債務者に対して、**相当の期間を定めて履行の催告**をし、その期間内に履行がなされないときは、原則として、契約を**解除**することができる（541条）。そして、履行遅滞により**解除するしないにかかわらず**、債権者は、要件を満たせば、債務者に対して**損害賠償の請求**をすることができる（415条、545条4項）。

4　○　契約の**解除**をもって、**第三者の権利を害することはできない**（545条1項ただし書）。そして、**第三者**とは、**解除前に権利を取得した者**である（判例）。ただ、第三者として保護されるためには、その善意・悪意を問わないが、**登記などの対抗要件を備えることが必要**である（判例）。したがって、**解除前に、抵当権設定契約を締結した抵当権者C**も**第三者**であり、抵当権設定登記をしているCは、第三者として保護されることから、Aは、その抵当権の消滅をCに主張することができない。

Point

契約の解除に関する基本的な知識については、契約の種類に関わらず、複数の選択肢が出題されてもおかしくない。本問を通じて、しっかり準備しておくこと。

問10	正解3	共　有	難易度A

1　○　共有物の**保存行為**は、各共有者が<u>単独</u>ですることができる（民法252条5項）。そして、土地の不法占拠者に対する明渡請求は、保存行為に該当する（判例）。したがって、Aは、Cに対して、甲土地の明渡請求を単独で行うことができる。

2　○　Aは、<u>自己の持分</u>については、持分が所有権である以上、**自由に処分することができる**が（206条）、他人Bの持分については、**処分することはできない**。したがって、Bの持分については、**他人の権利の売買**となる。

3　×　**各共有者**は、不分割の特約がない限り、<u>いつでも</u>共有物の分割（共有関係の解消）を請求することができる（256条1項）。したがって、Aだけでなく**B**も、いつでも甲土地の分割を請求することができる。

4　○　<u>共有者の1人が死亡して相続人がいない場合</u>は、特別縁故者に対する財産分与の規定（958条の2）が優先適用されるが、当該**財産分与がなされないとき**は、その**持分**は、**他の共有者に帰属する**（255条、判例）。したがって、財産分与がなされない場合、Aの持分は、Bに帰属する。

Point

共有物の分割請求に関する基本的な知識については、最近出題されていない。不分割特約も含めて、しっかり検討しておこう。また本書巻頭の共有に関する最新の改正点にも注意してほしい。

問11	正解3	借地権	難易度C

1　×　ケース①に適用される<u>民法</u>においては、賃借権の<u>最長期間は50年</u>であり、50年を超えて定めた場合、その期間は50年に短縮される（民法604条）。これは、書面で契約をしたか否かとは関係がない。したがって、ケース①では、期間は50年となる。他方、ケース②に適用される<u>借地借家法</u>においては、**借地権**を設定する場合の存続期間は、<u>30年以上</u>でなければならないとされている（借地借家法2条1号、3条。ただし、事業用定期借地権を除く）。30年以上の期間が定められたときは、その期間がそのまま契約期間となり、このことも**書面で契約をしたか否かとは関係がな**

い。したがって、ケース②では、期間を60年と定められているから、期間はそのまま60年となる。以上より、本肢の**前段**も**後段**も誤っている。

2 × **民法**においては、賃貸借の**期間満了後**、賃借人が賃借物の**使用**又は収益を継続する場合において、賃貸人がこれを知りながら異議を述べないときは、**従前の賃貸借と同一の条件で更に賃貸借をしたものと推定される**（民法619条1項前段）。したがって、ケース①では、賃貸借契約が更新したものと推定されることはないとはいえない。他方、**借地借家法**では、借地上に建物が残っており、期間満了後も借地権者が引き続き土地の**使用**を継続し、借地権設定者が**正当事由**をもって遅滞なく異議を述べないときは、期間を除いて従前の契約と同一の条件で**更新したものとみなされる**（法定更新、借地借家法5条2項・1項、6条）。したがって、ケース②では、賃貸借契約が更新されたものとみなされることがある。以上より、本肢の**前段**は誤っているが、**後段**は正しい。

3 ○ **民法上の土地賃貸借**において、当事者が賃貸借の期間を定めなかったときは、各当事者は、**いつでも解約の申入れ**をすることができ（民法617条1項柱書前段）、賃貸借は、解約の申入れの日から**1年**を経過することによって**終了**する（617条1項1号）。したがって、ケース①は、賃貸借の期間を定めなかった場合なので、賃貸人が解約の申入れをすれば、契約は解約の申入れの日から1年を経過することにより終了する。他方、**存続期間を50年以上として借地権を設定する場合**においては、公正証書等書面又は電磁的記録によれば、契約の**更新がない**こと等を定めることができる（**一般定期借地権**、借地借家法22条）。一般定期借地権においては、建物の**利用目的に制限はない**。したがって、ケース②は、賃貸借の期間を60年と定めた場合なので、契約の**更新がない**ことを電磁的記録によって定めれば、その**特約は有効**となる。以上より、本肢の**前段**も**後段**も正しい。

4 × ケース①では、民法の規定が適用されるが、**民法上**、不動産の賃貸借は、これを**登記**したときは、**その後その不動産について物権を取得した者に対しても、その効力を生ずる**（民法605条）。したがって、ケース①では、賃借人が、甲土地の賃借権の登記を備えていれば、第三者に対抗することができる。他方、**借地借家法上**、借地権は、その**登記**がなくても、土地の上に**借地権者が登記されている建物を所有**していれば、これをもって**第三者に対抗**することができる（借地借家法10条1項）。この場合、借地上の建物に**居住している必要はない**。したがって、ケース②では、賃借人が、甲土地の上に登記されている建物を所有していれば、第三者に対抗することができる。以上より、本肢の**前段**は正しいが、**後段**は誤っている。

> **Point**
> 建物の所有を目的としない土地の賃借権（本問の「ケース①」）は、「借地権」ではないため、ケース①には借地借家法は適用されず、民法の適用を受ける。これに対し、建物の所有を目的とする土地の賃貸借（本問の「ケース②」）には、借地借家法が適用される（借地借家法2条1号）。

| 問12 | 正解4 | 借家権 | 難易度A |

1 × 賃借人は、賃貸人の承諾を得なければ、その賃借権を譲り渡し、又は、賃借物を転貸することができない（民法612条1項）。そして、賃借人が**無断譲渡・転貸**をし、第三者に目的物を**使用・収益**させたときは、賃貸人は、契約の**解除**をすることができる（612条2項）。賃貸借契約における信頼関係が破れたといえるからである。ただし、**背信的行為にあたらない特段の事情**がある場合は、賃貸人は、無断転貸を理由に**解除することができない**（判例）。

2 × 賃借人Bの**債務不履行**によりAB間の**賃貸借**契約が**解除**され**終了**した場合、**転借人Cは転借権を賃貸人Aに対抗できず**、BC間の**転貸借**は、原則として、賃貸人Aが転借人Cに対して**目的物の返還**を請求したときに、転貸人Bの転借人Cに対する債務の**履行不能**により、**終了**する（判例）。したがって、Aは、Cに対して甲建物の明渡しを請求することができる。

3 × 建物の転貸借がされている場合において、建物の賃貸借が**期間の満了**又は**解約の申入れ**によって終了するときは、建物の賃貸人は、建物の**転借人にその旨の通知**をしなければ、その終了を建物の転借人に対抗することができない（借地借家法34条1項）。なお、建物の**転貸借**は、その**通知**がされた日から「**6か月**」を経過することによって**終了**する（34条2項）。

4 ○ **建物の借賃**が、土地・建物に対する租税その他の負担の増減により、土地・建物の価格の上昇若しくは低下その他の**経済事情の変動**により、又は、近傍同種の建物の借賃に比較して**不相当**となったときは、契約の条件にかかわらず、当事者は、原則として、将来に向かって**建物の借賃の額の増減を請求**することができる（**借賃増減額請求権**、32条1項本文）。この規定は、**定期建物賃貸借契約**において、**借賃の改定に関する特約がある場合**には、**適用されない**（38条9項）。したがって、この特約がある本肢の場合、経済事情の変動によって賃料が不相当となっても、Bは、Aに対して賃料の減額請求をすることはできない。

Point

借家権に関する出題であっても、借地借家法の知識だけではなく、民法の賃貸借の知識も問われることに注意してほしい。

問13	正解1	区分所有法	難易度B

1 ✕ 新築分譲マンションの分譲業者のように、**最初に建物の専有部分の全部を所有する者は、公正証書**により、規約共用部分に関する定めなど一定の事項について、**規約を設定することができる**（区分所有法32条）。しかし、中古マンションなど、他の区分所有者から区分所有権を譲り受け、建物の専有部分の全部を所有することとなったとしても、その者は「最初に」所有していたわけではないから、公正証書による規約を設定することはできない。

2 ○ **集会の招集通知は、会日より少なくとも1週間前に、会議の目的たる事項（議題）を示して、各区分所有者に発しなければならないが、この期間は、規約で伸縮**（伸長又は短縮）**することができる**（35条1項）。

3 ○ **専有部分を数人で共有している場合、集会の招集の通知は、共有者全員に対してする必要はなく、議決権を行使すべき者が定められているときはその者に対して、その定めがないときは共有者のいずれか1人に対してすれば足りる**（35条2項）。

4 ○ 建物の価格の2分の1以下に相当する部分が滅失したとき（**小規模滅失**）は、①原則として、各区分所有者は、**単独で**滅失した共用部分及び自己の専有部分を**復旧することができる**（61条1項本文）。ただし、共用部分については、復旧の工事に着手するまでに、**集会**において、滅失した共用部分を**復旧する旨の決議、建替え決議又は一括建替え決議**（団地内のすべての区分所有建物を一括して建て替える旨の決議）**があったときは、自ら単独で**滅失した共用部分の**復旧を行うことはできない**（61条1項ただし書、3項、62条1項、70条1項）。また、②これらの規定は、規約で別段の定めをすることもできる（61条4項）。

Point

区分所有法では、集会や規約に関する出題が多い。本問も、主にこの点に関して問うている。すべて過去に問われたことのある知識からの出題であり、再度出題される可能性も高いといえよう。しっかり確認してほしい。

| 問14 | 正解1 | 不動産登記法 | 難易度B | |

1 × 登記事項証明書の交付請求は、原則として、請求に係る不動産の所在地を管轄する登記所以外の登記所の登記官に対してもすることができる（不動産登記法119条5項・1項）。電子化されたデータに関しては、不動産登記情報交換サービスを利用することにより、請求対象の不動産を管轄する登記所以外の登記所に対しても、交付請求することができるのである。

2 ○ 権利の変更の登記又は更正の登記は、登記上の利害関係を有する第三者の承諾がある場合及び当該第三者がない場合に限り、付記登記によってすることができる（66条）。第三者の権利を害しない場合に限って、変更の登記又は更正の登記を付記登記によってすることが認められているのである。

3 ○ 共有物分割禁止の定めに係る権利の変更の登記の申請は、当該権利の共有者であるすべての登記名義人が共同してしなければならない（65条）。共有者を登記権利者と登記義務者に区別することができないからである。

4 ○ 仮登記は、本登記と同様、仮登記の登記義務者及び登記権利者が共同して申請しなければならないのが原則であるが（共同申請の原則、60条）、例えば、仮登記の登記義務者の承諾があるときは、当該仮登記の登記権利者が単独で申請することができる（107条1項）。

> **Point**
> 最近の本試験では、不動産登記に関して細かいことがきかれている。したがって、本問のような問題にも慣れておく必要がある。肢3の知識は令和5年にも出題されたが、肢4も含めて、関連知識を整理しておいてほしい。

| 問15 | 正解3 | 都市計画法（総合） | 難易度B | |

1 × 田園住居地域内の農地の区域内において、土地の形質の変更、建築物の建築その他工作物の建設又は土石その他の政令で定める物件の堆積を行おうとする者は、市町村長の許可を受けなければならない。ただし、次の行為については、許可不要である（都市計画法52条1項）。
① 通常の管理行為、軽易な行為その他の行為で政令で定めるもの
② 非常災害のため必要な応急措置として行う行為
③ 都市計画事業の施行として行う行為又はこれに準ずる行為として政令で定める行為

2 **×** 　第二種中高層住居専用地域は、「主として」中高層住宅に係る良好な住居の環境を保護するため定める地域である（9条4項）。本肢は「第一種中高層住居専用地域」の説明となっている（同3項）。

3 **○** 　都市計画の提案は、土地所有権又は建物の所有を目的とする対抗要件を備えた地上権若しくは賃借権（借地権）を有する者の3分の2以上の同意（同意した者が所有するその区域内の土地の地積と同意した者が有する借地権の目的となっているその区域内の土地の地積の合計が、その区域内の土地の総地積と借地権の目的となっている土地の総地積との合計の3分の2以上となる場合に限る）が必要である（21条の2第3項）。なお、当該提案は、土地所有者等以外に、まちづくりNPOや都市再生機構・地方住宅供給公社等も行うことができる（同2項）。

4 **×** 　事業地内の「土地」で、土地収用法31条の規定により収用の手続が保留されているものの所有者は、原則として、施行者に対し、当該土地（更地に限る）を時価で買い取るべきことを請求できる。ただし、当該土地が他人の権利の目的となっているとき、及び当該土地に建築物その他の工作物又は立木に関する法律1条1項に規定する立木があるときは、買取請求「できない」（68条1項）。

> **Point**
>
> 肢2に関する「中高層住居専用地域」は、出題可能性がある。正解肢3は、しばらく出題されていないので、要注意！また、肢4は、出題頻度は高くないが、確認しておこう。

問16	正解2	開発許可手続等	難易度A

1 **×** 　知事は、開発許可をしたときは、当該許可に係る土地について、予定される建築物等（「用途地域等の区域内」の建築物及び第一種特定工作物を「除く」）の用途その他の一定事項を開発登録簿に登録しなければならない（都市計画法47条1項2号）。本肢のような「構造及び設備」は、そもそも登録の対象になっていない。また、「市街化区域内」においては、用途地域が定められているので、結局「用途」も登録の対象外となる。

2 **○** 　ゴルフコースは、規模に関わらず、第二種特定工作物に該当するので、本肢は、開発行為に該当する（都市計画法4条11項）。そして、本肢は準都市計画区域内の土地であるから、3,000㎡以上（本肢では9,900㎡）であれば、開発許可は必要となる（29条1項1号、施行令19条1項）。

3 **×** 　開発許可を受けた開発区域内の土地では、工事完了の公告があるまでの間は、原則として、建築物を建築し、又は特定工作物を建設してはならない。しかし、当該許可に係る開発行為に同意していない者が、その権利の行使として建築物を建

築し、又は特定工作物を建設するとき等は、**例外的に**「できる」（都市計画法37条2号）。

4 **×** **市街化調整区域**のうち、**開発許可を受けた開発区域**「**以外**」**の区域内**では、原則として、**知事等の許可**を受けなければ、建築物の新築・改築・用途変更又は第一種特定工作物の新設はできないが、「**仮設建築物の新築**」については、**許可**は「**不要**」となる（43条1項3号）。

> **Point**
> 肢1・正解肢2は、しばらく出題されていないので、要注意！肢3・4については、近年の出題論点である。確認しておこう。

| 問17 | 正解4 | 単体・集団規定 | 難易度B |

1 **×** **建蔽率の限度が10分の8**とされている地域内で、かつ、**防火地域内**にある**耐火建築物等**〔耐火建築物又はこれと**同等以上の延焼防止性能**（通常の火災による周囲への延焼を防止するために壁、柱、床その他の建築物の部分及び防火戸その他の一定の防火設備に必要とされる性能をいう）**を有する一定の建築物**〕であれば、**20％加算され100％となり、建蔽率の制限は適用されない**（建築基準法53条6項1号）。

2 **×** 建築物の**地階**でその天井が地盤面からの高さ**1ｍ以下**にあるものの**住宅又は老人ホーム等の用途に供する部分の床面積**は、**延べ面積に算入されない**（52条3項）。ただし、その床面積が建築物の**住宅及び老人ホーム等の用途に供する部分の床面積の合計の3分の1を超える場合、延べ面積に算入されない床面積は、当該床面積の合計の3分の1**が限度となる（同項かっこ書）。したがって、「**住宅**」の用途に供する部分を有する建築物に**限られるわけではない**。

3 **×** **高度利用地区内**においては、**容積率及び建蔽率並びに建築物の建築面積**（同一敷地内に2以上の建築物がある場合、それぞれの建築面積）は、**原則**として、**高度利用地区に関する都市計画において定められた内容に適合**するものでなければならない（59条1項本文）。「**必ず**」適合しなければならないわけではない。

4 **〇** 建築物に設ける**昇降機**は、**安全な構造**で、かつ、その**昇降路の周壁及び開口部**は、**防火上支障がない構造**でなければならない（建築基準法34条1項）。そして、高さ**31ｍを超える**（本肢では35ｍ）建築物には、原則として、**非常用の昇降機を設けなければならない**（同2項）。

> **Point**
> 肢1は、頻出論点であるので、要注意！肢3・正解肢4は、近年の出題論点である。確認しておこう。

| 問18 | 正解1 | 建築確認・集団規定 | 難易度A | |

| 1 | ○ | 特殊建築物以外の建築物（本肢の一般住宅）の用途を変更して、一定（延べ面積**200㎡超**）の**特殊建築物**にする場合であれば、**建築確認**が**必要**である（建築基準法6条1項1号、87条1項、4条7項）。しかし、本肢の診療所の用途に供する床面積は**200㎡以下**であるから、建築主事の建築確認は**不要**である。改正点である。 |

| 2 | × | 日影規制は、地方公共団体の条例で指定された区域で適用され、「**商業**地域・**工業**地域・**工業専用**地域」には、日影規制の**対象区域**として**指定できない**（56条の2第1項、別表第四）。これらの用途地域を除いた地域が規制の対象区域となるので、**準工業地域**は「**対象区域となる**」。 |

| 3 | × | **田園住居地域内**の土地においては、都市計画で**建築物の外壁又はこれに代わる柱の面から敷地境界線までの距離**の限度を、「**1.5m又は1m**」と定めることができる（54条）。 |

| 4 | × | **隣地境界線から後退して壁面線の指定**がある場合、当該壁面線を越えない建築物で、**特定行政庁**が安全上、防火上及び衛生上支障がないと認めて**許可**したものの**建蔽率**は、許可の範囲内において「**緩和**」される（53条4項）。 |

> **Point**
> 正解肢1は、近年の出題論点である。また、肢2〜肢4は、しばらく出題されていないので、**要注意**！確認しておこう。

| 問19 | 正解4 | 盛土規制法 | 難易度B | |

| 1 | × | **造成宅地防災区域**は、宅地造成等工事規制区域内に重ねて指定**できない**（宅地造成及び特定盛土等規制法45条1項かっこ書）。しかし、「**特定盛土等規制区域内**」に重ねて指定できない旨の規定はない。改正点である。 |

| 2 | × | **知事**は、宅地造成等工事規制区域内の次の土地について、当該土地の所有者・管理者・占有者・当該**工事主**に対して、当該**土地の使用を禁止**し、若しくは**制限**し、又は相当の猶予期限を付けて、災害防止措置をとることを**命ずる**ことができる（20条3項）。
① 許可を受けないで宅地造成等に関する工事が施行された土地
② **完了検査を申請せず**、又はこの検査の結果工事が技術的基準に適合していないと認められた土地
③ 確認を申請せず、又は確認の結果堆積されていた全ての土石が除却されてい |

ないと認められた土地

④　**中間検査を申請しないで**宅地造成又は特定盛土等に関する工事が施行された土地

しかし、本肢のように、**検査済証が交付された**「**後**」は、宅地造成等に伴う災害防止上の必要性が認められる場合でも、当該宅地の使用を禁止し、又は制限等をすることは「**できない**」。改正点である。

3　×　知事は、工事主から、宅地造成等工事規制区域内において行われる宅地造成等に関する工事の許可の申請があった場合、遅滞なく、**許可又は不許可の処分**をしなければならない（14条1項、12条1項本文）。この処分をするには、**許可の処分**をしたときは**許可証を交付**し、**不許可の処分**をしたときは**文書**をもって当該申請者に**通知**しなければならない（14条2項）。また、**知事**は、工事の施行に伴う災害を防止するため、許可するにあたって必要な**条件を付すことが**「**できる**」（12条3項）。許可処分の通知が文書ではなく許可証を交付するとされたことは、改正点である。

4　○　宅地造成等工事規制区域内で、**宅地造成等**をするために、①高さ1m超の崖を生ずる盛土、②高さ**2m超**（本肢では2.5m）の崖を生ずる切土、③盛土と切土を同時にする場合において、当該盛土及び切土をした土地の部分に高さ2m超の崖を生ずることとなるときにおける当該盛土及び切土（上記①②に該当する盛土又は切土を除く）、④上記①③に該当しない盛土であって、高さ2m超のもの、⑤切土又は盛土をする土地の面積が**500㎡超**（本肢では480㎡）のいずれかの土地の形質の変更を行う場合は、**知事の許可が必要**となる（2条2号、施行令3条2号・5号、宅地造成及び特定盛土等規制法12条1項）。本肢は、②に該当し、知事の許可が必要である。④については、改正点である。

Point

肢1・2・正解肢4は、繰り返し出題される<u>重要な論点</u>である。肢3は、しばらく出題されていないので、確認しておこう！

問20	正解1	土地区画整理法	難易度A

1　○　組合が施行する土地区画整理事業に係る施行地区内の宅地について、所有権又は借地権を有する者は、**すべて**その組合の組合員と**なる**（土地区画整理法25条1項）。

2　×　**仮換地が指定**された場合は、「**仮換地**」について権原に基づき使用し、又は収益することができる者は、仮換地の指定の効力発生の日から換地処分の公告がある日まで、「**仮換地**」について**使用**し、又は収益することは「**できない**」（99条3項）。なお、「仮換地指定効力発生日から換地処分公告日まで」の間に、仮換地を使用

174

又は収益できるのは、「従前の宅地」につき権原に基づき使用又は収益ができる者（例：従前の宅地の所有者）であり（同1項）、仮換地の所有者等は、これに当たらない。本肢は、「仮換地の所有者等」の問いであることに注意しよう。

3 × 組合が賦課金の額及び賦課徴収方法を定める場合には、「総会の議決」を経なければならない（31条7号）。また、土地区画整理審議会は公的施行のときにのみ設置されるので（56条1項）、組合が定める場合には、「土地区画整理審議会の同意」は「不要」である。

4 × 組合が施行する土地区画整理事業の換地計画では、土地区画整理事業の施行の費用に充てるため、又は定款で定める目的のため、一定の土地を換地として定めないで、その土地を保留地として「定めることができる」（96条1項、3条2項）。

> **Point**
> 正解肢1・肢4は、定期的に出題される論点である。また、肢2・3は、しばらく出題されていない論点であり、特に、肢3は「総会の議決事項」で詳細な論点であるが、確認しておこう。

問21	正解3	農地法	難易度B

1 ○ 市街化区域内の農地を耕作目的で取得する場合には、3条許可が必要となる。あらかじめ農業委員会に届け出ることで、許可を不要とする市街化区域内の特例措置は、3条許可には「適用されない」（農地法4条1項7号、5条1項6号参照）。

2 ○ 包括遺贈で取得した場合、3条は許可不要のケースに該当するが（3条1項16号、施行規則15条5号）、4条・5条許可は不要とはならない。また、肥培管理のうえ作物を栽培している土地は、農地法上の農地に該当する（農地法2条1項）。したがって、本肢は、包括遺贈で取得した農地を自己の住宅用地として転用するのであるから、4条許可が必要となる（4条1項）。

3 × 農地法の適用については、土地の面積は、登記簿の地積による。ただし、「登記簿の地積が著しく事実と相違する場合」及び「登記簿の地積がない場合」には、実測に基づき、「農業委員会」が認定したところによる（56条）。

4 ○ 農地を農地以外のものにする目的で農地を取得する場合、競売で取得するときでも、5条許可が必要となる（5条1項）。

> **Point**
> 肢1・肢4は、定期的に出題される論点である。また、肢3は、近年の出題論点であるので、念のため確認！

175

第4回　解答・解説

| 問22 | 正解2 | 国土法(事後届出) | 難易度A | |

1 × 事後届出制では、届出対象面積以上の一団の土地を取得した「**権利取得者**」が届出を行う必要がある（国土利用計画法23条1項）。この届出対象面積は、**市街化調整区域**では「**5,000㎡以上**」、市街化区域では「**2,000㎡以上**」である（同2項1号イ・ロ）。そして、交換契約は対価性があるので、「土地売買等の契約」（14条1項）にあたる。本肢では、AとBの交換契約により、Aは届出対象面積以上（2,100㎡）の土地を取得し、Bも届出対象面積以上（5,100㎡）の土地を取得した。したがって、AとBの両者は事後届出を行う「**必要がある**」。

2 ○ 知事は、事後届出があった場合、その届出をした者に対し、その届出に係る土地の利用目的について、**必要な助言ができる**（27条の2）。助言に従わないときでも、その旨及び助言の内容を「**公表することができる旨の規定はない**」。したがって、法の規定に基づき、その旨及び助言の内容を公表されることはない。なお、勧告を受けた者がその「勧告」に従わないとき、知事は、その旨及びその勧告の内容を公表できる（26条）ことと区別しておこう。

3 × 事後届出制では、**土地の所在及び面積**については、届出事項に「**該当する**」し、土地の所有権移転後における**土地利用目的**についても、**届出事項に該当する**（23条1項3号・5号）。

4 × **届出をしなかった者**は、6ヵ月以下の**懲役又は**100万円以下の**罰金**に処せられる**ことはある**が（47条1号）、契約自体は「**有効**」である（14条3項参照）。

> **Point**
> 定番の重要論点である。肢1・正解肢2は、近年の出題論点である。肢3・4は、しばらく出題されていないので、確認しておこう。

| 問23 | 正解3 | 相続時精算課税の特例 | 難易度B | |

1 × **相続時精算課税の特例**は、祖父母や親（その年の1月1日において60歳未満の者）から18歳以上の孫や子への「**住宅取得等資金（金銭）**」**の贈与**（令和8年12月31日までの贈与）を受けた場合に**適用される**ものであり、「**住宅用家屋そのもの**」の贈与を受けた場合には、この特例の**適用を受けることができない**（相続税法21条の9、21条の12、租税特別措置法70条の3。以下本問について同じ）。

2 × 肢1の解説の通り、**贈与者**が「**祖父母や親**」でなければ、相続時精算課税の特例の適用を受けることができない。

3 ○ 相続時精算課税の特例は、その家屋の床面積が40㎡以上で、かつ、**床面積の2分の1以上が自己の居住の用に供されるもの**であることが、**適用要件**とされている（施行令40条の5）。

4 × 相続時精算課税の特例の**適用要件**として、住宅取得等資金の贈与を受けた者の所得金額要件はない。なお、「直系尊属から住宅取得等資金の贈与を受けた場合の贈与税の非課税」（租税特別措置法70条の2）の適用対象は、贈与を受けた年の合計所得金額が2,000万円以下の者に限定されており（同条2項1号）、この特例と混同しないよう注意しなければならない。

> **Point**
>
> 相続時精算課税の特例は、10年以上出題されていないので要注意である。

問24	正解2	不動産取得税	難易度A

1 × 新築住宅に係る不動産取得税の課税標準の特例が適用されるための床面積要件は50㎡以上「240㎡以下」、控除額は**1,200万円**である（地方税法73条の14第1項、施行令37条の16第1号）。本肢は「280㎡」であるから要件を満たさない。なお、認定長期優良住宅であれば、控除額は1,300万円となる（地方税法附則11条8項）。

2 ○ 不動産取得税の**課税標準**となるべき額が、**土地の取得にあっては10万円**、**家屋**の取得のうち**建築に係るもの**にあっては一戸（共同住宅等にあっては、居住の用に供するために独立的に区画された一の部分をいう。以下同じ）につき**23万円**、**その他のもの**にあっては一戸につき**12万円**に満たない（「未満」）場合においては、**不動産取得税を課することができない**（地方税法73条の15の2第1項）。

3 × 令和9年3月31日までの**宅地**の取得に係る不動産取得税の**課税標準**は、当該宅地の価格の「2分の1」の額とされる（附則11条の5第1項）。

4 × 不動産取得税は、不動産の取得に対し、当該**不動産所在の道府県**において、当該**不動産の取得者**に課する（地方税法73条の2第1項）。そして、ここでいう「不動産」とは、**土地及び家屋を総称するもの**であり（73条1号）、「家屋」とは、**住宅・店舗・工場・倉庫その他の建物**をいう（同3号）。ここにいう「住宅」とは、**人の居住の用に供する家屋又は家屋のうち人の居住の用に供する部分**で、別荘（日常生活の用に供しないものとして総務省令で定める家屋又はその部分のうち専ら保養の用に供するもの）以外のものをいう（同4号、施行令36条）。以上より、「**住宅**」は、別荘を「除いて」不動産取得税の課税対象となるし、「店舗・工場・倉庫」も不動産取得税の課税対象となる。

177

> **Point**
>
> 不動産取得税は令和5年に出題されたが、念のためおさえておこう。

問25	正解3	不動産鑑定評価基準	難易度A

1 ○ 価格形成要因は、時の経過により変動するものであるから、**不動産の価格はその判定の基準となった日においてのみ妥当するもの**である。したがって、不動産の鑑定評価を行うに当たっては、**不動産の価格の判定の基準日**を確定する必要があり、この日を**価格時点**という。また、賃料の価格時点は、賃料の算定の期間の収益性を反映するものとしてその期間の期首となる。価格時点は、鑑定評価を行った年月日を基準として現在の場合（現在時点）、過去の場合（過去時点）及び将来の場合（将来時点）に分けられる（不動産鑑定評価基準総論5-2）。

2 ○ **不動産の価格を求める鑑定評価の基本的な手法**は、**原価法、取引事例比較法**及び**収益還元法**に大別され、このほかこれら三手法の考え方を活用した**開発法**等の手法がある（7-1）。なお、宅建士試験対策上は、開発法（大規模開発事業者による更地評価の一手法。各論1-1）の詳細まで覚えておく必要はない。

3 × 鑑定評価の手法の適用に当たっては、鑑定評価の手法を**当該案件に即して適切に適用すべき**である。この場合、地域分析及び個別分析により把握した対象不動産に係る市場の特性等を適切に反映した「**複数の鑑定評価の手法を適用すべき**」であり、対象不動産の種類、所在地の実情、資料の信頼性等により**複数の鑑定評価の手法の適用が困難な場合**においても、「**その考え方をできるだけ斟酌するように努めるべき**」である（総論8-7）。

4 ○ **鑑定評価報告書**は、鑑定評価の基本的事項及び**鑑定評価額**を表し、鑑定評価額を決定した理由を説明し、その不動産の鑑定評価に関与した不動産鑑定士の責任の所在を示すことを主旨とするものであるから、鑑定評価報告書の作成に当たっては、まずその鑑定評価の過程において採用したすべての資料を整理し、価格形成要因に関する判断、鑑定評価の手法の適用に係る判断等に関する事項を明確にして、これに基づいて作成すべきである（9-1）。なお、「**鑑定評価報告書**」（不動産鑑定士から不動産鑑定業者への報告書）と「**鑑定評価書**」（不動産鑑定業者から鑑定依頼者への報告書）とは異なるので注意。

> **Point**
>
> 不動産鑑定評価基準は、令和5年に出題されたが、念のためおさえておこう。

| 問26 | 正解2 | 宅建業におけるIT | 難易度B |

1 × 宅建業者は、事務所ごとに業務に関する**帳簿**を備えなければならない（宅建業法49条）。その帳簿は、紙への記載以外に、**法定記載事項をパソコンのハードディスクに記録し、必要に応じ当該事務所においてパソコンやプリンターを用いて明確に紙面に印刷することが可能な環境**を整えれば、**パソコンのハードディスクへの記録**を帳簿への記載に代えることができる（規則18条2項）。

2 ○ 宅建業者は、**事務所ごとに従業者名簿を備えて、取引の関係者から請求があった**場合は従業者名簿を**閲覧**に供する義務がある（宅建業法48条3項・4項）。この閲覧は、**事務所のパソコンのハードディスクに記録したものを紙面又はパソコンの画面に表示**する方法で行ってもよい（規則17条の2第3項）。

3 × 重要事項の説明は、説明を受ける者の承諾を得て、テレビ会議等のITを利用して行うこと（**IT重説**）が可能である。もっとも、IT重説を行う際は、35条書面をあらかじめ説明を受ける者に交付するか、又は、電磁的方法による提供を行っておく必要がある（宅建業法35条、国交省「考え方」、IT重説実施マニュアル）。よって、重要事項説明書については、必ずしも35条8項又は9項の規定による電磁的方法による提供に限らず、35条1項から3項に基づく**書面の交付**によることも可能なので、電磁的方法による提供に限定する本肢は誤り。

4 × 宅建業者は、宅地建物の売買の**専属専任媒介契約**を締結した場合、依頼者に対し1週間に1回以上、**業務処理状況**を報告しなければならない（34条の2第9項）。**報告の方法**については、宅建業法上の規制はなく、**電子メールで行うことも認められ**る。なお、国土交通省の「標準媒介契約約款」を用いる場合、業務処理状況の報告の方法は、**文書か電子メールのいずれかを選択**することになっている。

Point
IT化は宅建業法の規制にも様々な影響を与えている。宅建業法では、一つの視点の下、宅建業法上の規制を横断的に問うような出題もなされる。定番である似た制度を比較する問題とともに、このような出題形式にも慣れておこう。

| 問27 | 正解2 | 報酬規制 | 難易度B |

1 × 「宅地」は居住用建物以外であり、**居住用建物以外**の貸借の媒介・代理の依頼を受けた宅建業者が依頼者から受領できる報酬の限度額は、**依頼者から合計で借賃の1か月分に相当する額**である（宅建業法46条1項・2項、報酬告示4）。よって、Aは、依頼者であるB及びCから合計して5万円を限度に報酬を受領できるので、仮に

Bから報酬を受領しなければ、Cから受領できる報酬の限度額は5万円となる。この点、**居住用建物**の賃貸借の媒介に関して依頼者の一方から受けることのできる報酬の額は、当該媒介の依頼を受けるに当たって当該依頼者の承諾を得ている場合を除き、借賃の2分の1か月分以内であるが、それと混同しないこと。

2 ○ 宅建業者が遠隔地等の**低廉な空家等**の売買・交換を媒介・代理する場合、かかる物件の現地調査等には通常よりも調査費用がかかるにもかかわらず、物件価額が低く、成約しても報酬が伴わず赤字になってしまうので、このような物件の媒介等が避けられる傾向があった。そこで、**低廉な空家等**（消費税を含まない価額が**400万円以下の物件**。交換の場合は、高い方の金額が400万円以下。空家が代表的ではあるが、**空家でない建物や宅地も含む**）であって、**通常の媒介・代理と比較して現地調査等の費用を要するもの**は、宅建業者が受領できる報酬の特例として、一定のルールのもと、当該**現地調査等の費用に相当する額（人件費を含む）**を従来の報酬額に加算できる（報酬告示7・8、国交省「考え方」）。したがって、「**低廉な空家等**」には、**空家でない建物や宅地も含まれる**ので、本肢は正しい。

3 × **居住用建物以外**の賃貸借の媒介依頼を受けた場合で、権利金の授受があるときは、宅建業者は、**権利金の額を売買代金とみなして計算した額**（媒介の依頼者の一方から、500万円×3％＋6万円＝**21万円**。なお、貸主及び借主の双方から媒介依頼を受けた場合は、貸主から21万円、借主から21万円で合計すれば42万円となる）と、**1か月分の借賃**（依頼者から受領する報酬＝貸主及び借主の双方から媒介依頼を受けた場合は、双方の依頼者から受領する報酬の合計額が1か月分の借賃相当額である**30万円**。合計30万円以下であれば、貸主と借主の内訳に制限はない）の**いずれか高い方の額**が報酬限度額となる（報酬告示4・6）。本肢では、依頼者の一方である貸主E又は借主Fから受領できる報酬限度額を訊いており、権利金の額を売買代金とみなして報酬計算すれば、500万円×3％＋6万円＝21万円が限度額となるが、1か月分の借賃相当額30万円を基準にすれば、30万円まではE又はFから受領できるので、**Aが依頼者の一方であるE又はFから受領することができる報酬限度額**は、**30万円**となる。宅建業者が受領する報酬合計額の高い方を訊いているのであれば、42万円となるが、本肢は、あくまで依頼者の一方であるE又はFから受領することができる報酬限度額を訊いているので、混同しないこと。

4 × 媒介により**貸借の契約を締結**させた場合の**報酬の支払時期**については、宅建業法に特段の制限はなく、報酬の支払時期について特約がなければ、Aが媒介の依頼を受けてGH間に**賃貸借契約を締結させた後**は、Hの入居前でも、Aは**報酬の支払いを請求できる**（民法656条、648条2項参照）。

> **Point**
> 肢1の宅地の賃貸借の媒介について、「依頼者の一方」から受領できる報酬限度額（以下、消費税を考慮しない）を、半月分の賃料相当額と誤解してしまう受験生は多い。（依頼者の事前の承諾がない限り）「依頼者の一方から半月分の賃料相当額」までしか受領できないのは、「居住用建物の賃貸借の媒介」である。賃料を報酬計算の基準とした場合、「宅地の賃貸借の媒介」は、報酬として「依頼者から1か月分の賃料相当額」まで受領できる。

問28　正解3　重要事項の説明　難易度A

以下、違反しないものを○、違反するものを×とする。

ア　×　専有部分の用途について、「住宅としての使用に限定し、事務所や店舗としての使用を認めない」旨の規約の定めは、専有部分の用途その他の利用の制限に関する規約の定めに該当する。このような規約の定めがある場合、売買、交換、貸借のいずれの契約であるかにかかわらず、その内容について、重要事項の説明をしなければならない（宅建業法35条1項6号、規則16条の2第3号）。そして、重要事項の説明は、宅建業法が規定する説明をすべきとする事項について、相手方が知っているか否かにかかわらず行わなければならない。

イ　×　建物の貸借の契約において、借賃以外に授受される金銭の額及びその金銭の授受の目的は重要事項の説明対象であり、敷金はこれに該当する。よって、敷金の授受の定めがあるときは、敷金の額及び授受の目的について、説明しなければならない（宅建業法35条1項7号）。なお、敷金については、「金銭の契約終了時の精算に関する事項」についても、説明が必要である（35条1項14号、規則16条の4の3第11号）。

ウ　×　既存建物の取引では、売買、交換のみならず、代理又は媒介しての貸借においても、建物状況調査（実施後1年、鉄筋コンクリート造等の共同住宅等は2年を経過していないものに限る）を実施しているかどうか、及び実施している場合にはその結果の概要について、説明しなければならない（宅建業法35条1項第6号の2イ、規則16条の2の2）。

以上から、違反するものは「ア、イ、ウ」の三つであり、正解は肢3である。

Point

肢１で出題しているように、宅建業法が、重要事項として説明しなければならないと規定するものは、たとえ相手方が説明対象について既に知っていたとしても、宅建業者は説明を省略できないことは覚えておこう。重要事項として説明の要否は、説明を受ける者の個別的な事情等に左右されないのである。

問29	正解２	宅建士複合	難易度Ａ

ア ✕ 宅建士が**禁錮以上の刑に処せられた**ことにより**登録の消除処分**を受けた場合、その**刑の執行を終わった日**（又は、執行を受けることがなくなった日）から**５年**を経過しなければ再度**登録**を受けることが**できない**（宅建業法18条１項６号）。したがって、登録消除の「処分の日」から５年を経過とする本肢は誤り。

イ ✕ **宅建士**は、どこの都道府県知事の登録を受けていても、全国で宅建士の事務を行うことができ、**どこの都道府県内の事務所**でも、原則として成年者であれば、**専任の宅建士**となることができる（２条４号、31条の３第１項）。よって、Ａは甲県知事の登録を受けて甲県知事から宅建士証の交付を受けていれば、乙県知事への**登録の移転**をすることなく、乙県知事に免許換えをした宅建業者Ｂの乙県内の事務所の専任の宅建士となることができる。また、そもそも、登録の移転の申請をするか否かは任意であり（19条の２）、登録の移転を「申請しなければならない」という義務が課せられることはない。

ウ ○ 宅建士は、氏名又は**住所を変更**したときは、**遅滞なく**、**変更の登録の申請**をするとともに、**あわせて宅建士証の書換え交付の申請**をしなければならない（20条、規則14条の13第１項）。

以上から、誤っているものは「ア、イ」の二つであり、正解は肢２である。

Point

宅建士が禁錮以上の刑に処せられて登録消除処分を受けた場合の再登録を受けられない期間の起算点を「刑の執行を終わった日又は執行を受けることがなくなった日から５年」ではなく、「登録消除の日から５年」と勘違いをする受験生がとても多いので、注意すること。

| 問30 | 正解1 | 37条書面 | 難易度B |

ア ○ 宅地の**貸借**の媒介に関し、宅地の「**引渡しの時期**」は、その定めがある場合もない場合も**必ず**37条書面（電磁的方法により提供する場合における**電磁的方法**を含む。以下この問において同じ）に**記載しなければならない事項**に該当し、引渡しの時期について定めがないのであれば、「引渡しの時期について定めがない」旨を37条書面に記載しなければならない（宅建業法37条2項1号、1項4号）。

イ × 店舗（建物）の**貸借**の媒介に関し、37条書面には、**借賃**の額、その支払の時期及び方法を記載しなければならず（37条2項2号）、また**保証金**（借賃以外の金銭）の授受に関する定めがあるときは、保証金の額、その授受の時期及び目的を記載しなければならない（37条2項3号）。

ウ ○ 既存建物の売買の媒介に関し、37条書面には、「**建物の構造耐力上主要な部分等の状況**について、**当事者双方が確認した事項**」を記載しなければならない（37条1項2号の2）。

エ ○ マンション（建物）の**貸借**に関し、期間の定めのある賃貸借において、**借主からの中途解約を認める条項**は、「**契約の解除に関する定めがある**ときは、その**内容**」に該当し、37条書面に記載しなければならない（37条2項1号・1項7号）。

以上から、誤っているものは「イ」の一つであり、正解は肢1である。

> **Point**
> 実務において、アパート等の賃貸借契約は、2年間の期間の定めのある契約としつつ、賃借人からの中途解約を認める特約をするのが通常である。かかる中途解約条項は、肢エで出題しているように、37条書面の任意的記載事項（定めがあれば必ず記載すべき事項）に該当する。

| 問31 | 正解3 | 業務上の規制 | 難易度A |

以下、違反しないものを○、違反するものを×とする。

1 × 宅建業者が**事務所ごとに設置しなければならない従業者名簿**には、従業者の主たる職務内容のほか、**宅建士であるか否かの別**も記載しなければならない（宅建業法48条3項、規則17条の2第1項2号・3号）。

2 × 宅建業者は、従業者に従業者であることを証する証明書を携帯させなければ、そ

の者を業務に従事させてはならない（宅建業法48条1項）。この従業者証明書を携帯させるべき者の範囲には、代表者（いわゆる社長）、役員（非常勤の役員を含む）、一時的に宅建業の業務に従事する者（アルバイト）も含まれる（国交省「考え方」）。よって、正社員である従業員はもちろんのこと、役員及びアルバイトについても、従業者証明書を携帯させなければ、その者を宅建業の業務に従事させてはならない。

3 ○ 宅建業者は、事務所ごとに業務に関する帳簿を備えなければならないが（49条）、当該帳簿を取引の関係者に閲覧させる義務はない。正当な理由もないのに帳簿を閲覧させると、秘密を守る義務に抵触するおそれさえある（45条）。この点、従業者名簿は閲覧させる義務があるが（48条4項）、これと混同しないこと。

4 × 宅建業者は、宅建業に係る契約の締結の勧誘をするに際し、その相手方等に対し、当該契約の目的物である宅地又は建物の将来の環境又は交通その他の利便について誤解させるべき断定的判断を提供することは禁止される。過失により断定的判断を提供した場合でも禁止規定に該当する（47条の2第3項、規則16条の11第1号イ）。

Point

従業者証明書の「従業者」という言葉から、従業者証明書を携帯しなければならないのは、宅建業者の正規の社員（従業員）に限定されると勘違いしそうである。しかし、宅建業を専業とする宅建業者であれば、以下の者が含まれる。

① 代表者
② 役員（非常勤の役員も含む）
③ 政令で定める使用人（支店長などの事務所の代表者のこと）
④ 従業員（宅建業の業務に従事するアルバイトも含む）

問32	正解4	媒介契約	難易度A

1 × 宅建業者間で宅地建物の売買又は交換の媒介契約を締結した場合でも、媒介契約書面の交付は省略できない（宅建業法34条の2第1項、78条2項参照）。なお、本問を解答するために必要な知識ではないが、媒介契約書面の交付に代えて、宅建業者は、政令で定めるところにより、依頼者の承諾を得て、媒介契約書面に記載すべき事項を電磁的方法であって、宅建業者の記名押印に代わるべき措置を講ずるものとして、国土交通省令で定めるものにより提供できる（34条の2第11項、令2条の6、規則15条の14〜16）。

2 × 宅建業法の媒介契約の規定は、宅地建物の売買又は交換の媒介契約に適用され、貸借の媒介契約には適用されない（宅建業法34条の2第1項参照）。したがって、建物の貸借の媒介契約を締結しても、媒介契約書面の作成及び交付は省略できる。

| 3 | × |

媒介契約書面には、媒介依頼を受けた**宅建業者が記名押印**をしなければならないが、宅建士は、媒介契約書面に**記名する必要はない**（34条の2第1項）。なお、肢1に記述したような電磁的方法による提供ではなく、書面を交付して行う場合、当該媒介契約書面には、宅建業者の記名押印が必要である（電磁的方法による提供では、宅建業者の記名押印に代わる措置が必要）。宅建業者は記名のみならず押印も必要であり、押印廃止の改正はなされていないので注意しよう。

| 4 | ○ |

宅地建物の**売買**又は**交換の媒介契約**を締結した宅建業者は、当該媒介契約の目的物である宅地建物の**売買又は交換の申込みがあった**ときは、**遅滞なく**、その旨を依頼者に**報告**しなければならない（34条の2第8項）。この報告義務は、専任媒介や専属専任媒介のみならず、**一般媒介契約**においても、遵守しなければならない。よって、媒介契約の目的物である宅地建物の売買の申込みがあったときは、一般媒介契約であっても、遅滞なく、その旨を依頼者に報告しなければならない。

> **Point**
>
> 売買又は交換の媒介契約では、その媒介契約の種類の一般・専任・専属専任の別を問わず、媒介を依頼された宅地建物の売買・交換の申込みがあったときは、遅滞なく、その旨を依頼者に報告しなければならない。かかる報告義務が規定された理由は、以下の通りである。例えば、売主Aから宅地の売却の媒介依頼を受けた宅建業者Bは、購入の媒介依頼を受けていない買主Cとの間で売買契約を成立させても、Bは売却の媒介依頼を受けたAからしか報酬を受領できない。すると、宅建業者Bは、媒介依頼を受けていないCから購入の申込みを受けても「その宅地は、すでに商談中である」等の嘘を言って、売買契約が成立しないようにすることがある（「囲い込み」といわれる）。そこで、BにAに対して購入の申込みがあったことを報告する義務を課すことで、このような囲い込みがなされないようにしている。

| 問33 | 正解1 | 37条書面 | 難易度A |

| 1 | × |

宅建業者は、建物の**売買契約**を締結させた場合、それが媒介により売買契約を締結させたときであっても、建物の**引渡しの時期**及び**移転登記の申請時期**の双方を**37条書面に記載しなければならない**。よって、「いずれか」とする本肢は誤り。なお、双方とも**必要的記載事項**であるから、宅建業者は、その定めのあるなしにかかわらず、37条書面に記載する必要がある（宅建業法37条1項4号・5号）。

| 2 | ○ |

損害賠償額の予定又は違約金に関する**定めがある**ときは、宅建業者は、その**内容**について、**37条書面に記載しなければならない**（37条1項8号）。なお、かかる記載は、8種規制の適用場面（宅建業者が自ら売主として宅建業者でない者に宅地建物を売却する場面）であるか否かを問わず、要求される。

185

3 ○ 代金についての金銭の貸借の**あっせんに関する定めがある**ときは、当該**あっせんに係る金銭の貸借が成立しないときの措置**について、宅建業者は、37条書面に記載しなければならないが、かかる**あっせんに関する定めがない**ときは、当該措置についての**記載は不要である**（37条1項9号）。しかし、宅建業者が金銭の貸借のあっせんをしなくても、**金銭の貸借が受けられなかった場合に解除することができる旨の特約**は、**「契約の解除に関する定め」**に該当し、宅建業者は、当該定めがあるときは、その内容について、**37条書面に記載しなければならない**（37条1項7号）。

4 ○ **工事完了前の建物**についての37条書面の記載事項である**「建物を特定するために必要な表示」**は、**重要事項の説明の際に使用した図書**を交付することにより行う（国交省「考え方」）。なお、図書とは、「付近見取図や配置図」「各階平面図（間取図）」「立面図（りつめんず）」「矩計図（かなばかりず）（断面図）」「面積表」「仕上げ表」「設備関係図面」「工事仕様書」などを指し、これらにより建物を特定する。これらは、それぞれが独立した書面であり、37条書面に書込みできるものではないことから、これら図書により特定する。

> **Point**
>
> 肢1では、「又は（いずれか）」「及び」の違いを見落とさないように注意。また、肢1に関連し、下記の①～③は、定めの有無にかかわらず、必ず37条書面に記載しなければならない事項（必要的記載事項）であることに注意。
> ① 宅地建物の引渡しの時期
> ② 移転登記申請時期（貸借を除く）
> ③ 代金・借賃等の支払時期等
> ※ これに対し、35条書面（重要事項説明書）では、①～③は記載事項（説明対象）ではない。35条書面と37条書面は、比較しながら勉強しよう。

問34	正解3	宅建士複合	難易度B

ア × 宅建士が**事務禁止処分**を受け、その**禁止の期間中に本人からの申請**によりその登録が消除された場合、**事務禁止処分の期間中は登録を受けることができない**（宅建業法18条1項11号）。事務禁止処分を受けたのにかかわらず、申請により登録消除をすることで事務禁止処分を失効させ、その後すぐに再登録をすることで事務禁止処分を免れることを許すべきではないからである。登録消除の日から5年の経過を待つ必要はないので、本肢は誤り。

イ × **宅建業者**は、取引の関係者に対し、信義を旨とし、誠実にその業務を行わなければならない（31条1項）。しかし、**宅建士**については、かかる**信義誠実義務に関する規定は存在しない**ので、本肢は誤り。宅建業者の責務と宅建士の責務は紛らわ

しいので区別して覚えること。

| ウ | × | 宅建士が本籍を変更した場合は、遅滞なく、宅建士資格登録簿の変更の登録を申請しなければならない（20条、規則14条の2の2第1項1号）。しかし、「本籍」は宅建士証の記載事項ではなく（14条の11第1項参照）、宅建士証の書換え交付の申請は不要である。変更の登録を申請するとともに、宅建士証の書換え交付を申請しなければならないのは、「氏名」や「住所」の変更の場合である（宅建業法20条、規則14条の13第1項）。

以上から、誤っているものは「ア、イ、ウ」の三つであり、正解は肢3である。

> **Point**
> 宅建業者と宅建士の責務については、両者を混同しがちであるから、以下にまとめる。
> ＜宅建業者の責務＞
> ① 信義誠実義務…宅建業者は、取引の関係者に対し、信義を旨とし、誠実にその業務を行わなければならない。
> ② 教育義務…宅建業者は、その従業者に対し、その業務を適正に実施させるため、必要な教育を行うよう努めなければならない。
> ＜宅建士の責務＞
> ① 公正誠実及び連携義務 … 宅建士は、宅建業の業務に従事するときは、宅地建物の取引の専門家として、購入者等の利益保護及び円滑な宅地建物の流通に資するよう、公正かつ誠実に宅建業法に定める事務を行うとともに、宅建業に関連する業務に従事する者との連携に努めなければならない。
> ② 信用失墜行為の禁止 … 宅建士は、宅建士の信用や品位を害する行為をしてはならない。
> ③ 知識能力の維持向上 … 宅建士は、宅地建物の取引に係る事務に必要な知識や能力の維持向上に努めなければならない。

| 問35 | 正解 1 | 重要事項の説明 | 難易度 B | |

| ア | × | 重要事項の説明をする際は、宅建士は、相手方から請求がなくても宅建士証を提示する義務があり、これに違反した場合、宅建士は10万円以下の過料に処せられることがある（宅建業法35条4項、86条）。50万円以下の罰金刑ではないので、本肢は誤りである。

| イ | ○ | 建物について自ら貸借を行う場合、宅建業法上の「取引」には該当しない（2条2号）。よって、自ら貸借を行うAに宅建業法は適用されず、重要事項の説明を行う義務はない（35条1項参照）。

| ウ | ○ | 宅建業者が、**地域における歴史的風致の維持及び向上に関する法律**により指定された**歴史的風致形成建造物**である建物の売買の代理を行う場合、その**増築をするときは、市町村長への届出が必要**である旨を重要事項として説明しなければならない（35条1項2号、令3条1項22号、地域における歴史的風致の維持及び向上に関する法律12条1項、15条1項）。 |

以上から、誤っているものは「ア」の一つであり、正解は肢1である。

> **Point**
>
> 何度も出題している引っ掛けであるが（本試験でも何度も出題されている）、肢イについて、「自ら貸借」は宅建業の「取引」には該当しないので、宅建業法の適用はなく、宅建業法上の規定である重要事項の説明義務もないのである。受験生は、「自ら貸借」は宅建業の「取引」ではないので、宅建業の免許を受ける必要がないことはよく把握しているが、そもそも「自ら貸借」には宅建業法の適用がなく、宅建業法の様々な規制の適用もないことは見落としがちなので、注意しよう。

| 問36 | 正解4 | 35条書面・37条書面等 | 難易度A |

| 1 | ○ | 宅建業者は、**35条書面**（電磁的方法による提供をする場合における当該**電磁的方法**を含む。以下この問において同じ）には、建物が種類又は品質に関して契約の内容に適合しない場合におけるその不適合を担保すべき責任（以下「**契約不適合責任**」という）について、定めをする場合であっても、その**定めについて記載する必要はない**が、**37条書面**（電磁的方法による提供をする場合における当該電磁的方法を含む。以下この問において同じ）には、**契約不適合責任について定めがあるときは、その内容について記載**しなければならない（宅建業法37条1項11号）。なお、35条書面には、「**契約不適合責任**の履行に関し**保証保険契約の締結その他の措置**で国土交通省令・内閣府令で定めるものを**講ずるかどうか**、及びその措置を講ずる場合におけるその**措置の概要**」を記載しなければならないし（35条1項13号）、37条書面にも、「契約不適合責任の履行に関し講ずべき保証保険契約の締結その他の措置について定めがあるときは、その内容」について記載しなければならない（37条1項11号）。この保証保険契約の締結その他の措置（**資力確保措置**）についての定めと、本肢の契約不適合責任についての定め（特約）を混同しないこと。 |

| 2 | ○ | 売主が支払った**固定資産税**について、買主が日割り計算で精算し金銭で支払う旨を定める場合、35条書面の記載事項である「**代金、交換差金及び借賃以外に授受される金銭の額及び当該金銭の授受の目的**」（35条1項7号）に該当し、この定めを35条書面に記載しなければならない。また、**37条書面**に関しては、「**代金及び交換差金** |

以外の金銭の授受に関する定めがあるときは、その額並びに当該金銭の授受の時期及び目的」及び「租税その他の公課の負担に関する定め」という定めがあれば記載しなければならない項目（**任意的記載事項**）に該当する（37条1項6号・12号）。よって、当該定めをした場合は、当該定めについて、37条書面に記載しなければならない。

3　○　宅建業者は、**契約の解除に関する事項**について、必ず35条書面に記載しなければならないが（35条1項8号）、**37条書面**には、その定めをした場合のみ、記載しなければならない（37条1項7号）。

4　×　宅建業者は、**35条書面**については、契約が成立するまでに宅建士をして説明させなければならないが（35条1項柱書）、**37条書面**については、**宅建士に説明させる義務はない**（37条参照）。

Point

肢1の種類又は品質に関する契約不適合責任については、以下の①②について、35条書面と37条書面で混同しがちであるので注意すること。

①　特約…例えば、民法では、買主は不適合を知った日から1年以内に不適合がある旨を売主に通知しなければならないが、これを特約で引渡しの日から2年以内に通知しなければならないと特約すること等を指す。

②　資力確保措置…買主からの契約不適合責任の追及としての損害賠償請求等に備え、売主は保険に加入したり、保証金を供託すること（資力確保措置を講ずること）があるが、かかる保険等に加入するのか否か、加入等する場合はその内容のことを指す。

	①　特約	②　資力確保措置
35条書面（売買・交換）	記載（説明）事項ではない。	資力確保措置を講じるか否か、及び講じる場合はその措置の概要を記載（説明）する。
37条書面（売買・交換）	特約をするのであれば、記載しなければならない。	資力確保措置について定めがあれば、その内容を記載しなければならない。

問37	**正解2**	**重要事項の説明**	**難易度A**

1　○　売買契約の対象となる**建物が建築に関する工事の完了前**のものであるときは、その工事の**完了時における形状、構造**その他国土交通省令・内閣府令で定める事項（建築の工事の完了時における当該建物の主要構造部、内装及び外装の構造又は仕上げ並びに設備の設置及び構造）を**重要事項として説明**しなければならない（宅

建業法35条1項5号、規則16条）。重要事項の説明は、法定事項を**契約が成立するまでに説明**しなければならないので、契約成立時までの説明を省略することはできない（宅建業法35条1項柱書）。

2　×　契約の対象となる宅地又は建物が**宅地造成及び特定盛土等規制法**の規定により指定された**造成宅地防災区域内にあるとき**は、契約の種類が、**売買、交換、貸借**のいずれかを問わず、**その旨を説明**しなければならない（35条1項14号、規則16条の4の3第1号）。よって、宅地の貸借の契約の場合に説明を要しないとする本肢は誤りである。

3　○　売買契約の対象となる宅地が、**地すべり等防止法**の規定に基づく**地すべり防止区域内にあるとき**は、当該区域内において、地下水を誘致し、又は停滞させる行為で地下水を増加させるもの、地下水の排水施設の機能を阻害する行為その他地下水の排除を阻害する行為（政令で定める軽微な行為を除く）**等一定の行為**をしようとするときは、**知事の許可を受けなければならない旨を説明**しなければならない（宅建業法35条1項2号、令3条1項42号、地すべり等防止法18条1項）。

4　○　売買契約の対象となる宅地が、建築基準法に基づき、地方公共団体が条例で指定した**災害危険区域内にあるとき**は、条例で定められている**制限に関する事項の概要を説明**しなければならない（宅建業法35条1項2号、令3条1項2号、建築基準法39条2項）。

Point

法令上の制限の細かい規制を把握している受験生は、ほとんど存在しない。仮に、細かい規制を訊く問題が出題されたら、取引しようとする物件が「〇〇区域内にあるとき」であれば、それは何らかの危険な区域なのであるから、「物件」が宅地でも建物でも、また「取引」が売買・交換でも、（代理・媒介しての）貸借でも、〇〇区域内にあることを重要事項として説明しなければならないのではないかと考えればよい。さらに踏み込んで勉強するのであれば、〇〇区域内における一定の行為に関する制限であるときは、それが宅地のみの規制なのか建物にもかかわる規制なのか、また買主のみならず、借主にも関係がある規制であるかを吟味して勉強すればよい（仮に借主に関係のない規制であれば、説明は不要である）。

問38	正解4	広告複合	難易度A

1　×　宅建業者は、建物の建築に関する**工事の完了前**は、当該工事に関して必要とされる**建築確認**（建築基準法6条1項の確認）**があった後**でなければ、売買契約をすることも、**広告**をすることも**できない**（宅建業法33条、36条）。たとえ建築確認申請中である旨を広告中に表示したとしても、広告を行うことはできない。

190

2　×　**誇大広告等の禁止規定**（32条）の対象となる**広告媒体**については、**種類を問わない**ので（国交省「考え方」）、**インターネットによる広告**も規制対象となる。また、顧客を集めるため、取引する意思のない物件や実際には存在しない物件、**取引の対象となりえない物件の広告を行うことは、誇大広告の典型とされるおとり広告**であり、「著しく事実に相違する表示」として、誇大広告の禁止規定に抵触する（国交省「考え方」）。本肢では、インターネット広告継続中に宅地の**売買契約が成約済み**となり、**取引できない**にもかかわらず、その広告を続けると、取引の対象となりえない物件について広告する**おとり広告**に該当し、誇大広告の禁止に違反することがある。

3　×　宅地建物の**取引に関する広告**も「業務」であり、甲県知事からその**業務の全部の停止**を命ぜられた場合には、たとえ業務停止処分の期間経過後に契約を締結することにしても、当該**業務停止処分の期間中は広告**を行うことは**できない**（65条2項）。

4　○　宅建業者は、宅地の売買に関する**広告**をするときは、**取引態様の別を明示**しなければならず、媒介の表示はしなければならないが、**売主の名称**は表示する必要は**ない**（34条1項）。

> **Point**
>
> 広告全般に関する基本問題であり、確実に正解したい。「広告開始時期の制限」と「契約締結時期の制限」は、いずれも未完成物件を規制の対象とする点に注意。

問39	正解2	クーリング・オフ	難易度A

1　○　宅建業者が一団の建物の分譲のために売買契約を締結し又は申込みを受けるモデルルーム（案内所）を設置し、そこで買主が買受けの申込みをする場合、その**モデルルームはクーリング・オフができない場所**に該当する（宅建業法37条の2第1項、規則16条の5第1号ロ、国交省「考え方」）。なお、契約行為を予定する案内所等を設置する場合、届出義務があるが、クーリング・オフ制度の適用は、宅建業法50条2項の届出（案内所等の届出）義務を履行しているか否かとは関係がない（国交省「考え方」）。したがって、Bは、契約を解除できない。

2　×　クーリング・オフの規定による契約の解除等ができなくなるのは、買主が、建物の引渡しを受け、**かつ、その代金の全部を支払った**ときである（宅建業法37条の2第1項2号）。したがって、代金の一部を支払ったにすぎないCは、契約を解除できる。

3　○　買主は宅建業者であり、**宅建業者間の取引**には8種規制の1つであるクーリング・オフ制度は**適用されない**（78条2項、37条の2第1項）。したがって、Dは、契約を解除できない。

4 ○ 買主がクーリング・オフをしようとするときは、その旨を**書面で**行わなければならず（37条の2第1項）、その効力は書面を**発した時**に生ずる（37条の2第2項）。

Point

クーリング・オフは、宅建業者ではない買主の購入意思が安定していると定型的に判断される場所（宅建業者の事務所等）では、適用されない。この点、肢1について、マンション分譲の場合のモデルルームや戸建て分譲の場合のモデルハウス等における販売活動は、別荘地の販売の場合のテント張りの案内所等とは異なり、通常適正に行われる営業活動と考えられるので、モデルルームやモデルハウスは、土地に定着した案内所とみなされる（国交省「考え方」）。したがって、売買契約を締結し又は買受けの申込みを受ける（専任の宅建士の設置義務のある）モデルルームやモデルハウスは、クーリング・オフが適用されない場所に該当する。

問40	正解4	保証協会	難易度A

1 × 保証協会に加入しようとする宅建業者は、**保証協会に加入しようとする日までに**、政令で定める額の弁済業務保証金**分担金**を保証協会に**納付**しなければならない（宅建業法64条の9第1項1号）。

2 × **保証協会**は、弁済業務保証金**分担金の納付**を受けたときは、その日から**1週間以内**に、その納付を受けた額に相当する額の弁済業務**保証金を供託**しなければならない（64条の7第1項）。

3 × **保証協会**は、新たに**社員が加入**した場合、直ちに、その旨を社員が免許を受けた国土交通大臣又は都道府県知事に**報告**しなければならない（64条の4第2項）。報告は、宅建業者ではなく、保証協会が行うので、本肢は誤りである。

4 ○ 保証協会は、弁済業務保証金の還付があった場合においては、国土交通大臣から通知書の送付を受けた日から**2週間以内**に、その権利の実行により**還付された弁済業務保証金の額に相当する額**の弁済業務**保証金を供託**しなければならない（64条の8第3項、弁済業務保証金規則1条）。

> **Point**
> 弁済業務保証金の還付があった場合、以下の2つの手続きをしっかり区別して覚えること。
> ① 国土交通大臣と保証協会との間の手続 … 保証協会は、国土交通大臣から通知のあった日から2週間以内に還付額に相当する弁済業務保証金を供託所に供託しなければならない。
> ② 保証協会と社員である宅建業者との間の手続 … 還付を生じさせた社員である宅建業者は、保証協会から通知を受けた日から2週間以内に、還付充当金を保証協会に納付しなければならない。

問41　正解1　重要事項の説明　難易度B

以下、説明が義務付けられているものを○、義務付けられていないものを×とする。

ア ○ 建物の貸借の媒介において、宅建業者は、重要事項の説明として、当該建物が新住宅市街地開発事業により造成された宅地上にあり、新住宅市街地開発法32条1項に基づき、所有権や賃借権等の建物の使用・収益を目的とする権利の設定・移転については、当事者は、公告日の翌日から起算して10年間は、知事の承認を得なければならない旨の制限があるときは、その概要を説明しなければならない（宅建業法35条1項2号、令3条3項、新住宅市街地開発法32条1項）。かかる制限がある建物を借りようとする者にとって、建物の使用及び収益を目的とする権利の設定又は移転（建物の賃貸・転貸も含まれる）について、知事の承認を得なければならない制限は、その建物の貸借の契約を締結するか否かにとって重要な判断材料だからである。

イ × 建物の貸借の媒介において、宅建業者は、重要事項の説明として、当該建物が都市計画法上の防火地域内にあり、建築基準法62条に基づく建築物の屋根の構造に係る制限があるときにおいても、その概要は説明をする必要はない（35条1項2号、令3条3項参照）。すでに防火地域内の制限の下で建築された建物の借主にとって、建物がいかなる防火地域の制限を受けて建築されたのかは、建物の貸借の契約を締結するか否かにとって重要な判断材料ではないからである。

ウ × 建物の貸借の媒介において、借賃以外に授受される金銭の額及びその金銭の授受の目的は重要事項の説明対象であり、「敷金」は借賃以外に授受される金銭に該当するので、敷金の授受の定めがあるときは、敷金の額及び授受の目的について、説明しなければならない（宅建業法35条1項7号）。しかし、敷金の保管方法については、建物の貸借の契約を締結するか否かにとって重要な判断材料ではなく、それを説明する必要はない。

以上から、説明が義務付けられているものは「ア」の一つであり、正解は肢1である。

> **Point**
>
> ある法令制限が重要事項の説明対象となるか否かが問われた場合は、仮に当該法令制限についての知識がなくても、その法令制限がこれから宅地建物について、売買・交換・貸借の契約を締結して権利を取得しようとする者にとって、契約を締結するか否かの判断材料であるか否かを考えれば、正解を導ける可能性が高い。本問でも、例えば、肢アについては、「建物の使用及び収益を目的とする権利の設定又は移転」に関する制限であるから、建物の賃借人に大きな影響がある法令制限なのではないかと考えればよいし、肢イについては、「建築物の屋根の構造に係る制限」については、建物の賃借人が賃借後に屋根の構造を変更することは想定されず、とすれば建物の賃借人に大きな影響のある法令制限ではないのではないか、と考えればよい。

| 問42 | 正解3 | 保証金複合 | 難易度A |

1 × 宅建業に関する取引により生じた債権を有する者（還付請求権者）は、Aに対しては、主たる事務所1,000万円と従たる事務所4か所分（500万円×4）を合計した3,000万円について、Aの供託した**営業保証金から弁済を受ける権利を有する**（宅建業法27条1項・25条2項、令2条の4）。他方、Bに対しては、納付している**弁済業務保証金分担金を営業保証金に換算した額**を上限として弁済を受ける権利を有するので、事務所の数がAと同じであるBに対する還付請求権者も、営業保証金を供託しているAに対する還付請求権者と同額の3,000万円となる（宅建業法64条の8第1項、令2条の4）。

2 × 営業保証金を供託しているAが1,000万円の還付を生じさせた場合、Aは、**免許権者から通知書の送付を受けた日**から**2週間以内**に1,000万円を主たる事務所の最寄りの供託所に供託しなければならない（宅建業法28条1項、営業保証金規則5条、4条）。これに対して、保証協会の社員である宅建業者Bが営業保証金の不足額1,000万円の還付を生じさせた場合、保証協会から通知を受けた日から2週間以内に還付充当金1,000万円を保証協会に納付しなければならない（宅建業法64条の10第1項・2項）。

3 ○ 営業保証金を供託しているAが新たに事務所を1か所設置する場合、当該事務所についての営業保証金500万円を主たる事務所の最寄りの供託所に**供託して免許権者に届け出た後**でなければ**新設した事務所で事業を開始することはできない**（26条、25条1項・2項・4項・5項、令2条の4）。これに対して、保証協会の社員であるBが保証協会に加入後、新たに事務所を1か所設置したときは、**設置した日から2週間以内**に弁済業務保証金分担金30万円を保証協会に納付しなければなら

ない（宅建業法64条の9第2項・1項柱書、令7条）。

4 ✕ **営業保証金の供託**は、金銭のみならず、**国債等の一定の有価証券をもって充てる**ことができる（宅建業法25条3項）。この場合、**国債証券は額面金額で評価**されるので、営業保証金を供託しているAが従たる事務所1か所を増設する場合、主たる事務所の最寄りの供託所に額面500万円の国債証券をもって供託することができる（令2条の4、規則15条1項1号）。これに対して、保証協会の社員であるBが従たる事務所1か所を増設する場合、保証協会に弁済業務保証金分担金30万円を納付しなければならないが、**弁済業務保証金分担金は金銭**をもって納付しなければならないので、額面30万円の国債証券をもって納付することはできない（宅建業法64条の9第2項・1項柱書、令7条）。

> **Point**
>
> 2つの保証金制度（営業保証金制度と弁済業務保証金制度）は、常に対比し、共通点と相違点を把握しておこう。

問43	正解2	専任（専属専任）媒介契約	難易度B

1 ✕ 建物の売却の**専任媒介契約**（専属専任媒介契約も含む）を締結した宅建業者は、所定の期間内に当該建物の**所在**、規模、形質、**売買すべき価額**その他国土交通省令で定める事項を**指定流通機構に登録**しなければならない（宅建業法34条の2第5項、規則15条の11）。そして、かかる登録をした宅建業者は、登録に係る建物の売買の契約が成立したときは、遅滞なく、その旨を登録に係る**指定流通機構に通知**しなければならない（宅建業法34条の2第7項）。もっとも、その場合の**通知すべき事項**は、①**登録番号**、②宅地又は建物の**取引価格**、③売買又は交換の**契約の成立した年月日**であり（規則15条の13）、「建物の所在」は通知事項ではない。なぜなら、登録をすれば、**登録番号の通知**により物件は特定されるので、登録番号に加えて建物の所在まで通知する必要はないからである。

2 ◯ 建物の売却の**専任媒介契約**（専属専任媒介契約も含む）を締結した宅建業者は、所定の期間内に当該建物の**所在**等その他国土交通省令で定める事項を**指定流通機構に登録**しなければならない（宅建業法34条の2第5項）。登録をすると、**指定流通機構が登録を証する書面**を発行し、宅建業者は、この登録を証する書面を遅滞なく**依頼者に引き渡さなければならない**（34条の2第6項）。もっとも、宅建業者はかかる登録を証する書面の引渡しに代えて、政令で定めるところにより、依頼者の承諾を得て、**電磁的方法**により**提供**することもできる（34条の2第12項）。

3 ✕ 建物の売却の**専任媒介契約**（専属専任媒介契約も含む）を締結した宅建業者が、

売買すべき価額について意見を述べるときは、その**根拠**を**明らかにしなければな**らない（34条の2第2項）。もっとも、その根拠を媒介契約書面（電磁的方法を含む）**に記載する必要はない**（34条の2第1項各号、規則15条の9参照、国交省「考え方」）。

4　×　肢1の解説に記述したように、**建物の売却**の専任媒介契約（**専属専任媒介契約も含む**）を締結した宅建業者は、所定の期間内に当該建物の**所在、規模、形質、売買すべき価額**その他国土交通省令で定める事項を指定流通機構に登録しなければならないが、この登録すべき事項には、建物に存する**登記された権利の種類及び内容**は含まれていない（宅建業法34条の2第5項、規則15条の11）。重要事項説明書（35条書面）に、登記された権利の種類及び内容等が記載事項として列挙されていること（宅建業法35条1項1号）と混同しないこと。

Point

「指定流通機構への登録事項」と、契約が成立した場合の「指定流通機構への通知事項」を混同しないようにしよう（肢1及び4に関連）。

＜指定流通機構への登録事項＞
① 所在、規模、形質
② 売買すべき価額又は評価額
③ 都市計画法その他の法令に基づく制限で主要なもの
④ 専属専任媒介契約の場合は、その旨

＜指定流通機構への通知事項＞
① 登録番号
② 取引価格
③ 売買・交換の契約の成立した年月日

※ なお、「物件所有者の氏名・住所」や契約が成立した場合の「買主等の氏名・住所」は、登録事項でも通知事項でもないことにも、注意。

問44	正解3	手付金等の保全措置	難易度B

以下、違反しないものを○、違反するものを×とする。

ア　×　**工事完了済**の物件では、**代金額の10%又は1,000万円を超える手付金等**を受領しようとする場合に法定の保全措置を講じる必要がある（宅建業法41条の2第1項）。本肢では、手付500万円を受領するときは、保全措置は不要であるが、中間金1,000万円を受領しようとするときに、すでに受領している**手付金500万円を加えた1,500万円**について、法定の保全措置を講じなければならない。

イ　×　受領しようとする**手付金の額が営業保証金の範囲内か否かを問わず**、工事完了済

の物件では、**代金額の10％又は1,000万円を超える手付金等を受領**しようとする場合に**法定の保全措置を講じる必要がある**（41条の2第1項）。本肢において、AがBから受領する手付金の額は1,000万円であり、代金額の10％（500万円）を超えているので、Aは、手付金を受領する前に法定の保全措置を講じる必要がある。

ウ ○ 買主への**所有権移転登記**がなされると、手付金等の**保全措置を講じる必要がなくなる**（41条の2第1項）。これは所有権移転登記後に受領しようとする手付金等について法定の保全措置が不要であるだけではなく、**すでに保全措置を講じた手付金等**についての**保全措置を解約**することも認められる。

エ × **手付金の額**は、**代金額の20％**を**超えることはできない**（39条1項）。本肢では、代金額（5,000万円）の20％（1,000万円）を超える1,200万円を受領しており、手付金等の保全措置を講じても、手付額の制限に違反する。

以上から、違反するものは「ア、イ、エ」の三つであり、正解は肢3である。

> **Point**
>
> 手付金等の保全措置の出題で「手付金」が登場したときは、①手付金等の保全措置の要否と、②手付金の額自体が代金額の20％を超えていないか、のダブルチェックを怠らないようにしよう。

問45	正解4	住宅瑕疵担保履行法	難易度B

1 × 自ら売主として宅建業者でない買主に新築住宅の引渡しをした宅建業者は、**基準日ごと**に、住宅販売瑕疵担保保証金の供託及び住宅販売瑕疵担保責任保険契約の締結（資力確保措置）の状況について、**免許権者に届け出なければならない**（履行法12条1項）。よって、「事業年度の末日ごと」に届け出なければならないとする本肢は誤りである。

2 × 宅建業者が住宅販売瑕疵担保保証金の供託をする場合は、その**主たる事務所の最寄りの供託所**に供託しなければならない（11条6項）。「法務大臣及び国土交通大臣の定める供託所」は、弁済業務保証金制度で学習した、保証協会が弁済業務保証金を供託する場合の供託所であり（宅建業法64条の7第2項）、それと混同しないこと。

3 × 自ら売主として宅建業者でない買主に新築住宅の引渡しをした宅建業者は、毎年、基準日から3週間を経過する日までにおいて、その基準日前10年間に引渡しをした新築住宅について保証金の供託をし（保険契約を締結している新築住宅は除く）、かつ、基準日ごとに免許権者に届出をしていなければ、**基準日の翌日**から起算して**50日**を経過した日以後においては、新たに自ら売主となる新築住宅の売買契

約の締結が禁止される（履行法13条本文）。

4 ○ 住宅販売瑕疵担保保証金を供託している宅建業者は、その**保証金の還付**により**保証金が基準額に不足**することとなったときは、還付があったことについて国土交通大臣から**通知書の送付を受けた日**又は基準額に**不足することとなったことを知った日から2週間以内**にその**不足額を供託**しなければならない（16条、7条1項、瑕疵担保保証金規則28条、12条）。なお、供託したときは、供託した日から2週間以内に、その旨を免許権者に届け出なければならない（履行法16条、7条2項、履行法規則22条、10条1項）。

> **Point**
>
> 資力確保措置については、「基準日ごと」に、免許権者に届け出なければならず、その届出をすべき期間は、「基準日から3週間を経過する日まで」である。そして、保証金の供託をしなければならない時期も、「基準日から3週間を経過する日まで」である。

問46	正解4	住宅金融支援機構	難易度B

1 ○ 機構は、**災害復興建築物**の建設若しくは**購入**又は**被災建築物**の補修に必要な資金（当該災害復興建築物の建設若しくは購入又は当該被災建築物の補修に付随する行為で政令で定めるものに必要な資金を含む）の**貸付け**を業務として行っている（独立行政法人住宅金融支援機構法13条1項5号）。なお、「**災害復興建築物**」とは、災害により、住宅又は主として住宅部分からなる建築物が滅失した場合におけるこれらの建築物又は建築物の部分に代わるべき建築物又は建築物の部分をいい（2条2項）、「**被災建築物**」とは、災害により、住宅又は主として住宅部分からなる建築物が損傷した場合における当該損傷したこれらの建築物又は建築物の部分をいう（同3項）。

2 ○ 機構は、「**高齢者**の家庭に適した良好な居住性能及び居住環境を有する住宅とすることを主たる目的とする**住宅の改良**（**高齢者**が自ら居住する住宅について行うものに限る）に必要な資金」又は「高齢者の居住の安定確保に関する法律7条5項に規定する登録住宅（賃貸住宅であるものに限る）とすることを主たる目的とする人の居住の用に供したことのある住宅の購入に必要な資金（当該住宅の購入に付随する行為で政令で定めるものに必要な資金を含む）」の**貸付け**を業務として行っている（13条1項9号）。

3 ○ 機構は、民間金融機関が貸し付けた住宅ローンについて、その住宅ローンを担保として発行された債券等の元利払いを保証する証券化支援事業（**保証型**）を行っている（13条1項2号）。

4 × 　機構は、「**合理的土地利用建築物の建設若しくは合理的土地利用建築物で人の居住の用その他その本来の用途に供したことのないものの購入に必要な資金**（当該合理的土地利用建築物の建設又は購入に付随する行為で政令で定めるものに必要な資金を含む）」又は「**マンションの共用部分の改良に必要な資金**」の**貸付け**を業務として行っている（13条1項7号）。なお、「**合理的土地利用建築物**」とは、市街地の土地の合理的な利用に寄与するものとして政令で定める建築物で相当の住宅部分を有するもの又はその部分をいう（2条7項）。

> **Point**
> 機構の業務の範囲（融資対象等）は、まとめておこう。

問47	正解3	景表法（公正競争規約）	難易度B

1 × 　懸賞によらないで（もれなく）**景品類を提供する場合**、不動産業においては、取引価額の10分の1または「**100万円**」のいずれか低い金額の範囲内とされている（不動産業における景品類の提供の制限に関する公正競争規約3条1項2号）。

2 × 　**宅地の造成材料**又は**建物の建築材料**について、これを**強調して表示**するときは、その材料が使用されている**部位を明示**しなければならない（不動産の表示に関する公正競争規約施行規則9条20号）。材料名の表示だけでは足りない。

3 ○ 　表示した物件に重大な瑕疵があるため、そのままでは当該物件が取引することができないものであることが明らかな場合（当該物件に瑕疵があること及びその内容が明瞭に記載されている場合を除く）」は、「**実際には取引の対象となり得ない**」物件に該当し、「**おとり広告**」として**不当表示**に該当する（不動産の表示に関する公正競争規約21条2号）。

4 × 　建築基準法40条の規定に基づく地方公共団体の条例により附加された敷地の形態に対する制限に適合しない土地については、「**再建築不可**」又は「**建築不可**」と**明示**しなければならない（不動産の表示に関する公正競争規約施行規則7条5号）。「条例による制限あり」との表示だけでは足りない。

> **Point**
> 肢1の景品類の提供に関しては、しばらく出題されていないので注意。

第4回　解答・解説

| 問48 | 正解 1 | 統 計 | 難易度 A | |

1 ○ 令和6年地価公示（令和6年3月公表）における令和5年1月以降の1年間の地価は、以下のとおりで、**地方圏平均**では、全用途平均・住宅地・商業地のいずれも**3年連続で上昇**（住宅地は前年と同じ上昇率）した。
地価⇒いずれも3年連続の上昇（地方圏の住宅地以外は上昇率拡大）（単位：％）

	全用途平均	住宅地	商業地
全　国	2.3	2.0	3.1
三大都市圏	3.5	2.8	5.2
地方圏	1.3	1.2	1.5

2 × 令和4年度の宅地建物取引業者に対する**監督処分件数**は、「**約140件（139件）**」である。「免許取消処分の件数（63件）が一番多い」点は正しい（令和6年版国土交通白書）。なお、**行政指導**（文書により行った指導・助言・勧告）の件数（これは「監督処分」ではない）は約500件（528件）である。

3 × 令和5年の新設住宅着工戸数は、819,623戸（前年比4.6％減）で、3年ぶりの減少となった。このうち、「**貸家**」の着工戸数は「**約34.4万戸**」となっており、「**3年ぶりの減少**」となった。なお、令和5年の新設住宅着工の利用関係別戸数は、以下のとおり（建築着工統計令和6年1月公表）。本肢は、「持家」に関する記述であるから誤り。
① 持　　家→224,352戸（前年比11.4％減、2年連続の減少）
② 貸　　家→343,894戸（前年比0.3％減、3年ぶりの減少）
③ 分譲住宅→246,299戸（前年比3.6％減、3年ぶりの減少）
　・マンションは107,879戸（同0.3％減、昨年の増加から再びの減少）
　・一戸建住宅は137,286戸（同6.0％減、3年ぶりの減少）

4 × **指定流通機構の活用状況**について（令和5年4月公益財団法人不動産流通推進センター公表）によれば、2022年度末現在の**総登録件数**は約82万件（818,661件）であり、3年連続して「**賃貸物件**」（全体の57.5％）が「**売り物件**」（全体の42.5％）の件数を上回った。

> **Point**
> 肢2は、刊行時期との関係で、令和6年版国土交通白書を予測して出題した。本書巻頭の統計資料も確認してほしい。

| 問49 | 正解4 | 土　地 | 難易度A | |

適当なものを〇、最も不適当なものを×とする。

1 〇 氾濫平野は、洪水時に川の水があふれてできた平坦な土地であり、主に水田や農地として利用されてきたが、人口の増加に伴って宅地や工場が拡大し、市街地となっているところも少なくない。ただ、豪雨時の洪水による住宅の冠水には注意が必要である（「山から海へ川がつくる地形」国土地理院）。

2 〇 谷底平野は、河川により運ばれた土砂が堆積し、山地の間を埋めた比較的幅の広い平坦な土地であり、主に公園やグラウンドなどに利用されてきたが、宅地としての利用も可能である。ただ、豪雨時の洪水等の災害には注意が必要である（「山から海へ川がつくる地形」国土地理院）。

3 〇 旧河道は、昔は川が流れていた跡を表す地形であり、一般的には砂の層でできていることが多く、この場合には、地震時の液状化に注意が必要である（「山から海へ川がつくる地形」国土地理院）。また、旧河道でそれを埋める堆積物の上部が厚い粘土質からなるときは、軟弱地盤である可能性が高い。

4 × 本肢は「三角州」ではなく「扇状地」の説明であり、最も不適当である。「扇状地」とは、山地から河川により運ばれてきた砂礫等が堆積し、「谷の出口など」に扇状に広がった平坦な微高地であり、一般に宅地として適している。なお、「三角州」とは、「河川の河口付近」に見られる軟弱な地盤であり、一般に宅地として適していない。特に、地震時の液状化現象の発生に注意が必要である。

Point
土地に関する知識整理には、過去問を参照・分析してほしい。

| 問50 | 正解1 | 建築物の構造 | 難易度B | |

1 × 鉄筋コンクリート造においては、骨組の形式は一般にラーメン式の構造が用いられる。ラーメン式の構造とは、柱と梁を「剛接合」（部材同士が堅固に一体となるような接合方法）して組み合わせた直方体で構成する構造をいう。なお、「ピン接合」とは、部材同士が一体化しない接合方法をいう。

2 〇 木造建築物において、構造耐力上主要な部分である柱、筋かい及び土台のうち、地面から1メートル以内の部分には、有効な防腐措置を講ずるとともに、必要に応じて、しろありその他の虫による害を防ぐための措置を講じなければならない

（建築基準法施行令49条2項）。

3　○　**組積造**において、各階の壁の厚さは、その上にある壁の厚さより薄くしてはならない（55条5項）。

4　○　**鉄筋コンクリート造**における**耐力壁**の厚さは、**12cm以上**としなければならない（78条の2第1項1号）。また、鉄筋に対するコンクリートの**かぶり厚さ**は、**耐力壁以外の壁又は床にあっては2cm以上**、**耐力壁、柱又ははりにあっては3cm以上**としなければならない（79条1項）。

> **Point**
>
> 建築物に関する出題では、建築基準法の知識が役立つことがある。そういう意味で、「法令上の制限」の建築基準法の単体規定も見ておきたい。

2024年度版　本試験をあてる　TAC直前予想模試　宅建士

2024年6月2日　初版　第1刷発行

編 著 者	T A C 株 式 会 社	
		（宅建士講座）
発 行 者	多 田 敏 男	
発 行 所	TAC株式会社　出版事業部	
	（TAC出版）	

〒101-8383　東京都千代田区神田三崎町3-2-18
電 話 03(5276)9492(営業)
FAX 03(5276)9674
https://shuppan.tac-school.co.jp

組 版	株式会社 グ ラ フ ト	
	株式会社 ワ コ ー	
印 刷	株式会社 ワ コ ー	
製 本	東 京 美 術 紙 工 協 業 組 合	

© TAC 2024　　　Printed in Japan　　　ISBN 978-4-300-10876-5
N.D.C. 673

本書は、「著作権法」によって、著作権等の権利が保護されている著作物です。本書の全部また
は一部につき、無断で転載、複写されると、著作権等の権利侵害となります。上記のような使
い方をされる場合、および本書を使用して講義・セミナー等を実施する場合には、小社宛許諾
を求めてください。

乱丁・落丁による交換、および正誤のお問合せ対応は、該当書籍の改訂版刊行月末日までといた
します。なお、交換につきましては、書籍の在庫状況等により、お受けできない場合もございま
す。また、各種本試験の実施の延期、中止を理由とした本書の返品はお受けいたしません。返金も
いたしかねますので、あらかじめご了承くださいますようお願い申し上げます。

宅地建物取引士

今年の宅建士試験合格を目指す全ての受験生必見!

～今年のヤマを一気にインプット!～ 夏の1日で完結! 出るとこ予想!
7月上旬申込受付開始! 「合格る的中講座」〔全2回／合計6時間〕

「合格るチェックシート」で本試験のヤマをピンポイント攻略!

- 教室講座
- ビデオブース講座
- Web通信講座

『合格る的中講座』はこんな方にオススメ
・今年出題可能性の高いところを一気におさえたい方
・効率的に弱点補強や得点力UPを図りたい方
・TAC自慢の精鋭講師陣の講義を直接受けてみたい方
・一発逆転を狙いたい方

[使用教材]
『2024年度版 宅建士合格るチェックシート(TAC出版)』
[通常受講料(教材費・消費税10%込)]
各学習メディア ￥11,000 [市販教材なし ￥9,900] (予価)
※振替・重複出席等のフォロー制度はございません。予めご了承ください。

～本試験と同じレベルの問題で解法テクニックが学べる!～ 受験生必見!
7月上旬申込受付開始! 「解法テクニック講義」〔全3回／合計7.5時間 民法等1回／宅建業法1回／法令上の制限・その他関連知識1回〕

正しい思考プロセスを身に付けることで、本試験対応力が格段にUP!

- 教室講座
- ビデオブース講座
- Web通信講座

『解法テクニック講義』はこんな方にオススメ
・問題に対して「なんとなく」正解している方
・解答に至るまでの「正しい思考プロセス」を習得して解答時間を短縮したい方
・問題に対する取り組み方を意識したことがない方
・近年の本試験長文化傾向への対策をしたい方

[使用教材]
TACオリジナル「解法テクニック講義レジュメ」(非売品)
[通常受講料(教材費・消費税10%込)]
各学習メディア ￥14,300 (予価)

さらに力をつける! こちらのオプション講座もお試しください!

- 一問一答POINT講義
- 弱点論点補強講座
- 判決問題の解き方
- 令和5年度 宅建士本試験解説講義
- 法改正「重要」論点講義

随時受講を開始できます。
詳細はTACホームページをご覧ください!

お申込み方法
❶TAC受付窓口 ❷e受付(インターネット申込) ❸郵送

〔注意〕お申込み前に必ず直前対策シリーズ(2024年7月上旬公開予定)のホームページをご確認ください。

※お申込み方法の詳細はTACホームページをご覧いただくか、TAC各校またはカスタマーセンター(0120-509-117)までお問い合わせください。
※e受付(インターネット申込)・郵送で通信講座をお申込みの場合、お申込みから講義視聴・教材発送開始まで1週間程度かかる場合がございます。予めご了承ください。

通話無料 **0120-509-117** ゴウカク イイナ
詳しい資料のご請求・お問い合わせは
受付時間 月〜金 10:00〜17:00　土日祝 10:00〜17:00
TAC 検索

資格の学校 TAC

学習経験者対象 学習期間の目安 1〜2ヶ月

8・9月開講 答練パック

- アウトプット重視
- 講義ペース 週1〜2回（時期により回数が前後する場合がございます）
- 途中入学OK!

実戦感覚を磨き、出題予想論点を押さえる！
学習経験者を対象とした問題演習講座

学習経験者を対象とした問題演習講座です。
試験会場の雰囲気にのまれず、時間配分に十分気を配る予行練習と、TAC講師陣の総力を結集した良問揃いの答練で今年の出題予想論点をおさえ、合格を勝ち取ってください。

カリキュラム〈全8回〉

8・9月〜

直前ハーフ答練（3回）
答練＋解説講義

「本試験（50問・2時間）」への橋渡しとなる「25問・1時間」の答練です（解説付き）。「全科目・範囲指定なし」の答練で、本試験の緊張感を体験します。

直前答練（4回）
答練＋解説講義

出題が予想されるところを重点的にピックアップし、1回50問を2時間で解く本試験と同一形式の答練です。時間配分や緊張感をこの場でつかみ、出題予想論点をも押さえます。

10月上旬

全国公開模試（1回）

本試験約2週間前に、本試験と同一形式で行われる全国公開模試です。本試験の擬似体験として、また客観的な判断材料としてラストスパートの戦略にお役立てください。

↓本試験形式

10月中旬 宅建士本試験

11月下旬 合格！

開講一覧

教室講座
8・9月開講予定
札幌校・仙台校・水道橋校・新宿校・池袋校・渋谷校・八重洲校・立川校・町田校・横浜校・大宮校・津田沼校・名古屋校・京都校・梅田校・なんば校・神戸校・広島校・福岡校

Web通信講座
8月上旬より順次講義配信開始予定
7月下旬より順次教材発送開始予定

DVD通信講座
7月下旬より順次教材発送開始予定

ビデオブース講座
札幌校・仙台校・水道橋校・新宿校・池袋校・渋谷校・八重洲校・立川校・町田校・横浜校・大宮校・津田沼校・名古屋校・京都校・梅田校・なんば校・神戸校・広島校・福岡校
8月上旬より順次講義視聴開始予定

通常受講料 教材費・消費税10%込

教室講座	
ビデオブース講座	**¥33,000**
Web通信講座	
DVD通信講座	

答練パックのみお申込みの場合は、TAC入会金（¥10,000・10%税込）は不要です。なお、当コースのお申込みと同時もしくはお申込み後、さらに別コースをお申込みの際にTAC入会金が必要となる場合があります。予めご了承ください。
詳細につきましては2024年合格目標のTAC宅建士講座パンフレットをご参照ください。

宅地建物取引士

全国公開模試

受験の有無で差がつきます!

選ばれる理由がある。

- 高精度の個人別成績表!!
- Web解説講義で復習をサポート!!
- 高水準の的中予想問題!!

"高精度"の個人別成績表!!
TACの全国公開模試は、全国ランキングはもとより、精度の高い総合成績判定、科目別得点表示で苦手分野の最後の確認をしていただけるほか、復習方法をまとめた学習指針もついています。本試験合格に照準をあてた多くの役立つデータ・情報を提供します。

Web解説講義で"復習"をサポート!!
インターネット上でTAC講師による解答解説講義を動画配信いたします。模試の重要ポイントやアドバイスも満載で、直前期の学習の強い味方になります!復習にご活用ください。

"ズバリ的中"の予想問題!!

毎年本試験でズバリ的中を続出しているTACの全国公開模試は、宅建士試験を知り尽くした講師陣の長年にわたる緻密な分析の積み重ねと、叡智を結集して作成されています。TACの全国公開模試を受験することは最高水準の予想問題を受験することと同じなのです。

下記はほんの一例です。もちろん他にも多数の的中がございます!

全国公開模試【問4】肢3 ○

〔相隣関係〕土地の所有者は、隣地の竹木の枝が境界線を越える場合で、竹木の所有者に枝を切除するよう催告したにもかかわらず、竹木の所有者が相当の期間内に切除しないときは、その枝を切り取ることができる。

令和5年度本試験【問2】肢2 ×

〔相隣関係〕土地の所有者は、隣地の竹木の枝が境界線を越える場合、その竹木の所有者にその枝を切除させることができるが、その枝を切除するよう催告したにもかかわらず相当の期間内に切除しなかったときであっても、自らその枝を切り取ることはできない。

全国公開模試【問28】肢1 ○

〔重要事項の説明〕宅地建物取引業者Aが行う重要事項の説明を担当する宅地建物取引士は、説明の相手方から請求がなくても、宅地建物取引士証を相手方に提示しなければならず、この提示を怠ると10万円以下の過料に処せられることがある。

令和5年度本試験【問42】肢ア ×

〔重要事項の説明〕宅地建物取引士は、重要事項説明をする場合、取引の相手方から請求されなければ、宅地建物取引士証を相手方に提示する必要はない。

全国公開模試【問40】肢ウ ×

〔免許基準〕宅地建物取引業者C社の非常勤の役員が、宅地建物取引業法の規定に違反して罰金の刑に処せられた場合でも、C社の免許は取り消されることはない。

令和5年度本試験【問29】肢4 ×

〔免許基準〕宅地建物取引業者D社の非常勤の取締役が、刑法第222条(脅迫)の罪を犯したことにより罰金の刑に処せられたとしても、D社の免許は取り消されることはない。

◆全国公開模試の詳細は2024年7月上旬に発表予定です。

資格の学校 TAC

詳しい資料のご請求・お問い合わせは
通話無料 0120-509-117
ゴウカク イイナ
受付時間 平日・土日祝 10:00～17:00
TAC 検索

直前対策シリーズ

※直前対策シリーズの受講料等詳細につきましては、2024年7月中旬刊行予定のご案内をご確認ください。

ポイント整理、最後の追い込みに大好評!

TACでは、本試験直前期に、多彩な試験対策講座を開講しています。
ポイント整理のために、最後の追い込みのために、毎年多くの受験生から好評をいただいております。
周りの受験生に差をつけて合格をつかみ取るための最後の切り札として、ご自身のご都合に合わせてご活用ください。

8月開講　直前対策講義　〈全7回／合計17.5時間〉　講義形式

 ビデオブース講座　　 Web通信講座

直前の総仕上げとして重要論点を一気に整理!
直前対策講義のテキスト(非売品)は本試験当日の最終チェックに最適です!

対象者
- よく似たまぎらわしい内容や表現が「正確な知識」として整理できていない方
- 重要論点ごとの総復習や内容の整理を効率よくしたい方
- 問題を解いてもなかなか得点に結びつかない方

特色
- 直前期にふさわしく「短時間(合計17.5時間)で重要論点の総復習」ができる
- 重要論点ごとに効率良くまとめられた教材で、本試験当日の最終チェックに最適
- 多くの受験生がひっかかってしまうまぎらわしい出題ポイントをズバリ指摘

カリキュラム(全7回)
使用テキスト
- 直前対策講義レジュメ(全1冊)

※2024年合格目標宅建士講座「総合本科生SPlus」「総合本科生S」「総合本科生」をお申込みの方は、カリキュラムの中に「直前対策講義」が含まれておりますので、別途「直前対策講義」のお申込みの必要はありません。

通常受講料(教材費・消費税10%込)
- ビデオブース講座
- Web通信講座

¥33,000

10月開講　やまかけ3日漬講座　〈全3回／合計7時間30分〉　問題演習+解説講義

 教室講座　　Web通信講座　　 DVD通信講座

TAC宅建士講座の精鋭講師陣が2024年の宅建士本試験を
完全予想する最終直前講座!

申込者限定配付

対象者
- 本試験直前に出題予想を押さえておきたい方

特色
- 毎年多数の受験生が受講する大人気講座
- TAC厳選の問題からさらに選りすぐった「予想選択肢」を一挙公開
- リーズナブルな受講料
- 一問一答形式なので自分の知識定着度合いが把握しやすい

使用テキスト
- やまかけ3日漬講座レジュメ(問題・解答 各1冊)

通常受講料(教材費・消費税10%込)
- 教室講座
- Web通信講座
- DVD通信講座

¥9,900

※2024年合格目標TAC宅建士講座各本科生・パック生の方も別途お申込みが必要です。
※振替・重複出席等のフォロー制度はございません。予めご了承ください。

宅地建物取引士試験と管理業務主任者試験の同一年度W受験をオススメします！

宅建士で学習した知識を活かすには同一年度受験!!

　宅建士と同様、不動産関連の国家資格「管理業務主任者」は、マンション管理のエキスパートです。管理業務主任者はマンション管理業者に必須の資格で独占業務を有しています。現在、そして将来に向けてマンション居住者の高齢化とマンションの高経年化は日本全体の大きな課題となっており、今後「管理業務主任者」はより一層社会から求められる人材として期待が高まることが想定されます。マンションディベロッパーをはじめ、宅建業者の中にはマンション管理業を兼務したりマンション管理の関連会社を設けているケースが多く見受けられ、宅建士とのダブルライセンス取得者の需要も年々高まっています。

　また、試験科目が宅建士と多くの部分で重なっており、宅建士受験者にとっては資格取得に向けての大きなアドバンテージになります。したがって、宅建士受験生の皆さまには、同一年度に管理業務主任者試験とのW合格のチャレンジをオススメします！

◆各資格試験の比較　※受験申込受付期間にご注意ください。

	宅建士	共通点	管理業務主任者
受験申込受付期間	例年 7月初旬～7月末		例年 9月初旬～9月末
試験形式	四肢択一・50問	↔	四肢択一・50問
試験日時	毎年1回、10月の第3日曜日		毎年1回、12月の第1日曜日
	午後1時～午後3時（2時間）	↔	午後1時～午後3時（2時間）
試験科目（主なもの）	◆民法 ◆借地借家法 ◆区分所有法 ◆不動産登記法 ◆宅建業法 ◆建築基準法 ◆税金	↔	◆民法 ◆借地借家法 ◆区分所有法 ◆不動産登記法 ◆宅建業法 ◆建築基準法 ◆税金
	◆都市計画法 ◆国土利用計画法 ◆農地法 ◆土地区画整理法 ◆鑑定評価 ◆宅地造成等規制法 ◆統計		◆標準管理規約 ◆マンション管理適正化法 ◆マンションの維持保全（消防法・水道法等） ◆管理組合の会計知識 ◆標準管理委託契約書 ◆建替え円滑化法
合格基準点	36点/50点（令和4年度）		36点/50点（令和4年度）
合格率	17.0%（令和4年度）		18.9%（令和4年度）

※管理業務主任者試験を目指すコースの詳細は、2024年合格目標 管理業務主任者講座パンフレット（2023年12月刊行予定）をご覧ください。

宅建士からのステップアップに最適!

ステップアップ・ダブルライセンスを狙うなら…

宅地建物取引士の本試験終了後に、不動産鑑定士試験へチャレンジする方が増えています。なぜなら、これら不動産関連資格の学習が、不動産鑑定士へのステップアップの際に大きなアドバンテージとなるからです。宅建の学習で学んだ知識を活かして、ダブルライセンスの取得を目指してみませんか？

▶ 不動産鑑定士

2023年度不動産鑑定士短答式試験
行政法規　出題法令・項目

難易度の差や多少の範囲の相違はありますが、一度学習した法令ですから、初学者に比べてよりスピーディーに合格レベルへと到達でき、非常に有利といえます。
なお、論文式試験に出題される「民法」は先述の宅建士受験者にとっては馴染みがあることでしょう。したがって不動産鑑定士試験全体を通じてアドバンテージを得ることができます。

宅建を学習された方にとっては見慣れた法令が点在しているはずです。

問題	法律		問題	法律
1	土地基本法		21	マンションの建替え等の円滑化に関する法律
2	不動産の鑑定評価に関する法律		22	不動産登記法
3	不動産の鑑定評価に関する法律		23	住宅の品質確保の促進等に関する法律
4	地価公示法		24	宅地建物取引業法
5	国土利用計画法		25	不動産特定共同事業法
6	都市計画法	準都市計画区域等	26	高齢者、障害者等の移動等の円滑化の促進に関する法律
7	都市計画法	再開発等促進区	27	土地収用法
8	都市計画法	地域地区	28	土壌汚染対策法
9	都市計画法	開発行為等	29	文化財保護法
10	都市計画法	開発許可の要否	30	自然公園法
11	土地区画整理法		31	農地法
12	土地区画整理法		32	森林法
13	都市再開発法		33	道路法
14	都市再開発法		34	国有財産法
15	都市緑地法		35	所得税法
16	建築基準法	総合	36	法人税法
17	建築基準法	単体規定等	37	租税特別措置法
18	建築基準法	集団規定等	38	固定資産税
19	建築基準法	集団規定	39	相続税及び贈与税
20	建築基準法	道路	40	金融商品取引法、投資信託及び投資法人に関する法律、資産の流動化に関する法律

さらに　宅地建物取引士試験を受験した経験のある方は割引受講料にてお申込みいただけます!

詳細はTACホームページ、不動産鑑定士講座パンフレットをご覧ください。

TAC出版 書籍のご案内

TAC出版では、資格の学校TAC各講座の定評ある執筆陣による資格試験の参考書をはじめ、資格取得者の開業法や仕事術、実務書、ビジネス書、一般書などを発行しています！

TAC出版の書籍
*一部書籍は、早稲田経営出版のブランドにて刊行しております。

資格・検定試験の受験対策書籍

- 日商簿記検定
- 建設業経理士
- 全経簿記上級
- 税理士
- 公認会計士
- 社会保険労務士
- 中小企業診断士
- 証券アナリスト
- ファイナンシャルプランナー(FP)
- 証券外務員
- 貸金業務取扱主任者
- 不動産鑑定士
- 宅地建物取引士
- 賃貸不動産経営管理士
- マンション管理士
- 管理業務主任者
- 司法書士
- 行政書士
- 司法試験
- 弁理士
- 公務員試験(大卒程度・高卒者)
- 情報処理試験
- 介護福祉士
- ケアマネジャー
- 電験三種　ほか

実務書・ビジネス書

- 会計実務、税法、税務、経理
- 総務、労務、人事
- ビジネススキル、マナー、就職、自己啓発
- 資格取得者の開業法、仕事術、営業術

一般書・エンタメ書

- ファッション
- エッセイ、レシピ
- スポーツ
- 旅行ガイド (おとな旅プレミアム/旅コン)

TAC出版

(2024年2月現在)

書籍のご購入は

1 全国の書店、大学生協、ネット書店で

2 TAC各校の書籍コーナーで

資格の学校TACの校舎は全国に展開！
校舎のご確認はホームページにて

資格の学校TAC ホームページ
https://www.tac-school.co.jp

3 TAC出版書籍販売サイトで

24時間ご注文受付中

TAC出版 で 検索

https://bookstore.tac-school.co.jp/

- 新刊情報をいち早くチェック！
- たっぷり読める立ち読み機能
- 学習お役立ちの特設ページも充実！

TAC出版書籍販売サイト「サイバーブックストア」では、TAC出版および早稲田経営出版から刊行されている、すべての最新書籍をお取り扱いしています。
また、会員登録（無料）をしていただくことで、会員様限定キャンペーンのほか、送料無料サービス、メールマガジン配信サービス、マイページのご利用など、うれしい特典がたくさん受けられます。

サイバーブックストア会員は、特典がいっぱい！（一部抜粋）

 通常、1万円（税込）未満のご注文につきましては、送料・手数料として500円（全国一律・税込）頂戴しておりますが、1冊から無料となります。

 専用の「マイページ」は、「購入履歴・配送状況の確認」のほか、「ほしいものリスト」や「マイフォルダ」など、便利な機能が満載です。

 メールマガジンでは、キャンペーンやおすすめ書籍、新刊情報のほか、「電子ブック版 TACNEWS（ダイジェスト版）」をお届けします。

 書籍の発売を、販売開始当日にメールにてお知らせします。これなら買い忘れの心配もありません。

書籍の正誤に関するご確認とお問合せについて

書籍の記載内容に誤りではないかと思われる箇所がございましたら、以下の手順にてご確認とお問合せをしてくださいますよう、お願い申し上げます。

なお、正誤のお問合せ以外の**書籍内容に関する解説および受験指導など**は、**一切行っておりません。**
そのようなお問合せにつきましては、お答えいたしかねますので、あらかじめご了承ください。

1 「Cyber Book Store」にて正誤表を確認する

TAC出版書籍販売サイト「Cyber Book Store」の
トップページ内「正誤表」コーナーにて、正誤表をご確認ください。

CYBER TAC出版書籍販売サイト
BOOK STORE

URL：https://bookstore.tac-school.co.jp/

2 **1**の正誤表がない、あるいは正誤表に該当箇所の記載がない ⇒ 下記①、②のどちらかの方法で文書にて問合せをする

★ご注意ください★

お電話でのお問合せは、お受けいたしません。
①、②のどちらの方法でも、お問合せの際には、「お名前」とともに、
「対象の書籍名（○級・第○回対策も含む）およびその版数（第○版・○○年度版など）」
「お問合せ該当箇所の頁数と行数」
「誤りと思われる記載」
「正しいとお考えになる記載とその根拠」
を明記してください。
なお、回答までに１週間前後を要する場合もございます。あらかじめご了承ください。

① ウェブページ「Cyber Book Store」内の「お問合せフォーム」より問合せをする

【お問合せフォームアドレス】

https://bookstore.tac-school.co.jp/inquiry/

② メールにより問合せをする

【メール宛先　TAC出版】

syuppan-h@tac-school.co.jp

※土日祝日はお問合せ対応をおこなっておりません。
※正誤のお問合せ対応は、該当書籍の改訂版刊行月末日までといたします。

乱丁・落丁による交換は、該当書籍の改訂版刊行月末日までといたします。なお、書籍の在庫状況等により、お受けできない場合もございます。
また、各種本試験の実施の延期、中止を理由とした本書の返品はお受けいたしません。返金もいたしかねますので、あらかじめご了承くださいますようお願い申し上げます。

TACにおける個人情報の取り扱いについて
■お預かりした個人情報は、TAC(株)で管理させていただき、お問合せへの対応、当社の記録保管にのみ利用いたします。お客様の同意なしに業務委託先以外の第三者に開示、提供することはございません（法令等により開示を求められた場合を除く）。その他、個人情報保護管理者、お預かりした個人情報の開示等及びTAC(株)への個人情報の提供の任意性については、当社ホームページ（https://www.tac-school.co.jp）をご覧いただくか、個人情報に関するお問い合わせ窓口（E-mail:privacy@tac-school.co.jp）までお問合せください。

（2022年7月現在）